浦城年鉴

PUCHENG
YEARBOOK

2021

中共浦城县委党史和地方志研究室 编

方志出版社
Publishing House of Local Records

图书在版编目（CIP）数据

浦城年鉴. 2021 / 中共浦城县委党史和地方志研究室编.-- 北京：方志出版社，2021.12
ISBN 978-7-5144-5110-8

Ⅰ. ①浦… Ⅱ. ①中… Ⅲ. ①浦城县－2021－年鉴
Ⅳ. ①Z525.74

中国版本图书馆CIP数据核字(2021)第275611号

浦城年鉴（2021）

编　　者：中共浦城县委党史和地方志研究室
责任编辑：王　娜
出 版 者：方志出版社
地　址　北京市朝阳区潘家园东里9号（国家方志馆4层）
邮　编　100021
网　址　http://www.zgfzcb.cn
发　　行：方志出版社图书经销中心
电话（010）67110500
经　　销：各地新华书店
印　　刷：福州大坤彩色印刷有限公司
开　　本：889×1194　　1/16
印　　张：19
字　　数：560千字
版　　次：2021年12月第1版　　2021年12月第1次印刷
印　　数：001～600册
ISBN 978-7-5144-5110-8　　定价：228.00元

《浦城年鉴（2021）》编委会

陈小武　县自然资源局局长、党组书记
真瑞斌　县环保局局长、党组书记
黄坤平　县卫生健康局局长、党组书记
蒋建斌　县交通运输局局长、党组书记
黄建武　县审计局局长、党组书记
危志荣　县司法局局长、党组书记
艾忠全　县应急管理局局长、党组书记
聂崇清　县退役军人事务局局长、党组书记
周新水　县统计局局长、党组书记
余爱国　县城市管理局局长、党组书记
吴存兴　南浦街道党工委副书记、办事处主任
李　核　河滨街道党工委副书记、办事处主任
徐昌进　万安乡党委副书记、乡长
余丽娟　莲塘镇党委副书记、镇长
伍丽颖　富岭镇党委副书记、镇长
吴晓晖　水北街镇党委副书记、镇长
汤吉洪　临江镇党委副书记、镇长
徐振武　石陂镇党委副书记、镇长
郑　川　濠村乡党委副书记、乡长
罗建军　永兴镇党委副书记、镇长
陈联军　古楼乡党委副书记、乡长
刘　伟　山下乡党委副书记、乡长
原恩翔　枫溪乡党委副书记、乡长
余向晖　仙阳镇党委副书记、镇长
陈小红　忠信镇党委副书记、镇长
吴小龙　管厝乡党委副书记、乡长
刘启女　九牧镇党委副书记、镇长
黄秀云　盘亭乡党委副书记、乡长
李　坤　官路乡党委副书记、乡长

《浦城年鉴（2021）》编委会

顾　　问　张先强　蒋　仁　余奎元　邱文彬
主　　编　涂治华
副 主 编　詹连三　柯　华
编　　辑　袁　野　林　敏　张　鹏　周　围　周凤莲　张馥妹　兰丽芬
摄　　像　黄庆党

编辑说明

一、《浦城年鉴》是中共浦城县委党史和地方志研究室编纂的年度资料性文献，具有政府公报性质和存史、资政、教化的作用。2015 年开编，2021 卷为第 7 卷。

二、《浦城年鉴（2021）》以马克思列宁主义、毛泽东思想、邓小平理论、“三个代表”重要思想、科学发展观、习近平新时代中国特色社会主义思想为指导，坚持辩证唯物主义和历史唯物主义的立场、观点和方法，全面系统地记述 2020 年度浦城县自然、政治、经济、文化、社会、生态等领域发展状况，力求反映浦城县特色和优势，以及各项工作新举措、新进展。

三、《浦城年鉴（2021）》框架结构由类目、分目、条目三个层次组成，条目为年鉴内容的基本单元。全书卷首以图片专辑的形式展现年度重点工作和重要成效。正文设置专文、大事记、县情概览、中共浦城县委员会、浦城县人民代表大会、浦城县人民政府、政协浦城县委员会、纪检监察、群众团体、法治、军事等 35 个类目，下设 179 个分目。

四、《浦城年鉴（2021）》所用稿件，由全县各有关党政机关、群团组织、企事业单位和中央、省、市属驻浦单位及各乡镇（街道）供稿。涉及的国民经济和社会发展的重要指标数据，以县统计局年报数据为准。

五、为方便查阅，《浦城年鉴（2021）》在卷首设有目录；卷末配有索引，采用内容分析法，内容按汉语拼音字母顺序排列。

浦城全景图

（黄庆党 摄）

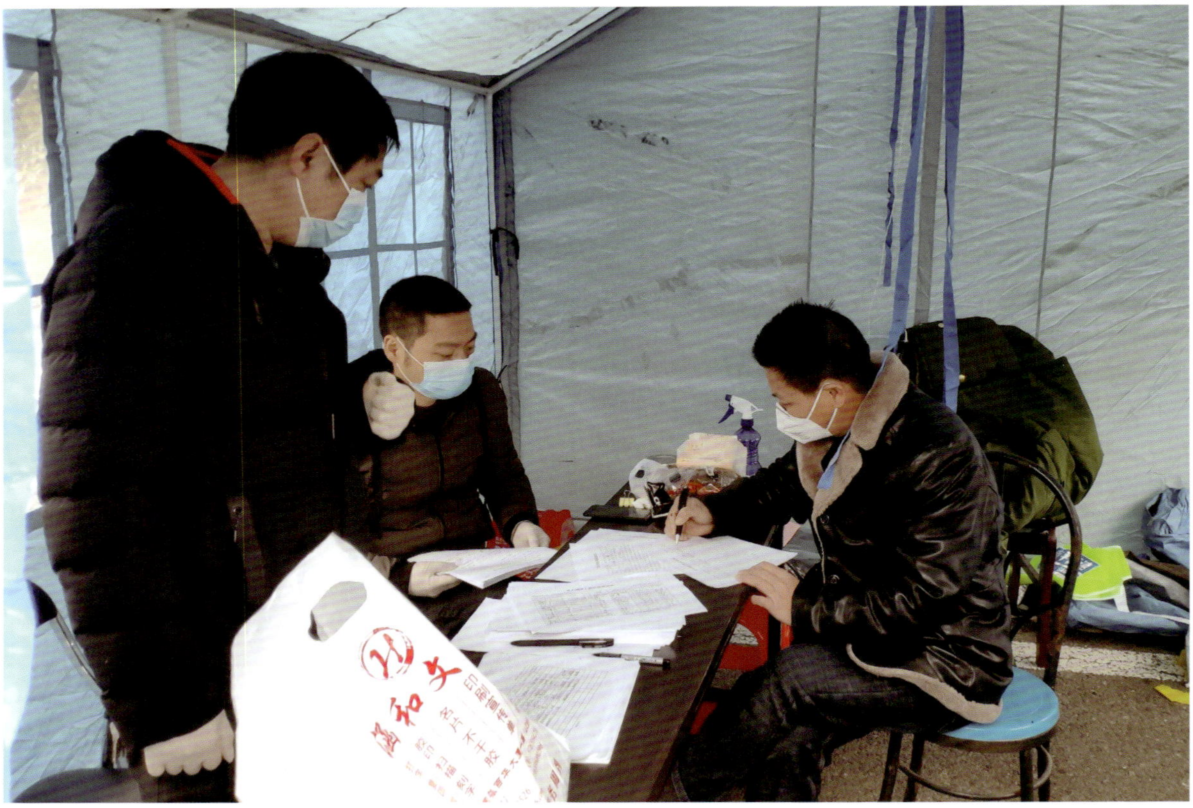

2020年2月3日，浦城县新冠肺炎疫情防控工作人员对居民小区出入人员按要求做好相关登记
（邱春静 摄）

2020年2月3日，高速卡口医生为来往车辆人员测量体温 （邱春静 摄）

2020 年 1 月 27 日，浦城县医务人员向居家隔离人员发放新冠肺炎疫情防控知识宣传单（邱春静 摄）

2020 年 2 月 3 日，浦城县疾控中心医务工作者在仙阳茶场进行消杀（黄 娜 摄）

2020年5月19日，浦城县祥润社会工作服务中心工作人员到夕阳红老年休养院进行消杀 （黄 娜 摄）

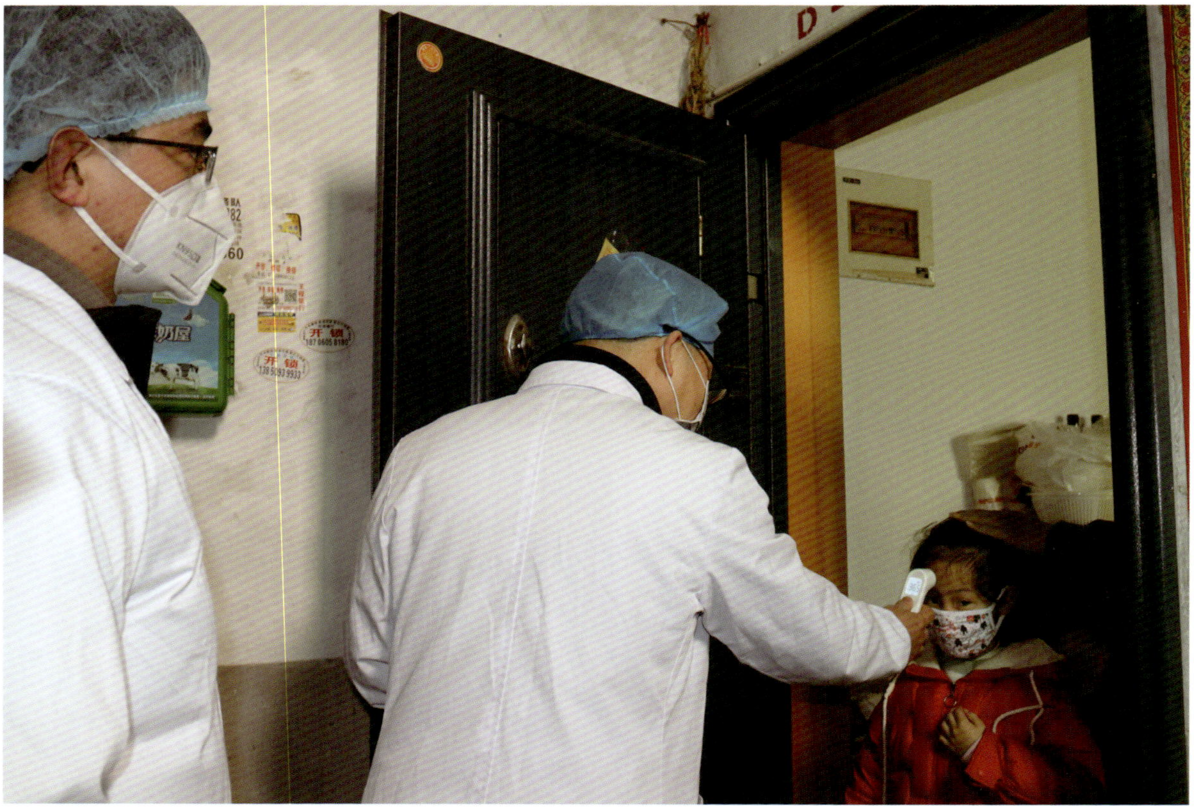

2020年3月5日，社区医生上门为居家隔离人员测量体温 （叶永仕 摄）

2020年2月15日，社区楼栋长入户摸排　　（浦城县社区建设工作领导小组办公室 供图）

2020年11月23日，浦城县市场监督管理局工作人员正在永辉超市检查进口三文鱼检疫合格证、核酸检测报告、追溯凭证等相关凭证　　（袁 野 摄）

2020年2月23日，亲属现场连线浦城援鄂90后护士苏治云（吴 丹 摄）

2020年5月11日，浦城县城区小学复学上课（袁 野 摄）

2020年4月25日，浦城县疫情防控工作志愿者安装护栏（罗贞洪 摄）

目录

专文

大事记

县情概览

中共浦城县委员会

浦城县人民代表大会

浦城县人民政府

政协浦城县委员会

纪检监察

群众团体

法 治

军 事

退役军人事务

应急管理

外事 侨务 对台事务

自然资源管理

经济管理与监督

财政 税务

金 融

城乡建设

生态环境

农业 农村

工 业

邮政 通信

交 通

商 贸

教 育

科 技

文 化

旅游 体育

卫生 健康

社会生活

乡镇 街道

荣 誉

附 录

索 引

浦城全民同心齐战“疫”

在新冠疫情突如其来的大疫大战面前，浦城人民在县委、县政府的坚强领导下，及时部署、全力狙击，党员冲锋在前、群众积极参与，同时间赛跑、与病毒较量，取得了疫情防控的阶段性胜利，守护了人民群众的生命财产安全。

及时部署 主动担当作为

2020年春节。突如其来新冠肺炎疫情给欢乐祥和的节日氛围蒙上了阴影。

疫情就是命令，防控就是责任。浦城县各级党员领导干部坚守工作岗位，全面组织部署疫情防控工作。1月21日，沈晓文县长第一时间主持召开防控工作部署会议，研究部署全县疫情防控工作；县里第一时间成立疫情防控工作领导小组，下设10个专项工作小组，每个工作小组均由相关县领导担任组长。同时，县四套班子领导和各乡镇（街道）、县直有关部门（单位）主要领导全部返岗到位，靠前指挥。

一道道“军令”从县疫情防控工作领导小组这个指挥中枢密集发出，各单位、各部门闻令而动。1月26日起，各乡镇（街道）和领导小组成员单位干部职工全部取消春节假期投入一线作战。县里第一时间明确职责分工和疫情防控应对路线图，完善联席会议、值班值守、信息报告、督导检查、问责会审等工作机制，并逐渐完善。

公安、疾控、医院多部门联动，织牢防控网络，县里在辖区高速口、国道省界等重要节点设置管制检查卡点13个，实行24小时不间断值守排查检测，严防境外疫情输入扩散，为福建守好“北大门”；财政、工信、发改等部门第一时间下拨防疫资金、启动防疫物资生产线、调运防疫用品，拨付5103.37万元保障疫情防控经费，新建负压病房、购置负压救护车等设施；商务局、市场管理局等单位多措并举保障市场供应、保障舌尖安全；全县疾控人员、医务人员、党员干部、公安民警冲上没有硝烟的战场，在19个乡镇（街道）展开地毯式排查、全覆盖防控，汇聚成众志成城的抗疫力量。

全民动员 筑牢防护堡垒

关键时刻冲上去、危难关头豁出来。广大党员在“大战大考”中践行初心使命，让党旗在抗疫一线高高飘扬。

疫情防控、难在基层，尤其难在农村。浦城县农村人口多，疫情防控基础薄弱，大喇叭“硬核”喊话与柔性劝导相结合的方式，就成为农村疫情防控最行之有效的办法。在每个村口，一顶帐篷、一张椅子、一把体温枪也成为一道别样的风景线。村民们在村干部、党员的带领下，主动参与，切实守牢基层防线。各村（社区）落实工作责任，严格按照网格化健康管理的要求，开展“敲门行动”，坚持每天地毯式摸排，建立遭受疫情突袭的湖北等外省返乡人员信息和密切接触者台账，挂点领导、包村干部、片警、村医密切关注动态，切实做到早发现、早报告、早隔离、早治疗。

为解决社区工作人员不足问题，浦城县以党建引领为核心，推动“机关联社区”，安排县直机关、企事业单位160个党支部与城区16个社区联系共建，各社区对所辖片区进行精细化网格划分，各片区长对所辖片区实行属地管理，疫情期间人员信息、卡口布防、流动人员管理由片区长统一负责。对社区内楼宇设置楼栋长、对沿街弄巷设置弄巷长，探索精准服务群众新模式，全县按照楼栋及弄巷进行精细化划分，聘请784名楼栋（弄、巷）长，主要由本楼栋（弄、巷）的党员、机关单位干部或者热心群众担任，其中党员占比82.46%。疫情期间，楼栋（弄巷）长成为社区疫情防控的有力抓手，他们奔走在疫情防控一线，当好信息员、管理员、服务员，做好政策宣传、信息管理、服务帮扶等工作，打通服务群众“最后一米”。在完善片区长、楼栋长、弄巷长“三长”机制基础上，浦城县还推动2631名在职党员到居住地社区报到，组建党员志愿服务队，积极参加社区各种服务居民群众的活动。同时，发动全县26个县直单位团组织179名团员和县妇联组织的巾帼志愿者共同参与到疫情防控当中，党员志愿者、青年志愿者、巾帼志愿者三支队伍齐参与，全面夯实社区防控力量。

党员带头上，全民齐参与。在这场大战大考中，浦城全民上阵、人人奋勇，众志成城。从机关到基层，从城市到农村，从企业到社区，“地无分南北，人无分老幼”，无数人日夜坚守、忘我付出。来自各方的力量汇聚成一股洪流，驱散疫情之下的寒冷和阴霾，传递满满力量和温暖。

精准统筹 有序复工复产

新冠肺炎疫情发生以来，县委、县政府坚持“疫情防控一刻不能停、复工复产一天不能误”，围绕复工复产，按照“坚定信心、同舟共济、科学防治、精准施策”总要求，抓实抓细各项防控工作，全县规上工业企业于3月全部实现复工复产。

为强化政策保障，县委、县政府成立企业和项目复工复产工作组，由县处级领导和县直部门挂点联系帮扶企业，全面落实县处级领导挂点联企责任、职能部门（业主单位）指导监管责任、乡镇（街道）属地管理责任，组成“一对一”专班，实施分类指导，实行清单式管理，做到开工一个、销号一个，及时帮助复产复工企业和项目单位协调解决人员返岗、生产物资、交通物流等各类突出问题，有序推进复工复产。同时，畅通政企对话渠道，对于企业复工复产中遇到的问题和需求，做到一日一收集、一日一调度、一日一处理。将“机关联乡村、联社区”向“联企业”拓展，选派30名干部联系县规模工业企业，重点落实“指导员、监督员、宣传员、服务员”职责，着力协调解决企业复工复产过程中遇到的问题和困难。

为强化要素保障，在复工复产过程中，出台《浦城县应对新型冠状病毒感染肺炎支持企业开复工建设的实施办法》，制定20条帮扶措施，在降低企业用工成本、加大财政金融支持、强化激励奖补、优化政府服务等方面提升扶持力度，同时积极做好政策宣传，指导企业和项目建设单位用好用活奖补政策。县内成立一对一帮扶专班，着力打通企业用工难、疫情防控难、交通物流难、供应链协同配套难、市场拓展难等“五难”操作链，实施精准服务、特事特办，开通绿色通道，为企业和项目开工创造条件。在确保安全的前提下，通过“点对点”专项运输，帮助从云南、贵州、四川等外省员工返岗，同时，开通园区公交专线，保障疫情期间企业员工上下班需求。2020年，全年减税降费1.51亿元，为35家企业提供9790万元工业产业基金贷款，为61家科技型初创小微经济实体提供无抵押担保贷款1865万元。

在复工复产的带动下，复市复业复学也有序推进。通过线上线下齐发力方式推进消费迅速回暖，组织210家企业参加“全闽乐购”活动，开展直播带货助销农产品，其中“县长直播带货”2小时成交量达151.4万元。全力以赴抓项目稳投资，全年项目开工139个，竣工43个，34项省市重点项目完成投资46.26亿元，115项县级重点项目完成投资53.96亿元。全县上下一盘棋统筹、一股绳用力、一张网防控，中小学顺利复学复课。

面对疫情影响和国际贸易的复杂局面，2020年，浦城人民在县委、县政府带领下，于危机中育新机、在变局中开新局，经济企稳回升态势基本确立，人民的生产生活也逐步恢复正常。疫情防控进入常态化后，浦城将持续巩固疫情防控成果，迎难而上、砥砺奋进，努力夺取疫情防控和经济社会发展双胜利！

（袁 野）

1 月

1 日，浦城县以“不忘初心、牢记使命”为主题的“我们的中国梦 欢欢喜喜迎新年”“非遗迎新年 文化展新姿”迎新年·庆新春活动在丹桂广场上演。

2 日，浦城县委在县委大会议室召开经济工作会议暨推进新时代科技特派员工作会议，县长沈晓文和县四套班子领导和各乡镇（街道）、县直机关单位主要负责人参加会议。

2 日，福建浦城忠信镇—浙江遂昌柘岱口乡在浦城忠信镇开展省际“六联”共建研讨会。

3 日，南平市乡村振兴生态环境工作现场推进会在浦城县召开。南平市生态环境局、市农业农村局、卫健局、住建局主要负责人，各县（市、区）生态环境局主要负责人参加会议。

6 日，南平市计生协会会长周继红、浦城县委宣传部部长吴晓琴、浦城县计生协会会长胡利孙等一行到管厝乡给计生困难家庭送上节日慰问金和新年祝福。

7 日，浦城县举行 2020 省级“三支一扶”高校毕业生新春慰问座谈会。南平市人社局党组成员、副局长马春等与浦城县省级“三支一扶”20 多人参加座谈会。

7—10 日，浦城县第十七届人民代表大会第四次会议召开，县人大常委会领导吴斌、周裕明、凌建军、杨先招、冯金亮、李金孙，及本届县人大代表 190 余人出席会议。

10 日，县长沈晓文主持召开 2020 年县政府第一次全体会议，深入贯彻落实中共十九大及十九届二中、三中、四中全会精神，安排部署 2020 年政府各项工作，确保全年经济社会高质量发展目标的实现。

10 日，浦城县 2020 年电商年货节暨首届农村产品对接会在丹桂广场开幕。来自浦城县本土近 50 家知名企业慕名参展，吸引八方群众纷至沓来，购年货、品美食、赏演出。

13 日，省工信厅副厅长陈传芳受省委常委、省委秘书长郑新聪委托，专程来到忠信镇走访慰问贫困户并了解贫困户生活情况，送上温暖。副县长赖传铭陪同。

13 日，福建省浦城县司法局忠信司法所被中华人民共和国司法部表彰为“全国先进司法所”。

14 日，南平市委宣传部部长张培栋在浦城县委副书记、县政府县长沈晓文，县委宣传部部长吴晓琴的陪同下，深入忠信镇排栅村、坑尾村走访慰问贫困户。

14 日，民盟福建省委会秘书长刘丹艳、社会服务部部长游东胜，西门子医疗系统有限公司特殊项目部总监冯敏一行 5 人到浦城县开展西门子 Aptio™自动化检验流水线捐赠项目落实情况回访活动。县政府副县长何秀菊等参加活动。

15 日，县领导沈晓文在县视频会议室参加省委主题教育总结会。

18 日， 福州市浦城商会向家乡 145 名贫困女学童捐赠 22.74 万元助学金。

20 日，县领导沈晓文、范吉朝、张书婵、何秀菊、林文龙、裴挥军、郑建新、赖传铭、王静燕在县政府第二会议室参加县政府述责述廉述法会议。

21 日上午，县领导沈晓文在县委一楼会议室参加县委第 2 次常委会，听取防疫工作汇报。

21 日晚，县领导沈晓文在县政府第二会议室参加县防控新型冠状病毒感染的肺炎工作会。

21 日，中国共产党浦城县第十三届纪律检查委员会第五次全体会议在县委大会议室召开。县委常委、县纪委书记、监委主任郑辉以《强化监督 从严治党 为决胜全面建成小康社会提供坚强保障》为题作工作报告。

25 日下午，县领导沈晓文在县长办公室召开防疫工作再部署专题会议。

26 日上午，县领导沈晓文到浦南高速服务区检查点进行防疫检查。

26 日，南平市政府常务副市长伍斌到九牧省际执法站督导疫情防控工作。

27 日，浦城县委召开县新型冠状病毒感染肺炎防控会议，传达学习中央应对新型冠状病毒感染肺炎疫情工作领导小组会议精神及市委宣传部部长张培栋到浦城调研的讲话精神，对疫情防控工作进行研究部署。县四套班子领导和各乡镇（街道）、县直机关单位主要负责人参加会议。

31 日，县领导沈晓文到县医院、市场、超市、水北街镇、正大公司等地指导检查防疫工作。

31 日，浦城县委副书记、县政府县长沈晓文、副县长夏开业到水北街镇就疫情防控工作措施落实情况进行检查、指导。

31 日，浦城县在丹桂山庄成立集中医学观察点，用于隔离和观察与发病人员有密切接触到人群。

2 月

2 日 12 时起，处于闽浙赣三省交界的官路乡在 G3 京台高速官路进出口及 823 县道河村村进出口实行临时交通管制。对辖区村路口设立卡口，安排人员进行 24 小时值班值守，对“来村出村”人员采取劝返、测量体温等管控措施，并做好信息登记反馈工作。

4 日，南平市市长刘洪建到浦城县检查指导新型冠状病毒感染的肺炎疫情防控工作。

4 日，南平市第二批援助湖北医疗队护师苏治云同其他队员一起驰援武汉。

7 日，南平市委书记袁毅深入浦城县检查疫情防控和落实“六稳”工作。

7 日，市委宣传部张培栋部长在县领导的陪同下到河滨街道爱民社区指导疫情防控工作，并就推行楼栋长、街巷长制度提出指导建议。

9 日，籍贯浦城县临江镇铁炉村在厦门莲花医院工作的余欢，作为第二批驰援武汉的医疗队伍一员，与同事踏上去武汉的征程。

12 日，浦城县城区南浦街道、河滨街道、莲塘镇 16 个社区共 622 名楼栋长（街巷长）正式上任（其中党员 512 名，占比 82.32%），健全社区组织网络，筑牢街道社区疫情“扩散”防线。

14 日，县领导沈晓文到晓禾农业、旭禾米业、铭塔玩具、永芳二期、浦潭生物专业园、正大生化等企业调研，检查复工复产情况。

15 日上午，县领导沈晓文在县政府第二会议室召集县里重点项目业主单位召开复工复产会议。

16 日上午，县领导沈晓文在县视频会议室参加全省疫情防控工作和复工生产视频会议。

18 日，全县企业和项目复工复产暨疫情防控工作视频会议召开，传达中央、省、市部署推进企业和项目复工复产工作会议精神；安排部署下阶段浦城县企业、项目复工复产和疫情防控工作。

19 日，南平市委常委、常务副市长伍斌到浦城县指导疫情防控和企业复工复产工作。县长沈晓文，县委常委、常务副县长范吉朝及相关部门负责人先后参加调研。

20 日上午，县领导沈晓文在县视频会议室参加全省视频会议，研究部署疫情防控和复工复产工作。

21 日，福建 -- 云南劳务协作座谈会在浦城召开。云南省就业局统计分析处毛勇刚、福建省劳动就业服务局曾云、南平市人社局马春等一行 15 人到浦城县对接劳务输出工作。县政府副县长林文龙、县领导王静燕出席座谈会。

24 日，浦城县临江镇余元村翁继林成为武夷山公立总医院第三批援鄂医疗队的一员，开始正式进入金银潭医院上班，全面接收病区。

3 月

5 日，浦城县政府县长沈晓文，副县长何秀菊、林文龙在县视频会议室参加境外进入南平人员跟踪健康管理工作视频会议。

11 日，福建省农业农村厅副厅长李岱一等一行到浦城县调研指导春季农业生产工作。

12 日，福建省农业农村厅副厅长李岱一、科技教育处处长许惠霖、省边际动物防疫监督总站站长王标一行带队前往浦城县开展春季农业生产“两直两前”服务活动。县委副书记黄旭晖陪同调研。

12 日，浦城县召开县委政法工作暨县域社会治理现代化和扫黑除恶专项斗争视频会议。县委副书记黄旭晖，县委常委、政法委书记杨文龙，县人大常委会副主任杨先招、县政协副主席洪永明，县法院院长刘尔华、县检察院检察长林建出席会议。县政府副县长、公安局局长张书婢主持会议。

15 日，浦城县政府县长沈晓文、副县长裴挥军在县政府第二会议室收看全省房屋结构安全隐患大排查整治“百日攻坚”专项行动动员部署视频会议。

16日，县领导沈晓文到富岭镇泽潭村百草园中草药种植基地调研，并指导乡贤做好回归项目。

17日，《浦城年鉴（2020）》被福建省委史志办列为全省13部精品年鉴工程候选项目。

20日，浦城县举行项目集中开工仪式。此次集中开工项目共11个，总投资10.79亿元，涉及工业、服务业、数字信息、绿色农业、水利、基础设施、社会民生等多个领域。

22日，浦城县河长办、水利局、检察院在方志敏广场联合举办以“坚持节水优先，建设幸福河湖”为主题的第二十八届世界水日和第三十三届中国水周宣传活动。

31日，南平市市长刘洪建到浦潭工业园区和荣华山组团企业调研，县领导沈晓文陪同。

4月

1日，福建省委组织部部长杨贤金在市委组织部部长林旭阳和浦城县领导的陪同下到河滨街道胜利社区指导疫情防控，并就推行楼栋长、街巷长制度提出指导意见。

1日，浦城县政府县长沈晓文、副县长何秀菊参加在县医院迎接浦城县援鄂医疗队首批返程队员凯旋仪式。

3日，厦门市浦城商会、厦门创晟教育科技有限公司向浦城第一中学、第二中学、第三中学和仙阳中学捐赠总价值16万元的4台金龙智能防控工作站，捐赠仪式在浦城第一中学举行。

7日，南平市人大常委会副主任、监察司法委主任委员潘剑才带领市人大调研组到浦城县开展民事行政检察工作调研活动。县人大常委会副主任杨先招、县检察院检察长林建等陪同调研。

7日，浦城县第一中学、第二中学、第三中学及仙阳中学的高三年段学生复学上课。

16日，南平市人大常委会副主任潘敏芳带队到浦城县开展科学研究与试验发展经费情况调研活动。县人大常委会副主任李金孙、副县长夏开业陪同调研。

16日，南平市副市长何明星视察调研临江高坑水库防汛备汛工作开展情况，副县长赖传铭陪同。

22日，浦城县委农村工作会议暨推进“四联四促”机制视频会议召开。县委副书记黄旭晖，县委常委、组织部部长余丽芳，县政府副县长赖传铭出席会议并讲话。

23日，南平市政协粮食生产供应调研会议在浦城县政协会议室召开，县政协主席张建斌、副县长赖传铭等参加会议。

23日，南平市政协主席黄健平到浦城县开展粮食生产供应情况调研，全面了解浦城县粮食生产、经营、储备、供给情况和困难问题。县政协主席张建斌、副县长赖传铭陪同调研。

24日，浦城县在浦潭工业园区滨溪路项目点举行基础设施等10个项目集中开工仪式，总投资13.55亿元。

27日，福建省记协主席蔡小伟到浦城县融媒体中心指导工作。

29日，福建省人大常委会委员、侨台工委主任陈雄在南平市人大常委会副主任符水俊陪同下，到浦城县工业园区铭塔玩具股份有限公司走访省人大代表兰文武，并召开座谈，了解企业复工复产情况。县人大常委会副主任周裕明等陪同参加。

29日，福建省电力公司副总经理李功新、中调主任王永明一行，到浦城供电公司开展春季安全大检查工作调研。

5月

7日，浦城县政府县长沈晓文，副县长张书婢、何秀菊、林文龙、陈凌、郑建新在县视频会议室参加县委一季度经济形势分析会暨信访维稳工作部署会。

9日，浦城县政府县长沈晓文参加智慧城市建设项目一期现场推进会。

11日，南平市委统战部副部长、工商联党组书记黄雄杰，市工商联副主席林玉叶一行到浦城指导调研镇街商会组建、“回归经济”和“民企带村”工作。县委常委、统战部部长郭锋等陪同调研。

11日，浦城县召开第七次全国人口普查视频动员大会，贯彻落实国家、省、市第七次人口普查会议精神，对浦城县第七次人口普查工作进行动员部署。

13日，浦城县妇女儿童活动中心投入使用正式启动，县委常委、组织部部长余丽芳，副县长、县妇儿工委主任夏开业等领导出席启动仪式并为该中心揭牌。

14日，南平市人大常委会副主任潘剑才带队到浦城县调研“科特派”工作，县人大常委会主任吴斌陪同。

19日，浦城县召开“最美楼栋（弄、巷）长”颁奖活动暨楼栋（弄、巷）长代表座谈会，表彰4月、5月最美楼栋（弄、巷）长。

20日，福建省副省长郭宁宁带领省直相关部门领导到忠信镇桃花村、莲塘镇山桥村、县融媒体中心等地调研指导工作，县领导沈晓文、郑建新陪同。

28日，福建省药师协会会长、原省药监局副厅级干部林碧芳到浦城县官路乡花园村与村开展共建对口帮扶活动，带上扶贫资金5万元。

28日，浦城县政协主席张建斌带领县政协委员到水北街镇开展“大力发展林下经济，助力乡村振兴”视察活动，视察组一行先后到水北森林公安派出所了解“珍稀野生植物展示馆”“珍稀野生动物展示馆”建设进度和“乡土珍稀树种种植园”项目筹备情况。

6月

2日，浦城县县长沈晓文深入富岭镇调研指导科特派工作，县人大常委会主任吴斌一同调研。

2日，浦城县有声科普“十里莲塘”示范基地启动仪式暨全国科技工作者日5.30千米迷你马拉松健康跑活动颁奖典礼在莲塘镇山桥村晓禾农业游客接待中心举行。

3日，福建省气象学会和福建省旅游协会专家到枫溪乡进行“避暑清凉福地”评审。

11日，福建省农业农村厅主办，福建广播影视集团融媒体资讯中心承办的“县长带你买好货”系列网络直播节目在印象小密·中国包酒文化博览园开播，浦城县政府县长沈晓文当起“带货主播”，为浦城县优质农特产品代言带货，打开家门口的销售绿色通道。

11日，福建省委编办机关编制处副处长、三级调研员叶华，体制改革处副处长陈启城，市委编办四级调研员、机关编制科科长程杰一行到浦城县调研乡镇（街道）机构改革情况，县委常委、组织部部长余丽芳陪同调研。

18日，福建省级房屋安全隐患排查整治指导服务组第四组组长张济兴带队到浦城县检查指导房屋安全隐患排查整治工作，县领导沈晓文、黄旭晖、张书婢、裴挥军一同参加检查指导活动。

18日，福建省药品监管局党组成员、药品总监郑纯带队到浦城县开展药品安全科技下乡活动。

19日，浦城县召开房屋安全隐患大排查大整治“百日攻坚”专线行动回头看推进会，对全县房屋安全隐患大排查大整治工作进行再部署、再强调。县委领导、县委常委张志远、副县长裴挥军出席会议。

19日，浦城县中医医院核酸检测（PCR）实验室正式投入使用，PCR实验室投入使用后，日核酸检测量可达200人。

21日，浦城县在丹桂广场城市书房举办“城市书香　亲子共筑”父亲节专场“亲子绘画、亲子盆栽、亲子阅读”活动。

22—23日，南平市人大常委会副主任翁明亮带领《南平市河岸生态地保护规定》执法检查组，深入到浦城县开展《南平市河岸生态地保护规定》执法检查活动。县人大常委会副主任周裕明、副县长裴挥军等陪同参加活动。

27—30日，浦城县委副书记黄旭晖带领县委宣传部、县农业农村局、县商务局、县数字发展中心、石陂镇等部门（单位）相关负责人，赴贵州省铜仁市万山区考察“易视智富”平台建设、夜间经济发展、民宿项目开发等情况。

29日，浦城县党群服务中心正式启用。县委副书记、县长沈晓文，县委常委、组织部部长余丽芳，县委常委、政法委书记杨文龙出席启用仪式并为“抗疫一线党旗红”摄影作品获奖者颁奖。

7月

3日，浦城县妇联举办“小家传大爱，共筑家国梦”最美家庭故事分享活动。南平市妇联党组书记、主席温秀美，党组成员、副主席丁文新、兼职副主席，浦城县委常委、组织部部长余丽芳等参加活动。

7日上午，福建省交通运输厅原副厅长、省公路协会理事长陈培健到国道322线浦城万安吴山下至莲塘余乐段公路工程外业初测验收审查，县领导何秀菊陪同。

8日，南平市委常委、宣传部部长张培栋到浦城县调研慰问。县长沈晓文，县委常委、宣传部部长吴晓琴一起参加调研。

10日，谢华安院士带领福建省农业科学院水稻所所长占志雄、副所长张建福等专家团队一行赴浦城县开展水稻生产指导，调研再生稻示范片、福香占展示基地、产业研究院建设等情况。

11日，南平市副市长何明星带队到浦城县调研乡村振兴、脱贫攻坚、现代绿色农业发展等工作。县长沈晓文、副县长赖传铭一同参加调研。

13日，福建省副省长、公安厅长田湘利结合省委省政府工作调研检查，到浦城指挥中心亲切看望慰问基层一线民警，听取公安工作和队伍建设情况汇报。

15日，南平市人大常委会副主任符水俊带队到浦城县万安乡、莲塘镇、南浦街道检查指导“代表联系群众活动室”建设工作。县人大常委会副主任周裕明陪同。

16日，第五届浦城籍返乡在校大学生暑期社会实践活动出征仪式在团县委办公室举行，有51名在校大学生参加暑期社会实践活动。

18日，“浦城县品牌强县战略规划”编制专家组刘勇、刘绍文、李仙、刘文镇、何阿毬、魏仗学、郭炬、刘志高一行到官路乡调研薏米品牌建设情况。专家组成员、国务院发展研究中心发展部二级巡视员、发展部研究室主任刘勇听取汇报后就如何进一步做强做大薏米产业，对官路乡薏米品牌定位、发展方向等提出意见建议。

18日，喜马拉雅首期有声书主播实训班毕业典礼暨学员签约仪式在浦城县职业技术学校盛大开启。在浦城县职业技术学校建设“喜马拉雅大学”有声书主播实训基地，投入120多万元资金用于购置培训所需的录音棚、麦克风等设备。

20日， 内蒙古赤峰市工商联党组成员、副主席王匡刚，赤峰市红山区工商联主席宝林佳、副主席钟旭一行到浦城县工商联考察交流，浦城县政府副县长郑建新陪等同考察了小密包酒博览园。

21日上午，福建省交通厅副厅长王增贤到浦城对205国道路况进行调研，县领导何秀菊陪同。

28日，南平市“七五”普法工作检查组第五组组长、市政协副主席卓立筑一行5人到浦城县督导检查“七五”普法总结检查验收工作。

31日上午，福建省文化和旅游厅二级巡视员林湫左浦围绕全域旅游创建开展相关调研工作，县领导何秀菊陪同。

31日，中国林业科学研究院院长、中国工程院院长张守攻，中国环境科学研究院研究员舒俭民带领20余位院士专家组成调研组到浦城县，通过实地调研，为浦城县绿色发展把脉问诊、建言献策。南平市委常委、常务副市长伍斌，县委副书记黄旭晖，县委常委、县总工会主席刘洪斌参加调研。

31日，南平市委常委、统战部部长庄莉带领市台港澳办等单位负责人到浦城县调研第十二届海峡论坛海峡两岸章氏文化活动筹备工作和回归经济工作。县委领导，县委副书记黄旭晖，县委常委、统战部部长郭锋先后陪同调研。

8月

4—6日，上海产业合作促进中心主任唐德根率领考察团到浦城县考察，先后实地考察真空玻璃，织布厂、鞋厂改造项目并召开座谈会，就加强区域产业对接，进行合作共建进行了深入的沟通交流。县领导范吉朝、何秀菊、裴挥军、郑建新以及相关部门负责同志参加座谈。

25日，南平市人大常委会副主任符水俊带领调研组到浦城县开展扶贫攻坚工作调研。县人大常委会副主任冯金亮、副县长赖传铭等陪同调研活动。

27—28日，福建省委常委、省委秘书长郑新聪带领省直有关部门负责人到浦城县调研脱贫攻坚、产业发展等工作。

9月

4日，福建省人社厅二级巡视员刘丹美到浦城参加第三届福建省剪纸职业技能竞赛活动。南平市人社局局长陈衍禄、副县长林文龙陪同参加。

5日，南平市纪委书记、市监委主任李腾到浦城永芳香料科技有限公司和仙芝科技（福建）股份有限公司调研“六稳”“六保”工作。

5日，县委常委、常务副县长范吉朝，副县长何秀菊到管厝乡参加“武夷山水”浦城县“铭塔杯”郊野钓鱼大赛活动。

4—6日，福建省人社厅、省总工会主办，南平市人社局、浦城县政府、省工艺美术研究院、省艺术品行业协会共同承办的第三届福建省剪纸职业技能竞赛在中国民间文化艺术之乡浦城县举办，来自南平、漳州、泉州、宁德、福州等地级市和省直机关共54位优秀选手报名参加比赛。

9日，福建省高院立案庭副庭长郑彪一行到浦城法院调研指导诉源治理减量工程和一站式多元解纷、诉讼服务体系建设工作。

10日，在第36个教师节来临之时，由南平市政府主办、浦城县政府承办的明理崇德，尊师尚学——“朱子故里·理学摇篮”南平市2020朱子敬师礼活动在浦城三中举行，缅怀中华先贤，弘扬尚学之道。

15日，福建省广播电视局二级巡视员林其泰带领省委宣传部县级融媒体中心验收工作组（第五组）到浦城县验收融媒体中心建设工作。县委领导，县委常委、宣传部部长吴晓琴，市委宣传部、市广电网络公司相关领导一起参加验收工作。

23日，福建省人大常委会监察司法工委副主任、一级巡视员黄发模带队到浦城开展“七五”普法现场总结评估。省评估调研组先后实地察看浦城县剪纸法治文化宣传阵地、仙阳镇殿基村法治文化公园、浦城县喜马拉雅有声普法阵地、浦城县供电公司。

24日，浦城县委统战部承办第十二届海峡论坛南平分场·海峡两岸（浦城）章氏文化交流活动开幕式，南平市委常委、宣传部部长张培栋和来自海峡两岸的章氏后裔300多人参加。

30 日，华东政法大学法学博士、福州大学民商法教研室副主任、副教授潘运华在县委大会议室进行 2020 年《中华人民共和国民法典》专题讲座。

10 月

9 日，浦城县仙阳镇联合县水利局、县河长办、浦城生态环境局和县农业农村局在东风水库水源地之一的高洋村举办的 2020 年“好山、好水、好生态、好大米、庆丰收”开幕仪式。

16 日，厦门市湖里区人社局和浦城县人社局在浦城丹桂广场联合举办 2020 年厦门市湖里区—南平市浦城县“山海协作”企业用工现场招聘会及就业扶贫行动专场招聘会。活动以“稳岗就业、决胜攻坚”为主题，汇集湖里区和浦城县共 91 家优秀企业参与，其中 33 家湖里区企业提供了涵盖航空、电子、酒店、食品、餐饮、物业、家政、教育、电力工程、生物科技等行业 2000 多个就业岗位。

20 日，浦城县委，县政府和福建省品牌建设促进会共同举办的“2020 福建省品牌发展系列活动•浦城大米品牌发布周年”研讨会在福州举行。

22 日，中共南平市委党校第 46 期处级干部进修班学员瞻仰浦城方志敏广场，重温入党誓词，并参观了浦城中央苏区纪念馆。

23 日上午，民盟中央“守护天使工程”示范基地揭牌仪式暨西门子医疗数字 5G 福建省揭牌启动仪式在浦城县桂都大酒店隆重举行。全国人大常委会委员、全国人大农业与农村委员会副主任、民盟中央副主席龙庄伟，福建省政协副主席、民盟福建省委会主委阮诗玮，民盟中央社会服务部部长刘圣宇、民盟福建省委会秘书长刘丹艳，中共南平市委常委、统战部部长庄莉，西门子医疗临床治疗系统副总裁浦峥嵘，中共浦城县委副书记黄旭晖等领导和嘉宾出席揭牌启动仪式。

24 日，“闽北疝和腹壁外科手术直播研讨会”在浦城县中医医院举行。福建医科大学附属第一医院副院长翁山耕、主任刘国忠，泉州市第一医院主任郑辉明，以及来自南平市、三明市的外科专家、浦城县中医医院、浦城县医院外科医师参加研讨会。

26 日，南平市人大常委会副主任潘敏芳到浦城县调研关于承办第十七届省运会体育场馆设施建设进展情况，县人大常委会副主任李金孙等陪同调研。

26 日，中国航天科工七院航天设计院一行到管厝乡调研新时代廖俊波精神研习基地项目。

27 日，南平市民政局养老从业人员培训班在浦城县丹桂大酒店正式开班，浦城、松溪、政和三地的 11 个养老机构，50 余位养老从业人员参加 3 天的培训。

28—29 日，第二十届省科协年会分会场——浦城县通航产业发展论坛在南平市荣华山组团机场项目用地举办，县人大常委会副主任周裕明参加活动。

30 日，浦城县不动产登记中心与税务等部门工作人员完成不动产登记与税务业务数据共享测试。

11 月

1 日，南平市第四届运动会青少年足球赛在浦城县管厝乡党溪村正式开赛。

2 日，三明市政府督学陈吉首为组长的省督导组一行 7 人到浦城县开展教育“两项督导”省级评估考核。县领导吴晓琴、周裕明、何秀菊、陈凌、林文龙、刘军陪同实地核查。

4 日，浦城团县委在会议室举行 2020 年（春季）海南成美“爱助事实孤儿—爱助成长”助学激励基金发放仪式，为 19 名事实孤儿发放助学激励基金 17800 元。

5 日，浙江省常山县人大常委会二级巡视员徐建华一行，到浦城与县人大对接浙赣闽皖四省交界县（市、区）人大常委会联席会议相关工作，并到富岭镇大水口村参观考察。县人大常委会主任吴斌参加。

6 日，《浦城年鉴（2020）》评审会召开。省委史志办副主任林浩、市委史志研究室主任谢金润、县委副书记黄旭晖等领导出席会议。

10 日，福建省立医院副院长薛芳沁带领第十批帮扶队员到浦城县开展对口支援工作。

12 日，浦城县委统战部在古楼乡坑口村举办南平市少数民族村壮大村级集体经济和特色产业发展培训班现场观摩交流会。南平市民宗局局长廖汉仁、浦城县委常委、统战部部长郭锋，各县（市、区）民宗局局长和民族村代表等 60 人参加会议。

20 日，浦城县共青团团校、少先队队校揭牌仪式在县委党校举行。南平团市委副书记张田怡，县委常委、组织部部长余丽芳出席仪式并揭牌。

25 日，南平市委常委、宣传部部长张培栋到富岭镇向基层党员宣讲中共十九届五中全会精神。县委常委、宣传部部长吴晓琴，县委常委、政法委书记杨文龙参加宣讲活动。

30 日，福建省森林防灭火指挥

部办公室、南平市森林防灭火指挥部主办，浦城县人民政府、南平市应急管理局、南平市林业局、南平市森林消防支队承办的2020福建省浦城县森林防灭火应急救援综合演练在临江镇余元村举行。

30日，中国国家画院郑百重“山水高研班”12名画家到浦城枫溪乡写生。

12月

1日，浦城县“六要”群众工作法现场教学基地建成投入使用，并在石陂镇布墩村举行启用仪式。县委书记出席仪式并讲话。

3日，南平市政协副主席余建坤一行到浦城县忠信镇下庄村为基层支部党员宣讲中共十九届五中全会精神。

5日，浦城县濠村乡党委、政府主办“三生有‘杏’·相约濠村”2020年濠村乡银杏文化节活动在濠村乡濠村村举行，县政府副县长何秀菊、县政协副主席孟世芬等领导出席活动。

8日，浦城县资源交易中心开展第一批“金土地生态银行”农村土地承包经营权流转拍卖活动。县委副书记黄旭晖出席活动。

9日，在广州举行的首届中国地理标志产品活力指数发布颁奖盛典上，“浦城大米”荣获年度生态保护奖。

12日，福建省广播电视局局长李强到浦城县融媒体中心调研指导工作，县委宣传部部长吴晓琴陪同调研。

20日，国家重点研发计划项目“闽产高品质道地中药材灵芝、太子参规范化种植及精准扶贫示范研究”项目推进会在北京举行。

21日，2020年度福建省黄仲咸教育基金、福彩公益奖学金发放仪式在浦城一中举行，县委常委、宣传部部长吴晓琴出席仪式，县老促会、民政局、教育局、浦城一中等相关单位负责人参加仪式。

23日，南平市副市长何明星、市政府发研中心主任谢藤辉、市公安局森林警察支队长江旭到浦城县，就《南平市政府工作报告（征求意见稿）》广泛征求意见和建议。县领导范吉朝、刘洪斌、周裕明、何秀菊、林文龙、陈凌、郑建新、赖传铭、洪永明及部分市人大代表、市政协委员、县直部门和乡镇（街道）负责人参加座谈会。

24日，福建省农业科学院与浦城县人民政府、浦城县闽越山水农业开发有限公司共建的“浦城米业产业研究院”在浦城县挂牌成立。

30日，《浦城年鉴（2019）》参加第七届全国地方志优秀年鉴类成果评审，被评为全国地方志优秀年鉴三等奖。

县情概览

自然地理

【位置面积】 浦城县位于北纬 27°32′～28°19′，东经 118°11′～118°50′之间，地处福建省最北端，界闽、浙、赣三省七县（市）。北部至东部分别与浙江省的江山市、遂昌县、龙泉市接壤，西北部与江西省的广丰区毗邻，东南部、南部、西部分别与福建省松溪县、建阳区、武夷山市相连。县境线 328 千米，其中省际边界线 169 千米。浦城县平面图形状类似叶尖向下的桑叶形，东西宽 61 千米，南北长 87 千米，境域面积 3383.02 平方千米。浦城县居闽浙赣三省接合部，闽江、信江、钱塘江三江源头，自古为中原入闽咽喉。唐宋以来有驿道直通京城，是福建与中原物资交流的集散地和主通道。明代称闽物资“无日不走分水岭及浦城小关，下吴越如流水”清代客民十居八九，浦城有“小苏州”之称。改革开放后，被省政府定为福建边界贸易重点县。国道 205 线连通南北，国道 353 线东接海港，国道 322 线连接浙江省龙泉市和武夷山市，京福高速公路纵贯全县，龙浦高速公路连接浙江省龙泉市，浦城成为福建“北大门”。浦城县行政机关驻地位于全县中心位置，距省会福州 218 千米（直距，下同），距隶属市南平 150 千米。与相邻六县（市）行政机关驻地直距：距松溪 48 千米，距建阳 77 千米，距武夷山 54 千米，距龙泉 58 千米，距江山 89 千米，距遂昌 96 千米。与相邻两省省会直距：距南昌 271 千米，距杭州 302 千米。距武夷山飞机场 61 千米，距省内福安市赛岐港 155 千米，距浙江省温州港 209 千米，距上海市 464 千米。

【地形地貌】 浦城县地处武夷山脉东坡、闽西北隆起带（浦城—洋源）隆起北端，元古界及中生界地层出露较全，岩浆岩分布最广。在漫长的地质发展过程中经历多次构造运动，主要受华夏构造和新华夏构造控制，构造复杂。山脉和构造线，地层和岩石，基本呈北东或北北东排列。新生代，特别是第三纪末期以来，沿老构造线发生块状升降运动，逐步形成现阶段地貌。现阶段地壳比较稳定，地震强度在 6 度以下。南浦溪及其支流和盘亭溪各段的流向大都受构造控制，多直角转弯和垂直汇流。山脉多断块山，山坡平直陡峭，谷底平坦。河谷盆地则大都是断陷盆地，河漫滩或一级阶地直抵山麓。境内最高海拔 1664 米（营盘尖），最低 163 米（秀里河谷）。从县北枫岭至仙阳一带低山丘陵，是武夷山脉和浙江西南部的仙霞岭相衔接的地带，又是钱塘江水系与闽江水系的分水岭和闽江水系与鄱阳湖水系的分水岭。鄱阳湖水系是长江支流，所以也是长江水系与闽江水系的分水岭。地貌的总特征是多山地，北、东、西三面环山，中、南部低平宽广，地势自北往南下降，南浦溪纵贯南北。阶梯状地形明显：从中部到东西边缘，依次分布着河谷盆地、丘陵、低山和中山 4 种地貌，其高差显著，层次分明。这种阶梯状地形的形成，除构造原因外，主要受岩性控制。串珠状盆地错落：县境属浦城盆地，峡谷和盆地相间排列，山间盆地串珠状错落。为干流南浦溪串联的有 10 个较大的河谷盆地。小盆地则错落镶嵌于山地之间，支流在盆地内曲折蜿蜒。坯口地形突出：在与浙江、江西交界的中山地带，有较多与山带成直交或斜交切口。有的是由断层陷落而成，有的是古老的河口。这些切口，古称“关隘”。是闽赣、闽浙交通要道和军事要冲，又是北方冷空气侵入浦城腹地以至福建的通道。南北河谷差异明显，由于新构造不均衡抬升，造成域内南北河谷差异。

【气候】 浦城属于典型中亚热带季风湿润气候区，热量资源差异大，具有地带性的特色，可分为河谷盆地气候区和山地气候区。谷地四季较匀，山地冬长夏短。四季分明雨热同期。四季各有分明特征：春季乍暖还寒，温暖湿润；夏季高温高湿，伴有酷暑；秋季凉爽干燥，昼夜温差大；冬季干冷少雨，常有严寒。四季分期清晰有常，县气象局测报按气象学规定 划分四季：春季3月10日至5月20日，共72天；夏季5月21日至9月30日，共133天，其间5—6月为 雨季，7—8月晴热，最热的7月平均日温27.6℃；秋季10月1日至11月30日，共61天，白露后夜渐寒，农历十月“小阳春”暂回暖；冬季12月1日至次年3月9日，共99天（闰年多1天），有数次寒潮袭击。四季天数与前30年四季划分比：春少9天，夏多5天，秋少5天，冬多9天。四季气候干湿冷暖分明，春夏暖湿相伴，秋冬干冷同存，具有雨热同期的特征。以10℃作为喜温植物的萌动温度为基准，一年中大于或等于10℃的活动积温为5443.6℃，持续时间为250天。而同期雨量有1414.6毫米，日照1438.5小时，雨热相伴。雨量丰沛雨季集中。县内各地多年平均降水量在1700～2300毫米之间，是福建省的多雨中心之一。而全年降水量又有36%左右集中在5—6月，3—4月雨量占全年降水量的25%。因此全县不仅降水量丰沛而且比较集中，形成比较明显的春雨（3—4月）和梅雨（5—6月）的雨季。7—9月是盛夏干旱季节，10月至次年2月是秋、冬季，寒冷干燥，雨量偏少。月雨量悬殊差异大，这是由于盛行温暖夏季风和干冷冬季风缘故。立体气候复杂多样。地势高低悬殊，形成境内立体气候较为显著。一般每当海拔增高100米，气温要相应下降0.5℃左右，春季回暖期推迟3天，秋季第一次冷空气的影响日期提前4天，大于或等于10℃的活动积温减少188.9℃，年降水量增加72.5毫米，无霜期减少3天。以上变化趋势在山脊的不同侧面也略有不同。域内复杂多种地形，对气流、日照有不同影响，同一时间海拔相近的情况下，北部比南部平均气温约低1℃。以大于或等于10℃的积温5000℃这一热量等值为基准线，全境可分为河谷盆地气候和山地气候区。其分界线大体是：从东南的水北街镇石埠村起，向北经圳边、党溪至高溪，向西折向渔梁，再向南经洪山、珠山、前洋到石陂镇村溪止。线以外为山地气候区，线以内为河谷盆地气候区。资源丰富灾害频繁。由于受海洋性气候和大陆性气候同时影响，形成全县气候多样性。表现在：冬半年盛行偏北风，夏半年偏南风；既有严寒，也有酷暑，日较差大；一年中，大部分降水集中在上半年，下半年雨量少，常干旱；热量丰富，水分充足，分布不均。根据各地不同的气候特点，全县划分为：高寒多雨区、温暖次雨区、温热少雨区等，气候资源极为丰富，可以适应不同植物生长的需要。同时，自然灾害几乎每年都不同程度发生，如春、夏季的冰雹，雨季的暴雨洪涝，夏秋的干旱，冬季的寒潮、冰霜雨雪。低温冷害等灾害性天气频繁发生，严重危害农业生产，尤其对双季稻生长的危害较大。

2020年，年平均气温18.3℃，偏高0.7℃，属显著偏高。最冷月出现在1月，平均气温为7.8℃；年极端最高气温39.4℃，出现在8月28日；年极端最低气温 -2.8℃，出现在1月23日；日最高气温35℃的日数44天，属偏多。23℃秋寒出现在9月22日，属正常。20℃秋寒出现在10月19日，属偏迟。初霜日出现在2020年1月23日，属偏迟；终霜日出现在2020年1月27日，属偏早。结冰日数7天，属偏少。年总降水量1988.8毫米，偏多269.2毫米，属偏多。日最大雨量为226.2毫米，出现在7月9日，破历史单日降水极值。降水日数172天，属正常。年总日照时数1573.0小时，少199.1小时，属偏少。

【水文】 浦城是三江水系源头。发源于县北柘岭的主干河南浦溪，流入建溪，汇入闽江。建溪在闽江上游建溪、富屯溪、沙溪三溪中流域面积最大。南浦溪是建溪源头，因此也是福建省闽江的源头之一。县东北部，发源于营盘尖的际洋溪注入浙江省遂昌县的乌龙溪，牛岭的毛洋溪、大福罗山的坑尾溪分别注入浙江省龙泉市碧龙溪，最终均流入富春江，为钱塘江水系。县西北部，发源于铜钵山东和古楼乡铸岭头的古楼溪，发源于官路乡毛处上源头和浙江江山岭头南麓的盘亭溪，均注入江西省信江，为鄱阳湖水系（属长江水系）。径流量作为地表水主要以河道来水量统计，全县地表水占水资源量89%，地下水占水资源量11%。境内各河流多年平均径流深在1000～1400毫米。径流年内分配不均，西北部径流深是全县最高值，多年平均达1400毫米，中南部最小多年平均1000毫米。多年平均径流量35.15亿立方米，径流量模数为33.9升/（秒·平方千米）。径流量丰水年与枯水年相差较大，最大最小年的径流量倍比为3.25倍，年径流量有丰、平、枯交替出现的特点。由于年内降水分配不匀，造成月流量和水位的季节变化明显。多年平均3—7月的径流量占年径流量约70%，其他7个月仅占年径流量的30%。年内最大与最小月径流量相差24.6倍。

资 源

【土地资源】 2020年，浦城县土地总面积337587.44公顷，其中耕地面积35838.77公顷，占土地总面积的10.6%；园地面积5923.98公顷，占土地总面积的1.8%；林地面积269171.82公顷，占土地总面积的79.7%；草地面积3706.69公顷，占土地总面积的1.1%；城镇村及工矿用地面积7885.36公顷，占土地总面积的2.3%；交通运输用地面积3241.35公顷，占土地总面积的1%；水域及水利设施用地面积6168.39公顷，占土地总面积的1.8%；其他土地面积5651.08公顷，占土地总面积的1.7%。

【水资源】 浦城县有地表水和地下水。地表水主要靠降水补给，境内河流多，径流资源丰富，是水体的主要组成部分。径流量作为地表水主要以 河道来水量统计，全县地表水占水资源量89%，地下水占水资源量11%。地表水资源由降水补给，与降水量相一致。地下水主要补给源是降水，地下水季节变化明显，洪水期河水补给地下水，地下水位被抬高，枯水期，平水期，地下水补给河水。平均地下水资源量为3.937亿立方米，丰水年为5.166亿立方米，枯水年为3.81 亿立方米。

【矿产资源】 浦城县有色金属小型矿床由5处升为7处，冷金用非金属矿床（萤石矿）由一处升为8处，境内共有中型矿床4处，小型矿床 22处，另有矿点、矿化点149处。 发现矿产有37种。主要有铁、锰、 铜、铅、锌、锡、钳、金、银、铂、钯、铷1、锭、粗、铀、石英、萤石、 水晶、大理石、蛇纹岩、叶岭土、硫铁、石墨、钾长石、无烟煤、饰面用 花岗岩、辉绿岩以及砖瓦用黏土等。其中金属矿产17种，非金属矿产16种，能源矿产2种，其他矿产2种。探明资源储量的矿产计12种。在已探明的矿产中，有色金属类矿产铅、锌、铜，非金属类矿产萤石、硫铁矿及能源类矿产铀等是县内优势矿种，且大部分地质勘查工作程度比较高，其资源储量在南平市占有较大比重，硫铁矿、铀矿资源位居福建省前茅。

【生物资源】 浦城植物种类丰富，根据林业部门第一次野生植物资源调查结果，野生维管植物有180科1248种、菌类植物9科13种，对藻类、苔藓、地衣等植物尚缺调查资料。维管植物中：蕨类植物32科60属128种；裸子植物10科20属27种；被子植物138科544属1093种，包括双子叶植物118科440属913种，单子叶植物20科104属180种。其中国家一级保护野生植物有南方红豆杉、水松、钟萼木（伯乐树）4种；国家二级保护野生植物有福建柏、花榈木、闽楠、红豆树、伞花木、金毛狗、金钱松、长叶榧、毛红椿等15种。野生动物：根据林业部门第一次野生动物资源调查结果，有陆生脊椎动物325种（其中：哺乳类8目18科33种，鸟类16目38科242种，爬行类2目5科30种， 两栖类3目8科20种），淡水鱼类5目16科49属65种（亚种），昆虫类24目205科1018种。陆生脊椎动物中：属于濒危野生动物植物种国际贸易公约（CITES•1995年）附录Ⅰ的有9 种（云豹、黑熊、金猫、黑麂、鬣羚、游隼、水獭、黄腹角雉、小青脚鹬），属于附录Ⅱ的有22种（猕猴、穿山甲、隼形目9种、鸮形目5种，红嘴相思鸟、画眉、滑鼠蛇、眼镜蛇、虎纹蛙）；属国际自然和自然资源保护联盟（IUCN）名单中的易危种（VC）有8种（云豹、黑麂、黑熊、鬣羚、小青脚鹬、白眉山鹧鸪、黄腹角雉、滑鼠蛇）。昆虫类中列入国家“有益或有重要经济、科学研究价值的野生动物名录”有9种：中华脉齿蛉、火步甲、丽叩甲、朱肩丽叩甲、双叉犀金龟、乌桕大蚕蛾、中国宽尾凤蝶、双齿多刺蚁、中华蜜蜂。浦城生物资源起源古老，山区保存有较丰富的第三纪或第四纪以前的古老种属和孑遗植物。蕨类植物中，石松科的石松属、木贼科的木贼属等发生在古生代；里白科的里白属等在中生代三叠纪就已出现；海金沙科的海金沙属，卷柏科的卷柏属等则是白垩纪的古老孑遗物。第三纪古热带植物区系的孑遗或更为古老的树种，还有一定数量的存在，与水松同称为“活化石”的银杏、鹅掌楸，在南部的常绿阔叶林中常见；裸子植物中的金钱松、长叶榧、三尖杉，被子植物中的伯乐树（钟萼木）、青钱柳等孑遗植物都有零星分布；蝶形花科、樟科、壳斗科、木兰科、胡桃科、杨柳科、金缕梅科等在白垩纪时就已普遍存在的植物，现在全县山区均有分布；山茶科、冬青科、山矾科、野茉莉科等众多种属也可追溯到第三纪初期。

【森林资源】 2020年，浦城县林业用地面积27.13万公顷，占土地总面积的80.25%，其中有林地面积27.13万公顷，林分蓄积量为1757.91万立方米，森林覆盖率为76.98%，全县生态公益林面积6.83万公顷（102.4589万亩），占土地总面积的20.21%，其中国家级公益林6.8万公顷，省级公益林314.12公顷。全县挂牌百年以上树龄的珍稀古树有杉木、马尾松、银杏、金钱松、南方红豆杉、鄂西红豆树、丹桂、香榧、樟树、闽楠、黄檀、罗汉松、细柄蕈树、柳杉、檀香木、苦槠、木荷、枫香、水松等619株。其中，300年以上树龄有170株，400年以上树龄有69株，500年以上树龄有44株，树龄1000年以上的珍稀古树有杉木、马尾松、银杏、金钱松、樟树、罗汉松、丹桂等7个树种20株。存活的主要珍稀古树群有石陂镇梨岭村早林下有13株百年以上水松，平均树高30米，平均胸径88.5厘米，其中最大一株高41米，胸径122厘米；忠信镇毛洋村有一片百年以上香榧林，共200株，平均树高30米，平均胸径60厘米；山下乡小溪村水源寺有一片50余株百年以上的细柄蕈树，平均树高30米，平均胸径70厘米，最大胸径达127厘米；水北街镇翁村有3株古楠，胸径分别为115厘米、168厘米、182厘米，树高30米以上，树龄500年以上；石陂镇布墩村有13株古樟树，有1株树龄千年以上，树高35米，胸径108厘米。

（潘伟民）

环境质量

【大气质量】 2020年浦城县有效监测天数365天，达标率100%，与去年同期持平。其中一级达标天数为276天，二级天数为85天。PM10日均浓度为36微克／立方米，较上年同期（39微克／立方米）下降7.69%；PM2.5日均浓度为18微克／立方米，较上年同期（19微克／立方米）下降5.26%；臭氧最大8小时平均值为94微克／立方米，较上年同期（112微克／立方米）下降16.07%；二氧化硫日均浓度为5微克／立方米，较上年同期（7微克／立方米）下降28.57%；二氧化氮、一氧化碳达到国家二级空气质量标准。

【声环境质量】 2020年，浦城城区功能区环境噪声环保局点上半年昼夜平均57.4分贝，下半年昼夜平均50.3分贝达标；丽人选板厂上半年昼夜平均56.7分贝，下半年昼夜平均57.7分贝；海益酒店上半年昼夜平均58.6分贝，下半年昼夜平均60.2分贝。全县声环境质量总体水平良好。

【水环境质量】 2020年，浦城县每月对城区饮用水源地开展《地表水环境质量标准》（GB 3838—2002）表1的基本项目（24项）、表2的补充项目（5项）（其中西水厂增加叶绿素a和透明度）进行监测，每逢单月饮用水加测特定33项项目，检测结果显示2020年东水厂水质达标率100%，西区水厂水质达标率为100%。

（邱雄标）

建置沿革

【置县前隶属】 置县前，浦城之地，夏、商属扬州，周属七闽地，战国周显王三十五年（前334年）七闽为楚所灭而属楚，秦属闽中郡。西汉高祖五年（前202年）立无诸为闽越王，浦城地属闽越国。西汉建元六年（前135年），封馀善为东越王，都冶一说在今浦城。西汉元鼎五年（前112年），馀善拥兵抗汉。汉元封元年（前110年），汉武帝灭闽越，“徙其民于江、淮间，虚其地。后裔遁逃山谷者颇出”，西汉始元二年（前85年），立冶县，东汉建武初，改冶县为东侯官，浦城地均属之。

【置县后沿革及隶属】 浦城置县为东汉建安初，分东侯官地立。时以国为号，名汉兴县，属会稽南部都尉。据该届修志考，置县时间为建安元年（196年）后、建安五年前。三国吴永安三年（260年），改汉兴为吴兴。是年，废会稽南部都尉，置建安郡，吴兴属之。晋太康三年（282年），属晋安郡；元康元年（291年），改属江州；梁普通六年（525年），属东扬州。陈永定（557—559年）初，属闽州，后属丰州。隋开皇九年（589年），吴兴省入建安县。唐武德四年（621年），复置县，改名为唐兴，属建州（治所在今建瓯），后省入建安。唐载初元年（689年），复置县，仍名唐兴。武则天登极后，天授二年（691年），改名为武宁县。唐神龙元年（705年），唐中宗李显登极，复为唐兴。天宝元年（742年）八月，定名浦城，属建安郡（是年改建州为建安郡）。唐乾元元年（758年），复改郡为州，仍属之。五代，后晋天福八年（943年），王延政在建州立国，号殷。南唐保大四年（946年），建州改为永安军，寻改忠义军。浦城属之。宋开宝八年（975年），复改建州。端拱元年（988年），改建州为建宁军。绍兴三十二年（1162年），建宁军升为建宁府，浦城属之。

元至元二十六年（1289 年），建宁府改为建宁路，浦城属之。明洪武初期，建宁路改建宁府，浦城属之。清均属建宁府。民国元年（1912 年）仍属建宁府，建宁府寻改建瓯府，浦城属之。民国 2 年（1913 年），建瓯府改建安道，浦城属之。民国 17 年（1928 年），废除道制，直属福建省。民国 22 年（1933 年）11 月至次年 1 月，在福州成立中华共和国人民革命政府，浦城属延建省。民国 23 年（1934 年）8 月 17 日，全省设 10 个行政督察区，福建省第十行政督察专员公署设于浦城，辖建瓯、建阳、崇安、浦城、松溪、政和 6 个县。民国 24 年（1935 年）10 月 1 日，全省 10 个区划为 7 个区，第十区改为第三区，仍驻浦城，辖浦城、建瓯、建阳、崇安、松溪、政和、寿宁、邵武 8 个县。民国 27 年（1938 年）6 月，公署迁建阳，浦城属之，直至中华人民共和国成立前夕。民国 16 年（1927 年）9 月，中国共产党在浦城境内开展革命活动。民国 20—24 年（1931—1935 年）在四境先后建立建(阳)浦、浦城、广(丰)浦、浦西、龙(泉)浦 5 个县级苏维埃政权，实行红色割据。1949 年 5 月 13 日，浦城县解放。1949 年 9 月 10 日，全省划分为 8 个行政督察专员公署（以下简称“专区”）。浦城属第一专区。1950 年 3 月 14 日，第一专区更名为建瓯专区。1950 年 9 月 2 日，专区迁往建阳，更名为建阳专区，浦城属之。1956 年 6 月 9 日，建阳专区与南平专区合并，称南平专区，浦城属之。1968 年 5 月，专区改称地区，浦城属之。1970 年 2 月，地区机关迁驻建阳，1970 年 6 月 18 日改称建阳地区；1988 年 10 月，地区机关迁驻南平；1989 年 1 月 1 日，更名南平地区行政公署；1994 年 9 月撤销南平地区，设省辖地级市南平市，至 2020 年，浦城属之。浦城县治所在地，明万历《浦城县志》载：“历代以来，治所不移。”即在今县治所在地南浦镇。据清嘉庆《新修浦城县志》载，在距今县城东 2.5 千米后阳，城基及县治、教场遗址犹存，当地人称这里即故浦城县城，但何时为县城不可考。又载吴永安（258—264 年）中，在今南浦镇的皇华山麓建吴兴馆，宋改为皇华馆。若是为吴永安三年（260 年）汉兴县更名吴兴县时而建，县城应在其时迁至今南浦镇。

人文历史

【历史名人】 物华天宝之地，亦是精英蕴结之区。在这文化氛围中，浦城人杰挺生，有“名贤区薮”“上相之邦”之号。宋理学家杨时称：“浦城之为邑，盖东南士大夫之材薮。”宋参知政事真德秀谓：“有宋南方人物之盛，实始于浦城。”人才蔚起，得助于教育。浦城久函教泽。宋庆历中即创办县学，宋崇宁五年（1106 年）学生达千人。明东阁大学士谢迁称：“浦城，建宁大邑，庙学规视他邑加宏敞。”清乾隆间创办南浦书院，其后在富岭、临江、石陂、西乡（今永兴）创建书院。清梁章钜称：“综全闽数十州县，书院之盛必以南浦，次鳌峰。”在清乾隆、道光之间，浦城籍人捷南宫入词垣者踵接趾错，鱼贯蝉联，科名之盛为郡冠。五代至清浦城人登进士 172 人（其中状元 4 人、探花 3 人），再中博学鸿词科 4 人。世宦有宰辅 8 人，尚书 20 人，侍郎 21 人。见载于“二十四史”和《清史稿》者 29 人。历代名人之佼佼者：宋有《文苑英华》的主要编纂者、文学家杨徽之，文学家、“西昆体”诗派倡导者、《册府元龟》总纂杨亿，宋代福建人第一个任宰相的章得象，“王安石变法”主要参与者章惇，政治家吴充、吴育兄弟，徐应龙、徐荣叟、徐清叟父子，军事家章弃，军事理论家、中国第一个武博士何去非，艺术家章友直，理学家詹体仁，理学家、政治家真德秀；元有诗歌四大家之一的杨载；明有外交家潘赐；清有闽派古琴代表祝桐君，尚书祖之望。民国期间，其中最著名的是全国度量衡局局长、化学家、度量衡专家吴承洛。

【革命老根据地】 浦城是革命老根据地之一，中国共产党充分利用浦城地界三省的有利条件，开展革命斗争，创立许多可歌可泣的英雄业绩。民国 16 年（1927 年）9 月，在枫溪乡岱后村首先燃起革命星火，建立中国共产党组织。民国 17 年（1928 年）9 月，浦城西部地区民众与崇安人民一道，举行以上梅为中心的崇浦边区农民起义。民国 19 年（1930 年），浦西建立起苏维埃政权，开展土地革命，至民国 23 年（1934 年），全县有 185 个自然村解决土地问题。革命战争年代，浦城边境先后建立建浦、浦崇、广浦、浦西特区、龙浦、江浦、龙遂、浦城中心区、浦南特区、浦城、上广崇浦、浦水崇、松浦龙庆等中共组织或苏维埃政权。中共建松政中心县委、闽北地委一度设在境内仙山岗和山下坪洋一带。几经磨难，浦城的根据地与闽北、赣东北、闽东北、浙西南等根据地连成一片。解放战争期间，中共福建省委城工部在浦城活动，建立党组织。全县有老区乡 5 个，老区村民委员会 80 个，老区自然村731个。根据地人口79993人，有5156人参军参战。革命军队领导人萧劲光、方志敏、周建屏、聂鸿钧、薛子进、寻淮州、乐少华、粟裕、刘英、黄道、王助、黄立贵、曾镜冰、叶飞等都在浦城留下战斗的足迹。在艰苦卓绝的革命斗争中，浦城人民付出巨大的代价。全县被国民党 反动派烧毁村庄320个，烧、拆毁房屋5112座17998间，1165人被杀害，6664人被抓，绝灭户1809户。但险恶的环境，没有吓倒英勇不屈的浦城人民，经过前仆后继的斗争，迎来浦城的解放，赢得“红旗不倒”的称誉。2011年浦城县被认定为中央苏区县。

人口语言

【第七次全国人口普查浦城县常住人口】 经普查，2020年11月1日零时浦城县常住人口为297719人，与2010年第六次全国人口普查的304583人相比，十年共减少6864人，减少2.25%，年平均增长率为-0.23%。

户别人口。全县共有家庭户115783户，集体户2511户，家庭户人口为287590人，集体户人口为10129人。平均每个家庭户的人口为2.48人，比2010年第六次全国人口普查的2.80人减少了0.32人。

性别构成。全县常住人口中，男性人口为150898人，占50.68%；女性人口为146821人，占49.32%。常住人口性别比（以女性为100，男性对女性的比例）为102.78，与2010年第六次全国人口普查相比提高0.58。

年龄构成。全县常住人口中，0～14岁人口为51222人，占17.20%；15～59岁人口为171799人，占57.71%；60岁及以上人口为74698人，占25.09%，其中65岁及以上人口为55091人，占18.50%。与2010年第六次全国人口普查相比，0～14岁人口的比重下降3.14个百分点，15～59岁人口的比重下降4.1个百分点，60岁及以上人口的比重上升7.24个百分点，65岁及以上人口的比重上升6.25个百分点。

受教育情况。全县常住人口中，拥有大学（指大专及以上）文化程度的人口为20634人；拥有高中（含中专）文化程度的人口为37388人；拥有初中文化程度的人口为108757人；拥有小学文化程度的人口为103386人（以上各种受教育程度的人包括各类学校的毕业生、肄业生和在校生）。与2010年第六次全国人口普查相比，每10万人中拥有大学文化程度的由4533人上升为6931人；拥有高中文化程度的由11766人上升为12558人；拥有初中文化程度的由34585人上升为36530人；拥有小学文化程度的由38780人下降为34726人。全县常住人口中，15岁及以上人口的平均受教育年限为8.65年，比2010年第六次全国人口普查上升0.41年。

城乡人口。全县常住人口中，居住在城镇的人口为143301人，占48.13%；居住在乡村的人口为154418人，占51.87%。与2010年第六次全国人口普查相比，城镇人口增加24970人，乡村人口减少20717人，城镇人口比重上升5.63个百分点。

流动人口。全县常住人口中，人户分离人口为78909人。与2010年第六次全国人口普查相比，人户分离人口增加30994人，上升64.69%。

【浦城方言】 浦城方言有南北两大系统、多种边境口音和5个方言岛。以县中部樟元山为界，北南浦、水南、万安、莲塘、富岭、仙阳、管厝、忠信、官路、盘亭、九牧、永兴、古楼13个乡镇通行吴方言，与浙江衢州、江西信州的吴方言相通，俗称“浦城腔”，以县城南浦镇口音 为代表；南临江、石陂、山下、枫 溪、水北街、濠村6个乡（镇）通行闽北方言，俗称“南乡腔”，以石陂镇的口音为代表。近边界村落，口音与邻县相近，如富岭镇、管厝乡边界村落带龙泉口音，官路乡边界村落带江山口音，盘亭乡边界村落带广丰口音，永兴镇、古楼乡边界村落带武夷山口音。另外，由于历史上外地人口的小规模迁入，还形成福建腔、广丰话、下府话、正字话、麻山话5个方言岛。

【普通话推广】 全县居民能听懂普通话，基本会说普通话。但同 一方言片区的居民之间仍习惯使用方言。除学校普及普通话外，有文化的家长对下一代教育也多用普通话，使儿童多先学会普通话。但由于社会上和家庭中成人交谈多用方言，少年儿童又很容易学会方言，使方言得以流传。中华人民共和国成立后，全社会推广普通话，各级各类学校教学，各机关单位召开会议和联系工作，广播、文艺、宣传、贸易、服务，以及打电话坚持使用普通话；学习普通话与学习文化技术结合，学习拼音与学习普通话结合，学校普通话教学与社会推广普通话结合，文明建设与推广普通话结合，普及与提高结合。政府把推广普通话作为加强各地人民的交流和联系与提高服务质量的重要工作来抓，促进社会推广普通话工作沿着正确的方向发展。县内居民在掌握方言的同时，均能用普通话交流。

（付嘉丽）

行政区划

【乡镇（街道）区划】 2020年，全县行政区划为2个街道、9个镇、8个乡、1个水库管理处。即南浦、河滨2个街道，富岭、石陂、临江、仙阳、水北街、永兴、忠信、莲塘、九牧9个镇，万安、古楼、山下、枫溪、濠村、管厝、盘亭、官路8个乡，东风水库管理处。

【村（居）区划】 2020年，浦城县共辖286个村民委员会、18个社区居民委员会、2919个村民小组、253个居民小组、2577个自然村。

经济社会发展

【概况】 2020年，浦城县地区生产总值1755381万元，按可比价格计算，增长4.2%。其中，第一产业增加值397241万元，增长7.0%；第二产业增加值584921万元，增长2.8%；第三产业增加值773219万元，增长3.7%。第一产业增加值占地区生产总值的比重为22.63%，第二产业增加值比重为33.32%，第三产业增加值比重为44.05%。

【经济发展】 全年农林牧渔服务业总产值743977万元，同比增长6.9%，其中农业、林业、牧业、渔业和服务业产值分别为170080万元、52088万元、477071万元、16692万元、28046万元，分别增长2.9%、1.4%、9.7%、1.4%、4.5%。

工业和建筑业。全年实现工业增加值增长-0.1%，其中，规模以上工业增加值增长-2.7%。规模以上工业实现产品销售产值157.62亿元，增长-13.3%，营业收入131.31亿元，增长-27.5%。工业经济效益综合指数297.76。全社会用电量99990万千瓦时，增长0.2%，其中工业用电量59465万千瓦时，增长-4.7%。全县建筑业企业完成增加值142283万元；房屋竣工面积228117平方米，增长65.3%；商品房销售面积205196平方米，增长6.7%。

固定资产投资。固定资产投资增长7.0%，其中，5000万元以上项目投资增长29.9%，500万～5000万元项目投资下降62.6%，房地产开发投资增长23.7%。

内外贸易。全年社会消费品零售总额41.57亿元，增长-6.6%。全县实际利用外资验资口径1015万元，外贸出口总值4.92亿元。

交通、邮电。全县交通运输、仓储和邮政业实现增加值9.58亿元，增长4.8%。年末，全县公路总里程为2664.94千米，其中高速线路123.89千米、国道192.9千米、县道250.02千米、乡村线路2098.13千米。全年完成邮政业务总量8266.19万元，增长8.0%。

财政、金融。全县公共财政收入为96915万元，增长-3.3%，其中地方公共收入67973万元，增长0.1%；财政总支出为336841万元，增长1.1%。

全县金融机构人民币存款余额2085431万元，增长11.0%。人民币贷款余额1041287万元，增长23.3%。

【社会事业】 全年全县共有学校112所，其中中等职业学校1所，九年一贯制学校5所，完全中学3所，高级中学1所，初级中学13所，小学62所，特殊教育学校1所，幼儿园54所，附设幼儿班34个。中等职业学校招生296人，在校生847人，毕业生230人；普通高中招生1998人，在校生5847人，毕业生1752人；初中招生4580人，在校生13708人，毕业生4886人；普通小学招生2542人，在校生19069人，毕业生4149人；全县各级特殊教育学校1所，在校生450人。

文化、卫生和体育。全县年末共有各类艺术表演团体2个，公共图书馆1个，年末藏书达33.92万部，文化馆1个，文化站19个。年末共有体育场1个，乒乓球房2个，游泳池1个，有固定看台灯光球场2个。人员方面，共有专职教练员2名，国家级裁判1名，国家二级运动员10名，国家一级运动员3名。年末共有各类卫生机构29个，各类医院26个，预防保健机构2个。年末共有卫生机构床位1744张，病床利用率达53.36%。

人口、人民生活。全县年末户籍总人口422365人，其中，城镇人口98634人，占总人口的23.4%；农村人口323731人，占总人口的76.6%。全年全县出生人口2909人，死亡人口3084人。农村居民人均可支配收入17048元，增长7.2%；农民人均生活消费支出11858元，增长0.8%。城镇居民人均可支配收入34340元，增长3.5%；城镇居民人均消费支出20345元，增长-1.4%。

中共浦城县委员会

综述

【中央和省市决策部署落实】 2020年，浦城县委坚持以习近平新时代中国特色社会主义思想为引领，认真贯彻中共十九大和十九届二中、三中、四中、五中全会精神，深入贯彻习近平总书记重要讲话重要指示批示精神以及中央和省委、市委重大决策部署，紧紧围绕统筹推进“五位一体”总体布局和协调推进“四个全面”战略布局，统筹推进疫情防控和经济社会发展，坚持稳中求进工作总基调，扎实做好“六稳”工作，全面落实“六保”任务，团结带领全县干部群众奋发进取、扎实工作，“十三五”规划主要目标全面完成。立足浦城实际，制定出台《关于全方位推动绿色高质量发展超越的决定》和《全方位推动绿色高质量发展超越的决定的行动计划》，细化分解12项重点任务，项目化、清单化推进落实。

召开县委十三届九次全会，对贯彻落实习近平总书记在参加十三届全国人大二次会议福建代表团审议时的重要讲话精神和市委五届八次全会精神进行全面部署，制定出台4份若干措施，提出4个方面89项具体举措。着力营造创新创业创造良好发展环境。开展“实体经济服务月”活动，点对点帮助企业“解难题、谋发展、促落地” 落实做大做强现有企业、扶持龙头企业、产业集群、减税降费等政策，一批重点龙头企业转型升级步伐加快，绿康生化年产1200吨活性杆菌肽预混剂和1200吨兽药原料药项目、热电联产项目、永芳香料二期项目等开工建设。2020年，全年完成外贸进出口5.6亿元。主动融入闽东北协同发展区建设，组织参加第三届中国粮交会、湖里魅力购“东乡农夫市集”等活动，推动实施吉武温铁路、上浦高速、通航机场等互联互通、共建共享的重大项目，成功举办2020年通航产业发展论坛。深化对台经贸合作和文化交流，引进浦城南山生态农业开发台资合作项目，举办第十二届海峡论坛·海峡两岸（浦城）章氏文化交流活动，浦台交流交往持续扩大深化。

【抗击新冠肺炎疫情】 面对突如其来的新冠肺炎疫情，县委按照中央、省委和市委决策部署，坚持人民至上、生命至上，抓紧抓实抓细疫情防控各项工作，先后召开20次新冠肺炎防控工作领导小组会议研究部署，完善社区治理体系，第一时间制定“疫情防控目标责任一张图”，创新推行“机关联乡村、联社区”等机制，1511名干部下沉社区参与防控，在城区聘任622个楼（巷）长开展防控工作，浦城社区“三长”工作机制获评全国城乡社区疫情防控优秀案例。拨付5103.37万元用于疫情防控，完成方舱医院改造预案，新建负压病房、购置负压救护车，开放单人病房36间，建成县疾控中心、县医院、县中医医院3家核酸检测实验室，实现重点人群“应检尽检”。面对疫情带来的不利影响，扎实做好“六稳”工作，全面落实“六保”任务，促进经济社会发展回归快车道。创新“县领导挂企业、机关联企业”等机制，开展一、二、三产业“百千”增产增效行动，选派30名党员干部联系70家企业，帮助企业协调解决困难问题68个，县本级63家规模工业企业复工率100%，出台《应对新型冠状病毒感染肺炎支持企业开复工建设的实施办法》等措施，全年减税降费1.51亿元，为35家企业提供9790万元工业产业基金贷款，阶段性减免企业基本养老保险费、失业保险费、工伤保险费1.03亿元，为中小微企业和个体工商户减免房租452.65万元，帮助23家企业争取各类补助资金481.28万元。

【巩固脱贫攻坚成果】 深入推进“龙

头企业+贫困户”等产业带动模式，依托“五个一百”产业扶贫示范带动工程，发展浦城大米、灵芝等产业项目，发放中央产业扶贫发展资金540.9万元，发放小额信贷5602.78万元，带动贫困户6000多户。落实就业扶贫，结合“春风行动”等专项行动，举办33场精准就业扶贫专场招聘会，推送岗位信息1935个。开发农村保洁、河道管护等公益性岗位，帮助586名建档立卡贫困户就业上岗。全面落实贫困人口“三保障”及饮水安全保障，建立健全防止返贫监测和帮扶长效机制，加派科级干部对207户515人五类贫困重点对象进行帮扶，加强对70个贫困村5066户贫困户进行动态监测，多措并举防止返贫。

【开拓创新】 2020年，浦城县委坚持以创新为核心的新发展理念，狠抓重点领域和关键环节改革，不断激发经济社会发展活力。

大力实施创新驱动战略。深化新时代科技特派员（简称科特派）制度，强化科技大市场建设运营，发挥国家级专家服务基地和省级技术转移机构平台功能，新培育科特派利益共同体38家，实现科特派服务村村全覆盖。深化产学研用结合，无缝链接浙江科技大市场、国家海峡技术转移中心等科技资源，积极推进生物产业研究院、米业产业研究院项目落地。加强知识产权保护和运用，2020年，全县专利申请504件，有效发明专利95件，同比增长23.38%。

持续推进重点领域改革。探索推行“金土地生态银行”，建立自然资源交易平台，首批55.6公顷农村土地承包经营权成功竞拍。完成32家县直部门单位“三定”工作，试点开展乡镇“两中心一大队”事业单位改革。持续深化“放管服”改革，制定出台《优化营商环境二十五条措施》，创新推出“我要开便利店”等23个“一件事”套餐集成服务，审批时限平均提速20%。大力开展“一把手”招商、产业链招商、以商招商，新引进总投资超5000万元项目48个，总投资81.14亿元。

全面提升交流水平。充分运用“线上广交会”、环球资源外贸平台拓展国际市场，实现农副产品进出口零的突破，全年完成外贸进出口5.6亿元。主动融入闽东北协同发展区建设，积极组织参加第三届中国粮交会、湖里魅力购“东乡农夫市集”等活动，推动实施吉武温铁路、上浦高速、通航机场等互联互通、共建共享的重大项目，成功举办2020年通航产业发展论坛。深化对台经贸合作和文化交流，引进浦城南山生态农业开发台资合作项目，举办第十二届海峡论坛·海峡两岸（浦城）章氏文化交流活动，浦台交流交往持续扩大深化。

【民主法治建设】 2020年，浦城县委坚持和完善党委领导人大工作机制，支持人大开展调研视察和执法检查，支持人大代表建议办理，年度拨付专项保障经费200万元，支持人大对优秀代表建议案、先进承办单位及个人进行表彰，支持人大代表联系群众活动室（点）提档升级、规范运行，支持设立监察司法委、社会建设委内设机构和大会专门委员会，支持代表工作提质增效，按时办理和答复代表提出的建议116件，代表满意率和建议案办成率明显提升。

全面提升人民政协工作。加强党对政协工作的全面领导，及时召开县委政协工作会议，制定《县政协党组工作规则》，党建工作“两个全覆盖”成效得到省、市政协肯定。持续加强人民政协专门协商机构建设，县政协开展重点协商、对口协商和办理协商，形成建议案、视察报告和建议等22篇。支持人民政协发挥民主监督优势，强化社情民意信息“微调研”，全年立案交办提案99件，办复率达100%。

完善大统战工作格局。大力推动“回归经济”发展，不断深化“机关联商会”等机制，引进回归项目63个，总投资49.39亿元。扎实开展“民企带村”活动，13家民营企业与15个村结成带动帮扶对子，累计投入资金1.17亿元，推动实现村企民共赢。加快商会改革发展进程，实现乡镇（街道）商会全覆盖。重视做好民族宗教工作，支持工会、妇联等群团组织有序开展工作。加强党外知识分子和新的社会阶层人士工作，做好港澳台、海外统战及侨务工作。

深入推进法治浦城建设。高质量完成“七五”普法验收工作，大力开展普法宣传“六进”活动。扎实开展社会矛盾纠纷排查化解工作，累计排查调处矛盾纠纷2045件，调处率100%。加强公共法律服务能力，积极组织“援企送法”等活动，建成公共法律服务工作室304个，全年受理法援案件107起、受援满意率100%。

【绿色高质量发展】 2020年，浦城县坚持把产业转型升级作为主攻方向，以现代绿色农业、生物、全域旅游等产业为抓手，推动县域经济高质量发展。借力南平“武夷品牌”推介，着力提升“浦城大米”等优势特色农产品品牌影响力，积极创建“中国好粮油”示范县，新增产能区34个1666.67公顷，完成高标准农田建设3026.67公顷，创建13833.33公顷全国绿色食品原料（水稻）标准化生产基地，成功举办“浦城大米”品牌发布周年研讨会，“浦城大米”获评国家地理标志保护商标，浦城大米现代农业产业园列入省级十大现代产业园。全面开展抛荒撂荒耕地整治，粮食播种面积33006.67公顷，总产21.45万吨，在古楼、莲塘等10个乡镇推广种植元胡、贝母等中药材400公顷，成功举办闽产中药高质量发展高峰论坛暨国家重点研发项目推进会。

做大工业产业集群。大力推进工业园区标准化建设，投资5.22亿元用于完善浦潭生物专业园区配套设施，加快日蒸汽1800蒸吨热电联产建设，污水处理厂和自来水厂已投入使用，绿康生化扩建等金娃娃项目正有序推进，浦潭生物专业园被列入福建省循环化绿色改造财政资金支持园区和福建省绿色园区。持续推进圣农食品、锦城新材料等特色专业园区建设，逐步实现“一区多园”管理模式。新认定国家级高新技术企业5家，圣新能源荣获省工业和信息化龙头企业称号，小密酒业获评“福建省省级工业旅游示范基地”。全年实施技改项目15个，完成投资8.68亿元。

做精全域旅游产业。充分挖掘历史人文和生态资源优势，构建全域旅游体系，匡山景区项目一期基本建成，浮盖山景区、梦笔文化公园等项目加快建设，大水口景区获评省“金牌旅游村”并成为网红打卡地。结合全国首个“喜马拉雅有声城市”项目，打造研学旅游新业态，通过抖音等平台加大旅游推介力度，枫溪乡被列入“避暑清凉福地”。大力推动水美经济与文旅、康养等产业深度融合，打造“醉美画乡”写生艺术基地，成功举办全国郊野钓鱼比赛（浦城站）、宜和佳苑杯中国电动冲浪公开赛等活动。

做优文化创意产业。深入挖掘剪纸、诗词等特色文化，以“文化+”“互联网+”模式推动全县文化产业发展，加快梦笔文化产业园、书香浦城等文化产业项目建设，7处城市书房全部建成开放，成功举办喜马拉雅大学首期有声书主播实训班。完成“文化一条街”升级改造，吸引浦城剪纸、闽派古琴、大口窑青白瓷等82家文化企业集聚入驻，积极组织参加厦门文博会、旅博会等活动，成功举办全省剪纸技能大赛，有序推进闽派古琴申报国家级非遗和大口窑制作技艺申报省级非遗前期各项工作。

【意识形态工作】 2020年，浦城县委紧紧围绕举旗帜、聚民心、育新人、兴文化、展形象的使命任务，创新思想武装平台、文化发展思路、文明创建载体，为新浦城建设提供强大精神动力。

全面加强宣传思想建设。把学习宣传贯彻习近平新时代中国特色社会主义思想作为首要政治任务，切实在学懂弄通做实上下功夫。围绕《习近平谈治国理政》（第三卷）等新思想新理论，组建宣讲团深入各党委（党组）开展学习宣讲活动，录制《习近平在福建》等9个专题的党课视频，在全县开展宣讲287场次，受众1万余人。加快县级新闻媒体融合发展和县级融媒体中心建设，融媒体中心中央厨房和省级技术平台如期投入使用，“诗画浦城”App正式上线运营。

大力推进精神文明创建。结合省级文明县城创建工作，大力实施城乡居民精神文明素质提升工程，创新施行《浦城县市民不文明行为管理办法（试行）》，组织开展“争创文明城、争做文明人”大讨论，印发《整治不文明行为责任清单》，全县查摆并整改不文明行为问题13410例。积极探索星期六志愿服务“一月一主题”模式，先后举办城区“一盔一带”文明交通劝导等活动48场次，累积志愿服务超1.9万人次。深化新时代文明实践中心建设试点工作，完成19个乡镇（街道）文明实践所试点建设，文明实践站试点覆盖175个村（社区）。

切实筑牢意识形态防线。认真贯彻落实《中国共产党宣传工作条例》《党委（党组）意识形态工作责任制实施办法》，出台意识形态工作考评办法、约谈制度等文件，将意识形态工作纳入县“四比”、绩效考评及巡察的重要内容，完成13个单位意识形态专项巡察。严格执行公共领域宣传载体风险排查等制度，印发《全县规范党员网络信息行为的通知》，进一步规范党员干部网络信息传播行为，全年舆情态势平稳。

【从严治党】 2020年，浦城县委全面贯彻新时代党的建设总要求，认真履行管党治党政治责任，不断提高新时代党的建设质量。

持续强化党的政治建设。深入贯彻落实中央关于加强党的政治建设《意见》和省委“八个坚定不移”要求，结合学习五中全会精神、《习近平谈治国理政》和《习近平在福建》等系列采访实录，开展提升“七种能力”等学习研讨，举办县管干部政治理论水平测试，引导党员干部增强“四个意识”、坚定“四个自信”、做到“两个维护”，进一步学懂弄通做实习近平新时代中国特色社会主义思想。

全面提高干部队伍素质。扎实开展“强学习、提能力、做标兵”活动，创新举办清华大学乡村振兴“云课堂”系列专题讲座 11 期，线上、线下培训各类干部近万人次。树立正确用人导向，制定出台《关于激励干部干事创业的十一条措施（试行）》完成公务员职级晋升 4 批 71 人。注重青年干部培养，举办县直机关年轻干部“青春夜学”培训班 8 期 666 人，提拔使用优秀年轻干部 37 名，占提任人数的 78.72%。强化人才支撑，制定出台《关于开展在外机关事业单位人员回浦城工作的实施意见》，发放各类人才补助经费累计 2197.12 万元。

大力提升基层党建水平。深化落实“六要”群众工作法，持续推进“村档乡管”工作机制，创新开展农村党建“整乡推进、整县提升”活动，着力推进基层党支部“达标创星”。深化运用党员“双线”管理机制，启用县党群服务中心并联合喜马拉雅共建“有声党建”平台，深入开展“党建体检”和村级组织换届选举调研摸排工作，指导完成 12 个村党组织整顿转化。完成机关党组织与村党组织结对共建全覆盖，机关党员累计到村服务 8798 次、帮扶产业项目 83 个 2235.8 万元，全县村级集体经济收入均达 10 万元以上。积极开展近邻党建工作，全面完成 16 个社区“大党委”建设，推动党员下沉社区“双报到”。

持之以恒正风肃纪。认真抓好中央、省委巡视和市委巡察反馈问题整改落实工作，持续开展县委全面从严治党主体责任检查，梳理整改问题 243 个，推进全面从严治党向纵深发展。始终保持高压反腐态势，全县纪检监察机关共立案 90 件 90 人，给予党纪政务处分 80 人，运用监督执纪“四种形态”处理 626 人次。完善“1+X”专项督查机制，坚持明察暗访相结合，驰而不息纠治“四风”，共查处违反中央八项规定精神问题 10 件 21 人、查处形式主义、官僚主义问题 8 件 13 人。扎实开展扶贫、民生等重点领域专项治理，完成全县 78 个党组织和 51 个二级机构的巡察全覆盖。

重要会议

【县委全委会议】

县委十三届十一次全会 2020 年 9 月 1 日，中国共产党浦城县第十三届委员会第十一次全体会议在浦城 召开。会议由县委常委会主持，会议主要任务是，以习近平新时代中国特色社会主义思想为指导，全面贯彻中共十九大和十九届二中、三中、四中全会精神，深入学习贯彻习近平总书记对福建工作的重要讲话重要指示批示精神，认真贯彻落实省委十届十次全会和市委五届十次全会精神，科学谋划全方位推动绿色高质量发展超越的目标和举措，动员全县广大干部群众牢记重托、乘势而上、砥砺前行，加快建设“机制活、产业优、百姓富、生态美”的新浦城，为实现“两个一百年”奋斗目标、促进祖国统一发挥更大作用。审议通过《中共浦城县委关于全方位推动绿色高质量发展超越的决定》。

县委十三届十二次全会 2020 年 12 月 30 日，中国共产党浦城县第十三届委员会第十二次全体会议在浦城召开。会议由县委常委会主持。出席会议的有十三届县委委员、候补委员，县人大常委会、县政府、县政协领导，县法院院长、检察院检察长，县纪委常委、监委委员，县直各单位及省、市驻浦各单位主要负责人，各乡镇（街道）党政主要负责人，浦城县部分省第十次、市第五次、县第十三次党代会代表。非中共党员的县领导及部门主要负责人和担任过副处级以上领导职务的离退休干部等列席会议。

全会以习近平新时代中国特色社会主义思想为指导，深入学习贯彻中共十九届五中全会、省委十届十一次全会和市委五届十一次全会精神，听取和讨论县委常委会工作报告，审议通过《中共浦城县委关于制定浦城县国民经济和社会发展第十四个五年规划和二〇三五年远景目标的建议》。

【县委常委会会议】 2020 年，浦城县 召开县委常委会会议 23 次。1 月 8 日，县委书记主持召开县委常委会会议暨县委主题教育领导小组第 7 次会议，会议传达学习习近平总书记在中央政治局专题民主生活会上重要讲话精神、习近平总书记在中共中央政治局会议审议《中国共产党党和国家机关基层组织工作条例》和《中国共产党国有企业基层组织工作条例（试行）》时的重要讲话精神、中央农村工作会议精神，对主题教育专题民主生活会上就谈话函询未作报告的个别常委的补充说明、全县安全生产工作，2020 年政协重点协商计划和浦城县政协协商工作规程（试行）等议题进行讨论研究。

1 月 21 日，县委书记主持召开县委常委会会议，会议集中学习《习近平在福州》《习近平在厦门》《习近平在宁德》采访实录并开展交流研讨，传达学习中央纪委十九届四次全会和省纪委十届五次全会以及市纪委五届五次全会、省十三届人大三次会议和市五届人大五次会议及市委常委会（扩大）会议、省政协十二届三次会议和市政协五届四次会议精神，对《浦城县绿色发展考核评价体系（讨论稿）》、浦城县上水南安置房二期工程设计施工采购总承包招标、《浦城县2020年大督查工作实施方案（讨论稿）》、浦城大剧院声光电和剧场声学装修项目、南平长浦生物科技有限公司建设项目投资合同、《福建省浦城县乡村振兴战略规划（2018—2022）（讨论稿）》、《浦城县人大常委会2020年工作要点（讨论稿）》、《中国共产党浦城县第十三届纪律检查委员会第五次全体会议工作报告（讨论稿）》、2020年省“五一劳动奖”和工人先锋号推荐、浦城县新型冠状病毒防控等议题进行讨论研究。

2月6日，县委书记主持召开县委常委会（扩大）会议暨县新型冠状病毒感染肺炎防控工作领导小组第10次会议，会议传达学习中央、省委疫情防控工作有关会议精神，以及省委组织部《关于进一步推动各级党组织和广大党员把疫情防控工作落实落细的要求》文件精神，对浦城县下一阶段疫情防控、节后复工复产工作进行研究部署。

2月21日，县委书记主持召开县委常委会会议，会议学习传达了习近平总书记在中共中央政治局常委会会议研究应对新型冠状病毒肺炎疫情工作时的重要讲话和省、市疫情防控及企业、项目复工复产工作视频会议精神，对浦城县将所持南平市荣华山工业园区开发建设有限公司股权无偿划转至南平市土地发展集团、古楼乡疫情防控措施落实不力问题以及有关人事工作等议题进行讨论研究。

3月9日，县委书记主持召开县委常委会会议暨县新型冠状病毒感染肺炎防控工作领导小组第14次会议，会议传达学习中央政治局、省委、市委常委会相关会议精神，中共中央办公厅发布的《纪检监察机关处理检举控告工作规则》文件精神，全市组织部部长会议主要精神，省、市宣传工作会议精神，对浦城县疫情防控工作、企业和项目复工复产情况及下阶段工作安排，浦城县公共安全视频监控（雪亮工程）建设联网应用项目，《中共浦城县政协党组工作规则（讨论稿）》，《浦城县2020年党委（党组）意识形态工作考评办法（讨论稿）》，2019年全县各党委（党组）落实意识形态工作责任制的情况通报，《激励干部干事创业的十二条措施（试行）（讨论稿）》，2019—2020年党费收支情况及当前工作等议题进行讨论研究。

3月23日，县委书记主持召开县委常委会会议暨县新型冠状病毒感染肺炎防控工作领导小组第15次会议，会议传达学习了习近平总书记在湖北省考察新冠肺炎疫情防控工作时的重要讲话、3月18日在中央政治局常委会会议上的重要讲话、在全国决战决胜脱贫攻坚座谈会上的讲话精神，省、市安全隐患大排查大整治和疫情防控、复工复产工作部署视频会议，省、市统战部长会议，全市民族宗教工作和全市网络人士统战工作会议，中央、省、市政法工作会议精神，以及中共中央办公厅印发的《党委（党组）落实全面从严治党主体责任规定》文件精神，学习习近平在福州采访实录（1～3章）、《中共福建省委关于贯彻落实习近平总书记重要讲话精神决战决胜脱贫攻坚的通知》并开展交流研讨，对近期安全生产工作、房屋结构安全隐患大排查大整治专项行动及《全县房屋结构安全隐患大排查大整治百日攻坚专项行动方案（讨论稿）》、脱贫攻坚和春耕备耕工作、《贯彻落实中央宗教工作督查“回头看”反馈意见整改细化方案（讨论稿）》、选派王建宇等三人到市高速公路建设指挥部办公室及市铁路建设办公室协助工作等议题进行讨论研究。

4月7日，县委书记主持召开县委常委会会议暨县新型冠状病毒感染肺炎防控工作领导小组第16次会议，会议传达学习了习近平总书记在中央政治局会议、浙江考察时的重要讲话、对四川西昌市经久乡森林火灾作出的重要指示、在中央全面深化改革委员会第十二次会议上的重要讲话精神，中央、省委、市委政协工作会议，全省强化非法入境人员管控工作视频会议，省总工会十三届八次全委（扩大）会议，全省党校（行政学院）校（院）长视频会议精神以及《福建省领导干部政治素质考察办法（试行）》文件精神，学习习近平在福州采访实录并开展交流研讨，对新配备县政府党组成员、驻村任职干部2019年度考核评优及当前工作等议题进行讨论研究。

4月13日，县委书记主持召开县委常委会会议暨县新型冠状病毒感染肺炎防控工作领导小组第17次会议，会议传达学习了习近平总书记4月8日在中央政治局常委会会议上的重要讲话，省委、市委农村工作会议，省、市扫黑除恶专项斗争推进视频会议精神，学习习近平在福州采访实录、学习弘扬廖俊波精神并围绕观看《一诺无悔》电视剧开展交流研讨，对2020年全县重点推进项目、2020 年重点项目服务团队和县委县政府中心工作选派干部及县直机关与民营企业互联互学互派选派人员、按公务员职级调整交通补贴和通信误餐补贴、配备县政协党组副书记、《2020 年全县党建工作要点（讨论稿）》及当前工作等议题进行讨论研究。

5 月 6 日，县委书记主持召开县委常委会会议暨县新型冠状病毒感染肺炎防控工作领导小组第 18 次会议，会议传达学习习近平总书记 4 月 17 日在中央政治局会议上的重要讲话精神、李德金副省长浦城调研讲话精神、省领导对信访工作批示的精神、中央和省委、市委财经委员会会议精神，学习《中共中央办公厅关于持续解决困扰基层的形式主义问题为决胜全面建成小康社会提供坚强作风保障的通知》和习近平在福州采访实（10 ～ 12 章）并开展交流研讨，对全县第一季度经济运行情况、《中共浦城县委全面深化改革委员会 2020 年工作要点（讨论稿）》、《中共浦城县委财经委员会 2020 年工作要点（讨论稿）》、信访维稳和脱贫攻坚工作、《中共浦城县委关于成立浦城县意识形态工作领导小组的通知（讨论稿）》、2020 年解决意识形态实际问题、《2020 年全县宣传思想文化工作要点（讨论稿）》、浦城一中校庆准备等议题进行讨论研究。

5 月 15 日，县委书记主持召开县委常委会会议，会议对浦城县 2019 年度市管干部年度考核评优、常委分工等议题进行讨论研究。

5 月 26 日，县委书记主持召开县委常委会会议，会议对 2020 年县委、县政府为民办实事工作计划，上年浦城县招商引资工作考评结果，规模工业企业发展技术创新品牌创建先进单位、纳税先进企业金银铜牌表彰奖励，十里莲塘田园综合体马莲河景观提升工程项目，浦城县城区防洪排涝（高水高排）工程招标，2020 年南平市劳动模范推荐人选以及干部人事工作等议题进行讨论研究。

6 月 11 日，县委书记主持召开县委常委会会议，会议传达学习副省长李德金就做好 2020 年河湖长制工作提出的五点要求，扫黑除恶专项斗争“六清”行动推进工作视频会议精神，中央和省委巡视巡察工作会议精神，国家、省、市外事工作相关会议文件精神，中央保密委员会《关于加强地方党委保密委员会建设的意见》，省市对台工作会议精神，市委国安委会议精神，市委保密委员会会议精神，对 2019 年度浦城县绩效考评结果、2019 年度市对浦城县绩效考评情况、浦城县老促会工作情况、浦城县开展平安建设情况、《中共浦城县委国家安全委员会 2020 年工作要点（讨论稿）》、《中共浦城县委军民融合发展委员会 2020 年工作要点（讨论稿）》、《中共浦城县委外事工作委员会办公室、浦城县人民政府外事办公室 2020 年工作要点》、2019 年度全面从严治党主体责任落实情况检查、软弱涣散村和少数民族薄弱村帮扶整顿工作方案、县工商联增补副主席等议题及当前工作进行讨论研究。

7 月 6 日，县委书记主持召开县委常委会会议，会议传达学习《中国共产党宣传工作条例》《党委（党组）意识形态工作责任制实施办法》《关于设立统一规范的国家生态文明试验区的意见》《国家生态文明试验区（福建）实施方案》《关于生态环境保护领域违纪违法案件典型案例的通报》文件精神，以及全省脱贫攻坚工作调度视频会会议精神、全市贯彻落实《中国共产党宣传工作条例》会议精神并开展交流研讨，对人居环境品质提升督查考评内容情况、“四比”及“绿色发展考评”工作情况、恢复县人大代表范建执行代表职务情况、筹备第二十届福建省科协年会浦城分会场活动情况、《关于贯彻落实〈中国共产党宣传工作条例〉责任分工方案（讨论稿）》、《深化浦城县纪委监委派驻机构改革的意见（讨论稿）》、《浦城县纪委 浦城县监委派驻机构改革方案（讨论稿）》、福建核工业二九四大队浦城基地二期置换收储情况、《关于进一步促进招商引资工作的若干意见（讨论稿）》和《浦城县不文明行为管理办法（试行）》实施有关情况等议题及当前工作进行讨论研究。

7 月 23 日，县委书记主持召开县委常委会会议，会议传达学习了中央依法治国与省委依法治省以及市委依法治市会议精神、《防范和惩治统计造假弄虚作假重要文件选编（上下册）》部分文件概要精神、省委贯彻《中国共产党政法工作条例》实施办法会议精神、市纪委《关于三起扶贫领域腐败和作风问题典型案例的通报》、上海市《关于加快特色产业园区建设、促进产业投资的若干政策措施》文件精神并开展交流研讨，对县纪委监委各派驻机构改革有关情况、从“机关联社区”部分共建单位中选调人口普查员情况、《中共浦城县委全面依法治县委员会 2020 年工作要点（讨论稿）》、《关于在全县广泛开展〈中华人民共和国民法典〉普法宣传的实施方案（讨论稿）》、《浦城县应对防范美西方驻华使领馆渗透问题专项工作机制（讨论稿）》、《浦城县落实 2019 年度省委全面从严治党主体责任落实情况检查发现问题整改计划》、《2019年度省委全面从严治党主体责任落实情况检查发现问题的整改责任清单》、议军工作以及干部人事工作等议题进行讨论研究。

7月28日，县委书记主持召开县委常委会会议，对《2019年度市委全面从严治党主体责任落实情况检查发现问题的整改责任清单（讨论稿）》、党员违纪案件处理情况等议题进行讨论研究。

7月31日，县委书记主持召开县委常委会会议，会议传达学习了习近平总书记在中央政治局第二十一次集体学习时的重要讲话精神、《中国共产党基层组织选举工作条例》、国务院联防联控机制严防聚集性疫情做好秋冬季防控工作电视电话会议精神、省委省纪委监委对武勇涉嫌严重违纪违法进行纪律审查和监察调查的决定、7月28日市委常委会会议精神，对调整提高离任村主干生活补助标准、“醉美画乡”项目建设、老旧小区改造项目有关情况和《2020年度浦城县绩效管理工作方案（讨论稿）》等议题及当前工作进行讨论研究。

8月28日，县委书记主持召开县委常委会会议暨县委审计委员会第三次会议，会议传达学习中央政法委《关于对“法轮功”人员教育转化去存量攻坚工作开展第一轮抽查情况的通报》文件精神，省委十届十次全会、市委五届十次全会会议精神，省委常委、省委秘书长郑新聪浦城调研讲话精神，全市组织系统贯彻落实新时代党的组织路线工作座谈会精神，对县委十三届十一次全会筹备工作情况、《第十二届海峡论坛南平分会场·海峡两岸（浦城）章氏文化交流活动大会工作方案（讨论稿）》、浦城县2019年度预算执行和其他财政收支的审计工作情况及县经济责任审计工作联席会成员单位名单、《浦城县残疾人联合会改革实施方案（讨论稿）》、《中国国际贸易促进委员会浦城县委员会深化改革方案（讨论稿）》、《浦城县深化乡镇（街道）机构改革实施意见（讨论稿）》、《中共浦城县委关于报送2019年度市委全面从严治党主体责任落实情况检查反馈问题整改计划的报告（讨论稿）》、党员违纪案件处理情况、2019年度科级领导班子评优原则的有关情况、试用期满干部考核、县监察委员会领导班子成员配备等议题进行讨论研究。

9月11日，县委书记主持召开县委常委会会议，会议传达学习了习近平总书记近期重要讲话重要指示批示精神，省委、省政府《突破“难、硬、重、新”工作行动方案》精神，集中学习《中华人民共和国民法典》并开展交流研讨，对选派干部参与县重点项目征迁工作的情况、2019年度科级领导班子评优结果的有关情况、纳入县委管理的学校领导人员聘任工作的有关情况、部分科级干部调动的有关情况等议题及当前工作进行讨论研究。

10月13日，县委书记主持召开县委常委会会议，会议传达学习了习近平总书记近期重要讲话重要指示批示精神、赵乐际在十九届中央第六轮巡视工作动员部署会上的讲话精神和十届省委第九轮巡视工作动员部署会会议精神、全市信访工作联席会议全体成员会议精神及浦城县贯彻意见、市纪委《关于三起党员干部充当黑恶势力“保护伞”典型案例的通报》，集中开展“争创文明城、争做文明人”交流研讨，对《突破“难、硬、重、新”工作行动实施方案（讨论稿）》、《福建核工业二九四大队浦城基地二期收储实施方案（讨论稿）》、调整石陂镇后塘村等4名村党支部书记、2019年度科级干部年度考核评优及干部人事工作等议题进行讨论研究。

11月2日，县委书记主持召开县委常委会会议，会议专题传达学习贯彻中共十九届五中全会精神、全省宣传系统学习中共十九届五中全会电视电话会议精神。

11月16日上午，县委书记主持召开县委常委会会议，会议传达学习了习近平总书记近期重要讲话重要指示批示精神、《中共中央办公厅、国务院办公厅印发〈关于妥善防范化解“邻避”问题推进重大项目实施的意见〉的通知》《2019—2023年全国党政领导班子建设规划纲要》及省、市《若干措施》文件精神、省委主责办《关于2019年度省委全面从严治党主体责任检查6起问责典型问题的通报》、省市深入推进扫黑除恶专项斗争视频会议精神、市委市政府拉练检查工作精神，集中开展“争创文明城、争做文明人——提升社会文明大家谈”“提高调查研究能力”交流研讨，对全县财政工作、浦城正大生化股权出让、党员违纪案件、2019年度科级干部年度考核等次复议等议题进行讨论研究。

11月16日下午，县委书记主持召开县委常委会会议，会议传达学习了习近平总书记近期重要讲话重要指示批示精神、《中共中央办公厅、国务院办公厅印发〈关于妥善防范化解“邻避”问题推进重大项目实施的意见〉的通知》《2019—2023年全国党政领导班子建设规划纲要》及省市《若干措施》文件精神、省委主责办《关于2019年度省委全面从严治党主体责任检查6起问责典型问题的通报》、省市深入推进扫黑除恶专项斗争视频会议精神、市委市政府拉练检查工作精神，集中开展“争创文明城、争做文明人——提升社会文明大家谈”“提高调查研究能力”交流研讨，对全县财政工作、浦城正大生化股权出让、党员违纪案件、2019年度科级干部年度考核等次复议等议题进行讨论研究。

12月7日，县委书记主持召开县委常委会会议暨县新型冠状病毒感染肺炎防控工作领导小组第20次会议，会议传达学习了习近平总书记近期重要讲话重要指示批示精神、《习近平关于统筹疫情防控和经济社会发展重要论述选编》和省委、市委《关于学习宣传贯彻党的十九届五中全会精神的通知》及市委《关于建立机关事业单位干部荣誉退休制度的通知》文件精神，对县疫情防控领导小组各专项小组工作、生态环境保护督察、根治欠薪工作、马莲河右岸景观（道路、桥梁）工程建设、《中鸿嘉园14#楼政府回购商品房销售代理权拍卖方案（讨论稿）》《浦城县房地产综合开发公司资产处置及人员安置方案（讨论稿）》《匡山酒业3、4号两栋D级危房处置方案（讨论稿）》及补选县第十七届人大代表等议题进行讨论研究。

（李　强）

组织工作

【理论武装】 2020年，浦城县委组织部坚持用好《习近平谈治国理政》和《习近平在福建》等系列采访实录，采取党委（党组）中心组学习、党支部“三会一课”、主题党日、集中宣讲、举办故事分享会等形式开展学习研讨，并作为县乡党校各类班次教学的核心内容，教育引导广大党员干部不断增强“四个意识”、坚定“四个自信”、做到“两个维护”。2020年，全面完成科级干部十九届四中全会精神集中轮训，举办科级干部进修班2期，中青年干部进修班1期，村党组织书记进修班1期，优秀共产党员和优秀党务工作者进修班1期，青年干部学习《习近平谈治国理政》（第三卷）故事分享会1期，有效引导党员干部更好地理解和把握新思想的理论逻辑和实践逻辑，推动学习贯彻往深里走、往心里走、往实里走。

【专业培训】 2020年，浦城县全面完成科级干部中共十九届四中全会精神集中轮训，举办科级干部进修班2期，中青年干部进修班1期，村党组织书记进修班1期，优秀共产党员和优秀党务工作者进修班1期，青年干部学习《习近平谈治国理政》（第三卷）故事分享会1期，有效引导党员干部更好地理解和把握新思想的理论逻辑和实践逻辑，推动学习贯彻往深里走、往心里走、往实里走。持续开展“强学习、提能力、做标兵”活动，借助清华大学高端教育资源，围绕乡村产业发展、文旅融合、集体经济发展壮大等内容，创新开设乡村振兴“云课堂”系列专题讲座11期，线上、线下培训各类干部近万人次；举办领导干部口才能力提升专题培训班、科级干部政策法规培训班，培训科级领导干部172人，进一步提高领导干部综合素质能力；围绕“学政治、学业务、学技能”三方面内容，举办县直机关35周岁以下年轻干部“青春夜学”培训班8期，全覆盖培训年轻干部666人，有效推动干部政治能力和业务水平双提升，有关做法在福建电视台、南平广播电视台播出。

【干部队伍建设】 2020年，浦城县委组织部推进干部“能上能下”。坚持“事业为上、人岗相适、人事相宜”的原则，树立正确选人用人导向，选拔使用一批在“百日攻坚战”“四比六促”“项目突破年”活动以及疫情防控、脱贫攻坚、房屋结构安全隐患排查整治中表现优秀的干部。对不适宜担任现职的4名干部，通过调离岗位、转任职级等方式，及时予以调整，推动形成注重实绩、重视实干、群众公认的鲜明导向。同时，积极落实好公务员职务与职级并行制度，坚持“分类考虑、分批推进、择优晋升”的原则，对表现优秀的各类别干部予以晋升职级，共晋升职级3批66人，进一步发挥好公务员职务与职级并行的激励鞭策作用。

健全分类激励机制。制定出台《关于激励干部干事创业的十一条措施（试行）》，对涉及49个单位156名县管职级公务员、临近退休干部、被问责干部、被调整干部、表现一般干部等五个不同群体的干部进行分块管理，采取实地走访、谈心谈话、建立台账等形式，跟踪督促履职作为，19名表现突出的干部得到晋升职级或同级转任领导岗位。推行荣誉退休制度，激励156名临近退休、被问责等五个群体干部干事创业、担当作为。注重在关键、吃劲岗位及基层一线培养考验年轻干部，选派35名年轻干部参与县重点项目征迁工作、18名到县直单位跟班；常态化设立“金点子”邮箱，鼓励年轻干部建言献策，着力提高年轻干部“七种能力”。2020年以来，提拔使用表现优秀的年轻干部37名，占总提任人数的78.72%。采取“考核+能力测试”方式，稳妥有序做好92名2018届基层党群工作者2年聘用期满的事业单位入编工作。同时，做好做实老干部工作，建立健全县四套班子领导联系老干部工作制度，投入近400万元修缮老年大学新校区，改善老年大学办学条件，进一步引导老干部结合自身实际发挥作用。

8月21日，浦城县召开全县组织系统贯彻落实新时代党的组织路线工作座谈会
（县委组织部 供）

【基层党建工作】 2020年，浦城县委组织部着力夯实基层党建基础。在难点突破上下功夫。扎实推进基层党组织“达标创星”、软弱涣散基层党组织整顿转化，评定金星村党组织7个、红星村党组织68个，针对全县12个软弱涣散村和少数民族薄弱村，按照“四个一”的措施安排相关人员、单位进行挂钩帮扶，完成整顿提升，全面增强基层党组织组织力；落细落实基层党建重点任务，建成启用“六要”群众工作法现场教学基地，更好地服务乡村治理，推动乡村振兴；持续落实“村档乡管”工作机制，规范村级档案管理使用，确保2021年换届村务不断档；完善关心关爱基层干部措施，在全市率先为全县1698名在职村（社区）“两委”干部办理人身意外伤害险，帮助消除后顾之忧；探索建立长效稳定的村财增收机制，按照“一村一品”工作思路，逐村推动落实村财增收项目，推动全县286个村集体经济收入均达10万元以上，进一步增强了村组织凝聚力和服务群众功能。

在基层治理上促提升。着力构建“县委—街道党工委—社区党委—小区（网格）党支部—楼栋（街巷）党小组”的组织网络架构。完成16个城市社区“大党委”建设，成立50个小区党支部、设置241个楼栋（街巷）党小组，加强单位党组织与社区、小区党组织的互联互动。指导各单位党组织与结对共建社区党组织签订共建协议，建立社区党建联席会议机制，确定共建项目212个。聚焦近邻党建，发动机关党员干部到社区兼任片区长、楼栋长、弄巷长，

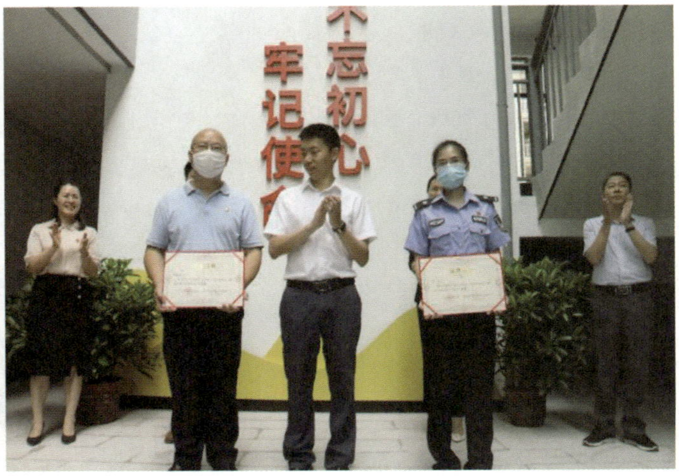

2020年6月29日，浦城县党群服务中心正式启用。县委副书记、县长沈晓文（左三）等领导出席启用仪式并为“抗疫一线党旗红”摄影作品获奖者颁奖
（县委组织部 供）

聘请楼栋（弄巷）长 622 名，其中党员占比 82.46%。组织召开现场推进会，安排“三长”深入收集民情民意 476 条，及时协调解决困难问题和矛盾纠纷 240 余件，打通联系服务群众的“最后一米”。

在党员教育管理上求实效。创新党员教育管理平台载体，用好浦城中央苏区纪念馆、廖俊波先进事迹教学点等 10 个党员教育培训示范基地，抓实党员干部“线上线下”学习教育，组织开展系列主题活动，引导广大党员学在深处，干在实处。持续深化党员“双线”管理，结合“三会一课”、主题党日活动，实行季度考评、积分管理，将考评结果作为年度组织生活会党员个人查摆问题、自我批评的重要内容和民主评议党员等次评定的重要依据。结合庆“七一”中国共产党建党日，举办“抗疫一线党旗红”摄影作品展、党群工作者演讲比赛等“九个一”系列活动，激励党员弘扬俊波精神，强化实干担当。开展农村党员集中轮训，以视频形式“送学下乡”培训农村党员 6353 人。建成县党群服务中心，并植入喜马拉雅海量党建音频资源，以有声听书等形式，实现党建知识随听随学。落实党内激励、关怀、帮扶机制，走访慰问生活困难党员 2380 人，发放慰问金 125.2 万元。做好省级、市级基层干部关心关爱专项资金申报工作，落实党组织联系帮扶建档立卡贫困户普通高中学生制度，安排县直 95 个单位党组织结对 107 名贫困生，发放助学补助金 167.16 万元，争取其他助学金 39 万元。

【人才支撑】 2020 年，浦城县委组织部落实人才政策保障。拓宽引才留才渠道。在全市率先出台《关于开展在外机关事业单位人员回浦城工作的实施意见》，畅通浦城籍在外在编机关事业单位人员回调渠道，有 2 人正在办理调动手续。同时，采取“一事一策一议”的方式，引进高学历、紧缺急需人才 3 名。制定卫生专业技术人才引进工作方案，引进 1 名本科毕业生，着手引进 2 名三甲医院学科带头人。在“五四”青年节编发“致浦城籍在外学子的一封信”，在中秋节编发“致浦城籍在外乡贤的一封信”，鼓励在外学子、人才回乡就业创业。举办 6 期“青·缘”联谊交友活动，为 200 余名机关、企事业单身青年搭建了情感交流平台。积极推动优秀人才申报评选，新确认省高层次 A、B、C 类人才共计 5 名，享受国务院特殊津贴专业技术人才 1 名，省、市工科类青年专业人才 19 名，市优秀农村实用人才 3 名，市级技能大师 2 名，推荐 6 人为 2020 年南平市优秀农村实用人才参选对象，推动绿康公司赖潭平团队及仙芝科技李晔团队申报省第二批“产业领军团队”。

加强各类人才培育。围绕打造浦城县“健康养生目的地”总体定位，建立“名医名师工作室”，计划柔性引进福建医科大学附属第一医院、厦门中山医院等 4 名知名医学专家教授，通过专家传帮带，培养一批中青年专家和特色专科人才。搭建“线上 + 线下”职业技能培训新平台，为企业开展岗前和岗位技能提升培训 1576 人；开展农业技术培训 52 场 2235 人次，现场咨询 95 场次 4200 人，举办大型田间观摩活动 3 场，受益各类人才 6000 多人次。推荐 13 名新型职业农民报名参加专科学历教育，培育新型职业农民 430 人。实施“春潮行动”培训 3025 人，完成上级下达任务数的 126.04%。鼓励动员 205 名各类人员报名参加全国社会工作者职业水平考试。

着力发挥人才效用。发挥好乡贤资源作用，推行人才、项目、资本捆绑运作模式，推动回乡投资创业企业家 80 余人，引进乡贤回归项目 52 个，总投资 44.31 亿元，其中大水口村入选省“金牌旅游村”。聘请 30 名联企干部作为人才联络员，

2020 年 12 月 17 日—18 日，浦城县举办全县组织系统学习贯彻中共十九届五中全会精神暨基层党建业务专题培训班（县委组织部 供）

推动各项人才优惠政策落地落实。同时，充分发挥166名科技特派员和40个团队科特派作用，精准服务浦城县七大绿色产业和乡村振兴，推动各项产业融合发展。利用科特派呼叫中心、慧农信等平台，为千余名农户提供服务。鼓励科技特派员以科技成果、知识产权、技术服务等与服务对象组成“风险共担、利益共享”的利益共同体，完成备案科特派利益共同体38个。

推动平台载体建设。继续依托浦城科技大市场、国家级专家服务基地等，积极推进建设各类人才平台载体，以“科技大市场+科技园”模式，与中科院等高校建立战略合作关系，线上线下链接各类专家服务团队8000多人，先后获“国家级星创天地”“国家级专家服务基地”等荣誉称号。2020年铭塔玩具等3家企业获科技小巨人领军企业，绿康等5家企业被认定为省第一、第二批高新技术企业，仁宏医药和鑫隆达竹木两家企业被认定为省“专精特新”中小企业。申报人才驿站2家，“畅想人才驿站”已通过市里考评验收。依托省科普作家协会确定福建沐野旅游公司为省级学会创新驱动服务站1家。

【公务员管理】 公务员录用。2020年，浦城县委组织部做好全县公务员和参照公务员法管理单位工作人员录用管理、审批，承担省、市委组织部委托的公务员考试录用工作。全年考试录用公务员（含参公单位）职位共43个（含公安校招职位2个），经过笔试、面试、体验、政审，共录用公务员（含参公单位）42名（含公安校招录用2名）。

职务职级确定。2020年，浦城县委组织部做好职务职级确定、新录用人员任职定级等工作。做好全县公务员及参照公务员法管理单位工作人员的登记与管理，严格把好公务员登记关，全年共办理公务员及参照公务员法管理单位工作人员登记57人（含选调生12人），转正定级57人（含选调生12人）。

公务员培训。2020年，根据南平市委组织部关于开展2019年度新录用公务员初任培训的通知，组织新录用公务员45人参加市委组织部主办的初任培训班；根据福建省委组织部关于举办2020届应届党政类选调生初任培训班的通知，组织2020届应届党政类选调生9人参加省委组织部主办的初任培训班。

奖惩工作。受刑事处罚停发工资1人。

（张　荀）

宣传工作

【思想政治学习】 2020年，浦城县委宣传部组织县委理论中心组学习22次，开展研讨交流66人次；县四套班子领导撰写心得体会63篇，在“学习强国”福建学习平台专栏刊登16篇。组织开展村级党组织万名党员微型党课活动，开展宣讲287场次，受众人数2万余人。2020年度全县“学习强国”入驻率、每日积分等均居全市前列。制定下发浦城县《贯彻落实〈中国共产党宣传工作条例〉责任分工方案》，配强配齐全县19个乡镇（街道）党（工）委宣传委员和宣传干事，全县党政机关、团体、各类基层党组织宣传工作机构或者岗位实现全覆盖。

【意识形态工作机制完善】 2020年，浦城县委宣传部对全县各乡镇（街道）党委开展意识形态工作责任制考评，出台《浦城县2020党委（党组）落实意识形态工作责任制考评办法》，强化职责分工，细化责任落实。研究制定考评办法、约谈制度、工作规则、理论学习中心组学习巡听旁听等一系列意识形态工作方案、机制；在全县开展意识形态专项督查2次，对13个单位开展意识形态

2020年12月1日，南平市委宣讲团到浦城县开展中共十九届五中全会精神学习宣讲

（县委宣传部　供）

专项巡察，不断强化意识形态工作责任落实。先后投入 260 万元对全县村村响应急广播系统升级改造，充实 2 名干部到县网络信息中心。我们始终坚持不断强化阵地管理，把意识形态工作贯穿到理论武装、舆论引导、思想教育、文化建设、文明培育等工作全过程，重点管好网络意识形态阵地，增强本地舆情发现和处置的效能，阅评员队伍上报舆情信息被上级采纳 200 余条，居全市前列，全年全县网络舆情保持平稳。

【网络监管】 2020 年，浦城县委宣传部高度重视网络意识形态阵地建设和管理，持续深化网络舆情提示制度，完善舆情处置快速响应机制。先后制定下发《浦城县 2020 年党委（党组）落实意识形态工作责任制考评办法》《关于建立突发敏感事件网络舆情信息快报制度的通知》《中共浦城县委网络安全的信息化委员办公室印发〈关于建立网络舆情分级预警联动处置工作机制的意见〉的通知》《关于开展网络安全领域安全隐患排查整治工作的通知》。加大网络工作信息报送。向市委网信办、县委办报送网络舆情工作信息、创新案例 3 个，《南平浦城：电商进村网红带货平台助力脱贫攻坚》等 2 篇网信工作信息在中央网信办官方网站和微信公众号刊载。持续开展网络安全宣传周活动，制作宣传折页、便利袋等2000份，通过广场咨询、宣传进社区、进校园、进企事业单位等，向群众讲解网络安全知识，引导群众依法上网、文明上网、安全上网。

全力保障疫情防控。坚持主动作为，科学研判，及时回应，全力开展疫情防控相关网络信息管理和网络舆论引导工作，确保疫情防控期间全县网络舆论环境平稳有序。制定下发了《全县规范党员网络信息行为的通知》，加强抗疫期间网络群组信息管理和规范网络信息。

【舆论宣传】 2020 年，浦城县委宣传部面对“统筹抓好疫情防控和经济社会发展”和“决胜全面小康、决战脱贫攻坚”两大任务，宣传思想战线紧扣战“疫”、战贫开展宣传工作。疫情期间，全县共张贴、悬挂有关疫情防控的宣传横幅及标语共计 5.4 万条，全面激活、动员 LED、广播，户外音箱、宣传车、文化队伍等全县宣传力量开展各类宣传活动；平稳处置三个涉疫情较大网络负面舆情，对3个单位进行约谈；县内疫情防控工作和宣传信息 12 条在“学习强国”等中央、省级媒体刊载。年内围绕脱贫攻坚、文明创建新建 1 面巨幅广告牌、221 个灯箱广告、10 个景观小品、58 套花圃景观宣传标牌，形成浓厚宣传氛围。推动媒体融合向纵深发展。县融媒体中心获全国新闻出版广播影视系统先进集体表彰，融媒体中心中央厨房和省级技术平台如期投入使用，“诗画浦城”App 正式上线运营，举办“县长带货”等网络直播活动，推介浦城成效显著。在中央媒体上稿取得新的突破，其中在人民日报发表 8 篇，中央电视台播出 9 条，新华客户端采用30条。在“学习强国”平台上稿 402 条，在南平市内名列前茅。

2020 年 9 月 17 日，浦城县委网信办等单位在丹桂广场进行网络安全知识普及宣传活动
（县委宣传部 供）

【文化事业发展】 2020 年，浦城县委宣传部开展各类文化活动，推动文化事业发展。完成浦城有声城一期项目，建成丹桂广场、匡山景区、十里莲塘游客服务中心等有声图书馆。新城梦笔文化中心、梦笔文化公园、美术馆、体育公园等项目建设有序推进，7 个智能城市书屋，改造提升丹桂书城投入使用。创作选送战“疫”文艺作品 127 个，19 个作品获得市级优秀奖。成功举办“中国农民丰收节”、全省剪纸技能大赛等大型文体活动；承办了“中国电动冲浪板公开赛”“郊野钓鱼大赛”等全国性大型体育赛事。医疗设备

升级提升、中医药服务新业态基本形成，全县康养产业全面启动。

【新时代文明实践】 2020年，浦城县持续打响“星期六志愿服务活动”品牌，探索星期六志愿服务“一月一主题”模式，让志愿服务理念深入人心，为新时代文明实践提供了有力保障。将志愿服务积极融入社区治理，创新推进在职党员志愿者到社区报到，622名楼栋、弄巷长志愿者参与社区治理中。新冠肺炎疫情防控期间，近万名志愿者参与各类防疫志愿服务，累计志愿服务超3.2万人次，志愿服务时长超76万小时。2020年是各类精神文明创建总评年，浦城县新获评全国文明村、全国文明家庭、全国未成先进工作者各1个。临江、富岭、忠信、九牧被推荐为省级文明村镇。选树县级文明标兵100名，推荐市级文明标兵90名。创新试行《浦城县市民不文明行为管理办法（试行）》，建立市民不文明行为管理档案库，推动形成人人争做新时代文明浦城人的浓厚氛围。

（徐 强）

统战工作

【机关四联工作】 2020年，浦城县委统战部做好机关四联工作。县委统战部与永兴镇虹垂村开展结对共建。3月10日，县委统战部机关支部到永兴镇虹垂村实地调研，并与虹垂村村两委召开联村共建座谈会。4月15日，县委常委、统战部部长郭锋带领支部8位党员前往虹垂村，与村党支部部分党员共同开展“机关联乡村、党建促振兴”主题党日活动。机关联社区。统战部系统全体干部多次利用周末到河滨街道水南社区开展人居环境志愿者劝导清扫工作。疫情期间，浦城县委统战部党支部把疫情防控作为当前最重要的工作和头等大事，第一时间成立党员突击队，统战系统10名党员全部参与，主动协助所挂点的河滨街道水南社区开展疫情防控工作。2月6日，郭锋带领突击队干部深入所联系的河滨街道水南社区，与社区党组织共同落实疫情联防联控各项措施，积极参与疫情防控工作。4月20日，统战部党支部与水南社区召开座谈会，对接商定2020年共建计划及共建项目并签订结对共建协议书。机关联企业。为帮助指导企业做好疫情防控、有序开展复工复产等工作。2020年，浦城县委常委、统战部部长郭锋，常务副部长章秀华多次前往统战部联系企业福建澳牛乳业和顺发再生纸厂两家企业指导复工复产工作，详细了解企业生产经营、原材料供应、物流配送及返岗人员排查登记，生产车间、办公场所、员工宿舍、食堂、公卫等环境卫生消杀情况，向企业有关负责人宣传县委最新的疫情防控、复工复产政策措施，帮忙协调解决企业复工复产出现的问题。开展机关联商会工作。与北京、上海、广东、厦门、福州等地浦城商会做好联络对接，为回归专员联系住所、提供好办公场所和办公用品，协助回归专员招引项目。进一步做好产业链梳理，细分产业研究，下发《关于谋划报送田园综合体项目的通知》，挖掘具有投资潜力的项目，为回归专员提供重点突破方向指引。

【加快镇街商会组建】 2020年，浦城县委统战部研究制定《关于推进组建乡镇（街道）商会的工作意见》，在理顺商会管理体制、加大商会组织培育力度、搭建政商服务平台、加强商会党建工作指导、完善相关扶持政策、加强统筹协调等方面形成了统一规范。同时，将镇街商会组建工作纳入“四比”考评内容，进一步明确任务，推动工作落实。截至12月初，19个乡镇（街道）商会全部完成注册登记，实现镇街商会全覆盖。

【深化“名誉村主任”聘任机制】 2020年，浦城县下发《中共浦城县委统战部、县工商联、县民政局关于从优秀企业家中选聘第二批名誉村主任的通知》，以乡镇推荐和企业家自荐的形式，广泛征集“名誉村主任”的候备人选，继续选聘6～10名誉村主任参与到“民企带村”助力乡村振兴工作中去。民营企业家和在外乡贤踊跃参与，有46名民营企业家提交了推荐表，经交流确认、资格审查后，适时召开选聘大会。通过“名誉村主任”的示范引领作用，让更多的企业家和乡贤参与，为家乡浦城乡村振兴注入更多新的活力，全面推进乡村振兴战略。

【推进回归经济发展】 2020年，浦城县委统战部发挥异地商会组织优势和作用，持续推进浦商“回归工程”实施，浦城籍在外创业成功人士众多、资金雄厚、经验丰富、乡情浓烈，县委统战部积极发挥纽带和桥梁作用，加大服务力度，推进回归经济发展。建立好重要乡贤数据库。在原有乡贤数据库的基础上，重新拟定《关于做好在外乡贤数据库建设推动回归经济发展的通知》，通过各乡镇（街道）和各异地商会对在外乡贤进行更加全面的摸底，详细了解和掌握在外乡贤重点分布区域、从事行业及相关影响力，建立475名在外乡贤数据信息。推进“回归经济”项目落地。牵头县工商联、商务局等相关部门，先后下发《“机关联商会 党建促回归”工作活动方案》和《加快推进回归经济促进经济社会发展的实施意见》等文件，进一步明确目标任务，细化措施，强化保障，促进重大“回归经济”项目落地。2020年，共引进“回归经济”项目52个，总投资44.31亿元，完成固定资产投资22.12亿元。

【侨务工作】 2020年，浦城县委统战部开展春节送温暖活动，慰问侨界代表人士和困难侨眷10户，发放慰问金6000元，送去县委、县政府和侨联组织的关怀与温暖；帮扶困难归侨8户，发放救助金1.8万元，关爱侨界贫困大学生鄢敏、陈歆玥、陈俊南，发放侨心助学金1.5万元，慰问临江侨联困难侨眷4户，发放慰问金2000元；帮助海外华侨与归侨侨眷家庭解决具体困难，协助解决意大利、美国华侨子女就学、办理身份证、留守老人照顾等问题。积极引导广大归侨侨眷参与公益事业，在扶贫济困、侨心工程、捐助公益事业等方面，显示浦城侨界的拳拳爱心和良好形象。处理涉侨纠纷事件一起，为侨办好事实事4件。根据闽高法《福建省高级人民法院、福建省归国华侨联合会关于全面深化涉侨纠纷多元化解工作的实施意见》精神，经县法院、县侨联多次协商，联合成立涉侨维权工作协调小组，下设浦城县侨胞权益保障法官工作室，统筹安排涉侨纠纷多元化解工作。做好“百侨帮百村——联村助户”工作，主动融入扶贫攻坚任务，进一步开展“精准帮扶贫困归侨家庭”工作，结对帮扶25户。申请上级财政帮扶52392元。侨联副主席许青松、名誉主席周紫云等人在捐资助学、扶贫就医等公益事业上都有10多万元捐款；副主席胥哲波慰向武警中队捐赠价值近5万元的物资。

（祝晓倩）

机构编制管理

【体制机制改革】 2020年，浦城县高位推动机构改革，县领导重视，高位推动，规范运作，自加压力，主动作为，依法落实县城管局“三定”，对职责变动较大的县住建局也同步重新“三定”。1月底全面完成32家县直部门单位“三定”工作；完善社区矫正管理体制，在县司法局内设机构“社区矫正管理股”加挂“浦城县社区矫正管理局”牌子；深化党的纪律检查体制和国家监察体制改革，县纪委监委合并设立、全面派驻纪检监察组，将县纪委监委原派驻县公安局纪检组调整为综合派驻，增加县纪委监委行政编制3名；扎实推进检法纪检监察机构设置及管理体制改革，将县法院政法专项编制3名和县检察院政法专项编制2名调整为行政编制。全面完成经营类事业单位法人注销登记。开展加油站点监管清单“回头看”。开展对涉及企业内设加油站点监管清单“回头看”，及时对浦城县企业内设加油站点监督管理职责再梳理，对县商务局、县市场监管局、县公安局、县应急局、南平市浦城生态环境局等相应部门的职责分工再细化再明确。

【事业单位改革】 2020年，浦城县先后全面完成7家生产经营类事业单位退出机构编制数据库管理和法人注销登记。全面完成深化县委县政府直属事业单位改革、承担行政职能的事业单位改革以及交通运输等六个领域综合执法体制改革，及时完成37家相当副科级以上事业单位报批（备）工作，彻底根除“事业局”。

【乡镇（街道）机构改革】 2020年，县委编办精心制订方案，有条不紊扎实推进机构改革。县领导高度重视，树立全县“一盘棋”思想，全力推进县乡镇(街道)机构改革工作。多次召开会议专题研究进行工作部署，掌握乡镇（街道）机构改革工作要领，科学制定《浦城县深化乡镇（街道）机构改革方案》，及时印发《浦城县深化乡镇（街道）机构改革实施意见》；同时，还出台《浦城县深化乡镇（街道）机构改革任务细化分解方案》《关于全面清理规范“一票否决”和签订责任状事

2020年2月14日，县委编办组织党员干部参与江滨一期小区进出口卡口防疫值班　（县委编办 供）

项的通知》和《关于做好乡镇（街道）党群服务中心（综合便民服务中心）设立有关工作的通知》等配套文件，细化分解改革任务，确保改革精准实施。按照“可行、能行、出成效”原则，积极探讨建立乡镇（街道）一支队伍管执法，努力下好乡镇机构改革“先手棋”。19个乡镇（街道）机构新衔牌悬挂到位、新单位公章刻印到位、机构编制核编证换发到位、人员转隶到位、定岗定员到位，基本完成乡镇机构改革。按照“职权法定”原则，保质保量完成“三定”工作。根据各乡镇（街道）的经济基础、资源禀赋、产业特点等实际情况，依法依规逐个乡镇（街道）分别进行定职能、定机构、定人员和领导职数，于8月28日分别印发并实施，提前完成任务。改革后，各乡镇综合设置内设机构6个，各街道综合设置内设机构5个；同时，对乡镇（街道）原有事业单位重新进行整合，各乡镇（街道）综合设置机构规格均为相当副科级事业单位3个。按照《浦城县安全生产“党政同责、一岗双责”规定》，乡镇（街道）“三定”中均明确“负责辖区公共安全及安全生产监管”；按照“一窗受理、一窗取件、集成服务”终极目标要求，分别采用“前台+后台”方式分类推进乡镇综合便民服务体系建设，让群众办事就像网购一样的快捷方便。采取“减县补乡”方式，精简盘活事业编制38名增核给乡镇（街道），切实配齐配强乡镇（街道）工作力量。勇于先行先试，积极探索构建基层架构新体系。分别在九牧镇、富岭镇开展乡镇机构改革先行先试试点工作。按照“三定”方案，优化整合镇现有党政机构和事业站所，细化岗位职责定岗定员，允许“一岗多人”或“一人多岗”设置

2020年7月2日，县委编办人员到仙阳镇开展机构改革实地调研

（县委编办 供）

岗位，对其所属“综合执法大队”“党群服务中心”“乡村振兴发展中心”的职责岗位分别再细化再分解，制定并印发九牧镇、富岭镇“二中心一大队”的“三定”规定，有效解决行政事业职责交叉、人员尤其是事业人员分工分流、职称评聘及农技人员工资8年浮动一级转固定等瓶颈问题。人尽其才，因地制宜稳妥做好定岗定员工作。县委在充分尊重当地党委政府意见的前提下，在严控事业编制总量不变的前提下，对现有事业单位总编制数细化分解，按照“一大队、两中心”事业单位构架进行定编，明确乡镇（街道）综合执法大队编制数原则上不少于5名、党群服务中心（挂综合便民服务中心牌子）编制数原则上不少于6名。本着“实事求是、专业对口、学以致用”的原则，按照“工作需要、群众参与、综合考评、组织决定”程序，由乡镇（街道）先行提出工作人员安置意见，经县委组织部等四部门分工合作、按责联审，及时做好人员安置工作。增强改革全局意识，加强部门协调配合，统筹兼顾，无缝对接，及时配合县委组织部公平公正、科学稳妥安置好基层党群工作者94名。

【机构编制管理】 2020年，浦城县加大控编减编力度，夯实实名制管理基础。按照“两不突破”的工作要求，严格落实机构编制管理，严把“准入关”，凡超编单位一律不进人，加大控编减编力度，努力实现“总量控制”与“服务保障”相协调，对职能弱化或相近相似的事业单位及时进行撤并整合78家，做到行政编制不突破中央核定的总量，事业编制不突破2012年年底基数，事业单位机构数比2012年底少58个；办理招录（聘）、调动、退休、死亡、辞职（退）等人员核编手续1210人次；办理2020年度行政机关事业单位待用编255名，办理2021年度事业单位待用编160名；核减机关工勤人员6名；健全完善各项制度，专人负责“每月一核实，每季一汇总”，及时掌握机构编制、

人员增减和人员结构变动情况；及时梳理并明晰财政核拨事业空编情况和《科级领导职数目录》，客观完整反映机构编制情况，适时开展机构编制，夯实实名制管理基础。加强机构编制监督管理，认真开展核编证年审工作。及时组织开展上年度全县党政群机关及事业单位机构编制核编证年审工作，重新核换部门单位机构编制核编证。在审核过程中，对85人的人员名字与身份证中名字不一致、使用同音字问题，我办均逐一与部门单位进行再核实、确认，共核查行政机关事业单位415家、核对7195名在编人员信息，顺利完成核编证年审工作 。

【权责清单制度】 2020年，浦城县公开晒权，高质量完成县乡权责清单梳理公布。及时行文部署，按照“法有授权必须为”“法无授权不可为”“法无禁止皆可为”要求，全县在南平市率先完成梳理并公布29家县直部门权责清单6300项、19个乡镇（街道）权责清单3913项，分别于4月底、11月底全部导入南平市权责清单系统，同步在县政府网站等平台进行公示，进一步细化职责“颗粒度”，重构权责体系、确保权责统一，实现县乡权责清单全覆盖。先行先试，扎实做好乡镇权责清单和乡镇（街道）“属地管理清单”试点工作。6月，仙阳镇、山下乡被省、市列为乡（镇）权责清单试点乡镇后，浦城县迅速行动，周密安排部署，靠前服务，多方征求意见，结合实际，于7月15日向省、市报送《仙阳镇权责清单目录》《山下乡权责清单目录》；11月，被省、市列为全省梳理编制乡镇（街道）“属地管理清单”试点县后，主动对接，组建专班，立即梳理有关权责事项，进一步厘清县乡职责边界，明晰县乡两级谁是主体责任、谁是配合责任，梳理编制县乡“属地管理清单”145项，于12月上旬向省、市报送。

【赋码域名及事业单位管理】 2020年，浦城县为方便群众办事，及时出台文件，简化办事流程，将上一年度事业单位法人年度报告报送和公示工作调整为“全流程”网上办理，通过“网上预约”，实行“一趟不用跑”，认真抓好抓实事业单位法人登记。强化事中事后监管，开展“双随机一公开”监管2次，完成事业单位法人年度报告公示339家，变更登记129家、注销登记9家、设立登记3家，中文域名注册及续费422家、网站挂标156家，实现两个“全覆盖”。

（黄剑方）

机关党建

【概况】 2020年，中共浦城县委县直机关工作委员会（浦城县委县直机关党工委）有党委23个，党支部50个，有党员6324人。坚持以习近平新时代中国特色社会主义思想为指导，巩固“不忘初心、牢记使命”主题教育成果，按照新时代党的建设总要求，紧紧围绕县委中心工作，推进县直机关党建工作走在前、作表率，为加快新时代新浦城建设提供坚强保证。

【开展“四联四促”活动】 2020年，浦城县委县直机关党工委推动县直机关党支部与共建村、社区开展联合“主题党日”活动，学习研讨《习近平谈治国理政》（第三卷）、《习近平在福建》等系列采访实录及习近平总书记最新讲话精神，对福建、南平工作的重要指示批示，掀起习近平新时代中国特色社会主义思想学习热潮。强化理论宣传。“七一”中国共产党建党日期间，发动机关支部书记到共建村、社区上好一堂专题党课。截至11月底，共开展联合“主题党日”活动1045次。把落实机关“四联四促”工作机制与开展“争创文明城、争做文明人”“大讨论”有机结合，以“大讨论”推动创建省级文明县城的深入开展。强化压力传导。组织人员对《共建计划》进行审核把关，对存在敷衍了事的要求立即整改到位。适时下发工作提示（联乡村先后下发9期，联社区下发6期），对阶段性的工作要点进行明晰。创新运用钉钉智能平台实时记录，动态管理。定期抽查，对工作落实不力的7名党组织书记进行约谈提醒。强化典型宣传。利用公众号适时推送典型经验做法，先后编发信息33篇，其中被福建机关党建网采用5篇，南平市机关党建网采用5篇。强化表率作用。工委机关支部深入共建村水北街镇下坊村5次，其中开展联合“主题党日”活动3次，上专题党课1次，为该村争取资金3万元，帮助解决西洋口自然村排污问题。积极参与共建社区光明社区志愿服务，指派一名干部到社区参加人口普查工作；为该社区制作各类宣传标语牌15块，帮助解决创城等遇到疑难问题7个。选派一名科级干部深入企业大和电器、绿康尔食品及玉树林生物质能源开发公司三家企业，为企业纾困解难、献力献策，助力复工复产达产。联系驻上海商会党委所属17个党支部与19个软弱涣散村党支部对接，发挥驻外党组织的优势，实施“回归工程”，促进这些农村支部党建、乡村振兴等工作的整改、提升、发展。

【争创机关党建新业绩】 2020年，浦城县委县直机关党工委持续兴起学习热潮。推动县直机关组织传达学习贯彻中共十九届五中全会精神，全面提升学习宣传贯彻落实的思想自觉和行动自觉。利用《浦城组工》《浦城机关工委》公众号广泛宣传各单位学习情况。进一步深化“强学习、提能力、做标兵”活动。开展县乡机关党员干部党建知识网络答题暨党务干部业务大比武活动，全县6785名党员干部参与答题136550次，198名参加线上统一考试。8支代表队参加庆“七一”党务干部现场知识竞赛。组织371个机关支部2698名党员利用党群服务中心开展学习教育。与县委组织部、团县委联合，举办县直机关35周岁以下青年干部“青春夜学”培训班8期，666人参加培训，其中科级19人，党员284人，信息被省直机关工委采用1篇，市直机关工委采用2篇。在第七期“青春夜学”培训班上组织召开学习习近平总书记提出的年轻干部要提高“七种能力”学习座谈会，11名来自各领域的机关年轻干部结合实际，谈了体会。引导县直机关各级党组织围绕提高“七种能力”开展专题研讨，县直机关378个党支部逐一开展研讨1512次。开展“提升党建质量、创建模范机关”活动。对26个申报单位进行创建指导。加强党员教育管理。继续推行机关党员“双线”管理，结合“三会一课”、主题党日活动，机关4160名党员实行季度考评、积分管理，2020年，累计表扬鼓励536人次、批评提醒213人次。精心编印《机关党建常用法规和文件汇编》。举办机关基层党组织书记及党务干部培训班，在师资上采用省、市、县三级结合，邀请全国知名党建专家、福建省直机关工委特聘教授李新生和南平讲师团副团长余顺友授课。培训信息被学习强国福建平台采用。做好发展党员工作。利用“云课堂”举办2期入党积极分子培训班，151名入党积极分子参加培训，做法被南平市电视台新闻报道。县直机关共发展党员76名。着力打造机关党委“一党建一品牌、一支部一特色”。县农业农村局机关党委与厦门湖里区禾山街道开展山海协作，弘扬厦门特区精神、嘉庚精神，浦城苏区精神、俊波精神，全力打造“山海协作，双联共建”党建品牌，促进农业产业发展、脱贫成果巩固、乡村振兴、人居环境品质提升等中心工作。检察院党总支、审计局党支部、总工会党支部等都结合本单位业务工作，积极打造各具特色的机关党建品牌。

2020年6月29日，中共浦城县委县直机关工作委员会在县委大会议室开展“七一”党务干部知识竞赛

【开展疫情防控】 2020年，浦城县委县直机关党工委充分发挥党组织的战斗堡垒和党员先锋模范作用。第一时间向县直机关发出《倡议书》和《致广大党员干部一封信》。组织2942名机关单位在职党员到居住地社区报到，参与97个卡口值班及督查工作，协助共建社区做好入户排查、宣传劝导、“八闽健康码”推广应用等工作。发动县直机关5766名党员为抗疫捐款117.4万元。与县委组织部等部门联合在党群服务中心举办“抗疫一线党旗红”摄影作品展。

【创建省级文明县城工作】 2020年，浦城县委县直机关党工委组织党员干部发出《争创省级文明县城倡议书》。开展“感恩城市美容师、共建美丽新浦城”爱心慰问活动，向一线环卫工人和城管队员发放680份总价值14万元的爱心礼包，鼓励他们更好地为文明创城服务。督促指导开展“‘争创文明城、争做文明人’大讨论”。11月2日，举办全县“争创文明城、争做文明人——不文明行为大家谈”演讲比赛，全县33个基层党组织推荐34名选手半决赛，10名选手参加决赛，11月8日，选派县融媒体中心党支部选手参加南平市举办的演讲比赛，荣获全市二等奖。

（季周莹）

老干部工作

【概况】 2020年，全县有离休干部32人，“5•12”干部25人，副处以上离退休干部30人。

2020年，县委老干部局做好老干部管理服务、离退休干部党建、四联四促、老年大学、新冠肺炎疫情防控等各项工作。

【老干部服务管理】 2020年春节期间，浦城县委老干部局配合县委慰问离休干部36人，困难老干部遗属12人，副处以上离退休干部30人。

认真落实老干部“两项待遇”。1月转发《关于提高“5•12”退休干部高龄护理费标准的通知》，“5•12”干部护理费自2019年9月开始从400元/月提高到720元/月，同时督促各相关单位遵照执行。全县29名“5•12”干部增加护理费已全部落实到位。

做好精准服务老干部工作。实行县四套班子领导分别挂点联系一位副处以上离退休干部制度，平时除了关心老干部生活和思想状况外，还听取老干部意见和建议，由老干局每季度对县领导联系老干部的情况汇总，上报县委书记及组织部部长，由县委及时督促四套班子领导联系老干部工作落实到位。执行局机关干部联系老干部制度。确定每位干部职工联系5～8名老干部，要求联系人每个月以电话或走访形式至少联系老干部一次，确保每位老干部都有人联系。做到“五个必访”，即重大节日（重阳节、春节）必访，生病住院必访，遇到困难必访，丧葬吊唁必访，思想波动必访。建立精准服务离休干部一人一策档案。按照省、市精准服务老干部要求，县委老干部局根据具体情况，为每位老干部制订一人一策精准服务，认真做好精准服务老干部工作。做好离退休干部信息管理工作。5月份办公室信息员参与全省离退休干部信息管理系统使用线上培训推广会，学习并按要求做好相关老干部信息检查录入工作。

【老年大学工作】 2020年，按照市老年大学要求，浦城县按达标校要求进行创建工作，主要有三个方面内容，抓好校舍建设。克服疫情影响，校舍装修工作及时复工复产，局领导督促工程建设方尽快按照相关规定恢复建设，加快装修进度，于7月底老年大学装修完成，教学设备采购基本完成，疫情结束可投入使用；做好资料整理，补缺补漏工作。按照达标校考核验收要求，我校抽调人员认真做好资料整理及补缺补漏工作；基层设点。经过调研考察，5月，帮助富岭镇建立了镇老年学校并支持该老年学校办学经费1万元。

（倪海棠）

【浦城县关工委工作】 2020年，浦城县关工委抓好实际践行。引导青

图为浦城县党群服务中心，摄于2020年7月6日 （县委老干部局 供）

少年从小养成以先烈、英模为榜样，崇德守法，言必行、行必果的好品德。全县中小学学生参加学雷锋、助孤、助残、维护道路交通、清扫公共场所等公益活动近2.5万人次。组织发动中学和小学高年级学生“续写雷锋日记”，要求他们把自己读红书，听红故事，参观中央苏区纪念馆后，志愿参加各类社会实践公益活动取得的点滴进步，写入个人成长日记，让学生在撰写过程中独立思考，立标杆、知荣辱、分是非、明道理、学做人。

*组织老少同护“粮”安全活动。*县关工委围绕“中华魂”“传承红色基因，争做时代新人”“关爱明天、普法先行”主题教育活动、“爱粮节粮、老少同行”活动开展交流。为贯彻落实习近平总书记关于制止餐饮浪费行为的重要指示精神，引导青少年养成爱粮节粮习惯，传承好中华民族勤俭节约优良传统。浦城县关工委与仙阳中心小学一起组织开展“老少同护‘粮’安全”实践活动，在农地里，“五老”和同学们挖红薯、采蔬菜、摘橘子，“五老”还带领同学们唱红歌，让同学们在劳动实践中增加对粮食的认知，增强“厉行节约，反对浪费”的意识，增进对粮食安全的理解。

*评选浦城县第二届新时代好少年。*县关工委与县委文明办、县教育局等5个部门对全县各中小学校推荐的浦城县第二届新时代好少年推荐对象进行严格审查和遴选，评选刘译韩等10名少年为“浦城县第二届新时代好少年”。

*健全普法组织，明确普法任务。*县关工委和各乡镇、中小学关工委成立法制宣讲团，邀请公检法司在职和退休干部和从事法律工作者为宣讲团成员。普法教育内容，主要是宪法、国旗法、民法典、未成年人保护法、预防未成年人犯罪法、道路交通安全法、消防法和相关的地方性法规。引导广大未成年人加强法律的启蒙和掌握法律常识，提高他们整体法律素质。

*举办法治宣传展览。*浦城县关工委与县交警大队、县法院、县检察院联合举办法律知识和警示案例展览，县关工委还与县公安局一起利用“国际禁毒日”的机会，在浦城一中、二中、三中开展禁毒宣传，以生动的案例向未成年人讲解毒品对自己对家庭对社会带来的危害。

*开展法律进校园。*县关工委与县教育部门紧密配合，到中小学进行法制讲座。同时，开展模拟法庭、组织参观展览、微电影、举办主题活动等。县关工委还在学校组织了学法问卷调查和法律知识竞赛；在“六一”国际儿童节、“五一”国际劳动节、“八一”中国人民解放军建军节、国庆节和寒暑假期间，有针对性地开展普法教育活动。采取编印宣传册、制作光盘、小视频、微型小电影等形式进行宣传。分赴中小学校开展法制讲座，以案释法，向青少年学生灌输法律知识，增强法治观念，增强法律意识。全年已在全县官路中学、九牧中学和浦城二中、三中等十几所中小学校上法治课12场次，受教育师生近万人。

（张继志）

精神文明建设

【社会主义核心价值观培育】 2020年，浦城县委文明办注重加强中国特色社会主义核心价值观和中国梦宣传教育。依托“新时代文明实践中心（所、站）宣讲平台”“周末讲坛”“故事会阵地”等特色平台，广泛开展习近平新时代中国特色社会主义思想和中共十九届五中全会精神、社会主义核心价值观等专题宣讲，让党的理论方针政策“飞入寻常百姓家”。县委组织部、团县委依托党群服务中心开展“青春夜学”活动；县委宣传部组织业余讲师团、乡村讲师团、宣讲小分队深入乡村，开展《习近平在厦门》《习近平在宁德》《习近平在福州》系列采访实录，以及《习近平谈治国理政》（第三卷）等主题宣讲19场次；富岭镇、临江镇组建理论宣讲志愿服务队，采取歌舞、快板、知识竞答等形式走村入户开展巡回宣讲，赢得群众广泛好评。

【公益广告宣传提升】 浦城县委文明办围绕省级文明县城创建，以文明村镇、文明单位（社区）、文明校园创建为抓手，将各类公益广告宣传纳入创城考评，两次会同县“人居环境整治”督查组深入乡镇（街道）、村（社区）抽查，县创城督察组不定时开展督查，推动公益广告进农村、进机关、进社区、进校园、进企业。组织省、市文明单位利用公交站点、沿街灯箱、文化墙、LED屏等载体广泛设置一批与城市景观、历史文化相融合相承接的公益广告，营造浓厚氛围。做好城区自建公益广告安全排查，更新江滨亲水漫道公益广告11块，推动公益广告宣传提档升级。

【选树宣传先进典型】 浦城县委文明办印发《关于贯彻落实〈新时代公民道德建设实施纲要〉的工作方案》，引导各级文明村镇、文明单位（社区）、文明校园利用“道德讲堂”和宣传栏等载体，广泛宣传道德模范人物的高尚品格和崇高精神。转发《南平市帮扶和礼遇道德模范实施办法》，加大对先模人物日常管理和帮扶礼遇力度。县委领导走访慰问县第三届道德模范於财兴，县委文明办人员走访慰问“中国好人”姚孔德、“福建好人”范玲君以及县第三届道德模范夏奎红。举办浦城县道德模范先进事迹巡讲报告会，深入南浦街道、临江镇等开展宣讲活动。持续开展身边好人、道德模范、最美家庭、“星级文明户”等评选表彰活动，2020 年全县获评南平身边好人 4 人、市级道德模范 1 人，评选星级文明户 64141 户、最美家庭 103 户。廖芝根家庭获评第二届全国文明家庭，俞建萍获评第五届全国未成年人思想道德建设工作先进工作者。

2020 年 9 月 14 日，浦城县道德模范巡讲报告会召开 （县委文明办 供）

【市民素质提升工程】 浦城县委文明办组织开展“争创文明城、争做文明人”大讨论，印发《整治不文明行为责任清单》，推动各级各部门出实招整治不文明现象。牵头召开全县“提升社会文明大家谈”座谈会，联合县文联举办“文明之美”公益摄影展，选树县级文明标兵 100 名，推荐市级文明标兵 90 名。创新试行《浦城县市民不文明行为管理办法（试行）》，建立市民不文明行为管理档案库，动态收集管理市民不文明信息，实施以来，累计采集全县不文明行为数据 375 例，245 人通过志愿服务完成不文明行为积分矫正，68 人正在通过志愿服务进行积分矫正，62 人推送相关惩戒单位作出惩戒，推动形成人人争做新时代文明浦城人的浓厚氛围。

【诚信建设制度化】 浦城县委文明办认真落实《南平市集中治理诚信缺失突出问题 提升全社会诚信水平的实施方案》，出台浦城县贯彻意见，将诚信教育贯穿公民道德建设和精神文明创建全过程，深入推进诚信建设制度化。联合协调各级各有关部门，持续抓好诚信缺失突出问题专项治理，加强诚信宣传教育，弘扬诚信文化，不断提升全县诚信水平。贯彻落实《南平市“诚信一条街”创建工作方案》要求，牵头县市场监管局等 15 个责任单位制定工作方案，打造五一三路中段（大圆弧至小圆弧段）为浦城县“诚信一条街”示范街。

2020 年 9 月 23 日，浦城县召开创建省级文明县城迎评攻坚会

（县委文明办 供）

【群众性精神文明创建】 2020 年，浦城县委文明办围绕省级文明县城创建（“创城”）中心任务，充分发挥组织协调作用，认真制订方案，成立“创城”办，筹备各阶段会议，起草各类文件，分解细化“创城”任务，组建督查微信群，定期通报、强力督办，确保各项工作落到实处。

扎实开展省级文明县城创建工作。将“创城”开展情况纳入文明村镇、文明单位（社区）、文明校园创建及全县“四比”活动考评，每月通报推进，营造你追我赶的浓厚氛围。印制《市民文明手册》《向10大不文明行为说不》等各类宣传资料2万余份，制作《浦城县创建省级文明县城调查问卷》，开展网上问卷调查，31044人次参与浏览，9893人完成答卷。“创城”各项工作按时有序推进，11月17日顺利完成省“创城”考评组总评检查。

指导各级文明单位届末总评工作。2020年，浦城县委文明办加强各级各类精神文明创建单位动态管理，指导开展届末总评工作。富岭镇双同村顺利通过全国文明村复查，山下乡小溪村获评第六届全国文明村镇。深化文明单位创建，强化日常管理，与“创城”目标任务挂钩，一体推进。鼓励、支持非公企业和新经济组织、新社会组织参与创建，拓宽文明单位创建工作覆盖面。把文明校园创建纳入学校目标考核和教育督导工作体系，推动文明校园创建工作落地落实。组织开展文明社区创建业务培训，激发社区创建积极性。拓展文明家庭创建，举办“最美家庭”故事分享晚会，引导更多家庭参与创建活动。

深化农村精神文明建设。利用浦城新闻、文明浦城公众号等发起“学雷锋志愿服务”“公筷公勺，健康分餐”“清明文明祭扫”等倡议，广泛开展移风易俗和防疫知识宣传。指导各级文明村镇充分利用公共场所、绿地、墙体等载体，传播弘扬新风。组织全县各级乡风文明志愿服务队采用线上线下、公益讲座等多形式，开展“文明健康 有你有我”主题宣传活动。疫情期间，全县共计劝导延后或停办各类宴席2000多场，停办各类民俗节庆活动数百场次，丧事简办600多场。组织全县286个行政村从自然历史状况、风俗习惯、文化传承等方面实际出发，修订完善村规民约。督促各文明村镇深入开展“星级文明户”“好儿女、好婆媳”“好邻居”等评选表彰活动，推动乡风文明建设落到实处。大力推动村容村貌整治，充分发挥文明实践所（站）作用，组织巾帼志愿者、党员志愿者、青年志愿者广泛开展“清洁家园”志愿服务活动，引导村民自觉美化家园。

做强“节日”活动品牌。清明期间，向全县发出“文明祭扫倡议书”，引导市民营造安全有序、文明祥和的祭扫环境。国庆、中秋双节期间，组织各乡镇（街道）、各单位利用LED显示屏、公益宣传栏及其他阵地开展喜迎双节宣传。重阳节期间，发动浦城论坛志愿服务队、小丹桂青少年社会工作服务中心、浦城县美好生活社工服务中心等队伍，走进社区、敬老院开展孝老敬老活动。“12·5”国际志愿者日，组织片区长责任单位开展整治城乡环境“六乱”“全域无垃圾”主题志愿服务活动。

【未成年人思想道德建设】2020年，浦城县委文明办组织召开全县未成年人思想道德建设联席会，讨论并通过《浦城县未成年人思想道德建设联席会议制度和成员单位职责》，持续开展“扣好人生第一粒扣子”主题教育实践活动，加大未成年人活动场所建设，加强17所乡村学校少年宫指导，推动建成新时代青少年崇德尚法教育实践基地、妇儿活动中心和未成年人校外心理健康辅导站；组织评选表彰第二届县新时代好少年10名，推荐上报市级“新时代好少年”2名；指导建立46所示范性家长学校，支持民间志愿服务组织依托社区“四点半学校”，开展心理健康辅导、安全教育等关心关爱未成年人健康成长活动。全县预防青少年犯罪（预青）工作领导小组成员单位采取一对一结对方式，跟踪帮助重点青少年74人，切实关心关爱未成年人健康成长。

【志愿服务】2020年，县委文明办组建各类新时代文明实践志愿者队伍954支，志愿者人数达68888人。积极支持和发展民间志愿服务组织，组织民间志愿服务组织申报星级志愿服务组织，召开全县志愿服务组织负责人座谈会，加强民间志愿服务组织对接交流，加强宣传《南平市志愿服务嘉许激励机制》，持续打响“星期六志愿服务活动”品牌，探索“一月一主题”模式，先后组织开展城区“公共秩序集中治乱”“一盔一带”文明交通劝导、“规范集贸市场秩序”等主题志愿服务活动48场次，志愿服务累积超2万人次。积极融入社区治理，全域推进在职党员志愿者到社区报到、片区长责任单位参与社区共建、622名楼栋长（弄巷长）志愿者参与社区治理新格局。疫情期间，城区160个“片区长”责任单位发动志愿者参与共建社区疫情防控志愿服务315场次，近万名志愿者参与到走访排查、卡口执勤和社会宣传等各类防疫志愿服务，累计志愿服务超3.2万人次，志愿服务时长超76万小时。推荐申报的“凝聚青春力量 助力社区治理”项目荣获福建省志愿服务项目大赛优秀项目奖。对接剪纸、古琴等非遗传承人，策划“非遗大讲堂”，创新培育“非遗传承”志愿服务培训项目，在省电视台《文明福建》栏目专题报道，入选省新时代文明实践创新案例（全市共4个），剪纸坊被确定为市级新时代文明实

2020 年 1 月 15 日，浦城县首个“志愿服务驿站 + 城市书屋”对外开放
（县委文明办 供）

践示范点。

【文明创建工作水平提升】2020 年，浦城县委文明办组织开展文明办机关“争创文明城 争做文明人”“大讨论”4 个主题研讨活动，深入查找本单位及干部职工不文明行为问题，以实际行动推动问题整改落实。持续抓好周一集中学习制度，不断提高干部政治素养和理论水平。积极投身全县“四比六促”活动，全力推进“四联四促”工作机制，深入共建村大水口村开展主题党日活动 4 次，履行“片区长”责任单位职责，积极参加共建光明社区各项活动。认真落实建档立卡贫困户、贫困生帮扶工作，全办干部职工挂钩帮扶富岭镇、南浦街道建档立卡贫困户 8 户，全年累计入户走访 32 次，8 户建档立卡贫困户已实现稳定脱贫。支部联系帮扶建档立卡贫困学生 1 人，落实助学补助金 10000 元。落实 4 户结对帮扶的预青少年看望慰问工作。

（王杰艺）

党校工作

【概况】2020 年，浦城县委党校办班 254 期，培训党员干部、中小学教师等 15270 人次。其中，清华远程教育线下培训 3570 人次、线上培训 11700 人次，完成 2020 年干部教育培训计划任务。获“2020 年清华大学教育扶贫优秀教学工作站”称号。

【教学创新】2020 年，县委党校针对新冠肺炎疫情流行的现状，确保疫情防控和学习培训“两不误”，采取线上培训和线下培训相结合的方式，有效避免人员聚集，实现复工复学同步推进。应用清华大学的高端资源“云课堂”进行线上直播教学；例如，乡村振兴系列“云课堂”直播方式，在农村党组织万名党员微型党课视频录播送教下乡；应用喜马拉雅听、微信公众号等新媒体平台用音频课程线上和线下集中授课的方式服务社区干部、楼栋（弄、巷）长；依托“福建干部网络学院”进行网上培训和线下培训。针对 1 个月以上学习时长的主体班次干部培训，截取部分课程依托“福建干部网络学院”进行网上培训和线下培训。实现课堂集中授课和实地现场教学结合、“云课堂”直播和分散小组研讨交流结合，网上培训和线下培训结合，培训形式的多样化，满足了学员主体多元化求知需求，增强了干部教育培训的针对性、操作性、实效性。

【教学科研】2020 年，浦城县委党校组织教师基层调研到官路乡的官路村、李处村和九牧镇的中垄村、渭坛村进行学员需求与村级党员教育培训设施调研；深入浦城县兴龙石材开发中心调研企业复工复产情况；到富岭镇的殿下村、双田村、大水口村、双同村进行“两山”的成功实践、“回归经济”、党性教育等内容调研；全体教师到临江镇山后村与山后村部分党员开展“争做文明人、文明行为”大讨论和中共十九届五中全会精神研讨，还到临江镇水东村、水西村进行平安入户三率调研。

*参加精品课评选，积累经验，提升水平。*党校组织教师参加南平市校院系统精品课评选和教学观摩活动。选派杨利荣和余清辉代表浦城县委党校参加南平市校院系统精品课评选，并组织 6 名教师参加精品课评选教学观摩活动。在本次精品课评选活动中，余清辉“学习廖俊波奋进新时代”专题教学荣获得二等奖，并被推荐代表南平市校院系统参加全省校院系统精品课评选。杨利荣迈向“中国之治”——党的十九届四中全会精神解读专题教学荣获三等奖。和到过精

2020 年 10 月 22 日，中共南平市委党校第 46 期处级干部进修班学员在方志敏广场合影（县委党校 供）

品课评选活动，激活了动力，积累了经验，提升了水平，锻炼了队伍，使党校师资教学水平和队伍建设上了一个新台阶。

（杨柳洲）

党史地方志工作

【年鉴编纂】 2020 年，《浦城年鉴（2020）》被省委史志办列为全省 13 部精品工程候选项目之一。5 月 14 日，主任涂治华参加省委史志办举办的精品年鉴工程启动暨经验交流会，会后按要求对《浦城年鉴（2020）》大纲进行修改调整。12 月 30 日，《浦城年鉴（2019）》参加第七届全国地方志优秀成果（年鉴类）评审被评为三等奖。

【党史资料征集】 2020 年 6 月 17 日，按照省委史志办开展《福建“中央红军村”》（第二辑）征编工作的要求，结合实地走访情况，筛选古楼坑口、中潭，枫溪岱后、池家，管厝里林、庆元等六个村作为浦城“中央红军村”，调研整理出有关村情介绍、革命活动、重要历史事件等党史材料，并上报省委党史方志办。9 月 16 日，按市委史志室开展红军标语资源调查工作的通知的要求，联合县文旅局、博物馆完成浦城县红军标语的征集、整理、汇总工作，并上报市委史志室。

【挖掘地方文化资源】 2020 年，县委史志室根据原县方志委主任蒋仁搜集编写的资料，汇编《浦城笔谈》，全书约 35 万字，分晴川风云、史海探源、沃野览胜、乡贤轶事、文坛经历记、修志艰辛六部分，《浦城笔谈》是一部认识浦城，了解浦城的力作，亦是进行爱国主义和传统文化教育的优秀乡土教材，对弘扬地方文化，传承地方文明具有重大的现实意义。

【服务文旅开发】 2020 年，县委史志室参与浮盖山景区开发项目，参与研讨并对浦城浮盖山景区 IP 文创及文旅空间策划设计，从史志文化的角度提出建设性意见。

【服务招商引资】 2020 年，县委史志室会同县商务局为浦城中药产业招商引资服务，整理县志有关浦城中药种植历史等相关记载资料，作为浦城中药种植招商宣传材料，挖掘浦城中药种植历史资料进行开发利用。

【纪念馆宣讲】 2020 年，县委史志室发挥浦城中央苏区纪念馆党史教育

2020 年 11 月 6 日，《浦城年鉴（2020）》评审会在浦城大酒店二楼会议室召开（县委史志研究室 供）

基地的作用，纪念馆免费对市民开放，全年接待团体和群众参观有两千多人次，提供解说百场。

【文物遗存保护】 2020年，县委史志室会同浦城县文化体育和旅游局，共同向政府常务会议提交文保提案，成功获得县人大常委会通过将浦城小关、仙楼道观、圳边沈氏宗祠、冠山邱氏宗祠、瑞安季氏宗祠、中共东坑桥支部和江（山）浦（城）县委旧址等6处文物，列为县第十批文物保护单位。

【协助社区开展疫情防控】 2020年，县委史志室在新型冠状病毒疫情防控期间，组织党员干部积极投入疫情防控阻击战，先后组织人员参加街道社区全面排查、居民出入值班登记、防控宣传、劝导等工作50余人次。在春节期间全室人员轮流值班，在爱民社区第四片区对聚集人群进行新冠肺炎防控宣传、劝导工作。

【地方文化传承】 2020年9月10日，由南平市政府主办、浦城县政府承办的明礼崇德，尊师尚学——“朱子故里·理学摇篮”南平市2020朱子敬师礼活动在浦城三中隆重举行，县委史志室负责具体安排。9月23日，组织人员参加第十二届海峡论坛南平分会场·海峡两岸（浦城）章氏文化交流活动、闽台（浦城）祖根文化论坛，并参与活动方案的制定实施及宣传工作。10月18日，派员参加在建阳区考亭书院举办的朱子祭祀大典。

（张　鹏）

信访工作

【概况】 2020年，浦城县信访局信访总量2206件次，同比上升2.7%：来信来邮1847件，同比上升11.1%，来访359件：其中进京正常上访144批146人次，同比下降25.0%和26.3%；到省上访13批16人次，同比下降23.5%和38.5%；到市上访8批25人次，同比下降38.5%和13.8%。

【"12345”便民服务平台】 2020年，浦城县信访局进一步深化“互联网+政务服务”工作措施，扎实做好“12345”便民服务平台和“随手拍”工作。切实通过“掌上南平”APP平台延伸社会监督触角，大力推进政务网上办、马上办；进一步拓展“12345”便民服务平台的工作，努力提高市民满意率。减少信访事项滋生的土壤，降低产生信访事项的概率。截至10月28日，“12345”便民服务平台的受理率、按期办结率均为100%。“随手拍”批转诉求件总共54280件，及时受理率、按期办结率100%，满意率99.8%以上。

【无上访乡镇（村）创建】 2020年，浦城县信访局广泛深入推进无上访乡镇和无上访村创建，各乡镇、村通过整合资源，完善机制，充分发挥“一站两会”立体化防控、网格化管理服务、矛盾纠纷多元调处的化解作用，及时化解矛盾，减少矛盾转化为信访问题上行。截至11月底，全县共有0个乡镇269个行政村（居）无上访（市级以上），达

2020年11月20日，浦城县信访局在丹桂广场开展讨薪宣传　（县信访局　供）

到创建标准。

【信访形式创新】 2020年，浦城县信访局2020年以来访调对接办公室共接待法律咨询72批次，接待上访人106人次，引导走法律程序16余件，劝导上访人60多人次，调解成功案件4件。全县19个乡（镇）、304个村（社区）全面铺开评理工作，聘任县级评理员110人，乡镇的评理员635人，村评理员4996人，2020年共召开评查评理会336件次，其中网上评理5件，化解315件，化解率达到93.8%。自去年底开始探索新形势下社区治理新模式，并在疫情期间不断完善发展，创新建立片区长、楼栋长、弄巷长社区“三长”齐发力机制，形成“党建引领、精准服务、齐抓共管”工作格局。2020年，乡级信访联席会议在全县19个乡镇（街道）全面铺开，原则上每半月至少召开一次会议，分析研判辖区内信访态势，研究解决辖区内重要信访事项、初信初访办理情况及部署日常工作。

【接访制度落实】 2020年，浦城县信访局坚持全县党政主要领导每月 15日接访、县委县政府领导每周一接访、每周二乡镇主要领导接访制度。强化每月第二周周二挂点乡镇（街 道）县处级领导接访下访制度，由各挂点领导深入各乡镇（街道）接访下访，督促落实疏导教育和化解工作，特别是初信初访的化解情况。周三由信访联席会议召集人召集各挂点领导和相关成员单位召开碰头会，对当月矛盾纠纷排查化解工作进行分析、汇总，及时协调解决发现的问题。县信访局领导班子成员分片包案，对各自包案的辖区内的重点信访事项定期约访、下访，推动信访事项的化解。重要节点期间县委、县政府每天安排1名县委常委 或副县长在信访局接访室接访，各乡镇（街道）以及信访量大的住建、公安、法院等部门每天安排领导干部在综治信访维稳中心或信访接待场所同步接访。

（章 敏）

保密工作

【保密宣传教育】 2020年，浦城县保密局在“4·15”国家安全宣传教育日期间，利用车站、电视台开展为期一个月的保密公益广告片宣传活动；6月23日，对全县47个单位进行保密工作培训；9月27—29日，举办全县保密委员会成员专题培训班；10月15日晚上19：30至21：00，借“青春夜学”契机，针对近100名县直机关中青年干部召开保密学习培训会。

【保密硬件建设强化】 2020年，在市保密局指导下，浦城县保密局将10余家重要涉密单位纳入到检测器监测工作中，联合县电信公司进行互联网改造，并率先在全市完成互联网接入口检测器部署安装工作，该项工作获得市局肯定。

【保密督查】 2020年，浦城县保密局下发《中共浦城县委保密委员会办公室 浦城县国家保密局关于开展2020年度保密自查自评工作的通知》，要求全县机关单位严格按照时间节点开展单位内部保密自查自评自纠工作。同时，还针对50余个机关单位、11个文印店及1家商务酒店开展保密大督查，检测机关单位电脑百余台，文印店及商务酒店电脑23台。

（金晓芸）

浦城县人民代表大会

综　述

【概况】 2020年，浦城县人大常委会召开常委会会议7次、常委会主任会议12次，任免国家机关工作人员22人次，作出决议、决定11项，听取和审议“一府两院”专项工作报告22项，提出审议意见8项，开展法律、法规执法检查3项，全面完成县十七届人大四次会议确定的各项工作任务。

【服务全县发展大局】 2020年，浦城县人大常委会作出11项决议、决定，保障全县相关重点工作有效落实。坚持把推动县委中心工作作为人大工作的重点。听取和审议浦城县脱贫攻坚工作情况的报告，持续完善县人大助推脱贫攻坚工作机制，发挥好县人大精准扶贫工作领导小组作用，对县委安排的贫困村和贫困户扎实开展挂钩帮扶工作，为如期完成脱贫攻坚任务打下了坚实基础。根据县委的安排，县人大常委会领导精心指导挂点乡镇和项目工作，助推和参与了联系企业、招商引资、抢险救灾、扫黑除恶专项斗争、“软弱涣散村党组织整顿提升”、“四比六促”、人居环境整治、河长制、“机关四联四促”等中心工作。充分发挥县乡人大干部和人大代表的作用，确保县人大与县委中心工作同频共振、合力共为。

【助力疫情防控】 2020年，浦城县人大常委会坚决贯彻县委的决策部署，快速响应、积极行动，第一时间发出倡议书，全面动员全县各级人大代表带头落实联防联控各项措施。常委会领导奔赴各个高速口、挂点乡镇，值班、检查，并根据县委“机关联企业”工作安排，与驻企干部一道积极协调，帮助联系企业做好疫情防控、复工复产、纾困解难工作。机关党员发挥好示范带头作用，下沉到社区开展“报到”服务，组建抗击疫情党员突击队，积极参与共建村（居）疫情防控工作。广大人大代表在各自岗位上以实际行动展现责任担当。常委会还安排听取和审议县政府关于新冠肺炎疫情防控工作情况的报告，支持政府积极应对困难，统筹疫情防控与经济社会发展。

重要会议

【县十七届人大四次会议】 2020年1月7—10日，浦城县召开十七届人大四次会议，县人大常委会领导及县十七届人大代表190余人出席会议。1月10日，会议表决通过县政府工作、计划、预算报告和县人大常委会、法院、检察院工作报告决议草案；表决通过关于争做新时代文明浦城人的决议草案。认真审议了政府工作报告和各项工作报告，选举产生了县人大常委会副主任和县人大常委会委员。

会议号召全县上下要以习近平新时代中国特色社会主义思想，中共十九大和十九届二中、三中、四中全会精神为指导，认真学习习近平总书记重要讲话和对福建重要指示批示精神，坚持稳中求进工作总基调，坚持新发展理念，落实“六稳”工作要求和省委“三四八”机制，坚持生态立县、产业兴县、文化强县，围绕加快绿色发展推动高质量发展落实赶超这一战略目标，努力建设“产城景文”融合发展的清新福建“北大门”。县人大要进一步加强人大工作，及时把党委、政府的部署、政策、举措带下去，把基层反映和群众呼声带上来，教育和引导广大人民群众依法有序表达自己的意见和诉求。

【常委会会议】 2020年3月20日，浦城县十七届人大常委会第二十六

2020 年 1 月 10 日，浦城县十七届人大四次会议胜利闭幕（县人大办 供）

次会议在浦城召开。会议听取和审议县人民政府关于新冠肺炎疫情防控工作情况的报告；听取和审议县人民政府“关于提请审议批准 2020 年新增地方政府债务限额及预算调整方案（草案）的议案”；听取和审议县人民检察院关于刑事执行检察工作情况的报告；听取和审议县人力资源和社会保障局工作情况报告；审议人事事项。

2020 年 4 月 30 日，浦城县十七届人大常委会召开第二十七次会议，会议听取和审议县人民政府关于上年度环境状况和环境保护目标完成情况的报告；听取和审议县统计局工作情况的报告；审议人事事项。

2020 年 6 月 30 日，浦城县十七届人大常委会召开第二十八次会议。会议听取和审议县人大常委会执法检查组关于浦城县贯彻实施《中华人民共和国食品安全法》及《福建省食品安全条例》的执法检查情况的报告；听取和审议县政府关于上年度县国有资产管理及债务（含隐性债务）情况的报告；听取和审议县政府关于提请审议批准 2020 年第二批新增地方政府债务限额及预算调整方案（草案）的议案；听取和审议县政府关于人居环境整治工作情况的报告；听取和审议县住建局工作情况报告；审议人事事项。

2020 年 8 月 31 日，浦城县十七届人大常委会召开第二十九次会议。会议听取和审议县政府关于 2020 年上半年国民经济和社会发展计划执行情况的报告；听取和审议县政府关于上年县本级决算和 2020 年上半年预算执行情况的报告；听取和审议县政府关于 2019 年县本级预算执行和其他财政收支的审计工作报告；听取和审议县政府关于提请审议批准 2020 年第三批新增地方政府债务限额及预算调整和上年及以前年度债券余款调整项目方案（草案）的议案；听取和审议县人大执法检查组关于浦城县贯彻实施《中华人民共和国慈善法》的执法检查情况的报告；审议人事事项。

2020 年 10 月 30 日，浦城县十七届人大常委会召开第三十次会议。会议听取和审议县人民政府关于浦城县脱贫攻坚工作情况的报告；听取和审议县司法局工作情况报告；听取和审议县人大执法检查组关于浦城县贯彻实施《中华人民共和国传染病防治法》执法检查情况的报告；审议人事事项。

2020 年 11 月 30 日，浦城县十七届人大常委会召开第三十一次会议。会议听取县人民政府关于国民经济和社会发展“十三五”规划目标完成情况及“十四五”规划编制情况的报告；听取和审议县人民政府关于调整 2020 年度地方政府债券余款使用项目的情况报告；听取县文明办关于县十七届人民代表大会第四次会议作出“争做新时代文明浦城人的决定”以来贯彻落实情况通报；听取和审议《浦城县人民代表大会常务委员会关于召开浦城县第十七届人民代表大会第五次会议的决定（草案）》；审议人事事项。

2020 年 12 月 29 日，浦城县十七届人大常委会召开第三十二次会议。会议听取和审议县人民政府关于 2020 年度代表建议办理工作情况的报告；听取和审议县人民政府关于 2020 年度为民办实事工作情况的报告；听取和审议县人民政府关于社区管理工作情况的报告；听取和审议浦城县人民政府关于提请审议 2020 年财政预算调整方案（草案）的议案；对部分员额法官进行满意度测评；听取和审议关于县第十七届人民代表大会第五次会议安排意见的报告；审议县人大常委会工作报告（稿）；听取和审议县第十七届人大常委会代表资格审查委员会关于个别代表的代表资格报告；听取和审议县人大常委会主任会议“关于提请审定表彰县人大代表优秀建议及办理人大代表建议先进单位和先进个人的议案”；审议人事事项。

人大监督

【促进经济发展】 2020 年，浦城县人大常委会深入全县规模工业企业和在建重点工程项目调研，听取和审议县政府关于2019年度经济计划执行、财政预决算、审计查出问题整改、县国有资产管理及债务（含隐性债务）、国民经济和社会发展“十三五”规划目标完成情况及“十四五”规划编制等工作情况的报告，围绕如何持续夯实产业发展基础、优化提升营商环境、组织财政收入、深化财税体制改革等提出审议意见，为政府科学决策提供有益参考。支持政府主动适应经济发展新常态，牢固树立过紧日子的思想，坚持扎实做好“六稳”工作，落实“六保”任务，夺取疫情防控和经济社会发展双胜利，努力实现全方位推动绿色高质量发展超越的目标。

【关注生态文明】 2020年，浦城县人大常委会坚持以“省级文明县城创建工作”为引领，开展“争创文明城、争做文明人”大讨论，落实“片区长”责任制，做好负责片区卫生工作，响应大战六十天实现“全域无垃圾”专项行动。由县人大常委会办公室将县十七届人大四次会议通过的“争做新时代文明浦城人的决定”和县文明委下发的《浦城县市民不文明行为管理办法（试行）》刊印成《争做新时代文明浦城人宣传册》（简称《宣传册》），机关党员干部深入社区、村、企业，分发《宣传册》5000余份，并在年底听取县委文明办关于县十七届人大四次会议作出“争做新时代文明浦城人的决定”以来贯彻落实情况的通报，为浦城县创建省级文明县城工作营造良好宣传氛围。常委会接续发力，配合市人大开展《南平市饮用水水源保护办法》《南平市河岸生态地保护规定》执法检查，调研浦城县《中华人民共和国河道管理条例》贯彻实施情况，先后听取和审议县政府关于上年度环境质量和环境保护目标完成情况和全县人居环境整治工作情况的报告，强调要积极探索绿水青山转化为金山银山的科学机制和有效路径，打好污染防治攻坚战，促进人与自然和谐共生，让良好的生态环境成为浦城人民幸福生活的新亮点。

【民生保障监督】 2020年，浦城县 人大常委会聚焦“民生健康”，开展《中华人民共和国传染病防治法》《中华人民共和国慈善法》《中华人民共和国食品安全法》《福建省食品安全条例》执法检查。就“买药难”“买药贵”问题，启动代表约见国家机关负责人工作机制，组织代表约见县卫健局、医保局和医保中心负责人进行座谈，向县相关部门提交了10条调研发现的问题，要求坚持问题导向，认真研究处理，让老百姓享受到实实在在的医改红利。关注“浦城之治”，听取和审议县政府关于社区管理工作情况的报告，调研浦城县《中华人民共和国物业管理条例》贯彻实施情况，持续关注浦城县既有住宅增设电梯工作进展情况，就《浦城县既有住宅增设电梯试点工作方案》提出修改意见。围绕“文体事业”，专题调研了古民居保护、体育场所设施建设等工作情况，推动县政府不断满足全县人民群众精神文化需求。

【法治建设推动】 2020年，浦城县人大常委会切实践行法治理念，主动抓好规章制度修改完善，依法依规行使好监督、决定、任免等各项职权。积极参与、配合省市立法调研活动，对交办的法律法规草案，认真征求基层组织、人大代表、人大监察和司法委员会组成人员、人民陪审员等各方意见建议，在充分吸纳民意的基础上反馈、上报。大力崇尚学法之风，深入开展《中华人民共和国民法典》学习宣传和贯彻实施工作，扎实推动“12·4”国家宪法日系列活动。坚持把日常履职与法律宣讲相结合，落实执法检查前专项法律法规学习制度，确保执法检查的针对性、实效性，让法治精神根植于心，在全面依法治县实践中发挥带头作用。听取和审议县检察院关于刑事执行检察工作情况的报告，调研公检法关于贯彻“宽严相济”刑事政策工作的情况，配合市人大在浦城县开展民事行政检察工作调研。对县人民法院员额法官开展履职评议，经过动员大会、法官自查、征求意见、电话回访、谈心谈话、案卷查阅、旁听庭审、满意度测评等环节后，通过新闻媒体向社会通报评议情况。新任命了31名人民陪审员，进一步深化代表旁听庭审活动，推进司法民主化进程，努力让人民群众在每一起司法案件中都感受到公平正义。

代表工作

【联系群众工作机制】 2020年，浦城县人大常委会落实常委会组成人员联系代表、代表联系群众的“双联”制度。组织常委会组成人员开展2020年度联系县人大代表活动，出台《关于“人大代表联系群众活动室”开展活动的实施办法》，引导代表经常深入选区，广泛联系选民，倾听群众呼声，及时反映社情民意。出台《浦城县人大常委会关于“双联”

工作意见建议办理的实施意见》，进一步制度化、常态化办理好闭会期间代表意见建议。加强代表联系群众活动室（点）建设，指导全县19个代表活动室和38个代表活动点实现履职硬件标准化、软件制度化、管理规范化、活动经常化的目标。

【代表建议办理】 2020年，浦城县第十七届人民代表大会第四次会议期间，代表们提交116件建议案，经大会主席团讨论通过，全部列入建议办理。4月8日，县政府召开交办会，将116件代表建议交由32个承办单位签收办理，至7月8日法定期限内全部答复代表。县财政预算继续安排县人大代表建议办理专项资金200万元，在116件代表建议案中，县人大遴选出符合代表建议办理专项资金使用要求的19件代表建议，督促项目启动开工，有效促进代表建议办理专项资金规范、高效使用，提高了代表建议办理的办成率和满意率。116件代表建议中，办成52件，办成率为44.83%，有46件正在办理过程中，占39.66%，列入计划逐步办理的18件，占15.52%。

【代表履职服务】 2020年，浦城县人大常委会依托福建省三级人大代表履职服务网络平台和手机客户端平台，为代表提供履职信息公开、建议案办理、知情知政等服务。将参加会议、视察调研、审议发言等履职行为"明细账"，详细记录到履职档案，作为代表履职评价、连选连任的重要依据。组织在浦的省、市、县、乡四级人大代表赴建瓯开展专项视察，委托各乡镇（街道）人大主席团（工委）组织辖区内的县人大代表进行异地交叉视察，通过"走出去"的方式，代表们加深了对新时代人大工作的认识，履职能力与素质得到全面提升。完善激励创优机制，对该届以来的优秀代表建议案、先进承办单位及个人予以表彰，在互促互比中增强代表和承办单位的履职意识和担当精神，更好地发挥榜样引领作用。

【代表建议督办】 2020年，浦城县人大常委会组成人员及各级人大代表参加"双联"活动431人次，参与的群众317人次。密切人大代表与群众的联系。提升完善"代表联系群众活动室"的建设，重点打造三个市级示范点，新建南浦街道的活动室，升级改造莲塘镇、万安乡的活动室，为代表联系群众打造温馨、便捷的平台。发挥代表主体作用，安排县人大代表参加视察调研、执法检查、列席会议等县人大常委会和"一府两院"组织的活动。组织、安排、落实浦城的四级人大代表赴建瓯视察和政和的四级人大代表到浦城视察的工作方案和保障措施，确保活动顺利、圆满。发挥基层人大的作用，提出了"二四四四"工作法，即乡镇人大每年召开两次人大常委会、四次主席团会议、组织代表开展四次活动、组织代表联系群众四次，促进各乡镇人大主席团会议、活动等规范化、制度化。

人大组织建设

【工作作风改进】 2020年，浦城县人大常委会把加强机关作风建设作为促进工作提升的重要抓手，扎实推动机关党的建设、精神文明、效能、平安综治、老干部、工会、青年、妇女等工作开展，机关服务水平不断提高。坚持党组中心组学习、"三会一课""周一晚学习"制度，开设"人大讲堂"，持续深入开展"强学习、提能力、做标兵"活动，切实打造学习型机关。深入学习贯彻习近平总书记对制止餐饮浪费行为作出的重要指示精神，发出《杜绝餐饮浪费、培养节俭风尚》的倡议书，呼吁全县各级人大代表和人大系统工作者身体力行，积极行动，做厉行节约的践行者、文明餐饮的引领者、美好生活的创造者。大力弘扬"马上就办、真抓实干"作风，进一步加强对机关干部的教育管理，杜绝形式主义、官僚主义，精简文件和会议，改进调研活动，严控"三公"经费支出，不断提升人大工作的规范化水平和质效，致力于打造一支政治可靠、务实担当、廉洁勤政的人大干部队伍。

【人大对外交流】 2020年，浦城县人大常委会始终把加强对外交流工作作为提升人大工作水平的重要途径，积极开展外联工作。选送了多幅优秀书画、剪纸作品，参加省、市人大书画院展览，县人大常委会机关代表队在南平市人大系统国庆"歌唱祖国歌颂党"歌咏比赛中荣获一等奖和最佳风貌奖。一年来，参加了在浙江省常山县举办的赣浙闽皖四省交界县（市、区）人大常委会第三十九次联席会议及2020年度南平市人大农经、财经、监察和司法等工作会议，与上级和周边兄弟县（市、区）人大常委会交流了工作经验和做法，密切彼此的联系，不断提升人大工作水平。

【基层创新指导】 2020年，浦城县人大常委会总结探索基层人大工作经验，指导乡镇人大的"二四四四"工作要求被《新时代县乡人大工作创新案例》刊用，得到省市人大领导的肯定。坚持邀请乡镇人大主席和县人大代表列席常委会会议，参加调研、视察和执法检查等活动。定期召开乡镇（街道）人大主席（工委主任）联席会议，及时总结、推广县乡人大工作的好经验、好做法，安排和组织活动时，要求县乡人大同步开展，促进乡镇（街道）人大工作进一步规范化、制度化，形成县乡人大上下互动、联动的新局面。一年来，各乡镇（街道）人大主席团（工委）工作创新发展，特色鲜明，亮点纷呈，南浦街道把新建的人大代表联系群众活动室设在御景名城小区，利用社区网格化管理为依托，服务选民；万安乡将辖区内市、县、乡三级人大代表进行分组编排，统一开展代表活动；忠信镇多次组织代表学习《中华人民共和国民法典》，进一步增强代表的法律意识；水北街镇开展了“讲文明，我参与，我行动”活动，宣扬文明行为，倡导文明新风；濠村乡、河滨街道、永兴镇、枫溪乡、山下乡多措并举，积极监督、推动濠村乡生活污水处理厂及配套管网、南互通安置房、永兴镇澄湖路和兴平路“白改黑”、岱后古民居开发和保护、山下乡“四好农村路”等项目工程建设；九牧镇、管厝乡积极推进“开通浦城至九牧公交”“‘樵夫园’安全防护栏工程项目”等建议案的落实工作；莲塘镇、盘亭乡组织辖区内人大代表赴建阳区、浙江省江山市等地考察学习先进工作经验；富岭镇、石陂镇、古楼乡组织辖区内各级人大代表，积极下村入户排查，助力镇村疫情防控工作；仙阳镇、临江镇、官路乡围绕乡村振兴、人居环境整治、官路乡中心幼儿园建设等议题组织代表开展专题视察，建言献策。

（朱晓颖）

2020 年 8 月 5 日，县人大常委会主任吴斌（左三）到富岭镇殿下村调研乡村振兴工作　（县人大　供）

综 述

【概况】 2020年，浦城县人民政府在市委市政府和县委的正确领导下，以习近平新时代中国特色社会主义思想为指导，全面贯彻中共十九大和十九届二中、三中、四中、五中全会精神，坚持稳中求进工作总基调，扎实做好“六稳”“六保”工作，统筹常态化疫情防控和经济社会发展，扎实开展突破“难、硬、重、新”工作行动和“创新突破年”活动，凝心聚力全方位推动绿色高质量发展超越，各项工作取得了新的进展。全县地区生产总值175.54亿元，比上年增长4.2%；一般公共预算总收入9.69亿元，下降3.3%；地方一般公共预算收入6.8亿元，增长0.1%；全社会固定资产投资增长9.7%；农林牧渔总产值增长7%；社会消费品零售总额下降6.6%；城镇居民人均可支配收入34340元，增长3.5%；农村居民人均可支配收入17048元，增长7.2%；完成年度节能减排降碳任务。

【统筹疫情防控】 2020年，浦城县人民政府面对突如其来的新冠肺炎疫情，坚持人民至上、生命至上，按照“坚定信心、同舟共济、科学防治、精准施策”总要求，抓实抓细各项防控工作。疫情初期，在辖区高速口、国道省界等重要节点设置管制检查卡点13个，实行24小时不间断值守排查检测，利用大数据摸排境外、省外入浦人员4万多人次，严防疫情输入扩散，为福建守好“北大门”。县财政拨付5103万元保障疫情防控经费，新建负压病房，购置负压救护车，建成3家核酸检测实验室，设立集中医学观察点。健全“四早”防控工作机制，实行疫情防控网格化服务管理，组织1511名机关干部下沉社区，在城区聘任622名片区长、楼栋长、弄巷长开展防控工作，《“三长”齐发力，社区更美丽》获选全国城乡疫情防控优秀案例。

【推进复工复产】 2020年，浦城县人民政府在抓好疫情防控的前提下，科学有序推进复工复产、复市复业，全县规上工业企业在3月全部复工复产。强化政策支持，出台《应对新型冠状病毒感染肺炎，支持企业开复工建设的实施办法》等优惠政策，全年减税降费1.51亿元。加大金融支持，为35家企业提供9790万元工业产业基金贷款，为61家科技型初创小微经济实体提供无抵押担保贷款1865万元，阶段性减免企业基本养老保险费、失业保险费、工伤保险费1.03亿元，减免中小微企业和个体工商户房租452.65万元。落实奖补政策，帮助23家企业争取各类补助资金481.28万元。开展疫情期间农民工返岗复工“点对点”用工服务，给予15家企业1163名员工返岗补贴41.68万元。线上线下齐发力加速消费回暖，组织210家企业参加“全闽乐购”活动，开展直播带货助销农产品，其中“县长直播带货”2小时成交量达150余万元。全力以赴抓项目稳投资，积极向上争取债券资金11.66亿元，新增“五个一批”项目124个，总投资123.37亿元。全年项目开工139个，竣工43个，34项省市重点项目完成投资46.26亿元，115项县级重点项目完成投资53.96亿元。深化“一把手”招商，灵活运用产业链招商、以商招商等方式，全年新引进总投资超5000万元的招商引资合同项目48项，投资总额81.14亿元。

【产业质效提升】 现代绿色农业提效。2020年，浦城县人民政府认真落实粮食安全首长责任制，全面开展耕地抛荒撂荒整治，粮食播种面积33006.67公顷、总产21.45万吨。

积极打造“中国好粮油”示范县，新增产能区 34 个 1666.67 公顷，完成高标准农田建设 3026.67 公顷，成功创建 13513.33 公顷全国绿色食品原料（水稻）标准化生产基地，浦城大米现代农业产业园被列入省级十大现代产业园。扩大特色种植，落实薏米 2066.67 公顷、灵芝 120 公顷、油茶 9000 公顷、竹荪 533.33 公顷，利用冬闲田种植元胡、浙贝母等中药材 400 公顷，成功举办闽产中药高质量发展高峰论坛暨国家重点研发项目推进会。实施畜禽产业提升工程，圣农总投资 1.2 亿元的 4 个种鸡场基本建成，食品七厂建成投产。选派科技特派员服务团 38 个、科技特派员 144 名，培育利益共同体 29 家，实现科技特派员村村全覆盖。

工业企业提质。浦潭生物专业园被评为省绿色园区和省级循环化绿色改造园区，日供水 8000 吨自来水厂、日处理 6000 吨污水处理厂投入使用，绿康生化扩建、蒙正生物续建等项目有序推进。全年实施市级技改项目 15 个，完成投资 8.68 亿元，新认定国家级高新技术企业 5 家。圣新能源荣获省级工业和信息化龙头企业称号，小密酒业获评省级工业旅游示范基地，仁宏医药、鑫隆达竹木被认定为福建省“专精特新”中小企业，荣华山现代物流园被认定为省级示范物流园区。

全域旅游提速。2020 年，浦城县人民政府成功入选福建省首批全域生态旅游示范县。匡山景区项目一期建成并招商运营，浮盖山景区、梦笔文化公园等项目加快建设，党溪、源头、际岭获评“全国森林康养示范基地”，大水口村获评省“金牌旅游村”并成为周边网红打卡地。结合全国首个“喜马拉雅有声城市”项目，打造研学旅游，通过抖音等平台加大旅游推介力度。推动水美经济与文旅、康养深度融合，马莲河景观提升工程加快推进，“十里莲塘”夜游项目开业，登俊水上休闲观光产业园入选省级“水乡渔村”休闲渔业示范基地，成功举办“铭塔杯”全国郊野钓鱼比赛、宜和佳苑杯中国电动冲浪公开赛等活动。发展“夜间经济”，建成美食街等 4 个特色街区。

品牌建设提升。2020 年，浦城县人民政府编制《浦城县品牌强县发展战略规划（2021—2025）》，19 家企业 9 个产品入选“武夷山水”品牌，发布品牌数量 564 个。“浦城薏米”跻身全国地理标志产品区域品牌第 64 名，薏米精准扶贫广告在央视播出。成功举办“浦城大米”品牌发布周年研讨会，“浦城大米”获评国家地理标志证明商标、年度生态保护奖、2020 国际大米品牌“十大潜力奖”。

【推进改革开放】 2020 年，浦城县完成 32 个县直部门“三定”工作，稳妥推进乡镇（街道）机构改革。开展优化营商环境“大学习大讨论”活动，出台《深化“放管服”改革优化营商环境二十五条措施》，“一趟不用跑”和“最多跑一趟”事项占总事项的 98.46%，工程建设项目审批从 120 个工作日压减至 85 个工作日。创新推出“我要开便利店”等 23 个“一件事”窗口集成服务，审批时限平均提速 20%。完成第三次全国国土调查，有序推进国土空间规划编制和数字浦城地理空间框架建设。充分运用“线上广交会”、环球资源外贸平台，帮助企业线上拓展国际市场，全年预计完成外贸进出口 5.6 亿元。深化浦台交流，成功举办海峡两岸章氏文化交流活动，增进两岸同胞的亲情和福祉。探索推行“金土地生态银行”，建立自然资源交易平台，首批 55.6 公顷农村土地承包经营权成功竞拍。注重水库长效管护，大力推进农村供水管理规范化建设，成功入选全国首批深化小型水库管理体制改革样板县，永兴下墩水厂上榜全国 100 座示范水厂。

【脱贫攻坚收官战】 2020 年，浦城县依托产业扶贫“五个一百”示范带动工程，发展浦城大米、灵芝、薏米、中药材等扶贫产业，新增发放小额信贷 152.88 万元，投资 1800 万发展灵芝产业扶贫项目，累计带动 4100 余户贫困户增收。落实就业扶贫，结合“春风行动”等专项行动，帮助全县 2436 名有就业意愿的贫困劳动力全部实现就业，4510 户贫困户各有一项产业或就业增收项目。全面落实贫困人口“三保障”及饮水安全保障，加派科级干部对 207 户 515 个五类贫困重点对象进行帮扶，对 70 个贫困村、5066 户贫困户实施动态监测，全力防止返贫致贫。

【污染防治攻坚战】 2020 年，浦城县有序推进国家储备林质量精准提升工程，赎买重点生态区位商品林 71.4 公顷，完成造林绿化 1293.33 公顷，封山育林 2200 公顷。完成荣华山组团 10 家企业喷淋回收塔升级改造。全年空气质量优良达标比例达 100%。全面落实河湖长制，加快推进农村面源污染治理和畜禽粪污资源化利用，马莲河小流域水质提升工程建成运行，县级集中式饮用水水质达标率达 100%。完成全县耕地土壤环境质量类别划定并建立分类清单，推进受污染耕地安全利用工作。积极配合省市开展“三线一单”编制工作。加强环境监督管理，查处违法案件29件，取缔非法散乱污企业8家。

【防范重大风险】 2020年，浦城县扎实开展非法集资、中小银行集中取款等各项金融风险防范活动，持续深化政银企联动协作，加大银行不良贷款处置力度，不良贷款率降至1.9%。地方政府债务余额控制在核定的债务限额范围内。

【人居环境改善】 2020年，浦城县推进新城建设与老城区改造，城西练夫人广场基本建成，铂悦花园等一批商住项目顺利交房，“五馆一中心”、工人文化宫、阳光建材城等项目加快推进，南启动区吕处坞路北段等5条道路开工建设；开展安华小区、和平小区等老旧小区改造，完成上水南安置房、大众影院棚户区改造和闽运安置房等项目主体工程建设，仙楼山公共停车场投入使用。全面落实农村公路“路长制”，拓宽改造“四好农村路”33条142千米，建设客运站点4个，完成危桥改造10座，云峰大桥、茅洲大桥、九石渡大桥和双保大桥4个撤渡建桥项目建成通车。全长18.219千米的205国道余乐至仙阳段一级道路提级改造工程春节前全线通车。有序推进上浦高速公路前期工作，温武吉铁路开展预可研，通航机场完成选址待军方核准，成功举办2020年通航产业发展论坛。以城乡人居环境整治百日大会战和大战60天“全域无垃圾”等专项行动为抓手，全力推进“一革命四行动”，推动全域环境整治常态化、长效化。完成无害化卫生户厕改造6656户，城市智慧环卫投入运行。深化“两违”治理，拆除违法建筑26.79万平方米。完成王家洲水库大坝主体建设，南浦灌区续建配套与节水改造工程开工。枫溪乡岱后村、仙阳镇柏山村2个省级传统村落保护提升项目建设完成。

【民生保障】 2020年，浦城县民生支出占地方一般公共预算支出的82.56%，27项为民办实事项目基本完成。积极落实就业扶持政策，新增城镇就业人员789人，下岗失业人员再就业342人，新增农村劳动力转移就业3893人。教育事业均衡发展，获评南平市政府教育工作优秀县，学前教育公办园在园学生提升到51.4%。创建省级义务教育管理标准化学校14所，高考本科上线率71%居全市第3，临江中学新校区投入使用，浦城一中新校区进入装修阶段，新华小学、实验幼儿园新园区、荣华实验高中等项目加快建设。健康事业快速发展，总医院运行机制不断完善，健康体检中心大楼、第三医院精神卫生医养综合楼进入装修阶段，188个建制村完成标准化卫生所建设并纳入医保定点协议管理。加快推进养老设施建设，完成60所农村幸福院和临江镇农村区域性养老服务中心、富岭社区居家养老服务照料中心建设，改造提升莲花社区、怡源社区日间照料中心，启动时间银行项目。文体事业协调发展，县广播电视台获评全国新闻出版广播影视系统先进集体，7处城市书屋建成并向市民开放，新城全民健身中心加快建设，参加市运会获得35枚金牌、38枚银牌、43.5枚铜牌，青少部田径项目取得团体第一成绩。广泛开展群众性精神文明创建活动，新获评全国文明村、文明家庭、未成年人思想道德建设先进工作者各1个。第七次全国人口普查现场登记工作全面完成。积极探索社区治理“浦城模式”，打通服务群众的“最后一米”。对标“六清”行动要求，打好“扫黑除恶”专项斗争收官战役。推进“雪亮工程”和综治中心“一站式”服务建设，新建、替换视频监控1080路，实现城乡主要路口、重点部位视频监控无盲区。启动全国自然灾害综合风险普查试点工作，完成7个乡镇应急救援站建设，配强应急救援力量。开展房屋安全隐患大排查大整治，安全生产形势平稳向好，防汛救灾工作机制更加健全。

【政府效能显著提高】 2020年，浦城县持续巩固“不忘初心、牢记使命”主题教育成果，深入学习《习近平谈治国理政》（第三卷）和《习近平在福建》系列采访实录，坚持党的全面领导，坚定理想信念，牢记为民宗旨。“12345”便民服务平台共办结群众反映事项3389件，群众满意率99.8%。自觉接受人大的法律监督和政协的民主监督，办结116件人大代表建议和99件政协委员提案，“双联”工作机制实现制度化、常态化。深入推进法治浦城建设，3000多名公职人员参加统一学法考试，高质量完成“七五”普法验收工作。强化财政绩效管理，加大审计监督力度，压缩“三公”经费326.79万元，同比减少29.79%，获得财政管理绩效综合评价全国第139名。认真落实全面从严治党和意识形态工作主体责任，持之以恒整治“四风”问题，大力整治形式主义和官僚主义，完善激励约束、容错纠错机制，让干部把更多时间和精力放在干事创业上，打造忠诚、干净、担当的高素质干部队伍。

重要会议

【县政府常务会议】 2020年，浦城县政府召开常务会议10次。

1月20日，县长沈晓文主持召开县政府第1次常务会议，讨论研究《福建省浦城县乡村振兴战略规划（2018—2022）》、南平长浦生物科技有限公司建设项目投资合同、浦城县绿色发展考核评价体系、上水南安置房二期工程设计施工采购总承包招标、《浦城县2019—2021年“菜篮子”工程建设扶持奖励办法》、浦城大剧院声光电和剧场声学装修项目情况等问题。

2月28日，县长沈晓文主持召开县政府第2次常务会议，讨论研究创建小型水库管理体制改革示范县、《浦城县生态文明示范县建设规划（2018—2030）》、水美城市南浦溪西门公园段景观工程、公共安全视频监控（雪亮工程）建设联网应用项目、莲塘镇西岩村坡面泥石流治理临时除险加固工程等问题。

4月14日，县长沈晓文主持召开县政府第3次常务会议，讨论研究小流域交叉执法检查等当前突出生态环境问题、《浦城县国土空间总体规划（2020—2035年）》编制工作方案、《浦城县人民政府关于进一步促进工业发展的十二条措施》、《浦城县政府投资项目工程预结算审核管理暂行办法》修订情况、2020年度人居环境品质提升补助资金预算、执行《事业单位工作人员奖励规定》情况、清理不符合《优化营商环境条例》的规范性文件和其他政策文件工作情况、《浦潭生物专业园整村搬迁项目征收集体土地房屋补偿及安置实施方案》、县物资再生利用公司场所改造建设成夜间美食城的招租方案、2019年“7·9”暴雨洪灾部分损毁工程项目修复等问题。

5月21日，县长沈晓文主持召开县政府第4次常务会议，讨论研究省级文明县城创建工作经费预算、创建省级文明县城存在的突出问题及开展专项整治行动、2019年度自然资源评价评估工作、2019年浦城县招商引资工作考评结果、深化生态巡查工作、全县禁毒工作、水库工程划界工作、2020年受污染耕地安全利用工作、优质烟叶生产资源保护管理、广义地质工作、浦城工业园区浦潭产业园220千伏九桂Ⅱ路线迁改工程、福建蒙正生物科技有限公司租赁原永芳香料厂区问题、城区防洪排涝（高水高排）工程招标工作、《浦城县人民政府关于五显路及金正路城市道路建设项目房屋征收补偿实施方案》、2020年度县委县政府为民办实事工作计划、《浦城县人民政府关于进一步促进招商引资工作的若干意见》、2020年农村危房改造补助资金、2019年度规模工业企业表彰奖励、进一步落实优抚低保和特困对象收视优惠政策、十里莲塘田园综合体马莲河景观提升工程项目等问题。

6月24日，县长沈晓文主持召开县政府第5次常务会议，讨论研究圣农产业化项目征迁部分遗留问题、福建核工业二九四大队浦城基地二期置换收储、中医医院整体搬迁工程（一期）变更、湖里区对口帮扶资金安排方案、浦城一中新校区西侧皇华山路延伸段东侧挡墙工程等问题。

7月30日，受县长沈晓文委托，县委常委、常务副县长范吉朝主持召开县政府第6次常务会议，讨论研究《浦城县国民经济和社会发展“十四五”规划基本思路（讨论稿）》、《2020年度浦城县绩效管理工作方案（讨论稿）》、第十批县级文物保护单位、“醉美画乡”项目、《浦城县既有住宅增设电梯试点工作方案（讨论稿）》、老旧小区改造项目、“浦城大米品牌发布周年论坛”方案、南浦溪慢行道沿线景观亮化工程、开展创业担保贷款合作、2019年度安全生产和消防目标责任制考评情况、调整提高离任村主干生活补助标准等问题，传达学习《南平市人民政府关于印发南平市重大行政决策规定的通知》。

9月16日，受县长沈晓文委托，县委常委、常务副县长范吉朝主持召开县政府第7次常务会议，讨论研究农村“厕所革命”户厕无害化卫生改造建设项目资金需求、《浦城县电网建设征地拆迁补偿安置实施方案》、垃圾无害化治理水北生活垃圾填埋场污水处理能力提升及配套建设项目、十里莲塘景区基础设施建设——夜景项目、《福建核工业二九四大队浦城基地二期收储实施方案》、林权类登记档案整理数字化扫描和存量数据整合、城区防洪排涝（高水高排）工程监理、“村村响”应急广播系统改造升级项目等问题。

10月10日，受县长沈晓文委托，县委常委、常务副县长范吉朝主持召开县政府第8次常务会议，讨论研究2020年全县反恐怖工作、《浦潭大石溪等自然村集体建设用地征收及地上房屋搬迁补偿安置方案》、国道205线浦城县改线段三期工程设计变更调整等问题。

11月26日，受县长沈晓文委托，县委常委、常务副县长范吉朝主持召开县政府第9次常务会议，讨论研究19个乡镇（街道）权责清单编制工作、生态环境保护督察情况、2019年保障性安居工程审计发现未整改到位问题情况及整改方案、《匡山景区一期项目经营权转让招标方案》、上水南安置小区部分回迁安置房装修工程、十里莲塘田园综合体马莲河右岸景观提升工程、《浦城县银行业金融机构支持地方经济发展考评办法（试行）（讨论稿）》、《中鸿家园14#楼政府回购商品房销售代理权拍卖方案》、调整广电网络整合移交资产划转方案、迎宾大道城西养老院段边坡治理方案、县房地产综合开发公司资产及人员安置方案、调整浦城县城市基础设施配套费征收管理规定、匡山酒业3号4号两栋D级危房处置方案等问题。

12月15日，受县长沈晓文委托，县委常委、常务副县长范吉朝主持召开县政府第10次常务会议，讨论研究城乡供水一体化项目特许经营实施方案、国道322线万安吴山下至莲塘余乐段公路工程施工和监理招标方案、收储望丰米业有限公司土地及地上物、民法典涉及规范性文件专项清理等问题。

【县政府专题会议】 2020年1月10日，浦城县副县长裴挥军主持召开会议，专题研究学府路东段及文化路便道道路建设等项目杆线迁移有关问题。会议听取县住房和城乡建设局关于学府路延伸段及文化路便道项目迁移杆线有关问题的情况汇报，就相关事宜进行讨论研究，形成一致意见。

1月11日，副县长陈明主持召开会议，专题研究建档立卡贫困户健康商业保险有关问题。会议听取县农业农村局关于建档立卡贫困户健康商业保险有关情况、中国人寿浦城支公司关于《建档立卡贫困户健康商业保险实施方案（讨论稿）》的汇报，就相关事项进行讨论研究。

1月14日，县长沈晓文主持召开会议，专题研究有关人员历史遗留问题。会议听取县商业总公司关于廖建明、黄镣华2人以及水利局关于游定邦有关问题的情况汇报，并就相关 问题进行研究议定。

1月21日，县长沈晓文主持召开会议，专题研究南浦街道负责的有关重点项目拆迁安置问题。会议听取南浦街道办事处关于南浦街道负责的南互通连接线、实验幼儿园搬迁重建、八相园3个项目涉及的拆迁安置情况汇报，并对相关问题进行研究议定。

1月24日，副县长王静燕召开会议，专题研究省道302及县道建设问题，会议听取县交通运输局有关省道、县道升级改建项目中相关情况汇报，并进行充分讨论研究。

2月27日，县长沈晓文主持召开会议，专题研究关于筹办浦城大米品牌发布会工作相关事项。会议听取副县长王静燕关于浦城大米品牌发布会执行方案的情况汇报和县市场监管局局长王桂孙关于浦城大米品牌发布会活动经费预算、浦城“武夷山水”品牌产品开设专卖店、专柜奖励政策、品牌创建专项经费的汇报。并就相关事项进行讨论研究。

2月27日，副县长陈明主持召开会议，专题研究全县商品林森林综合保险有关问题，县林业局、财政局、审计局、人保财险浦城支公司等单位负责人参加会议。会议听取县林业局关于全县商品林森林综合保险有关工作情况的汇报，并就相关事项进行研究讨论。

3月1日，县长沈晓文主持召开会议，专题研究“大棚房”问题专项清理整治行动工作。会议听取县自然资源局、农业农村局关于“大棚房”问题专项清理整治行动工作的情况汇报，并就相关事宜进行讨论研究。

3月4日，县长沈晓文主持召开会议，专题研究南浦溪半刺厚唇鱼国家级水产种质资源保护区调整变更事项。会听取福建省淡水水产研究所、福建金中闽环保节能工程有限公司汇报南浦溪半刺厚唇鱼国家级水产种质资源保护区调整变更事项运作相关工作和进展情况，就南浦溪半刺厚唇鱼国家级水产种质资源保护区调整变更事项进行讨论研究。

3月5日，县长陈明副主持召开会议，专题研究国家储备林质量精准提升项目有关问题。会议听取县林业局关于国家储备林质量精准提升审计问题整改、化解林权抵押贷款风险等有关情况的汇报，并就相关事项进行研究讨论。

3月5日，常务副县长范吉朝主持召开会议，专题研究际岭国有林场养老保险费清缴问题。会议听取县林业局关于际岭国有林场养老保险费欠费问题的情况汇报，并就有关问题进行研究议定。

3月7日，县政府副县长何秀菊主持召开会议，专题研究浦城县文化一条街政府店面延长租期有关事项。会议听取县国投公司关于浦城县文化一条街政府自持16家店面租户要求延长租期的情况汇报，并进行研究讨论。

3月12日，副县长裴挥军主持召开会议，专题研究深化“大棚房”问题整治整改工作。会议传达3月11日下午全市“大棚房”问题整治整改工作专题会议的精神，听取各有关单位关于“大棚房”问题整治整改工作的情况汇报，并就相关事宜进行讨论研究。

3月22日，县长沈晓文主持召开浦城县通用机场项目供电线路走廊方案专题会议。会议听取国网供电公司浦城分公司关于通用机场项目南端超高高压塔降高处理方案的汇报。与会人员进行讨论研究。

3月29日，常务副县长范吉朝主持召开会议，专题研究城乡居民养老保险账户代理银行项目合作有关问题。会议听取县财政局、人社局关于上级调整城乡居民养老保险基金运营 政策的情况汇报，并就有关问题进行 研究议定。

4月2日，副县长何秀菊主持召开专题会议，贯彻落实杨贤金副省长带队来浦城县调研对乡村卫生服务一体化、疫苗接种管理提出的意见。会议听取县卫生健康局对乡村卫生服务一体化改革、全县预防接种点疫苗冷链自动监测系统建设和“空中120”演练方案的汇报，并就有关事项进行讨论研究。

4月10 日，常务副县长范吉朝，县委常委、副县长汤国荣共同主持召开会议，专题研究匡山旅游开发项目建设和浮盖山一期项目监理招标工作相关事宜。会议听取县旅投公司关于匡山旅游开发项目建设和浮盖山一期项目监理招标等工作情况的汇报，并就有关问题进行讨论研究。

4月16日，副县长裴挥军主持召开会议，专题研究梦笔文化公园等3个建设项目有关问题。会议听取县文化体育和旅游局关于梦笔文化公园等3个建设项目有关问题的情况汇报，并就相关事宜进行讨论研究。

4月19日，常务副县长范吉朝主持召开国道205浦城县城段改造工程菜角垄分离式立交中桥施工组织设计和交通组织方案评审会。会议听取中电建路桥集团有限公司和福建亿达工程勘察设计研究院有限公司关于国道205浦城县城段改造工程菜角垄分离式立交中桥施工组织设计和交通组织布控方案的汇报，并就相关问题进行研究讨论。

4月19日，常务副县长范吉朝主持召开会议，专题研究国道205线拓宽改造工程有关问题。会议听取县交通运输局关于国道205线拓宽改造工程进展情况的汇报，并就有关问题进行研究议定。

4月24日，副县长陈明主持召开会议，专题研究国家储备林质量精准提升工程项目购买的商品林办理林权类不动产登记有关事项问题。会议听取县不动产登记局和林业局关于购买的商品林办理林权类不动产登记有关情况的汇报，并就相关事项进行讨论研究。

4月28日，副县长汤国荣主持召开会议，专题研究生态环境局（原县环保局）原有办公用房（皇华山南路第四幢第1单元第五层1～2号住房）转让历史遗留问题补办手续有关问题。会议听取生态环境局关于该房产转让有关情况的汇报，并就相关事 宜进行讨论研究。

4月28日，副县长陈明主持召开会议，专题研究樟元山森林公园旅游开发建设项目有关问题。会议听取县林业局关于樟元山森林公园旅游开发建设项目征地和项目进度工程款拨付等问题的情况汇报，并就相关事项进行讨论研究。

4月29日，常务副县长范吉朝主持召开会议，专题研究将县粮食购销公司富岭粮站浮流库点不动产权属进行收储后划拨给富岭镇政府有关问题。会议听取富岭镇政府关于富岭镇浮流村村级组织活动场所建设工作的情况汇报，并就有关问题进行讨论研究。

5月15日，县委常委、副县长汤国荣主持召开会议，专题研究醉美画乡项目规划设计、2020年旅游宣传营销活动计划、福建北武夷匡山旅游开发有限责任公司注销财产核销及分配移交、匡山景区开业软装准备工作等事项。会议听取县文化体育和旅游局、县旅投公司等单位关于醉美画乡项目规划设计、传统村落风貌整治规划导则设计、2020年旅游宣传营销活动计划、福建北武夷匡山旅游开发有限责任公司注销财产核销及分配移交、匡山景区开业软装准备工作等情况的汇报，并就有关问题进行讨论研究。

5月21日，副县长何秀菊主持召开会议，专题研究浦城县党群服务中心和浦城县老年大学用房等有关事项，会议听取县委老干部局关于党群服务中心用房和县老年大学建设情况汇报。

5月24日，副县长郑建新主持召开会议，专题研究解决县工业园区相关建设问题。会议听取县工业园区管委会关于工业园区相关建设问题的汇报，就当前急需解决的事项进行讨论研究。

5月29日，副县长裴挥军主持召开会议，专题研究原大众影院地块棚户区改造建设项目设计调整问题。会议听取县城建公司关于原大众影院地块棚户区改造建设项目设计调整问题的情况汇报，并就相关事宜进行讨论研究。

5月31日，副县长汤国荣主持召开会议，专题研究马莲河小流域水质提升项目推进工作。会议听取生态环境局马莲河小流域水质提升项目推进有关工作情况的汇报，并就相关问题进行讨论研究。

6月3日，副县长陈明主持召开 会议，专题研究建立实施生态巡查机制问题。会议听取县水利局关于浦城县生态巡查机制实施方案（讨论稿）的汇报，并就相关事宜进行讨论研究。

6月28日，县长沈晓文主持召开现场办公会议，专题研究匡山景区一期项目建设工程和大水口旅游项目推进工作相关问题。会议分别听取县旅投公司及项目设计施工单位关于匡山景区一期项目建设工程，福建沐野旅游开发有限公司关于大水口旅游项目推进等工作情况的汇报，并就存在的相关问题进行讨论研究。

6月28日，副县长郑建新主持召开会议，专题研究收回浦城县天然气综合利用中心储配站项目用地问题。会议听取中海石油福建新能源有限公司关于浦城县天然气综合利用中心储配站项目用地的情况汇报，与会人员就有关问题进行讨论研究。

6月28日，副县长汤国荣主持召开会议，专题研究富岭镇电镀污泥污染问题处置工作。会议听取生态环境局关于富岭镇电镀污泥（来源均为浙江省丽水市缙云县南河电镀厂）污染问题处置工作有关情况的汇报，并就相关问题进行讨论研究。

6月28日，副县长郑建新主持召开会议，专题研究解决县工业园区相关建设问题。会议听取县工业园区管委会关于工业园区相关建设问题的汇报，就当前急需解决的事项进行讨论研究。

7月4日，副县长裴挥军主持召开会议，专题研究万安乡新建垃圾转运站建设用地问题。会议听取万安乡政府关于万安乡新建垃圾转运站建设用地问题的情况汇报，并就相关事宜进行讨论研究。

7月5日，副县长陈明主持召开会议，专题研究闽江防洪工程南平段（六期）仙阳堤段项目有关问题。会议听取仙阳镇关于闽江防洪工程南平段（六期）仙阳堤段项目征用地上桂花苗木补偿等情况的汇报，并就有关问题进行研究议定。

7月11日，副县长陈明召开会议，专题研究“浦城有声城”一期建设项目。会议听取县文体和旅游局关于“浦城有声城”一期项目建设情况的汇报，并就相关事项进行讨论研究。

7月12日，副县长裴挥军主持召开会议，专题研究园林管理处人员经费和城区公共绿地日常管护费用问题。会议听取县城市管理局关于园林管理处人员经费和城区公共绿地日常管护费用问题的情况汇报，并就相关事宜进行讨论研究。

7月15日，县长沈晓文召开会议，专题研究“7·9”暴雨洪水灾害 灾后恢复重建工作有关问题。

7月17日，副县长何秀菊主持召开会议，专题研究残疾人工作有关事项。会议听取县残联关于配备县、乡残疾人联络员、县残联办公场所进行改造修缮、残疾人意外伤害保险等工作情况的汇报，并进行讨论研究。

7月24日，副县长裴挥军主持召开会议，专题研究解决和平路57号住户信访事项问题。会议听取河滨街道办事处关于和平路57号住户信访事项问题的情况汇报，并就相关事宜进行讨论研究。

7月24日，副县长裴挥军主持召开会议，专题研究梦笔大厦办理消防手续等有关问题。会议听取县住房和城乡建设局关于梦笔大厦办理消防验收等手续有关问题的情况汇报，并就相关事宜进行讨论研究。

8月2日，副县长陈明主持召开溪南电站等3座电站纳入休眠电站处理有关问题专题会议。会议听取县水利局关于将管厝乡溪南电站、忠信镇村桥电站、古楼乡西坑电站等3座电站纳入休眠电站处理有关情况的汇报，并就相关事项进行讨论研究。

8月2日，县长沈晓文主持召开会议，专题研究推进仙阳小城市培育试点工作有关问题。会议听取仙阳镇关于推进小城市培育试点工作有关问题的情况汇报，并就相关事宜进行讨论研究。

8月2日，副县长汤国荣主持召开会议，专题研究推进浦城县旅游相关项目建设事项。会议听取县旅投公司关于县旅游集散服务中心建设项目、浮盖山景区开发建设（一期）项目及中国包酒文化景区导视牌设计安装工作等情况汇报，并就有关问题进行讨论研究。

8月7日，副县长陈明主持召开专题会议，专题研究关于提前归还筹集用于光伏扶贫电站建设扶贫小额信贷资金有关问题。会议听取县农业农村局关于提前归还筹集用于光伏扶贫电站建设扶贫小额信贷资金有关问题的情况汇报，并就相关事项进行讨论研究。

8月14日，副县长何秀菊主持召开会议，专题研究校园保安工作。会议听取县教育局关于进一步加强浦城县校园保安工作的报告，并对有关事项进行讨论研究。

8月19日，副县长陈明召开会议，专题研究农民丰收节稻艺园项目经费补助问题。会议听取县农业农村局、水利局和莲塘镇关于农民丰收节稻艺园及道路项目经费补助问题的情况汇报，并就相关事项进行讨论研究。

8月21日，副县长何秀菊主持召开会议，专题研究浦城县体育中心（丹桂广场）项目工程尾款变更结算对象问题。会议听取县文体和旅游局关于县体育中心项目工程款结算情况及工程尾款变更结算对象的情况汇报，与会人员就变更结算对象事项进行讨论。

8月21日，副县长何义仁主持召开会议，专题研究“新型智慧城市建设项目（一期）”智慧城市运营管理指挥中心等场所内部装修工程相关事项。会议听取县工信局关于“新型智慧城市建设项目（一期）”运营管理指挥中心等场所内部装修工程的相关事宜的汇报，并讨论研究。

8月26日，副县长何秀菊主持召开会议，专题研究荣华实验高中调整办学规模等相关事宜。会议听取荣华实验学校关于荣华实验高中筹备及调整办学规模等相关工作的情况汇报，与会人员对有关事项进行讨论研究。

8月27日，副县长汤国荣主持召开会议，专题研究推进浦城县旅游工作相关事项。会议听取县旅投公司关于富岭镇前洋路口景观“开门迎客”工程、匡山景区新建民宿等软装采购项目、浮盖山游客服务中心高压电力迁杆缆化工程，以及浦城县全域旅游标识标牌专项设计工作等情况汇报，并就有关问题进行讨论研究。

8月28日，副县长陈明主持召开会议，会议专题研究全县公益性小型水库巡查员管护经费补助问题的相关事项。会议听取县水利局关于全县公益性小型水库巡查员管护经费相关问题的汇报，并就相关事项进行讨论研究。

8月29日，副县长何秀菊主持召开会议，专题研究县实验幼儿园迁建项目征地拆迁补偿等有关问题。会议听取县教育局关于县实验幼儿园迁建项目建设前期工作开展情况和南浦街道关于项目建设征迁有关问题的情况汇报，并就相关问题进行讨论研究。

9月4日，常务副县长范吉朝主持召开会议，专题研究新建河滨派出所办公用房用地有关问题。会议听取县公安局关于将上水南桥头原水南粮站仓库收储划拨用于新建河滨派出所办公用房的汇报，并就有关问题进行讨论研究。

9月4日，副县长王静燕主持召开会议，专题研究福建圣农发展（浦城）有限公司〔简称圣农(浦城)公司〕生产用水水价问题。会议 听取县自来水公司关于圣农（浦城） 公司生产用水水价有关情况的汇报， 并就相关事项进行讨论研究。

9月24日，专题研究梦笔文化公园等项目征迁有关问题。会议分别听取县文体和旅游局、南浦街道办事处关于项目建设前期工作开展情况和项目建设征迁有关问题的情况汇报，并就相关事宜进行讨论研究。

（陈泽众）

行政服务

【概况】 2020年，浦城县行政服务中心管委会在县委、县政府的正确领导、市中心的业务指导、各窗口单位的大力支持配合，以及全体工作人员的共同努力下，紧紧围绕“规范、便民、高效、廉洁”的服务宗旨，不断创新机制、锐意改革、提升服务，中心各项工作取得长足进展，服务企业、服务群众的作用更加明显，提升优化浦城县营商环境的作用进一步增强。2020年，入驻中心独立窗口收件22749件，其中即办件16724件；承诺件6025件，已办结6023件，承诺件提前办结率99.97%；分中心共收件436023件，其中即办件369034件，承诺件66989件，办结66989件，即时办结率84.64%；综合窗口共受理313件，办结313件。

【政务服务质量提升】 2020年，县行政服务中心管委会着力推动政务服务线上线下深度融合。为解决群众异地办事“多地跑”“来回跑”等堵点难点问题，推动主中心与分中心设置跨省通办窗口，推进政务服务“跨省通办”“省内通办”。推行“延时服务”“预约服务”等各种便利服务。针对企业群众反映的“上班没空办，下班没处办”的问题，开通网上预约服务通道，接受非工作日预约服务，同时把各窗口开展延时服务和预约服务工作情况纳入各窗口考评，2020年，各窗口为群众提供延时服务36件次，做实做细政务服务各项工作，不断提升企业与群众的获得感和满意度。持续提升审批服务效率。督促各职能部门梳理入驻中心的审批服务事项，做到程序能简则简、申报材料能少则少、办理时限能短则短。截至目前，全县（含乡镇、街道）共有2009项审批服务事项向福建省网上办事大厅集中，“一趟不用跑”事项1815项，达总事项的90.34%。审批服务事项网上可办率98.80%，五星级全流程网上办事项685项。通过网上办、掌上办、自助办办理各类事项3117件。

【优化自建系统审批服务】 2020年，

县行政服务中心管委会采取大数据处理、精准跟踪问题的办法，对全县入驻中心的审批服务事项的承诺时限进行统计分析，督促各有关部门对标先进，优化再造流程，对承诺时限再压缩，提高审批服务效率，落实2020年底县级所有审批服务事项总体压缩时限比例为平均承诺时限占法定时限16.33%，行政许可事项“即办件”占比达到69%。为了解和督促各部门自建系统办件情况，中心管委会对全县16个单位31个自建系统建设情况进行调查摸底，根据所有审批服务事项平均承诺时限控制在法定时限30%以内的要求，联合县审改办、数字发展中心、大督查办、县政府督查室等部门组成审核促进组，对县审批部门自建系统的行政审批服务效率情况进行动态跟踪，推动各部门使用自建系统办理事项时限达到平均提速40%要求。

【工程建设项目审批制度改革】 2020年，县行政服务中心管委会从群众反映最强烈，审批流程最长也最复杂的工程建设项目的审批工作抓起，有序推进工程建设项目审批制度改革工作。县行政服务中心管委会作为该项改革的总牵头部门，制定出台《浦城县全面开展工程建设项目审批制度改革实施方案》，督促各牵头单位和责任单位对照分工任务表，按照时间节点完成各项工作任务。整合设立工程建设项目审批综合服务窗口，为工程建设项目提供综合服务。县发改科技局、自然资源局、住建局分别牵头就立项用地规划许可阶段、建设许可阶段、施工许可阶段、竣工验收阶段制定并联审批工作方案，制定分类审批流程图，并就各个阶段制定“一份办事指南、一张申请表单、一套申请材料”，对各个阶段的审批流程、时限进行明确，实现全县房建市政工程政府投资项目审批时间压减至69个工作日以内，社会投资项目减至69个工作日以内，小型投资项目减至50个工作日以内，装饰装修工程减至20个工作日以内。交通、水利工程项目减至90个工作日以内的目标。全县通过工审系统办件595件，其中并联审批办件共185件。

【“一件事”窗口集成服务】 2020年，县行政服务中心管委会推行“换位思考”服务理念，从办事人的角度出发，从8月中旬开始分3批合计推出27个“一件事”套餐式服务，包括“我要开便利店”“我要开饭店”“我要开饮品店”“我要开理发店”“我要开水果店”等众多老百姓常办事项，围绕“减环节、减材料、减时限、减跑腿次数”目标，推行“一份办事指南、一张申请表单、一套申报材料”工作模式，设立“一件事”综合窗口、“企业开办专窗”，推动“印章刻制”窗口入驻中心，实行开办企业首套印章免费服务。推行套餐式服务后，群众和企业办理套餐只需按照“一件事”办事指南准备好材料到“一件事”综合窗口，填写一个申请表单、提交一套申请材料即可办完多个集成服务事项，实行套餐式服务模式后，并联审批时限在各个单一事项承诺时限总和的基础上平均提速20%，原办理营业执照、食品卫生许可证，公共场所卫生许可证三个证件承诺时间需15天，提供套餐服务后，当天即可办理完成，大大提升了服务效率。2020年，共为79名群众提供“一件事”套餐服务。

【投资项目代办服务】 2020年，县行政服务中心管委会班子持续强化代办服务队伍力量，提升“帮办代办”服务质量，做到凡浦城县内符合产业发展导向且属县本级审批权限范围内的投资项目皆可自愿委托，享受代办专员业务代办服务。要求代办员全面掌握各审批部门的业务规范、充分了解项目业主的服务诉求、及时敦促服务机构的工作进度，做到紧密联系、环环相扣。浦城县光荣院建设项目建设用地规划许可证核发办理时间从原来的6个工作日，缩短至4个工作日办结；福建铭塔玩具股份有限公司三期4号厂房建设项目从立项至施工许可阶段，中心代办员和部门专办员充分了解项目业主的服务诉求、及时跟进服务机构的工作进度，通过并联审批、并行推进该项目的审批事项，把办理时间从原来的21个工作日缩短至7个工作日，大幅提高审批服务效率。为进一步提升服务质量，从9月起，派专人负责为市场监管局窗口注册资本1000万元以上的企业提供跟踪服务，主动联系，了解其办理业务情况，及后续服务要求，向业主宣传介绍免费帮代办服务工作，让落户浦城的业主感受到暖心服务。

【优化营商环境】 2020年，县行政服务中心管委会秉承“处处是营商环境、人人是营商环境”的管理服务理念，坚持用制度管人、管事、管权，对大厅审批服务规范化提出了更高标准和更严格要求。安排专人对窗口业务办理进行跟踪监督，开通办理情况短信服务，及时告知办事人所申办事项办理情况，让办理过程处于公开、透明状态。中心管委会设立投诉专线，依托全省政务服务“好差评”管理平台，综合运用电子监察、现场巡查、业务抽查、明察暗访、公众评议、申办人回访等监督手段，对窗口服务质量、工作效能等进行综合考核评价，及时纠偏纠错，源头防范。2020 年，中心大厅各窗口办件 22749 件，无一例超时办结，审批效率大幅度提升，形成事好办、好办事、办事快的良好局面。

【公共资源交易服务】 2020 年，县行政服务中心管委会按照上级有关规定开展公共资源入场交易服务工作，严格执行降费要求，提升交易服务水平，根据《福建省发展和改革委员会关于印发福建省深化公共资源交易平台整合共享工作方案的通知》文件精神和浦城县发展改革和科技局、县财政局联合下文通知，2020 年 8 月 17 日公共资源交易中心停止收取交易服务费。根据南平市公共资源交易中心《转发福建省发展和改革委员会〈关于进一步规范公共资源交易平台相关问题的通知〉的通知》。有关清理依附公共资源交易平台收费行为的要求，2020 年 9 月 28 日，系统供应商福建随行软件有限公司即日停止向投标人收取平台使用费。2020 年，公共资源交易中心累计办理各类交易项目 208 场次，交易总额 15.3623 亿元，其中：建设工程 183 场次，交易额 10.4247 亿元，节约建设资金 1.6313 亿元；国有产权交易 23 场次，交易额 9924 万元，增值 752 万元；土地使用权出让交易 2 场次，交易额 3.9452 万元，增值 4852 万元。

【乡镇（街道）综合便民服务中心建设】 2020 年，县行政服务中心管委会抓住乡镇（街道）机构改革设立党群服务中心（综合便民服务中心）契机，加强对乡镇（街道）工作指导，按照《浦城县人民政府办公室关于做好乡镇（街道）党群服务中心（综合便民服务中心）设立有关工作的通知》要求，对各乡镇（街道）便民服务中心应入驻单位、人员和事项，场所建设等提出具体的要求。同时，要求县直各业务主管单位对各乡镇（街道）入驻事项加强业务指导，建立县乡联动机制，确保乡镇（街道）业务办理规范运行。根据《浦城县行政审批制度改革领导小组办公室浦城县行政服务中心管委会关于加快推进“五级十五同”事项绑定发布工作的通知》要求，中心管委会全力配合县审改办，指导各乡镇（街道）业务人员开展乡镇（街道）级“五级十五同”事项的绑定，同时完成各入驻事项办事指南等基本信息和上级一致，全县各乡镇（街道）于 2020 年 12 月 31 日前完成五级十五同事项绑定工作。

（陈素伊）

政务公开

【概况】 2020 年，浦城县推进基层政务公开标准化、规范化建设，编制完成 26 个试点领域基层政务公开目录编制。县本级政府公开政府信息 50 条，其中：政策、规范性文件类信息 5 条，国土资源城乡建设环保能源类 7 条，安全生产、应急管理类信息 1 条，其他信息 37 条。

【政府网站与政务新媒体建设】 2020 年，浦城县配合市数字办将县政府网站服务器由天翼云迁往市政府网站集约化平台，完成政府网站集约化建设；推进政府网站栏目改版建设；推进全县政府系统政务新媒体健康有序发展。

【视频会议保障】 2020 年，浦城县数字发展中心严格落实省、市、县领导要求，疫情期间 24 小时值班值守保障视频会议的正常收听收看。对县视频会议室进行了部分装修改造。新增应急高清摄像头一部，进一步完善县乡两级会议的正常召开；新增政务视频网络线路一条，为解决会议期间网络突发情况留下解决方案。严格执行 AB 角制度，确保每场会议均有专人在现场进行调试点名，保障会议顺利进行。

【“十县百镇千村”信息化示范县项目】 2020 年，浦城县数字发展中心完成“十县百镇千村”信息化示范县项目建设，以信息化平台为依托，以品牌建设为核心，为打造“浦城大米”品牌，建设完成“好粮种植适宜性产区区划一张图”，推进浦城县粮食产业转型升级。

【全市电子证照库系统建设】 2020 年，浦城县数字发展中心全力配合市里做好电子证照库系统的推广工作，当好“后勤保障员”，大力推广应用电子证照，变“群众跑路”为“信息跑腿”，促使公众在审批服务办理过程中免于提交纸质证照。

（陈泽众）

机关效能建设

【效能督查】 2020 年，浦城县加大督查力度。围绕县委、县政府重大决策部署，加大督查力度，强化效能问责，推动决策部署落实。浦城县政府效能部门联合县委、县政府督查室、县委大督查组等开展“一季一督查一通报”活动，先后对加快绿色发展推动高质量发展、“三大攻坚战”“六稳六保”、省市县重点项目、生态文明建设及机关作风服务效能等开展明察暗访。1—11月，效能问责9人（通报批评8人、诫勉教育1人）。对发现干部在工作中履职不到位，存在慢作为的现象严肃追责问效，有力推动重点项目建设的按时完成，持续改进效能作风；主动配合信访投诉，坚持有诉必理，有理必果原则。县效能部门对信访滞后及疑难信访件主动介入，认真办理社会各界和领导批示批办的效能投诉件。对各类投诉件做到及时受理，马上就办，并加强跟踪督办，确保问题得到解决。

【绩效管理】 2020年，浦城县在科学对接省、市绩效管理指标体系和工作方案的基础上，反复征求相关部门、乡镇（街道）意见，制定浦城县《2020年度浦城县绩效管理工作方案》；优化绩效考评指标体系。紧紧围绕贯彻新发展理念、加快绿色发展推动高质量发展、“三大攻坚战”“六稳六保”等重点领域，深化“绿色发展考核评价”“四比”“创新突破年”活动，优化实化考核内容，客观反映工作成效，引导和推动各级各部门紧盯目标任务，稳扎实干。奖惩紧密挂钩。将“绿色发展考核评价”“四比”活动考评情况纳入绩效考评，实行季度考评，根据“绿色考核评价”考评结果，对排名前3位、前4～6位的县直单位、乡镇（街道），绩效奖励分别予以增加基数的0.15倍、0.05倍；对排名末3位、14～16位的县直单位、乡镇（街道）绩效奖励分予以罚扣基数的0.15倍、0.05倍。

【服务效能】 2020年，浦城县对各类申办件做到及时受理，突出马上就办，加强跟踪督办，确保问题得到解决。要求各相关单位制定细则，积极对接省市要求开展“营商环境指数”完成情况自评工作，督促各单位加强沟通协调，积极对标先进找差距，以评促改，进一步推进落实营商环境各项工作，持续推进“放管服”改革。全县（含乡镇、街道）共有1750项审批服务事项向福建省网上办事大厅集中，“一趟不用跑”和“最多跑一趟”事项共1712项，达总事项的97.83%。及时受理、核实、转办企业和群众在生产经营中遇到的“难、硬、重、新”问题投诉，做到咨询类2个工作日内办结，建议类5个工作日内办结，诉求类10个工作日内办结。由县政府办（效能股）牵头统一收集后分转至相关部门并全程督办，倒逼责任落实，提升服务效能。

【便民服务】 2020年，浦城县在12345便民服务平台的受理率、办结率和满意率均为100%。浦城县“随手拍”批转诉求件总共1769件，已办结1761件（其中投诉举报类1103件、便民服务类658件），正在办理8件。受理率、办结率100%，满意率99.8%。

（陈泽众）

政协浦城县委员会

综 述

【概况】 2020年，政协浦城县委员会锚定新使命新任务，以党的建设为引领，团结带领政协各参加单位和全体政协委员，积极履行政治协商、民主监督、参政议政三项职能，在建言资政和凝聚共识上双向发力，汇聚智力谋发展，同心协力促和谐，创新举措增活力，在助推县委、县政府重大决策部署更好落实、助推人民对美好生活的向往更好实现、为浦城县奋力夺取疫情防控和经济社会发展"双胜利"作出积极贡献，展现政协委员的时代风采，谱写人民政协事业发展新篇章。

【政治建设】 2020年，浦城县政协常委会坚持把学习习近平新时代中国特色社会主义思想、习近平总书记关于加强和改进人民政协工作的重要思想放在首位，重点学习习近平总书记重要讲话重要指示批示精神，引导各界人士增强"四个意识"、坚定"四个自信"、做到"两个维护"，在政治立场、方向、原则、道路上同以习近平同志为核心的党中央保持高度一致。认真学习贯彻中共十九大和十九届四中、五中全会精神，牢牢把握人民政协制度与国家治理体系的内在联系，推动人民政协制度优势转化为社会治理效能。全面学习贯彻中央和省、市、县委政协工作会议精神，以及全国地方政协工作交流会精神，按照新时代人民政协党的建设总要求，进一步加强党对政协工作的全面领导，党建工作"两个全覆盖"成效得到省、市政协肯定，浦城县政协作为南平市县（市、区）政协代表，在全省政协系统党建"两个全覆盖"工作调研座谈会上作交流发言。

【履职担当】 2020年，浦城县政协常委会坚持"党委有号召，政协有行动"原则，按照"四个第一线"要求，增强"主动担当、奋力作为"的精气神，找准"走在前列、干在实处"的着力点。把疫情防控作为2020年政协工作的首要政治任务，向全体政协委员发出"万众一心抗疫情"的倡议，广大政协委员及委员企业踊跃捐款捐物累计1200多万元；落实"县领导挂企业、机关联企业"机制，5位处级领导对接10家规模企业，县政协机关联系1家规模企业，36名政协委员、机关干部担任"楼栋长"，助力社会治理，共建文明浦城、平安浦城。县政协班子成员及机关干部积极参与挂点乡镇、精准扶贫、环境综合整治、大督查、重点项目建设等工作。县政协机关党支部积极开展"四联四促"活动。充分发挥政协工作特色和智力优势，县财政预算每年安排文史经费30万元，编撰发行《浦城诗词大全》《浦城古井》《浦城劳模》等文史专辑，传承和保护浦城县文化遗产，讲好浦城最美故事，扩大浦城影响力，发挥文史资料工作的存史资政团结育人功能。以落实巡察问题整改工作为抓手，强化整改措施落实，建立整改落实的常态化、长效化机制，坚决彻底抓好巡察整改"后半篇文章"。

【精准扶贫】 2020年，县政协机关深入开展"走基层、送温暖、办实事、解难事"活动，继续结对帮扶10个贫困村、25户贫困户，机关党支部帮扶1名贫困大学生，坚持扶贫同扶志、扶智相结合，点对点、面对面、心连心落实帮扶措施，指导贫困群众因地制宜发展特色种养、乡村旅游、民宿开发等农村经济业态，巩固脱贫攻坚成果。本着为政府分忧、为群众解难的宗旨，发动广大政协委员、热心乡贤行大爱之举、展大

2020年2月18日，仙芝科技（福建）股份有限公司捐赠物资助力疫情防控工作

（县政协办 供）

德之风，投身扶贫济困、兴教助学活动，得到大家的大力支持，纷纷慷慨捐助。广东政协委员小组为山下和管厝乡贫困学生捐资5.5万元、羽绒服100件、棉被90床，向忠信镇敬老院捐赠电视机20台，为忠信村修建道路捐资2万元；祝海鹰委员牵头厦门乡贤为富岭、仙阳、枫溪、古楼等乡镇贫困学生捐资6万元，向浦城一中、浦城二中、浦城三中和仙阳中学捐赠价值32万元的“金龙智能防疫工作站”4台；上海政协委员小组功能型党支部与临江镇水西村党支部结对共建，助推软弱涣散党组织转化提升；驻榕、驻京委员开展结对帮扶“春蕾女童”活动，其中驻榕委员牵头为“春蕾女童”捐资助学22.74万元；周紫云常委为里梅村修建桥梁及河滨街道、枫溪乡贫困户捐资28万元。

重要会议

【县委政协工作会议】 2020年4月10日，浦城县委政协工作（视频）会议召开，深入学习传达贯彻中央和省委、市委政协工作会议精神和习近平总书记的重要讲话精神，就进一步加强和改进新时代全县政协工作，作出全面部署。会议坚持以习近平新时代中国特色社会主义思想为指导，深入学习贯彻习近平总书记关于加强和改进人民政协工作的重要思想和对福建、对南平工作的重要要求，认真贯彻中央、省委、市委政协工作会议精神，增强“四个意识”、坚定“四个自信”、做到“两个维护”，把坚持和发展中国特色社会主义作为巩固共同思想政治基础的主轴，把服务实现“两个一百年”奋斗目标和推动新浦城建设作为工作主线，把加强思想政治引领、广泛凝聚共识作为中心环节，坚持团结和民主两大主题，提高政治协商、民主监督、参政议政水平，更好凝聚共识，努力推动全县政协工作走在全市前列，切实担负起把中央、省委、市委决策部署和对人民政协工作要求落实下去、把社会各界智慧和力量凝聚起来的政治责任，为加快绿色发展高质量发展，为决胜全面建成小康社会作出新的更大贡献。聚焦政治建设，牢把政治方向；聚焦服务大局，精准协商发力；聚焦团结奋进，广泛凝聚合力；聚焦履职尽责，激励担当作为。

【县政协常委会会议】 2020年4月24日，浦城县政协十四届十四次常委会会议召开，会议集中学习《习

2020年3月3日，县政协主席张建斌（左二）深入企业调研指导疫情防控与复工复产工作

（县政协办 供）

近平在厦门》《习近平在宁德》采访实录和习近平总书记4月8日在中央政治局常委会会议上的重要讲话精神，就“社区治理和建设亟待加强”进行专题协商。常委会要求各位常委和委员要认真领会，深入贯彻落实中央和省、市委政协工作会议精神；要毫不松懈，助力县委、县政府抓好疫情防控和复工复产工作；要积极建言献策，努力提升社区治理和社区建设现代化水平。

2020年7月31日，浦城县政协十四届十五次常委会会议召开，会议集中学习全国政协十三届三次会议主要精神，就“朱子文化遗存的保护与利用”进行专题协商，专项听取县文体和旅游局通报工作。常委会要求各位常委和委员要认真学习贯彻全国政协十三届三次会议精神，强化担当意识；要坚持疫情防控和复工复产两手抓，双向发力；要以身作则，带头争做浦城文明人。

2020年9月25日，浦城县政协十四届十六次常委会会议召开，会议传达学习全国地方政协工作经验交流会精神，以及省委十届十次、市委五届十次和县委十三届十一次全会精神，就“加快推进城乡供水一体化项目建设”进行专题协商，专项听取县财政局通报工作。常委会要求各位常委和委员要深入学习贯彻落实省、市、县委全会精神；认真学习全国地方政协工作经验交流会先进工作经验，积极正面反映社情民意，提升学习和履职效能；要齐心协力，助力浦城创建省级文明县城。

2020年12月25日，浦城县政协十四届十七次常委会会议召开，会议传达学习中共十九届五中全会精神、全国地方政协工作经验交流会、全省和全市市县政协主席座谈会，以及政协系统党建“两个全覆盖”工作闽东北片区调研座谈会主要精神；就“完善城区保洁监督管理机制”进行专题协商；专项听取县人社局通报工作。会议还协商通过请辞和撤销委员名单；协商通过县政协十四届五次全会有关文件。常委会要求各位常委和委员要深入传达学习贯彻党的十九届五中全会精神，强化委员履职尽责，切实做好浦城县政协十四届五次全会的筹备工作。

（翁吉华）

2021年1月12—14日，中国人民政治协商会议第十四届浦城县委员会第五次会议在县委大会议室召开 （县政协办 供）

参政议政

【视察调研】 2020年，浦城县政协全年开展常委会重点协商、专委会对口协商各4次，重点提案办理协商8次，视察调研6次，形成建议案、视察报告和建议等22篇。紧扣浦城一中新校区工程建设，林业行政执法规范化建设，规范社会力量办学，大力发展林下经济、促进乡村振兴，粮食安全生产，倡导健康生活方式、推进全面全民健康战略，城乡基层社会治理，决战脱贫攻坚、决胜全面小康等视察调研课题深入调查研究，及时了解和掌握情况并进行分析研究，形成高质量的视察调研报告和建议，为县委、县政府决策提供了有价值的参考依据，并跟踪督促，做好落实和反馈工作，推动成果转化。

【政协提案办理】 2020年，浦城县政协委员共提交提案103件，经审查立案99件，所立提案均在规定期限内办复。提案所提意见和建议已解决的41件，占41.4%；正在解决和已纳入计划逐步解决的42件，占42.4%；留作工作参考的16件，占16.2%。共收到提案者反馈的征询意见表90份，委员满意率为96.7%。

【政协助力经济发展】 2020年，县政协把服务发展大局作为政协提案工作的出发点，在发展全域旅游推进品牌建设，严格项目审批优化投资营商环境等方面，共提交提案14件。关于“加快生态全域旅游发展”

2020 年 4 月 23 日，南平市政协主席黄健平（右二）到浦城县调研指导疫情防控与粮食安全工作（县政协办 供）

的提案，县文体和旅游局积极吸纳提案建议，以全力打造产城景文融合发展的“诗画浦城”为定位，谋划全域旅游特色片区，加大招商推介力度，出台旅游产业发展扶持奖励办法、民宿管理办法、旅游促销奖励实施办法等举措，重点推进匡山、浮盖山等旅游景区建设。关于“赋予农副产品以灵魂”的提案，县市场监督管理局及有关部门进一步强化组织领导，编制“品牌强县”发展战略规划和产业规划，继续加大浦城品牌宣传推介力度，讲好浦城品牌故事，挖掘品牌文化内涵，整体推进品牌创建，浦城品牌形象得到提升，品牌效益日渐凸显，“浦城薏米”扶贫公益广告在中央台全频道滚动播出。关于“严把招商引资项目审批关”和“保护食品加工企业周边环境”的提案，浦城生态环境局立足园区专业园规划，严把招商引资项目审批关，协调解决有关企业生产环保问题，得到企业的好评。

【政协关注城乡建设】 2020 年，县政协把统筹城乡发展作为政协提案工作的落脚点，围绕改善城乡基础设施建设、提升美丽乡村品位、优化人居环境、修缮保护古村落等方面，共提交提案 22 件。关于“加快推进城乡供水一体化，巩固提升农村饮水安全水平”的提案，县政协常委会将此提案列入专题协商课题，组织部分政协常委、委员深入开展调研，广泛开展民主协商，为推进城乡供水一体化出谋献策；县水利局围绕“大水源、大水厂、大管网”建设，逐步实现城乡供水“同水源、同管网、同水质、同服务”的目标，统筹规划、精心组织，扎实推进项目前期工作。关于“富岭镇殿下村建设新时代乡村振兴主题展馆”的提案，富岭镇党委政府充分挖掘当年习近平同志到殿下村调研留下的宝贵资料，将种粮大户林加泽住宅原址改造建成新时代乡村振兴主题展馆的示范点，为新时代乡村振兴发挥了示范辐射带动作用。关于“支持枫溪乡岱后村古村落保护”的提案，枫溪乡党委政府、县文体和旅游局紧紧抓住实施省级古村落提升工程的契机，争取项目资金 600 万元，对古村落进行全面修缮保护，兴建写生长廊，完善基础设施建设，为打造“醉美画乡”，提升乡村旅游服务能力和水平奠定良好基础。

民主监督

【概况】 2020 年，县政协围绕县委、县政府重点政策措施和重要工作落实情况，以及群众普遍关注、反映强烈的“痛点”“堵点”“难点”问题，不断完善监督形式，规范监督程序，健全监督机制，提高监督实效。组织委员围绕“浦城一中新校区工程建设项目”“民办教育发展情况”“林业行政执法规范化建设”等课题开展年度视察活动，形成专题报告呈送县委、县政府。按照善于学习“能”监督、实事求是“会”监督、坚持原则“敢”监督的标准，精心挑选 60 余名政协委员担任各行业特约监督员、政风行风评议员和人民陪审员，围绕机关工作人员履行职责、改进作风、遵纪守法的情况实施民主监督，参加县检察院检察听证、“小升初”电脑派位监督、智慧电单车运营项目测评等，做到参与中支持、支持中服务、服务中监督，助力县委、县政府相关部署落实到位。坚持政府组成部门向政协常委会通报工作制度，听取县文体和旅游局、财政局、人社局工作通报，为推动相关职能部门工作建言献策。

【反映社情民意】 2020 年，县政协研究制定《浦城县政协宣传信息工作考评办法》，发挥政协委员的主体作用、政协专委会的基础作用，强化社情民意信息“微调研”，充分听取和反映群众意愿，在党政与群众之间架好“连心桥”，发挥“民情直通车”作用。全年收集社情民意信息165篇，“网络医疗科普乱象亟待净化”“抓紧完善《野猪种群调控工作方案》，保障农业粮食生产安全”“城市发展中不宜盲目建设九年一贯制学校”等26篇被省、市政协采用，7篇得到省、市领导批示，促进相关民生问题的妥善解决。

【民生改善助力】 2020年，县政协立案交办提案99件，其中涉及民生的提案51件，占51.5%。用好提案办理项目专项资金，严格筛选核查，对19件提案办理项目予以补助，进一步提升提案办理的办成率和满意率，提案办复率100%，委员满意率96.7%。加大提案督办力度，一大批群众关心关注的民生提案得到有效落实，不断提升人民群众的获得感、幸福感。如，“关于加快出台老旧小区既有住宅增设电梯政策的提案”得到县委、县政府高度重视，研究出台《浦城县既有住宅增设电梯试点工作方案》，县既有住宅加装电梯首梯开工建设；“关于柔性引进人才建立名医名师工作室的提案”，切合浦城打造“健康养生目的地”的需求，县人才工作领导小组专题研究，制定《关于浦城县卫生专业技术人才引进工作实施方案》，在县医院、中医院、蛇伤防治院设立名医名师工作室，推进浦城医疗服务水平整体提升。

联谊与传承

【互学互鉴】 2020年，浦城县政协营造平等协商、和谐议政的民主氛围。以政协全体会议为平台、调研视察为载体、界别活动为纽带、走访联谊为抓手，加强与工商联、人民团体、无党派人士和社会各界人士的团结合作，积极推荐相关代表人士参加党政部门的征求意见、协商讨论、监督评议等活动，搭建知情议政平台，进一步发挥他们在政协大家庭中的重要作用。主动接受上级政协的工作指导，配合市政协开展“倡导健康方式，推进全民健康战略”“粮食生产供应情况”等专题调研、协商活动，做好驻浦省、市政协委员异地视察的服务保障工作。加强与异地政协的交流联系，先后接待江西瑞金市、甘肃武山县，以及南平市的邵武、政和、光泽县政协等12批次，展示浦城经济社会发展的新成就、新变化；有针对性地组织委员赴上海、浙江、福州、宁化、建阳等地学习考察，拓宽视野，借鉴学习先进经验。

【文化挖掘与宣传】 2020年，县政协做好浦城历史文化资源挖掘整理工作。围绕“朱子文化遗存的保护与利用”“浦城派古琴的传承发展”，组织文化艺术界委员深入调研协商，就如何保护浦城县传统文化历史资源等方面提出意见建议。挖掘传承历史文化，编撰发行《浦城古井》《浦城纪略》等文史专辑，发挥文史资料工作的存史资政团结育人功能。联合县文联在喜马拉雅设置“梦笔声花”频道，宣传浦城历史文化纪实及小说、诗歌、散文等专题内容，促进政协文史资料服务社会大众。选送书画作品参加省、市政协“全面奔小康·丹青绘宏图”“齐心克时疫，笔墨绘春归”作品展，讲好浦城最美故事，扩大浦城影响力。

（翁吉华）

纪检监察

综 述

【概况】 2020年，浦城县纪委监察机关查处违反中央八项规定精神案件10件21人；查处形式主义、官僚主义问题8件13人；查处落实疫情防控工作不力问题28件71人；查处扶贫领域问题4件12人；查处涉黑涉恶腐败和“保护伞”23件25人；查处民生领域（含生态环保）问题7件30人。接受信访举报550件次，处置问题线索572件次。共立案90件90人（乡科级干部11人），给予党纪政务处分80人，移送司法机关3人。

【高压惩腐】 2020年，县纪委监委保持高压震慑强化“不敢”。严查各类腐败案件，以高压震慑，持续释放一严到底、一刻不停歇的强烈信号。对所有涉嫌违纪、违法、职务犯罪的问题一体进行审查调查，把执纪与执法统一起来，实现纪法的双施双守。全县共处置问题线索572件次，立案查处90件90人，给予党纪政务处分80人，移送司法机关3人。

坚持制度治理，强化“不能”。把查办违纪违法案件与强化监督监管结合起来，注重举一反三强化制度建设，做实以案促建、以案促改。全县共发出纪检监察建议书8份，督促相关单位规范权力运行等多方面制度15项，严防“牛栏关猫”，坚决把权力关进制度笼子。

提升思想觉悟，强化“不想”。注重将思想政治教育贯穿“不敢”“不能”全过程，突出引导转化。立足案件易发高发领域，通过组织参观廉政警示教育基地，庭审观摩等形式，强化“不想腐”的行动自觉。将反面警示与正面引导融合推进，通过举办廉政剪纸展、“家风·家训·家教”为主题的亲子活动，涵养新风正气。

2020年9月17日，市纪委常委、市监委委员、市委巡察办主任吴芬菲到浦城开展《中华人民共和国公职人员政务处分法》宣讲报告会

（县纪委办 供）

【政治监督加强】 树牢政治监督理念。2020年，县纪委常委会认真学习贯彻习近平新时代中国特色社会主义思想，通过班子成员集体领学、研讨带学等方式，推动全系统跟进学习习近平总书记重要指示批示精神、认真研读习近平系列采访实录，切实做到时时、处处、事事对标看

齐，在学思践悟中做到“两个维护”。把握政治监督重点。坚持党中央决策部署到哪里、政治监督就跟进到哪里，重点围绕疫情防控常态化、做好“六稳”工作、落实“六保”任务、脱贫攻坚、安全隐患大排查等重点工作跟进监督、全程监督、创新监督，切实将“两个维护”贯穿每项工作始终。全县共查处疫情防控中违规违纪问题 28 件 71 人、督促整改安全隐患 4405 个。强化政治监督效果。认真落实省委“八个坚定不移”要求，协助县委开展上年度全面从严治党检查，共发现问题 243 个，给予党纪政务处分 7 人、诫勉 10 人、通报 16 人、谈话提醒 10 人。改进谈话函询方式，督促各级党委（党组）在“咬耳扯袖”上协同发力。全县共委托各级党委（党组）主要负责人开展谈话 363 人次，有效推动党委主体责任和纪委监委监督责任贯通联动、一体落实。

巡察工作

【常规巡察】 2020 年，县委巡察机构深化政治巡察，加强巡察机构和纪检监察机关、组织、审计等部门的协调协作，实行巡察报告问题底稿制度和巡察后评估制度，提高全覆盖质量，完成全县 78 个党组织和 51 个二级机构的巡察全覆盖任务。

做实巡察“后半篇文章”。建立巡察机构与纪检监察机关监督协调常态化机制，强化纪检监察机关对整改落实情况的日常监督，持续跟踪督办，对拒不整改、虚假整改等问题严肃追责问责。2020 年，巡察共反馈各类问题 672 个，落实整改 331 个，移交问题线索 67 个，处理 16 人。

做细巡察“回头看”。重点关注上轮巡察整改以及巡后工作开展情况，按照看组织领导、看问题整改、看责任追究、看建章立制、查新问题的“四看一查”工作方法，稳妥有序开展巡察“回头看”。对水利局、供销社、临江镇、水北街镇等 4 个党组（党委）开展“回头看”。

【查处群众身边腐败现象】 2020 年，县纪委监委聚焦巩固脱贫成果、“四个不摘”等问题，开展“三督两查一提升”工作，组织 6 个监督检查组深入 284 个行政村，对深度贫困家庭、已脱贫但不够稳定的、受疫情影响存在返贫风险的三类贫困户 310 户 822 人“点对点”实地走访，同时完成对 1856 户 3566 人（入户率 36%）入户访查工作，发现问题线索 13 条。全县查处扶贫领域问题 4 件 12 人，给予党纪政务处分 1 人。

开展民生领域损害群众利益问题集中整治。推动相关职能部门根据不同领域特点，坚持一领域一专项，持续深入整治教育、医疗、食品药品安全、农村公共基础设施等领域的“微腐败”。全县查处民生领域问题 7 件 30 人，给予党纪政务处分 2 人。

严肃惩处涉黑涉恶腐败。聚焦 7 类重点情形，严格落实“三筛三不放过”工作要求，加强与政法机关协作配合，全面推进“六清”行动，实现 189 条问题线索“清仓见底”。全县共查处涉黑涉恶腐败和“保护伞”23 件 25 人，给予党纪政务处分 13 件 15 人。

持续推动移风易俗专项治理。重点加大对违规操办婚丧喜庆问题的查处力度，分类施策推进“升学宴”“谢师宴”“生日宴”专项治理，严肃查处党员干部及公职人员组织或参与歪风陋习行为，有力有效遏制陈规陋习。全县查处并通报曝光移风易俗问题 1 件 1 人。

【纠治“四风”问题】 2020 年，县纪委监委坚持一个节点一个节点坚守，深挖细查顶风违纪、隐形变异等“四风”问题，持续整治违规吃喝、违规发放津补贴等突出问题。制定《制止餐饮浪费行为专项监督工作方案》，主动约谈相关单位办公室主任，督促党政机关在公务接待、食堂管理中严格落实厉行节约反对浪费的相关规定。全县共查处违反中央八项规定精神问题 10 件 21 人，给予党纪政务处分 12 人。深化形式主义官僚主义整治。把整治形式主义官僚主义落实到纪律监督、监察监督、派驻监督、巡察监督中，与做好“六稳”工作、落实“六保”任务，扫黑除恶、民生等专项监督工作一体推进。全县共查处形式主义官僚主义问题 8 件 13 人。认真开展“纠治基层形式主义官僚主义突出问题集中调研月”活动，组织学习讨论 386 场次、发现形式主义官僚主义突出问题 25 个，下发整改通知书 19 份，推动解决群众“急难愁盼”问题 15 个。完善作风建设长效机制。实行随机组建、临时通知的“点穴式”暗访机制，密切关注规避重要节点、“错峰违纪”等问题苗头，提升日常监督检查的质效。延伸拓展“1+X”监督机制，发挥各成员单位职能优势，切实防止老问题复燃、新问题萌发、小问题坐大，形成联合联动、一起抓作风建设的工作格局。全县共开展 11 批 30 人次明察暗访，发现问题线索 7 条。

监察工作

【精准监督】 2020 年，县纪检监察机关监督执纪“四种形态”共计 626

人次。具体分布：第一种形态 541 人次，占 86.4%；第二种形态 42 人次，占 6.7%；第三种形态 15 人次，占 2.4%；第四种形态 28 人次，占 4.5%。

【日常监督】 2020 年，县纪委监委接受信访举报 550 件次，委领导带信下访化解疑难信访件 18 件，全县纪检监察干部入户走访 1508 户，现场收集问题 245 个，发现问题线索 5 件。建立完善并动态更新 756 名重点岗位领导干部廉政档案，整体把握党内政治生态状况，全年共回复党风廉政意见 2597 人次，提出暂缓或否定性意见 33 人次。

创新监督方式。扎实推进检举举报平台建设，实现受理、办理、处置全流程闭环式管理。自 2020 年 9 月 1 日检举举报平台基层版正式上线使用以来，共签收转办件 99 件，平均流转时间缩短至 3 天，有效推动信访工作提质增效。立足“监督的再监督”，有效推动“1+X”监督联动机制，如联合公安、住建、城市管理、人社等部门开展公职人员“两违”问题专项整治，共督促 18 个单位的 60 名公职人员完成整改。

2020 年 11 月 12 日，浦城县纪委监委在县纪委第二办公区开展审查调查安全工作培训 （县纪委办 供）

落实精准问责。对“两个维护”不坚决、全面从严治党“两个责任”落实不到位、履行管理监督职责不力的坚决从严问责。严格落实“三个区分开来”要求，防止问责泛化、简单化，做到纪法约束有硬度、批评教育有力度、组织关怀有温度。全县共对 7 名党员领导干部问责，给予党纪处分 2 人，通报 5 人。

【强化内部管理】 2020 年，县纪委监委建立作风建设日常督查机制，不定时对乡镇纪委、派驻纪检组、本委各部室开展作风督查，共开展监督检查 153 次，发现问题 37 个，发出整改通知书 53 份，谈话提醒 86 人。严格执行打听、干预监督审查工作登记备案等各项制度，确保执纪执法受监督、有约束，建设忠诚坚定、担当尽责、遵纪守法、清正廉洁的纪检监察铁军。

（江俊杰）

群众团体

浦城县总工会

【概况】2020 年，浦城县总工会（县总工会）坚持走中国特色社会主义工会发展道路，着力加强职工思想政治引领，团结动员广大职工积极投身疫情防控和助力企业复工复产，切实履行维权服务职责，不断深化工会改革和产业工人队伍建设改革，以党的政治建设为统领全面加强工会系统党的建设，引领全县广大职工群众积极投身“产城景文”融合发展的清新福建“北大门”建设作出应有的贡献。2020 年，全县基层工会 712 个，会员 3.94 万人，新组建基层工会 16 个，增加会员 479 人，批复 18 个基层工会换届和替（增）补委员、工会主席。

【新冠肺炎疫情防控】 2020 年，县总工会制定《致全县广大职工的一封信》，向基层工会发出抗疫动员令；组织广大职工积极参加疫情防控宣传、维护社会秩序、入户排查、现场值守、复工复产准备等各项工作，为打赢疫情攻坚战筑起坚实的堤坝；会同县农业农村局为 3 家企业发出《倡议书》，鼓励大家伸出援手，帮助企业渡过难关。筹集资金 10 多万元，及时对援鄂护士苏治云、抗疫岗位上殉职的毛梓红家属开展走访慰问，看望一线防控执勤点及挂点村、社区防疫值守点职工，送上防控物资和慰问品，传递党和政府的关怀和温暖。落实小微企业工会经费全额返还。加强与当地税务部门的沟通，并利用微信群、微信公众号宣传省总工会的小微企业在线申请流程及小微企业标准等内容。至年底，县总工会已返还小微企业工会经费 10 家，计 7.35 万元，以上均为线上返还，将尽快落实线下返还工作。

【工会服务】 2020 年，县总工会为浦城职工求职应聘者提供 31 家企业 2483 个职位。“两节”期间筹资 11.4 万元慰问苦脏累险岗位一线职工、企业困难职工；组织全县参加第八期医疗互助职工 15387 人，办理职工住院补助 226 人次，补助金额 20.5 万元；为全县 20 名困难女职工免费体检；走访慰问坚守在高温一线的职工近 1400 人，送去总价值 11 万元的防暑降温物品；开展“金秋助学”活动，发放助学金 1 万元，帮助 7 名学子点亮求学梦。

2020 年 7 月 24 日，县总工会人员到绿康生化公司浦潭热电联产项目班组开展防暑降温慰问 （县总工会 供）

【劳动和技能竞赛】 2020年，县总工会开展“安康杯”竞赛活动，参赛企业近200家，参赛职工数达1.6万余人。获省级先进单位4家，省级先进班组1家；获市级先进单位4家，市级先进班组2家，市级优秀组织2个，市级优秀组织个人2人。参加2020年福建省百万职工“五小”创新大赛项目，申报创新大赛项目34件，获一等奖1件，二等奖2件，三等奖3件。在各行业工会开展烟农、剪纸等多项职业技能竞赛2场，参与职工600多人，鼓励职工建功立业。

【职工教育培训】 2020年，县总工会与电大联合开展农民工“求学圆梦行动”活动，进行职工学历提升，激励广大职工投身大众创业、万众创新的时代洪流。开展安全生产宣传教育“走基层、进企业”，深入企业开展劳动法、《福建省女职工劳动保护条例》、职业病防治法、“女职工关爱行动”讲座等活动3场，200多名职工群众参加活动。

【非公企业工会建设】 2020年，全县32家百人以上、19家50至100人非公企业均已成立工会组织。全面推进货车司机、快递员、网约送餐员、护工护理员、家政服务员、房产中介员、保安员、商场信息员等“八大群体”建会入会，现有工会18家，会员747人，建会率和入会率均达50%。

【基础设施建设】 2020年，县总工会加强本级工会基础设施建设。县工人文化宫项目顺利进行。11月，在全省工人文化宫建设现场推进会上，作经验介绍。12月，工人文化宫项目进入装修阶段。加强基层工会基础设施建设。在兴浦路建设省级户外劳动者示范服务站点（休息室），在县医院、中医院设立医生休息室，在汽车站建设妈妈小屋，完善基础设施，帮助各类特殊人员。安排资金近23万元，支持乡镇(街道)对原有会堂、旧房屋进行改造，建设“职工之家”，添置活动器材和书籍。同时，通过不断完善带创措施，培育和树立一批先进典型。福建铭塔玩具股份有限公司工会委员会、浦城县林业工会寨下林场工会委员会获得“福建省职模范职工之家”荣誉称号，临江烟草站分工会、福建木樨园营养食品有限公司生产部工会小组获得“福建省模范职工小家”荣誉称号。加强疗休养基地建设。积极帮助桂都国际大酒店在“南平市职工疗休养基地示范点”的基础上，先后多次深入管厝乡红色基地、晓禾农业、小密包酒、匡山、大水口休闲农庄等地调研，助推申报各级职工、劳模疗休养基地示范点，以全力推进浦城“康养之都”建设为发展方向。

【智慧工会建设】 2020年，县总工会重点做好基础数据采集及推广部署工作，建成基层工会组织和工会会员动态实名数据库，夯实“智慧工会”工作基础，构建会员实名制为基础的工会大数据平台。297家企业实行基层工会会员实名制管理，基层工会会员5898人全面录入数据库，实现基层工会组织和工会会员管理制度化、规范化、信息化、网络化。

【职工文体活动】 2020年，县总工会利用重大节日期间开展短视频（征文）大赛、摄影作品展、“青·缘”交友联谊、气排球比赛、羽毛球比赛、篮球比赛、职工健步走、太极拳等15场线上线下活动，全县2000多名职工参加，丰富广大职工会员的精神文化活动，为实现浦城绿色发展跨越发展落实赶超凝聚人心、鼓舞士气。

【劳模精神弘扬】 2020年，县总工会持续打响劳动模范、五一劳动奖、工人先锋号等工作品牌。深化评先评模工作。推荐评选省五一劳动奖章获得者2名、市级劳动模范获得者9名、省优秀工会工作者2名。加强劳模服务。“两节”期间慰问各级困难劳模（五一劳动奖章获得者）5名；重阳节慰问90岁以上省劳模4人，发放慰问金8000元；安排7名各级劳模进行疗休养；申请发放退休县级劳模荣誉津贴16人次9256元。弘扬先模精神。会同南平市总工会、南平市劳模协会、浦城县劳模协会分别在浦城县盘亭乡、浦城县工业园区联合开展全市各级劳模进乡村、进企业“大学习”活动。

（黄贻婷）

共青团浦城县委员会

【概况】 2020年，共青团浦城县委员会（团县委）下辖基层团委47个、团支部573个，包括19个乡镇(街道)团（工）委、23个中学中职团组织，全县团员7734名，其中乡镇（街道）团员3095名、中学中职团员3985人。团县委机关内设3个机构，编制数为4个行政编制，目前青年节在编3人。“五四”青年节期间，向团市委推报“两红两优”“青年五四奖章”等荣誉集体和个人名单，获得市级个人荣誉11人、集体荣誉6家，同时在县域内开展县级五四评选表彰活动，共授予 97 名个人、51 家集体“五四”荣誉称号，激发青年创新创造，立足岗位贡献力量，弘扬正能量、树立新风尚。在青字号品牌建设方面，有 1 家集体获得“福建省青年突击队”荣誉称号、5 家集体被评选为南平市青年文明号单位。

【团组织建设】 2020 年，团县委组织各级团组织参与星级团支部创建，全年创建五星级团支部 222 个，四星团支部 46 个，三星团支部 148 个，达标以上团支部占比 92%，各项指标均达到省上要求。每季度落实乡镇（街道）团（工）委书记工作联席会议。成功承办南平团市委第七批乡镇（街道）团（工）委书记“述团建”工作会议，为浦城县团组织建设打下牢固基础。

【健全少先队工作机制】 2020 年，团县委成立浦城县首个共青团团校、少先队队校，并在全县 41 所中小学成立学校少工委，实现组织建设 100% 全覆盖。组织开展 2019 年度优秀少先队辅导员、少先队集体以及少先队员的评选，表扬先进、选树典型、激励后进。开展全县少先队大队辅导员工作会议、党建带团队建工作会议并开展业务知识培训，召开浦城县第一批少先队辅导员述职评议会议。

【疫情防控】 2020 年，面对疫情发展的严峻形势，团县委发动广大团员、青年志愿者组成疫情防控突击队，发布青年志愿者倡议书、招募令，高效集结全县各级团组织成立 20 支志愿者小分队，300 多名核心青年志愿者，协助开展高速入口、乡村（社区）车辆防控，24 小时轮班，参与全县疫情防控工作，成为疫情防控战线上的一支重要力量。在团市委划拨 1 万元团费的基础上，配套县级团费 1 万元，向战斗在疫情防控斗争第一线的青年医务工作者、青年团员团干、援鄂医护家属送去组织关怀。

【“四联四促”活动】 2020 年，团县委配合县社区办、团属小丹桂社工中心成立社区青年志愿者服务队，各机关团支部青年积极参与“机关联乡村、党建促振兴”机制，胜利社区团支部、梦笔社区团支部、莲花社区团支部依托青年团员力量，开展文化小区、关爱儿童、四点半课堂等社区服务活动。发挥机关党建引领作用，与兴浦社区、古楼乡岗里村签订共建计划，组织青联委员、温暖包、微心愿帮扶助困行动进社区、进农村，助力机关党建与农村党建水平“双提升”。

【志愿服务】 2020 年，团县委围绕县委、县政府确定的重点工作，开展脱贫攻坚、垃圾分类、文明城市创建和人居环境整治等多个专题志愿服务活动，积极配合县委、县政府及有关部门助力“钓鱼大赛”“电动冲浪板公开赛”等重大赛事开展，组织各县直机关团支部志愿者、亲子志愿服务队、服务欠发达地区计划志愿者等 80 余人开展推进“全域无垃圾”，焕发浦城“新容颜”暨“12·5”国际志愿者日主题活动，全年开展各类志愿服务活动 20 余次。

【关爱困境青少年】 2020 年，团县委发挥“社工 + 志愿者”队伍作用，广泛调用社会资源，帮助团属社工组织开展“9·9”公益日微心愿、“壹基金”温暖包进乡村、“心手相牵 点亮未来”“爱助事实孤儿”等各类品牌公益活动 10 多场，慰问 100 余名残障儿童，帮扶 22 名贫困学生、19 名事实孤儿和 140 余名留守儿童。另外，在腾讯“9·9”公益日期间，争取到 350 个温暖包，总价值 127750 元，成为历年之最。积极对接海南成美慈善基金会“爱助困境青少年——爱助梦想”助学金

2020 年 12 月 21 日，浦城团县委开展以“践行初心使命 弘扬俊波精神”为主题团日活动 （共青团浦城县委 供）

项目、山海协作爱心扶幼、高考助学等工作，助力脱贫攻坚。继续组织在全县各村开展“大手牵小手，情满童心微心愿”活动，19个乡镇（街道）234个村团支部为392名留守儿童送上价值3.5万元团组织的关怀和团员的问候。

（何翔宇）

浦城县妇女联合会

【思想政治引领】 2020年，浦城县妇联（县妇联）充分运用新媒体信息平台传播党的声音，开展舆论宣传工作，引导广大妇女始终听党话、衷心感恩党、坚定跟党走，通过微信平台宣传三八红旗手（集体）、最美家庭等先进典型，大力宣传巾帼楷模，弘扬榜样力量。组织广大妇女参与市妇联举办的“平凡生活•最美瞬间”短视频征集展示活动，提升“网上妇联”的吸引力，其中忠信镇妇联选送的作品《奉献》获得一等奖，展示新时代新浦城新女性的良好精神风貌。

【妇联改革】 2020年，县妇联推行“六有”流动述职工作机制，抓好乡镇（街道）“六有”规范化建设，着力建强每个基层妇联，创新基层妇女组织形式，新成立21个“妇女微家”，将妇联组织的服务和活动延伸到妇女群众生活的最小单元，拓展妇联工作领域，扩大妇联组织覆盖面，推动县基层妇女组织建设工作的深入开展。9月成立福建浦城工业园区妇联和福建蒙正生物科技股份有限公司妇委会。

【创业创新巾帼行动】 2020年，县妇联打造巾帼建功范例，表彰县级“三八红旗手”95名、“三八红旗集体”15个，推荐获评市级“三八红旗手”标兵1名、“三八红旗手”15名、“三八红旗集体”4家，省级创建达标的优秀基层妇联组织、优秀基层妇联主席等荣誉5个，市级创建达标的优秀基层妇联组织、优秀基层妇联主席等荣誉20个，激发广大妇女在各条战线施展才华，在各个领域建功立业，带动广大妇女在新浦城建设中勇当尖兵；成功申报省妇联“专家快车农村行”培训，为种植女能手、贫困妇女培训铁皮石斛种植技术及石斛盆景造型设计等内容，增强农村妇女自我发展和带动致富的能力；举办浦城县首届“诗画浦城•巾帼风韵 ”女子摄影作品展赛，共收到300余幅摄影作品，评选出作者一等奖2名、二等奖6名、三等奖12名、优秀奖44名。还通过微信公众号开展网上作品展赛环节，由大众评选出网络“最佳人气奖”作品9名，提升女性素质和才能，展示浦城女性的时代风貌；评选一批县级巾帼示范基地。命名富岭镇马家庄村石斛园、浦城县官田家庭农场等13个基地为“浦城县巾帼示范基地”。

【关爱妇女儿童行动】 2020年5月13日，重新规划改造的浦城县妇女儿童活动中心开放使用，中心以服务广大妇女儿童的生活需求和精神文化需求为宗旨开展各类公益活动，年内开展女性摄影技术培训、家庭教育读书会、商务礼仪、形体塑造、剪纸等活动，其中第三季度开讲暑期关爱留守儿童、家庭教育、插花等13堂不同类型的公益课；县妇联开展“致敬了不起的她”妇女节走访慰问活动，看望慰问防疫一线女医务工作者、社区女工作者、优秀女乡贤、退休女干部，使广大妇女充分感受到“娘家人”的关怀与温暖；开展“庆六一”儿童节系列活动，联合县检察院组织全县优秀小学生代表参观未成年人法制教育基地，提升未成年人法治意识和自我保护意识；联合剪花嫂剪纸坊为全县优秀小学生代表培训剪纸，培养儿童对传统文化的兴趣和传承意识；联合祥润社会工作服务中心开展“情

2020年9月18日，福建浦城工业园区妇女第一次代表会议召开（县妇联 供）

暖特殊学校，关爱特殊儿童”慰问活动，进一步传递温暖，给特殊儿童更多的关爱；开展“情暖童心 筑梦未来”关爱农村儿童图书捐赠仪式，将福建少儿出版社捐赠给浦城儿童价值5万元的书发放到13个儿童之家，促进农村儿童形成重视阅读、热爱阅读、享受阅读的健康风尚；举办“传送关爱，放飞梦想”农村留守儿童夏令营，“守护童年，牵手共成长”亲子书法课堂，为留守儿童送上“爱心包”等活动，让社会各界为困难儿童健康成长护航。

【妇女权益保障】 2020年，县妇联与有关部门联合成立浦城县婚姻家庭纠纷调解中心，5月8日成立以来已调解离婚对象276对，成功调解73对，离婚调解率26.5%，通过协调妇幼保健院将婚检科搬至婚登中心，婚检率大幅度提升，从20%提升至95%，为构建和谐的婚姻家庭，保障妇女合法权益、促进家庭关系和谐与经济社会稳定贡献巾帼力量；发挥“12338”维权热线作用，开展“巾帼暖人心 普法维权在身边”妇联主席维权在线服务活动，倾听妇女心声，为妇女答疑解惑，引导妇女依法维权；持续开展婚姻家庭纠纷大排查大化解行动，指导基层妇联组织做好婚姻家庭矛盾纠纷隐患排查工作，帮助查明原因病灶，疏导到位，帮扶到位；与县法院联合开设线上法律知识公益微课，组织304名基层妇联主席线上观摩庭审直播，法官为妇联干部解答12条在婚姻家庭调解中遇到的常见问题，增强基层妇联干部维权意识和维权能力。前三季度县妇联共接访案件31起，其中维权类5起，婚姻家庭纠纷类26起，化解率达到86.6%。

【家庭文明创建】 2020年，县妇联开展寻找“最美家庭”活动，举办“最美家庭”故事分享会，揭晓2020年度浦城县“最美家庭”103户，南平市“抗疫最美家庭”7户，福建省“抗疫最美家庭”1户。宣扬最美家庭典型，分享最美家庭故事，弘扬最美家庭好家风。同时，申报省级“最美家庭”1户、“五好家庭”1户，市级“最美家庭”18户、“五好家庭”8户。

【发挥“妇女微家”阵地作用】 至2020年，县妇联成立32家“妇女微家”，通过多种形式充分发挥妇联组织阵地作用。开讲公益课。剪花嫂剪纸坊、闽派古琴、诺卡体育等妇女微家利用暑期关爱留守儿童，开讲公益课6节。做好社会公益。光隶新能源（南平）科技有限公司、浦城县尚城电子商务有限公司等企业爱心人士为留守儿童夏令营活动提供赞助物品，福建龙陵植物油开发有限公司多年对接多名春蕾女童，帮助她们渡过难关。助力脱贫攻坚。浦城县尚城电子商务有限公司负责人吴凤娟为创业农户（多数为建档立卡贫困户）开展电商课，提高他们自我发展、自我创业能力，加快创收步伐。促进乡风文明。将剪纸、古琴、木偶戏等非物质文化遗产送进美丽乡村、民宿，将乡村振兴战略落到实处，促进乡风文明，年内在县妇女儿童活动中心、富岭镇大水口开展三场培训。

【助力疫情防控】 2020年，全县各级妇联组织巾帼志愿者利用音响、快板、铜锣、喇叭、海报、宣传单等宣传工具和宣传方式向群众普及防疫知识。并通过“浦城县妇女联合会”微信公众号平台及时发布公告防疫相关信息98条，营造良好的防疫宣传氛围。

*广泛发动群众抗疫。*向全县广大妇女姐妹发出爱心倡议，倡导姐妹们居家自制爱心包子、馒头等点心送往就近卡口慰问志愿者，姐妹们共自制包子、馒头等点心10000余份，送往300余个卡口，慰问3000多位志愿者；发动光隶新能源、福建龙凌植物油开发有限公司、福建省丰溢茶叶有限公司等企业爱心女企业家，慰问

2020年7月3日，浦城县妇联开展“小家传大爱，共筑家国梦”浦城县最美家庭故事分享活动　（县妇联 供）

丹桂山庄隔离点、中医院和医务人员家属；发动社会团体募捐，其中县游泳协会捐款9500元、闽派古琴协会捐款7916元、百信大酒店捐款2000元，气排球协会会员捐款2750元、诺卡体育捐款2000元，募捐所得善款全部用于慰问防疫一线卡口值守的工作人员。

积极开展慰问帮扶。县妇联关心关爱一线医务人员及家属，主动与县总医院、中医院对接，和一线医务人员谈话谈心，看望慰问在防疫一线牺牲的仙阳卫生院副院长毛样洪家属、支援武汉的医务人员苏治云家属，并送上慰问品和慰问金共计2000元，及时了解掌握一线医务人员子女及家属工作生活情况以及在疫情期间出现困难和问题，积极发动巾帼志愿者开展关怀服务，为亲属提供必要防护用品、配送生活必需品和助餐、助洁等服务；看望慰问武汉返乡困难女孩黄xx，关心她的身体生活情况并送上生活用品和慰问金1000元；县妇联人员在县委组织部领导带领下与团县委人员深入南浦街道、河滨街道、莲塘镇的16个社区看望慰问奋战在防疫一线的工作人员，为他们送上泡面、矿泉水等物资；为联系帮扶村盘亭乡上黄处村送口罩500个，为共建社区兴浦社区送口罩100个。

【推进复工复产】 2020年，县妇联选派干部服务福建浦城蒙正生物科技股份有限公司和浦城县浙生混凝土有限公司两个企业，落实好“八个一”联企服务工作机制和“四大员”职责，帮助企业解决复工复产存在的问题和困难；发动乡镇、村妇联组织做好妇女复工复产前安全培训，督促做好春耕备耕安全防护；与人社局联合开展“春风行动”线上招聘活动，拓宽妇女就业信息渠道，缓解企业用工难问题。对接浦城农信社妇联，发挥“巧妇贷”等妇女金融产品作用，县妇联推荐县农信社投放“巧妇贷”766.7万元，有效缓解复工复产资金周转和扩大融资的问题。

【巾帼助力脱贫攻坚】 2020年，县妇联开展扶贫慰问走访活动，广泛动员社会各界力量通过爱心捐助、志愿服务、结对帮扶等多种方式参与巾帼脱贫工作，不断扩大贫困妇女儿童在扶贫公益项目中的受益面。开展“两节”扶贫慰问活动，慰问贫困妇女24名，发放慰问金1.2万元；慰问 “两癌”贫困妇女19名，发放省级“两癌”救助金8.9万元；慰问春蕾女童246名，发放春蕾助学金33.37万元；开展“精准脱贫，春蕾圆梦”助学活动，共为8名准大学生送上4.3万元助学金；持续开展“母亲健康1+1”募捐活动，用实际举措关怀罹患“两癌”的贫困女性，呼吁全社会共同关注女性健康，倾心救助“两癌”贫困母亲，年内募捐善款19万余元。第三季度，共慰问13名贫困“两癌”母亲6.9万元，并为23名“两癌”患者申请救助金14.2万元。

（郭晓芳）

浦城县科学技术协会

【科普宣传】 2020年，浦城县科学技术协会（县科协）以科技活动周为 契机开展科普活动。举办文化科技卫生“三下乡”活动。1月3日活动现场，县科协向富岭镇群众发放科普书籍300余册、《科普中国》宣传品200多个，动员关注科普中国微信公众号120多人，捐赠资金5000元，受益群众8000多人。8月27日，举办2020年科技活动周主场活动。中共浦城县委宣传部、县发改科技局、

2020年1月3日，县科协人员在富岭镇参加2020年科技文化卫生“三下乡”集中活动

（县科协 供）

县卫健局、县科协牵头，联合县农业农村局、县林业局、县市场监管局、县气象局等单位组织卫生、农业、林业等科技人员、科技特派员、科技工作者、科普志愿者到富岭镇广场开展科普宣传活动，送政策、送科技、送知识进农村。县科协通过设置科普展板、发放科普读本、动员群众关注科普中国微信公众号等方式为往来群众提供科普宣传服务。据不完全统计，此次科普宣传进乡村活动受益群众900多人。

【乡村振兴志愿服务】 9月19—25日，举办2020年全国科普日系列活动。县科协围绕“决胜全面小康，践行科技为民”科普日主题，邀请闽江科学传播学者等专家团队一行24人赴各乡镇（街道）、村开展“多阵地、多战线、广覆盖、齐参与”的系列科普和科技志愿服务活动。活动期间，举办两场科普大讲坛、一场“乡村产业振兴”专题座谈会、一场科普中国e站信息员培训班，6位专家学者作了6个专题科普报告；17名专家根据浦城县各乡镇（街道）农业主导产业对技术的需求，分成8个科技服务组，分赴各乡镇下沉乡村一线，与当地农民专业合作社、农业企业、家庭农场负责人深入交流，点对点、面对面、零距离开展技术指导、技术培训和技术咨询等服务，并发放科普挂图、手册，受到当地干部群众的欢迎和好评。浦城县养蜂馆、有声科普“十里莲塘”示范基地、浦芝韵灵芝科普观光园等科普场馆免费开放，共吸引5万名游客前往参观体验。

【未成年人科普教育】 2020年，县科协开展科普大篷车进乡村、进校园活动。为丰富农村儿童疫情期间业余生活，4月28日，县科协科普大篷车驶进巽源村，由村委分批次组织孩子们参观体验。6月23日上午，县科协将科普大篷车驶进濠村中心小学，将一个个简单直观可操作的科普展品带到偏远乡镇，让孩子们在动手、动脑的过程中体验科学的乐趣，感受科技的魅力。

【有声科普示范基地】 县科协积极探索“互联网＋科普＋声音”，努力打造全方位、多层次、立体式的特色科普品牌。3—5月，将“十里莲塘”科普示范基地打造成集图文、声音、实物为一体的综合性科普教育场所，随听随学，真正实现“人在哪里，科普知识就到哪里”。

【做好疫情科普宣传】 2020年，疫情发生以来，县科协一手抓疫情应急科普，一手抓政策宣传解读，采用线上线下双线结合方式，全方面、高频率、多维度开展新冠肺炎知识和防疫科普宣传。每日通过“浦城科协”微信公众号推送权威病毒防治科普宣传知识，让疫情防控知识深入人心。联合浦城县委组织部选派30名优秀干部特聘为科普宣传员和人才联络员，深入59家规模企业，做好疫情防控科普宣传、企业人才和技术研发需求对接，履行好“四员”职责，推动企业复工复产。

【承办第二十届福建省科协年会】 2020年10月27—29日，第二十届福建省科协年会分会场活动——2020年通航产业发展论坛在浦城举行。活动期间，举办1场专家座谈和10场专题讲座，中国航空学会理事长林左鸣作题为《以应用和消费为突破口，大力推进通用航空产业发展》主旨报告和《发展通航产业，推动科技与经济融合》专题报告，王霞、张维、陈英明、吴希明、赵月华、陶国强、于大浩、刘岚等特邀嘉宾、专家分别作关于通航产业发展专题报告，对浦城推动通航产业高质量发展把脉会诊、建言献策。

（吴　媛）

浦城县归国华侨联合会

【思想建设】 2020年，浦城县归国华侨联合会（县侨联）用习近平新时代中国特色社会主义思想引导侨胞，用中国梦凝聚侨胞，以高度的思想政治自觉，加强对归侨侨眷和海外侨胞的思想引领，牢牢把握正确的政治方向，不断夯实党的侨界群众基础，最大限度将侨胞团结在党的周围。全面落实县委政府工作部署，扎实推进侨务政策落实，激发侨界干事创业热情。召开县侨联七届三次全委（扩大）会议，学习贯彻落实习近平总书记重要涉侨论述，传达中国侨联十届三次全委会和省侨联十届四次全委会议精神。听取和审议县侨联工作报告与工作意见。落实年度工作，搞好服务大局、扶贫攻坚、服务侨胞侨眷和舆论宣传。

【组织建设】 2020年，县侨联持续推进基层侨联“侨胞之家”建设工作，有力推进基层侨联组织的覆盖工作，组成纵横交错的侨联工作网络。申报河滨街道“五好”侨胞之家示范点，配合省市侨联的验收工作，取得好评，临江侨联也荣获省级“侨胞之家”称号。不间断完善核实浦城侨情数据库，特别是对浦城在港乡亲进行摸排联系，丰富、完善已有数据。通过多方联系、交流，建立浦城县意大利侨联群、加强侨联与在意、浦城乡亲联系，加深乡情、亲情纽带，了解海外侨情，弘扬中华文化，深化为侨服务工作。

【服务侨企】 2020年县侨联加强引资引智，提高服务成效，促进企业发展。落实联系企业制度，为联系的浦城县邹氏米厂发展和具体问题的解决出谋划策，搞好联络。如因疫情影响企业生产资金周转困难，4月在县里的帮助下有4家银行与其对接，相关贷款需求已解决，而后企业生产状况良好。疫情平稳后先后拜访福建凯泰化工有限公司、福建浦城鸿发工程塑料有限公司等涉侨企业，了解企业复产复工情况，建立联系，加强联谊，并送去口罩与关心慰问。在了解到鸿发公司生产经营遇到困境，积极帮其联系对接工信局、人社局等相关部门，申请稳岗返还补助。

【贫困归侨家庭帮扶】 2020年，县侨联做好“百侨帮百村——联村助户”工作，主动融入扶贫攻坚任务，进一步开展“精准帮扶贫困归侨家庭”工作，结对帮扶25户，申请上级财政帮扶资金61392元，其中3户每户5000元、8户每户2299元、14户每户2000元，切实把侨联的关怀和温暖送到侨界贫困群众和建档立卡贫困户中去。

【联谊活动】 2020年，县侨 联坚持以侨为媒，依托亲情文化，拓展国内海外联谊。邀请危春阳博士回乡考察交流，引导他们回乡投资创业；积极发挥海外境外工作群作用，依托亲情文化，加强对外联系与统战宣传工作，疫情期间密切联系海内外华人华侨，充分做好暖侨心工程；疫情平稳后，组织回浦侨胞、留学生以及归侨侨眷开展联谊活动，共话浦城发展。联合街道侨联，在光明社区、爱民社区、胜利社区举办“迎国庆·贺中秋·侨心向党”主题系列活动，开展侨法宣传，邀请回浦侨胞和归侨侨眷、社区群众观看文艺表演、座谈与游园活动，进一步弘扬中华传统文化，营造“知侨法、懂侨法、用侨法、护侨益”的良好氛围，也进一步拉近侨联、侨界群众和社区之间的联系，把党和政府的温暖传递到侨胞侨眷和社区乡亲的心里。开展与海外华侨社团浦城籍重点人士联系，特别是与法国南方华人总商会会长潘春霖联系，力争搭建家乡和法国经贸、文化、人文友好往来的桥梁。服务侨胞侨眷100多人次，加强互动交流，在互动中讲好浦城故事。

【开展送温暖活动】 2020年，县侨联坚持为侨服务宗旨，听侨声、解侨情、护侨益、暖侨心。持续开展春节送温暖活动，慰问侨界代表人士和困难侨眷10户，发放慰问金6000元，送去县委、县政府和侨联组织的关怀与温暖；帮扶困难归侨8户，发放救助金1.8万元，关爱侨界贫困大学生鄢敏、陈歆玥、陈俊南，发放侨心助学金1.5万元，慰问临江侨联困难侨眷4户，发放慰问金2000元；帮助海外华侨与归侨侨眷家庭解决具体困难，协助解决意大利、美国华侨子女就学、办理身份证、留守老人照顾等问题。积极引导广大归侨侨眷参与公益事业，在扶贫济困、侨心工程、捐助公益事业等方面，显示了浦城侨界的拳拳爱心和良好形象。处理涉侨纠纷事件一起，为侨办好事实事4件。

（黄建宁）

2020年4月29日，浦城县派出一名侨联干部到厦门口岸开展境外进入闽北人员的防疫处置和“点对点”对接工作　（县侨联　供）

浦城县工商业联合会

【概况】 2020年，浦城县工商联围绕统筹推进疫情防控和经济社会发展的中心大局，落实“六稳六保”，积极推进“回归经济”项目落地、“百企帮百村”精准扶贫行动、“民企带村”助力乡村振兴、镇街商会组建、持续优化营商环境等各项工作取得实效。至2020年，全县各乡镇（街道）均成立商会。

【助力抗击新冠肺炎疫情】2020 年，县工商联在疫情期间，组织 75 家异地商会、民营企业和广大浦商捐款 90.991 万元，捐赠医用口罩、N95 口罩，额温枪、医用手套、消毒酒精、消毒液等医疗和灵芝产品、微波炉、电磁炉、牛奶等抗疫物资价值超 400 万元助力全县疫情防控工作。

【推进“回归经济”发展】2020 年，县工商联制定下发《关于做好在外乡贤数据库建设推动回归经济发展的通知》，建立 530 位在外乡贤数据信息库。全年引进回归项目 52 个，总投资 44.31 亿元，完成固定资产投资 22.12 亿元，回归经济考评位列全市第一序列。

【开展“民企带村”工作】2020 年，县工商联组织 13 家民营企业与 15 个村结成带动帮扶对子，通过签订“民企带村”结对帮扶协议，企业采取对接特色产业、吸纳劳动就业、提供帮扶资金、投入基础设施建设等带动帮扶模式，累计投入资金（含物资折价）超 1.17 亿元，培训和安排就业 700 余人（含建档立卡贫困户 117 人）。

【优化营商环境】2020 年，县工商联搭好平台，不断丰富和完善平台建设，提高服务民营经济能力和水平，着力促进“两个健康”发展。10 月 22 日，组织 17 名企业家代表参加服务“六稳”“六保”护航民企发展检察开放日活动，围绕企业发展中存在的司法问题进行座谈，助力企业共克时艰、保经营、稳发展，共促“亲”“清”新型政商关系。密切会员企业与党委政府及相关部门的沟通联系，召开恳谈会 2 次，收集意见建设 9 条，协调解决问题 9 个。扎实开展非公有制企业技术人员职称评定工作，为 68 名非公企业技术人员申报初、中级职称，进一步壮大非公有制企业专业技术人才队伍，提升企业的科技创新水平。组织本地企业家和异地商会共筹助学资金 42 万元帮助全县各类贫困学生。打造新时代非公志愿服务平台，带领基层商会、爱心企业组建志愿服务队。2020 年以来，引导各非公组织志愿服务开展慰问贫困学生、“八一”中国人民解放军建军节慰问、重阳敬老等各类志愿服务，提升民营经济人士的社会赞誉度。

（梁昌凤）

浦城县文学艺术联合会

【文艺下乡助力振兴】2020 年，浦城县文学艺术联合会（县文联）邀请省曲艺家协会到浦城开展公益惠民演出，在县赣剧团、忠信上同村各举办一场“说唱新时代，阔步奔小康”福建文艺志愿者中秋、国庆文艺演出，为群众送上集思想性、艺术性、观赏性为一体的文艺精神食粮。组织开展“文艺进万家”“送艺下乡”活动。文化研究会、影协、摄协、诗协、闽派古琴协会协助濠村乡策划筹办“银杏文化节”，为濠村乡打造“银杏小镇”助力。元旦期间，书协、美协、影视艺术家协会在丹桂广场举办以“不忘初心、牢记使命”为主题的“我们的中国梦·欢欢喜喜迎新年”文艺演出，举办中国画、油画、水彩画写生作品展。书协开展“为民送春联”活动，分别在城乡组织开展 4 场次，送出春联 2000 余幅。联系本土画家为临江水西村刷绘墙画 30 余幅，提升文明乡村文化品位。

【文艺精品创作】2020 年，县文联组织书协、美协、剪纸协会创作书法作品 7 幅、国画作品 2 幅、剪纸作品 10 幅，并入选参加市文联举办的“孝廉文化书画作品展”。组织征集创作“文明之美”摄影作品 100 幅参加县展出，并遴选 30 幅报送市展览。开展“一村一诗”“一村一联”创作活动，组织诗词楹联协会为各村、浦城一中百年校庆、疫情防控、乡村文化活动创作大量诗词作品，歌颂真善美，传播正能量。6 月，借助喜马拉雅平台，开播“梦笔声花”频道，推送饱含浦城地方文化元素的散文、诗歌文艺作品 300 余篇，此频道成为一个宣传普及浦城本土文化的新载体。

（徐　强）

浦城县残疾人联合会

【概况】2020 年，浦城县残疾人联合会（县残联）在全县 17 个乡镇各配备 1 名专职残疾人联络员，县残联五个专门协会选聘 5 名专职残疾人联络员，增设县残联直属事业单位 1 个，即浦城县残疾人康复中心。全县采集 10754 名残疾人的基本信息和需求状况，App 采集率达 98.58%。制定《浦城县残疾人联合会深化改革方案》，县委、县政府为县残联配备 1 名挂职副理事长、1 名兼职副理事长。加强残疾人联络员管理，举办培训班 4 期，培训联络员 343 人次。在国际残疾人日期间，选送 1 名浦城籍残疾人参加“南平市第三届肢体残疾人歌手赛”，向社会传递积极向上的正能量。投资 2000 万元，建成残疾人康复服务中心“福乐家园”。

【残疾人脱贫】2020 年，县残联全面落实市残联印发的《关于克服新冠肺炎疫情影响决胜残疾人脱贫攻坚的通知》《关于积极克服疫情影响加强残疾人就业工作的通知》《南平市“一户多残”家庭生活困难补贴指导意见》等文件。对领取“两项补贴”的对象进行全面核查，配合县民政局做好补贴对象核增、核减动态管理工作，协助民政部门抓好符合条件的残疾人纳入最低生活保障各项政策的落实，确保符合条件的残疾人应补尽补。通过“一降一提”（降低残疾人评定费用，提高残疾人“两项补贴”标准），切实改善残疾人生活状况，保障残疾人基本生活质量。全年，有4543名重度残疾人领取护理补贴，3434名残疾人领取生活补贴；为180名精神、智力和重度肢体贫困残疾人享受2000元／人居家托养补贴，发放资金36万元；为22名精神、智力和重度肢体贫困残疾人享受5000元／人机构托养补贴，发放资金11万元；对疫情后致贫返贫73名残疾人发放生活救助金12.1万元，对47名建档立卡贫困户重点对象发放生活救助金4.7万元。疫情期间，为复工复产企业、特教学校、托养机构等筹集捐赠口罩5100余个；对151名自主创业残疾人进行社会养老保险补贴，发放资金57.7万元。扶持资金于7月通过金融机构全部发放至享受对象手中。

【维护残疾人合法权益】 2020年，县残联成立残疾人法律救助工作协调领导小组和残疾人法律救助工作站，维护残疾人合法权益，将残疾人保障法等法律、法规纳入“七五”普法规划；健全信访维权机制，开展残疾人矛盾排查化解工作，认真做好“12385”服务热线接待和信访解释、答复工作，信访事项办理及时率100%；落实残疾人机动轮椅车燃油补贴工作，向全县符合享受燃油补贴条件的残疾人5人次发放燃油补贴，共计发放燃油补贴资金0.13万元；帮助92名（中央项目62名、省级项目30名）残疾人实施家庭无障碍改造，改善他们的居住和生活条件，方便他们出行。

【残疾人特殊教育】 2020年，县残联推动特殊教育向学前和高中及以上阶段延伸，加强部门协调，继续开展适龄未入学残疾儿童少年核查工作，推进落实“一人一案”，安排残疾儿童少年随班就读或到特殊教育学校就读，对有受教育能力，确实无法到校就读的重度残疾儿童实施送教上门，让每位残疾儿童都能接受合适教育。

【残疾人康复服务】 2020年，县残联扎实推进残疾人精准康复服务行动，为40名符合条件的残疾儿童提供康复训练补助，补助金额35.94万元。做好残疾人辅助器具适配服务与推广工作，辅具适配补贴人数863人，适配辅具1465件，补贴金额104.93万元，辅具服务率达100%。开展精准康复·辅具流动车百乡行活动，为98名残疾人适配183件辅助性器具，辅具服务率达100%。做好残疾预防和康复宣传教育工作，深入开展“残疾预防日”“爱耳日”等宣传活动。

【残疾人就业创业】 2020年，县残联推进残疾人按比例就业、稳定发展残疾人集中就业、多渠道扶持残疾人自主创业和灵活就业。其中，按比例就业 57人，集中就业12人，个体就业126人，公益性岗位就业11人，灵活就业（含社区、居家就业）602人，从事农业种养加937人。扶持120名农村贫困残疾人就业创业，发放资金60万元；做好帮扶高校残疾人毕业生就业创业工作，浦城县残联对高校残疾人毕业生就业需求进行摸底调查，通过公益性招聘活动，促进高校残疾人毕业生就业。

【新冠肺炎疫情防控】 2020年，县残联取消残疾人工作各类聚集性活动，规范残疾人托养机构疫情防控工作。领导班子多次深入挂点帮扶村、企业调研指导疫情防控落实情况。发布用工信息。把企业岗位和用工信息发布在“残疾人在线”和微信、QQ工作群，让企业用工需求与残疾人就业需求无缝对接，使残疾人不出家门就找到适合的就业岗位。抓好常态化疫情防控。落实好核酸检测和疫苗接种有关要求，对残疾人托养机构、残疾人日间照料机构等场所工作人员开展核酸检测工作，28人全部按“应检尽检”要求完成检测，检测结果均为阴性，完成接种17人。全县残疾人无1人1户因疫情导致生活陷入困境，无1处1所残疾人托养机构发生传染和感染。

（占友钦）

浦城县红十字会

【博爱驿站举行揭牌仪式】 2020年12月5日，浦城县红十字会（浦城红会）博爱驿站举行揭牌仪式。县红十字会会长与副会长为博爱驿站揭牌，新华书店、红十字会、志愿者代表、红十字蓝天救援队代表；“大手牵小手”亲子家庭等50余人参加揭牌活动。

【应急救护】 2020年，浦城红会按照“四统一”规范培训圣农公司急救员31名；全年开展应急救护“六进”普及到全县体育教师、学校安全管理员、浦一中入学新生、县纪委监委系统、南平市养老机构管理人员等计40场4507人，超额完成市里下达的全年任务（4470人）。

【人道救助】 2020年，浦城红会申报“小天使基金”9万元，救助3位白血病儿童；累计申报“天使基金”71万元，共救助21位白血病和2位先心儿童。在浦城县中医医院设置募捐箱，定向医疗救助16人计16000元。开展红十字博爱送万家活动，慰问困境群众40户16000元，“爱·过年”慰问25户12500元，温暖包慰问白血病孩子14人5600元，慰问器官捐献家庭3000元。与石狮市锦尚镇红十字会人员到山下乡开展“扶贫助困、奖教助学”活动，发放慰问金与粮油、衣服等计6.1万元，助力脱贫攻坚。

【“三献”工作】 2020年，浦城红会开展“三献”工作。无偿献血。开展“热血送暖，为生命接力”“抗疫情、献热血”活动，2020年有1490人2580人次参加无偿献血，采集血液51.6万毫升，超额完成市里下达的年度任务2100人次42万毫升。受理献血补偿9人报销金额0.66万元。累计献血补偿136人，报销金额近9.16万元。捐献造血干细胞。完成造血干细胞资料入库20人，提前超额完成市红会下达的18份造干入库任务。捐献遗体器官。完成4例器官捐献和1例遗体捐献，挽救了14人生命。清明前夕，浦城红会将浦城5位捐献者列入“追忆先烈”首页的“本地先烈”，让广大网民开展网上微祭奠。

【抗疫捐赠接收】 2020年，新冠肺炎疫情发生后，浦城红会发布《接收社会捐赠的情况公告》，社会各界积极加入爱心行列，踊跃捐赠款物。接收46家爱心企业、40个爱心团体、54位爱心个人累计140笔捐赠款物261.5万元。浦城红会均有开具捐赠发票、捐赠证书，并开展全面的致谢工作。为浦城抗疫以身殉职的毛样洪医生争取到全国首个“字节跳动医务工作者人道救助金”100万元，并上门慰问其亲属，发放慰问金4000元。

2020年12月9日上午，应南平市星安安全生产培训有限公司邀请，浦城县红十字会在丹桂山庄为南平市各县（市）60名养老机构管理人员开展应急救护知识技能培训 （县红十字会 供）

动员新冠肺炎康复者捐献抗疫血浆，顺利完成捐献400毫升血液。发动浦城红十字蓝天救援队共同参与新冠肺炎疫情防控消杀，为企业复工复产、学校复学复课助力，保护人民群众生命健康安全。

【志愿服务】 2020年，浦城红十字蓝天救援队遵循社会救援、志愿服务的定位，完成各项救援工作。参与疫情联防联控工作，包括防控设点、测量体温、交通疏导、群防群治劝导；助力企业复工复产、学校复学复课，开展防疫消杀；为百姓排忧解难，马蜂窝摘除救援；为浦城县的大型活动提供安全保障6次（吴山水库全国动力冲浪板公开赛、南平市第四届运动会足球赛、浦城县通航产业发展论坛、管厝“铭塔杯”钓鱼大赛、紫云山庄郊野钓鱼大赛、浦城高坊水库及水北观前浦城旅游开发水上安全保障）；溺水者打捞救援；走失者搜寻救援；车辆脱困救援；开展防汛综合演练。全年救援队参加志愿服务158次，出队1260人次，累计服务时长8200小时。

【宣传工作】 2020年，浦城红会每次开展活动的文章均在“浦城红会”微信公众号上展示，推送39篇，“浦城之窗”“浦城论坛”等多个微信公众号同步转载，向社会传播红十字精神，透明公开接受网民监督；“9·9”公益日开展网上募捐；开展应急救护普及急救掌上学堂宣传，内容包括“应急救护六进工作”“水上安全知识进学校”“体验式生命教育”，并往“5·8”红十字博爱周、“5·12”全国防灾减灾日、“9·12”世界急救日、“12·1”世界艾滋病日等纪念日开展宣传活动。

（朱惠珍）

法治

政法委及综治

【概况】 2020年，浦城县坚持把平安建设作为党政“一把手”工程来抓，县委常委会召开9次会议专题研究政法综治维稳工作，县委配齐配强19个乡镇（街道）党（工）委政法委员，进一步建立健全乡镇（街道）党政主要领导、分管领导抓平安建设（综治工作）工作实绩档案，健全完善督查、考核、评价机制。把目标责任落实到部门、单位和个人，采取督查考核的办法，增强各级各部门抓好平安建设的责任感和主动性，形成齐抓共管的强大合力。建立平安建设领导小组成员单位挂钩联系点制度，重视发挥成员单位的优势和职能作用，不断提升工作合力。各成员单位按照“属地管理”和“谁主管、谁负责”的原则，围绕做好本单位、本系统平安建设工作要求，在认真分析全县社会治安形势基础上，共同研究提出建议性工作方案，为县委、县政府科学决策提供依据。县四套班子领导和县直单位挂钩联系基层，通过明察暗访、平安巡视和重点督导等方式，协调、指导、督促基层开展平安建设，确保各项工作落到实处。

【扫黑除恶专项斗争推进】 2020年10月26日，浦城县召开全县深入推进扫黑除恶专项斗争工作会议，围绕扫黑除恶决战攻坚目标和“六清”行动的总体目标，深化线索排查机制，完善线索移交和核查协作机制，持续深入推进扫黑除恶专项斗争，在攻克的重点案件、重点问题的基础上，建立健全遏制黑恶势力滋生蔓延的长效机制。对尚未办结线索，进行全面的梳理，对久查不结的重点难点线索，扫黑办及时介入，协调解决。县纪委监委、法院、检察院、公安局充分发挥部门职能作用，结合所办理的涉黑涉恶案件，利用“三书一函”，向有关行业监管部门发送整改建议。县扫黑办加强对行业监管部门的督促指导，并组织开展十大行业领域专项整治，堵塞管理漏洞，加强制度建设，建立健全机制，严防行业乱象发生。各行业主管部门切实承担主体责任，深入开展拉网式排查，采取强有力措施进行依法整治，从源头上补短板、堵漏洞、强监管。全年全县共收到线索630条，已核实604条，移交市扫黑办6条。

2020年3月12日，浦城县召开县委政法工作暨县域社会治理现代化和扫黑除恶专项斗争视频会议 （县委政法委 供）

扫黑除恶专项斗争开展以来，打掉涉黑组织1个、涉恶犯罪集团10个、恶势力犯罪团伙1个。立案“保护伞”8起9人，查处8起9人。立案调查“失职失责”2人和“涉黑涉恶”腐败3人。

【社区治理“浦城模式”】 2020年，浦城县将片区长、楼栋长、弄巷长(以下简称“三长”）融入全县社区治理工作，创新全县基层社会治理模式。2020年浦城县《“三长”齐发力，治理添活力》社会治理案例，入选“第六届社会治理创新博鳌论坛”法治影响中国典范案例；《“三长”齐发力，社区更美丽》入选全国百个“全国城乡社区疫情防控优秀案例”。此外“共建共治共享、守护福建平安”系列访谈（由福建省委政法委、人民网福建频道、福建法制报、福建长安网联合推出）、八闽快讯、闽北快讯、闽北要讯均推广介绍浦城“三长”工作机制。“三长”机制还在南平市2020年度“改革创新项目”评估工作中位列全市第4名，成功打造社区治理“浦城模式”，形成了社区治理可推广、可复制经验。

【基层基础强化】 2020年，浦城县强化村（社区）综治考评。将全县304个村（社区）纳入年度综治考评内容，完善村（社区）综治考评指标体系和综治平安奖金发放，进一步调动村（社区）做好平安建设（综治工作）积极性。加强综治中心建设。2020年，浦城县按照《全市综治中心规范化建设的实施意见》要求，投入211万元对全县乡村综治中心进行规范化建设，打造综治中心“一站式”受理服务平台、切实解决农村群众的实际困难，维护群众的合法权益。加强“雪亮工程”建设。加强群防群治队伍建设。建成专职治安巡防队15支300人，村级义务治安巡防队286支1430人，治安巡防队伍加大对辖区巡逻力度，确保全县安全稳定。强化人民调解队伍建设。建成乡镇（街道）调解委员会19个，有专职调解员38人；村（社区）调解委员会304个，有专职调解员326人；乡村人民调解员队伍在化解民间纠纷中具有独特优势。强化信访评理队伍建设。在19个乡镇（街道）、304个村（社区）设立访调对接室、信访评理室，聘请退休有威望的乡镇干部、老支书主任、乡贤等担任公共法律服务协理员、信访评理员，定期召开信访评理会，摆事实、讲道理，调处部分久调不下的信访件。全县建成信访评理室324个，聘请信访评理员5741名，召开信访评理会351场，调解信访件332件。信访评理开展率100%，化解率达94.59%。

【社会管控加强】 2020年，浦城县完善精神障碍者管理。认真执行“一历五单”要求，定期对严重精神障碍患者进行院内摸排，全面及时掌握精神病人状况，实行分类管理。浦城县在国家严重精神障碍信息系统统计累计建档人数1800人，在册人数1594人，在册率88.56%；在管人数1482人，规范管理率均为89.08%；服药率90.97%；规律服药率78.29%；危险评估3级以上居家患者人数为零。做好青少年犯罪预防工作。组织各基层团组织在乡镇、学校、社区等地，针对青少年群体，围绕心理健康、人身安全、交通安全、校园安全、消防安全、自我防范等内容开展自防自救教育活动。坚持每季度至少开展一次“共青团与人大代表、政协委员面对面”活动，讨论未成年人法治教育工作，加强团委与人大代表、政协委员的沟通联系。加强风险隐患防控化解。结合房屋安全隐患大排查活动，深入开展公共安全领域“大排查大化解大整治”攻坚行动，成立金融纠纷调解中心，着力开展矛盾纠纷化解专项行动，最大限度化解各类矛盾纠纷。截至12月31日，全县累计排查矛盾纠纷2806件，调处2806件，调处成功2804件，调处率100%，调处成功率99.9%。以扫黑除恶专项斗争工作为抓手，强化各类违法犯罪的打击力度，确保辖区安定稳定。截至12月31日，全县刑事案件发案767起，同比（上年同期840起）下降8.69%，治安案件发案数1364起。

（张丽霞）

法治政府建设

【法治型政府打造】 2020年，浦城县发挥法治固根本、稳预期、利长远的保障作用，着力构建职责明确、依法行政的政府治理体系。全面推行行政执法“三项制度”，严格规范公正文明执法。自觉接受县人大及其常委会的法律监督、工作监督和县政协的民主监督，强化政府与“两院”良性互动，增强工作合力。启动“八五”普法，抓好《中华人民共和国民法典》宣传贯彻落实。

【依法治县】 2020年，浦城县制定印发《关于贯彻落实〈党政主要负责人履行推进法治建设第一责任人职责规定〉的实施意见》，明确和细化县、乡两级地方党委和政府主要负责人的任务与责任。强化督查检查。县委始终将法治建设作为重要内容，列入对各乡镇（街道）、县直单位的绩效考核、文明创建、综治考评等综合考评体系中，细化优化考核项目，不断增加分值比重。举办民法典专题讲座，福州大学教研室副主任、副教授潘运华从《民法典》的编撰史、体系和规范，深刻阐述了颁布实施民法典的重大意义，并结合案例对民法典总则编和各分编进行了系统讲解。县政府常务会议召开9次，每次都将工作密切相关的法律法规作为会议学习议题，进一步提高了领导干部的法律意识，切实营造出干部积极学法、用法的良好氛围。

【行政执法】 2020年，浦城县严格按照“谁执法谁公示”原则，将全县6500余项行政许可、处罚等行为的实施主体、法律依据等信息向社会公示，树立阳光政府的良好形象；通过“两法衔接”信息共享平台，各行政执法机关、司法机关之间执法、司法、监督信息互联互通，从而增强行政执法与刑事司法整体工作合力。

（范秋香）

公 安

【维护社会稳定】 2020年，浦城县公安局把维护社会大局稳定作为头等政治任务抓紧抓实，持续深化反颠覆反渗透反分裂反邪教反恐怖斗争，组织开展信访突出问题攻坚化解，确保全国“两会”、中共十九届五中全会等重大会议和全年重点节点的安全稳定。坚持以“百万警进千万家”和创建“枫桥式公安派出所”为载体，全面摸排涉企业状况和涉校矛盾纠纷，及时化解涉疫情矛盾纠纷9起，处置涉疫情网络舆情16条，教育告诫22人。在疫情防控中侦破生产销售假口罩案件6起，涉案金额2万，在县内抓获涉嫌以出售口罩和防护服为由实施诈骗的犯罪嫌疑人马某，协助北京警方破获该起涉嫌560余万元的诈骗案件。深入开展道路交通运输领域隐患大排查大整治，聚焦“减量控大”事故预防目标，落实“路长制”，摸排整治安全隐患49处，完成3处省级为民办实事道路隐患整改项目。组建九牧、石陂农村交通中队，持续强化路面巡逻管控力度。全县道路交通事故数、死亡人数、受伤人数、经济损失等四项指数全面下降，实现交通事故死亡人数连续5年下降，切实维护人民群众生命财产安全。

【依法处理各类案件】 2020年，全县破侦刑事案件423起，破案率为55.1%，同比上升0.2%，并全破八大类案件26起，抓获312人。立现行命案1起（已破），破命案积案1起，抓获当地历年命案逃犯1名，协外抓获历年命案逃犯3人，实现连续13年命案全破。依法快速处理相关涉赌案件95起。联合市场监督管理局对大米粿生产作坊开展排查，立案6起，起诉6人。全年受理行政案件1363起，同比上升9.48%，查处违法人员304人，拘留186人。查处吸毒人员4名，起诉3人，查处非法种植罂粟案件2起，铲除143株。开展“打电诈、大清查”“断卡”等专项行动，加强线索落地打击，全力追击源头，确保案件“打深打透”，在活动中捣毁电信诈骗窝点12个，共立电信违法犯罪案件52起，破获27起，抓获犯罪嫌疑人71名，缴获手机203部、电脑33台，电诈设备10套，银行卡51张，电话卡356张等作案工具，有效遏制电信诈骗案件高发的势头。全县公安机关把打击涉众、涉企型经济犯罪以及系列性、多发性经济犯罪为重点，严厉打击严重扰乱社会经济秩序的犯罪案件。

【社会治安案件查处】 2020年，全县查处治安案件1363起，比上年

2020年1月14日，浦城县见义勇为工作协会召开2020年春节省、市、县见义勇为英雄模范慰问座谈会 （县公安局 供）

2020 年 3 月 27 日，浦城县召开 2020 年全县公安工作会议

（县公安局 供）

1245 起上升 9.48%，查处违法人员 304 人，拘留 186 人。

【矛盾纠纷化解】 2020 年，浦城县公安局化解矛盾纠纷 2000 余件次，共受理信访案件 63 件，积案化解结案 25 件，解决群众的各种合理诉求 51 件。加强对受疫情影响较大的行业和受损严重群体的监测预警，收集各类涉疫矛盾风险情报信息 103 条，上报县委、县政府及相关部门 32 条，及时化解涉疫情矛盾纠纷 9 起。全年涉恐、涉众等重点群体无漏管、无失控。

【优化民生环境】 2020 年，浦城县公安局执法办案管理中心承担 1126 人次的执法办案业务，持续开展“双随机、一公开”监管工作，实现科学高效监管，推动政府治理能力，检查主体单位 39 家次，发现隐患问题 14 起，均已整改。年内在县行政服务中心和县汽车站各布设 1 个“e 政务”便民服务站，群众通过服务站可能自助办理临时身份证明打印（酒店入住）、常住人口信息查询打印、网上预约处理违法等 11 个事项，优化了营商环境。

（张慧娟）

检察

【概况】 2020 年，浦城县检察院认真落实县委决策部署，坚持为大局服务，为人民司法，推动“四大检察”“十大业务”全面协调充分发展。办理各类案件 699 件，其中受理审查逮捕 83 件 106 人，受理审查起诉 277 件 373 人，办理公益诉讼案件 27 件，办理各类诉讼监督案件 64 件，控告、申诉等其他各类案件 248 件。

【打击经济犯罪】 2020 年，浦城县检察院积极防范化解金融风险。起诉金融诈骗、破坏金融管理秩序等各类破坏社会主义市场经济秩序犯罪 19 人；推动“三号检察建议”落地见效，针对涉黑恶犯罪中发现的非法放贷乱象问题发出检察建议，督促相关部门加强对非法从事金融类业务的监管和打击力度；成功办理洗钱犯罪 2 件 2 人，率先实现了全市打击涉黑恶案件洗钱犯罪零的突破。坚决打赢精准脱贫攻坚战。推进扶危济困的国家司法救助融入脱贫攻坚大局，共向 5 名因案致贫返贫的刑事被害人发放救助金 18 万元，救助人数及金额均位居全市前列；通过检察量刑建议促成法院对认罪认罚的“五保户”老人李某某免除罚金 5000 元；加强与市检察院上下联动，两级院结对帮扶的 65 户贫困家庭全部脱贫。持续助力污染防治攻坚战。积极探索联合执法、社会化综合治理的生态检察模式，组织开展“保护野生动物”、非法采砂专项监督行动，对各类破坏生态环境资源犯罪提起公诉 52 人，纠正漏捕漏诉 4 人，发出公益诉讼诉前检察建议 24 件，督促清理污水口、取缔非法制砂点 3 个，修复被破坏的林地、耕地、水域 20 余亩，放养鱼苗 50 余万尾，督促缴纳生态修复金 16.52 万元，有力推进生态环境综合整治。

【刑事检察】 2020 年，浦城县检察院落实“捕诉一体”工作机制，共批捕各类犯罪嫌疑人 89 人，起诉 341 人；秉持客观公正立场，坚持既追诉犯罪者又保护无辜者，共追捕追诉 18 人；对不构成犯罪或证据不足的决定不批捕 23 人、不起诉 9 人。积极践行少捕慎诉的司法理念，最大限度防范冤假错案；紧盯有案不立、有罪未究和不当立案等问题，开展立案监督 2 件，纠正侦查和审判活动违法 10 件；对认为确有错误的刑事判决提出抗诉 3 件，二审法院直接改判 2 件，发回重审后改判 1 件，全力维护社会公平正义。强化

2020年1月9日，浦城县人民检察院党组书记、检察长林建在浦城县第十七届人民代表大会第四次会议上做工作报告　　（县检察院 供）

刑事执行检察监督，针对看守所、社区矫正执法不规范问题发出书面纠正意见、建议5件，监督纠正监外执行活动违法3件，纠正“减、假、暂”1件，严防“纸面服刑”等突出问题，维护刑罚执行严肃性。全面贯彻宽严相济的刑事政策，对涉嫌犯罪但无逮捕必要的不批捕6人，对犯罪情节轻微、依法可不判处刑罚的不起诉9人，对审前、审中可不继续羁押的提出变更强制措施并被采纳6人；特赦检察工作成效显著，干警被高检院评为全市唯一“特赦检察工作表现突出个人”。

【民事行政检察】 2020年，浦城县受理各类民事行政监督案件16件，对2件不支持监督申请案件依法做好息诉罢访工作，对确有错误的民事调解书提请抗诉8件，切实维护司法公信权威。大力整治虚假诉讼，持续加大对民间借贷、涉黑恶势力的“套路贷”等虚假诉讼的打击力度，共办理虚假诉讼监督案件11件，涉案金额达97.9万余元，并从中移送涉嫌刑事犯罪线索1条。积极探索诉讼活动中行政处罚法律监督，针对行政机关怠于履职、不当履职等情形发出《检察建议书》6份，监督相关行政部门处罚7人次，并督促整改到位，促进行政机关依法行政。2020年南平市、浦城县人大常委会专题调研浦城县检察院民事行政检察工作，对检察机关服务大局、服务民生、服务生态文明建设等方面工作取得成效给予充分肯定。

【公益诉讼检察】 2020年，浦城县检察院干警牢记检察官公共利益代表的神圣职责，办理生态资源环境、食药安全、国有财产保护等领域各类公益诉讼案件27件，同比上升69%。深化双赢多赢共赢理念，坚持把诉前实现维护公益目的作为最佳司法状态，大力推行诉前圆桌会议机制，形成整改合力，针对校园周边流动食品摊贩等问题，牵头组织县城管局、市场监管局等部门，在全县范围内开展联合专项整治，依法取缔违法流动摊点73处，促进校园及周边安全隐患得到有效治理。运用诉前检察建议督促水利部门通过公开拍卖的形式处置清淤工程的河道砂石料，共拍卖1500余万元上缴国库，切实防止国有资产流失；结合办案撰写的非法采砂制砂专项调研报告获县委主要领导批示肯定，为县委绿色发展高质量发展决策提供有力参考。持续完善“检审衔接”“三省四地生态保护协作”等工作机制，积极参与县域治理体系和治理能力现代化建设，促进检察机关在服务绿色发展和保障生态

2020年5月30日，浦城县检察院开展法制展板讲解、法治讲堂活动，检察干警为参观的小朋友们介绍“12309”检察服务中心　　（县检察院 供）

文明建设等工作中更加担当作为。

【检察院扫黑除恶】 2020年，浦城县检全年提前介入涉黑涉恶犯罪2件，批捕5件11人，起诉2件10人，强力推进“六清”行动。针对恶势力犯罪集团首要分子林某某的一审判决适用法律错误提起抗诉，二审法院终审判决，检察机关指控罪名全部成立，并将被告人由决定执行有期徒刑10年改判为12年6个月，罚金由25万元改判为35万元，做到是黑恶犯罪一个不放过，不是黑恶犯罪一个不凑数。落实“破网打伞”责任，移送涉嫌“保护伞”案件线索5条，促进深挖彻查。同步跟进“打财断血”，开展黑恶案件财产刑执行专项检察，监督财产刑执行2件，监督侦查机关依法冻结涉案资金450余万元，查封房产9套，扣押车辆2台，最大限度铲除黑恶势力的经济基础。参与综合治理，聚焦涉黑恶案件办理中发现的交通安全、金融放贷等领域监管漏洞，及时发出督促整治检察建议，助推“行业清源”。

【未成年人保护】 2020年，浦城县检察院对依法应当从严惩戒的涉罪未成年人批捕3人、起诉8人，对涉嫌轻微犯罪并有悔罪表现的不捕2人、不诉3人。持续推进“一号检察建议”落实，起诉性侵、拐卖等侵害未成年人犯罪3人，联合教育部门对新入职的100名教职工开展入职前性侵害犯罪查询，把对孩子的保护做得更实、更细，扎实推进平安校园建设。依托检察长担任“法治副校长”、“12·4”宪法宣传、案件公开听证等形式，切实把“谁执法谁普法”责任落实到检察办案中，助推社会形成良好法治风尚。

【法治环境营造】 贯彻落实省检察院服务民营经济创新创业创造“16条意见”，严厉打击各类侵犯民营企业和企业家合法权益的犯罪，共起诉5件；持续开展涉民营企业刑事诉讼“挂案”专项清理工作，对既未撤案又未移送起诉，搁置长达5年之久的一起侵占民营企业40余万元案清理到位，年内已获有罪判决。监督侦查机关依法解除对一名民营企业家历时7年严重影响企业生产经营的管控措施，有力保障民营企业家合法权益。以更大力度支持民营经济，坚决贯彻“能不捕的不捕，能不诉的不诉，能不判实刑的就提出适用缓刑”的检察司法政策，对5名认罪认罚的民营企业家依法作出相对不起诉决定。组织开展“服务‘六稳’‘六保’，护航民企发展”检察开放日活动，听取民企呼声，齐心协力护航民营经济健康发展。

（邹 洁）

法院

【概况】 2020年，浦城县法院在编干警78人。设有立案庭（诉讼服务中心）、刑事审判庭、民事审判庭（家事少年审判庭）、生态环境审判庭（综合审判庭）、执行局、审判管理办公室、政治部（机关党委）、综合办公室（司法警察大队）、督察室等9个部门，水南、仙阳2个派出人民法庭。

【防疫办案“两手抓”“两不误”】 2020年，县法院依法惩治妨害新冠肺炎疫情防控违法犯罪行为审结涉疫情刑事案件2件2人，快审快结一起因驾驶不当，致防疫一线医生身亡交通肇事案。该案宣判后，检察机关提出抗诉，经南平中院审理，依法驳回抗诉。疫情防控期间，及时通过官方微信、微博推送防疫知识和相关法律法规，运用12368诉讼服务热线答疑解惑，引导当事人线上诉讼，做好操作指引。落实防控常态化要求，用好诉讼服务“云模式”，通过移动微法院、远程视频提讯系统等平台，网上立案、缴费2215件次，网上调解、开庭116件，网上查控51.57万次，确保疫情防控和审判执行工作“两不误”。做好疫情防控志愿服务，成立党员先锋队、青年突击队和巾帼志愿服务队，56名干警主动加入到高速出入口、社区卡口点开展交通引导、人员摸排等工作，9名在职党员担任楼栋（弄、巷）长，2名干警家庭分别获得省、市抗疫最美家庭称号。

【扫黑除恶专项斗争工作】 2020年，县法院聚焦“六清”行动，扎实推进“案件清结”审判攻坚战和“黑财清底”执行攻坚战。审结涉恶犯罪案件4件11人，依法公正高效审结以郑某某为首要分子的恶势力犯罪集团案，判处5名集团成员有期徒刑5～22年不等决定执行刑罚。专项斗争开展以来，审结恶势力犯罪集团案件3件9人、恶势力犯罪团伙案件7件18人。聚焦“打财断血”，依法判处财产刑310万元，财产刑适用率24.14%，确保打深打透、除恶务尽。着眼标本兼治要求，完善提前介入，线索移送机制，移送线索4条，提出司法建议1条。结合主题党日、法治宣传等前往乡镇、村居发放扫黑除恶宣传资料，营造浓厚社会氛围。

【优化营商环境】 2020年，县法院

2020年9月10日，浦城法院召开洗钱案件会商座谈会　（县法院 供）

依法保护民营企业合法权益，畅通涉企纠纷“绿色通道”，审结涉及公司、股权等纠纷案件299件，标的总额1.38亿元。着力防范金融风险，审结民间借贷、金融借款、信用卡纠纷等案件892件，标的总额1.34亿元。院党组成员挂钩8家企业，做好复工复产指导工作，提振企业积极应对疫情和生产经营的信心。持续发挥驻荣华山产业组团巡回法庭作用，疫情期间线上了解27家企业情况，提供法律帮助16次。对受疫情影响较大、暂时经营困难的涉企案件依法予以延期审理。开展服务“六稳”“六保”专项执行行动，强化善意文明执行，审慎适用失信惩戒和限制消费措施，为企业增强造血功能提供便利。

【助推平安浦城法治浦城建设】 2020年，县法院依法惩治犯罪，审结各类刑事案件271件372人。始终保持对严重危害社会治安犯罪的高压态势，审结故意伤害、盗窃、涉枪涉毒涉赌等犯罪案件73件102人。维护公共安全和社会管理秩序，审结交通肇事、危险驾驶、非法经营等犯罪案件76件77人。依法保障人民群众生命财产安全，积极参与“断卡”行动，严惩电信网络诈骗和涉电话卡、银行卡的“两卡”犯罪案件8件18人，打击危害食品药品安全、非法吸收公众存款等犯罪案件8件8人。如对被告人陈某某等6人生产、销售“毒黄粿”依法作出判决，并判处食品行业“从业禁止令”。贯彻宽严相济刑事政策，加强人权司法保障，确保无罪的人不受刑事追究，对被告人蔡某某非法经营案依法宣告无罪，对346名被告人适用认罪认罚从宽制度。监督和支持土地管理、拆违等重点领域的行政执法行为，办结行政非诉案件29件。落实普法责任制，加大普法宣传力度，利用宪法宣传周、“走百村进万户”等开展法律“八进”活动，引导公民自觉增强法治意识。

【生态司法】 2020年，县法院贯彻落实“两山”理念，审结涉生态环境类刑事、民事案件54件。聚焦革除滥食野生动物陋习，审结非法狩猎，非法猎捕、杀害珍贵、濒危野生动物等犯罪案件8件。推进生态环境公益诉讼，审结刑事附带民事公益诉讼案件2件。强化生态司法与行政执法衔接工作机制，与县检察院、林业局等多部门定期召开生态环境保护工作联席会议。加强巡回审判力度，巡回审理5起案件，以案释法作用得以充分发挥。扩大生态环境司法教育实践基地影响力，接待社会各界人士参观，提升广大民众生态文明素养。被告单位某化工有限公司、被告人吴某某等8人污染环境刑事案被最高人民法院评为全国法院环境资源典型案例。拍摄的《司法护航环境资源动漫短片》入选“福建生态环境司法十佳百优”“十部影视作品”，并获全省法院“砥砺奋进70年”微动漫征集活动优秀奖。

【推进一站式建设】 2020年，县法院主动融入共建共治共享的社会治理格局，大力开展诉源治理减量工程建设和多元解纷体系建设，成立诉非联动中心、金融纠纷调解中心、侨胞权益保障法官工作室，加强与司法局、社区、人民调解组织协调联动，将矛盾化解从终端裁决向源头防控延伸。金融纠纷调解中心8月成立以来，共调解案件55件，标的金额482.47万元。一审诉源案件受理2539件，比降15.45%。推进现代化诉讼服务体系建设，不断完善网上诉讼服务中心、跨域立案等平台和诉讼费管理，让群众享受“马上办、一次办、网上办、掌上办”等优质高效便捷的诉讼服务。

【民生权益保障】 2020年，县法院审结各类民商事案件2196件，标的总额3.86亿元。关注人民群众衣食住行，审结涉及房屋买卖、交通损害和婚姻家庭等案件505件。如原告崔某某、李某某等55户与被告某房地产公司买卖合同纠纷系列案件，依法保护因受疫情影响导致不能如期履行合同的当事人合法利益。加强劳动者合法权益保护，审结劳动争议、追索劳动报酬等案件 21 件。妥善审理征地补偿等案件 39 件，既依法维护群众切身利益，又有效服务城镇化建设。

【执行难题破解】 2020 年，县法院执结各类执行案件 1757 件，执行到位金额 1.36 亿元，努力将“纸上权利”兑现为“真金白银”。加强难点工作突破，移送并审结执行转破产案件 1 件，向公安机关移送“拒执罪”案件 4 件 5 人，以非法处置冻结的财产罪，判处被告人王某某有期徒刑一年，缓刑两年，促使其主动履行还款 25 万元，并达成和解协议。完善失信惩戒制度，严格规范失信行为，发布失信名单 461 例，限制高消费 621 人次。深化分段集约模式，执行质效提升明显。如执结吕某某等 14 人与某村民小组承包地征收补偿费用分配纠纷系列案，为申请执行人落实村民待遇，既依法维护村民的合法权益，又为村民小组后续相关资金分配指明方向，解决当地历史遗留问题，收到良好的法律效果和社会效果。

【脱贫攻坚决战决胜】 2020 年，县法院依法审理涉及脱贫攻坚、乡村振兴的各类案件，审结农村土地承包纠纷、山林纠纷等涉农案件 48 件。用足司法救助机制，依法为困难当事人缓减免交诉讼费 14.14 万元，向困难申请执行人发放司法救助金和救助保险金 53.21 万元，向涉民生案件当事人发放执行款 161.44 万元。精准对接脱贫攻坚目标任务，强化挂钩帮扶责任，完善党建扶贫、志愿服务等工作机制，帮扶资助困难大学生和青少年群体重点对象。

【综合配套改革完善】 2020 年，县法院修订《绩效考核办法》，细化职责清单，合理量化考评内容，对综合部门干警定人定岗定责。落实从优待警各项措施，晋升法官等级 3 人、警务职级 8 人、综合管理类职级 4 人。加强警务安全管理，与县公安局建立安保联防联动长效工作机制，做到“零”事故。抓好人民陪审员选任培训考核工作，增选人民陪审员 31 名，举行任前宣誓仪式，开展线上集中培训和线下实务指导，提升人民陪审员的履职能力。

2020 年 6 月 1 日至 5 日，浦城法院 80 余名干警开展军事训练活动

（县法院 供）

【审判资源配置优化】 2020 年，县法院实行繁简分流、轻重分离、快慢分道，将 10 名 60 后法官加入到速裁团队，承担 70% 的民事简案，邀请律师参与诉前调解，调撤率 59.39%，一个月内结案率 38.38%，实现简案快审。将 5 名 80 后法官组成繁案团队，承担 30% 的民事繁案，强化专业法官会议制度，统一裁判尺度，一审服判息诉率 94.3%，发回重审、改判率 1%，力求繁案精审。充实刑事审判团队，与公安、检察机关建立良好会商机制，严把案件事实证据关，准确定罪量刑，降低发改率，上（抗）诉 14 件，被二审改判 2 件，案件质量较好。

（朱　丽　陈雪珍）

司法行政

【法治政府建设推进】 2020 年，浦城县有序推进依法治县建设。召开县委全面依法治县委员会第二次会议，审议通过《中共浦城县委全面依法治县委员会 2020 年工作要点》等指导性文件，进行规范性文件备案 5 件，开展规范性文件专项清理活动 4 次，积极参与市立法调研，提出修改意见 8 处。在县公共法律服务中心办事大厅设立行政复议窗口，开展行政复议案件接待与受理。共办理复议案件 12 起，审结 11 起，综合纠错率 16.7%。主动与法院沟通，加强对应诉案件涉及部门的指导，推动行政机关负责人出庭应诉，做好应诉答辩。

共办理县政府为被告的行政诉讼案件5件，其中审结4件、胜诉3件。

【普法宣传】 2020年，浦城县普法工作在市“七五”普法检查组充分认可的基础上，代表南平市接受省“七五”普法检查验收。浦城县利用传统剪纸技艺“传技”融入“传法”、利用村级法治公园、企业法治文化“传德”融入“传法”，利用喜马拉雅有声普法阵地“传声”融入“传法”的“三融入”普法创新模式。将国家公职人员学法考试等纳入“七五”普法目标考核，组织全县1000多名公职人员参加统一学法考试。300余名新录用公务员代表参加宪法宣誓活动。邀请华东政法大学法学博士、副教授潘运华为县四套班子领导等130余名干部开展民法典专题讲座；建成仙阳镇殿基村、富岭镇殿下村法治文化阵地，突出宣传《中华人民共和国民法典》及相关法律法规。今年以来，共印制《中华人民共和国民法典》宣传册5万余份，开展宣传活动50余场，解答群众咨询3000余人次，营造良好法治文化氛围。

【公共法律服务体系完善】 2020年，浦城县司法局强化热线和网络服务功能，通过网上咨询申请、邮寄材料的方式办理法律援助业务。为涉疫事项开辟“绿色服务通道”，实行“优先办”。全年受理法援案件107起，受援对象满意率100%。服务企业复工复产。由律师、公证员、基层法律工作者、司法行政干部组成法律服务队，开展“援企送法”“法治体检”活动，提供涉疫法律咨询。全年共为10余家企业提供法律服务30余次，解答法律咨询200余人次。深化“放管服”改革，增加“最多跑一次”的事项，让百姓“少跑腿”，为群众“办快事”。推进行政审批事项梳理及公证信息化建设。公证系统实现与2个部门信息数据对接。

2020年7月28日，全市“七五”普法工作检查组第五组组长、市政协副主席卓立筑（左二）一行5人到浦城县督导检查“七五”普法总结检查验收工作

（县司法局 供）

【社区矫正安置帮教工作】 2020年，挂牌成立浦城县社区矫正管理局，开展社区矫正法宣传月活动，按照《福建省贯彻〈社区矫正法〉实施细则》的要求，进一步保障社区矫正工作的依法运行。全年新接受矫正对象194人，年底在册311人。同时，重点做好刑满释放人员排查、衔接、教育、安置等工作，年底在册安置帮教对象1138名。

【公证机构服务】 2020年，县司法局公证处贯彻事业单位登记管理暂行条例和事业单位登记管理暂行条例实施细则及有关法律、法规、政策，按照核准登记的宗旨和业务范围开展活动，全年办理各类公证事项714件，其中国内公证622件（其中涉港澳台27件），涉外公证91件；公证业务收费32.2万元。

（范秋香）

军事

人民武装

【概况】 2020年，浦城县人民武装部（简称县人武部）坚持以习近平新时代中国特色社会主义思想和中共十九届五中全会精神为指导，坚持疫情防控和各项工作并举的原则，全面建设稳中有进。着眼平时能应急和战时能应战的需要调整民兵组织，加强战备工作落实，修订完善各类方案预案，重点抓好元旦、春节、“五一”国际劳动节、“十一”国庆节日战备值班，做到节日战备前组织一次战备教育和拉动演练。贯彻落实年度训练计划，训练专武干部、应急分队、民兵信息员、教练员、冲锋舟操作手和学生军训；选送九牧部长、盘亭部长、山下干事、临江镇民兵等人员参加省军区、军分区组织的集训；组织应急连民兵进行抗洪抢险备勤轮训；组织民兵应急连点验，组织拉动演练，受到南平军分区领导的高度赞扬。高标准完成新兵征集任务。抓好两项主题教育。

（蒋晓翔）

【拥政爱民】 县人武部发挥民兵队伍组织优势，提升应急处突能力。落实好脱贫攻坚各项工作，县人武部对革命老区枫溪乡投入5万元助力地方扶贫工作。开展参建参治活动，积极参加地方政府组织的疫情防控、植树造林、城区环境整治、社会维稳等工作。

【应急连点验】 2020年7月17日，为检验全县民兵整组水平，提高民兵应急分队应急突处能力，县人武部组织应急连进行点验，点验按照宣读干部骨干任职命令及党内任职通知、宣布出入队人员名单、组织点名、民兵宣誓、新入队民兵代表发言、领导讲话等步骤进行，而后组织召开连务会、排务会、班务会和党员大会，最后组织队列训练。通过此次拉动，有效地检验民兵应急分队应急拉动能力，确保有用之时拉得出、用得上、打得赢。

【役前教育训练】 2020年9月5日至11日，浦城县役前教育训练在南浦山庄组织进行。此次训练安排预定新兵及候补对象参加，由部长朱华洪全程带训，聘请退役老兵作为班长组训，训练严格按照部队一日工作、生活制度安排，主要通过体能训练对预定兵员隐性疾病进行筛查，淘汰身体不合格和思想不稳定的人员，有效地提高兵员素质，减少退兵率，把最好的青年送去部队。

（蒋晓翔）

武装警察

【思想教育】 2020年，浦城武警中队严格按照年度政治教育计划，结合时代、任务和官兵实际，扎实开展新兵“第二适应期”、心理健康、密切内部关系教育，结合“卫士风采”“维护核心，听党指挥”主题教育，“两学一做”和学习中共十九大精神等活动，充分利用党团活动、三个半小时等时机深化教育效果。紧盯思想工作。结合上级指示精神，持续深入开展“谈心，交心”活动，建立官兵思想心理档案，充分发挥“三支队伍”作用，利用“三互”“双四一”等有效载体，扎实做好经常性思想工作。利用文化熏陶。利用驻地红色资源，结合“七一”中国共产党建党99周年、入党积极分子培训等时机，开展爱国主义教育，提升文化修养，筑牢军魂意识。

【日常维稳】 2020年，浦城武警中队在防疫基础下，出动官兵完成临时武装押解勤务。出动官兵为目标单位进行军训和集训；春节前夕，中队准备粮油、猪肉慰问驻地周边孤寡老人；开展“学雷锋”活动，组织中队官兵去敬老院打扫卫生；全年落实好疫情防控措施，使部队和目标单位没有出现疫情现象，确保周边环境的安全稳定。

【抓好疫情防控统筹工作】 2020年，浦城武警中队重视疫情防控，组织中队官兵学习了解新型冠状病毒知识，严格落实疫情防控措施。对突发状况和异常情况及时妥善处理，严格落实疫情防控要求，中队官兵通过多种渠道采购口罩、消毒液、洗手液、体温枪、防护服等一系列防疫物资进行储存，每天对营区、哨位进行定时消毒，保证营区、哨位良好的通风条件。严格落实营区封闭式管理制度，严格管控地方人员进出营区，确实需要进出营区的人员，必须佩戴好口罩、手套，进行体温检测，健康码、行程码检查正常，全身消毒后，报上级批准后方可进入营区。日常训练时，进行分组训练，官兵之间必须保持足够的距离，间隔过近时，佩戴好口罩。每天落实体温检测制度，对异常体温者及时进行隔离处理，并进行核酸检测。休假归队的战士，落实隔离制度，核酸检测和隔离期无不良反应的战士，方可参加中队的正常生活。就餐时落实分餐、公勺公筷制度。中队官兵养成勤洗手的好习惯。通过严格执行一系列的疫情防控制度，中队在疫情期间做到零感染，零死亡。

（姜全奇）

2020年9月18日，浦城县在县委会议室召开国防教育联席会

（县人武部 供）

人民防空

【概况】 2020年，浦城县人防办抓好机关干部中共十九大和十九届四中全会精神的学习，抓好不忘初心、牢记使命主题教育，全面提高干部、职工的理论素质和政治修养；组织干部参加各类专业业务培训、法律培训，提升干部职工的综合水平；抓好服务质量，提高工作效率。实行“一次性告知，限时办结”等制度，简化办事手续，减少办事环节。

【人防知识宣传】 2020年，浦城县人防办按照每年列行的防空警报试鸣运行程序，在电视台播放人防宣传片，做好法律走字广告；在各广场发放警报试鸣通报时结合人防宣传标语，人防法律、法规宣传资料，防空知识卡片宣传；在人防法律、法规颁布日、执行日以短信等方式开展宣传。

【人防工程建设】 2020年，浦城县人防办严格执行人防审批为建设部门“建设工程规划许可”审批的前置，使建设单位能认真履行人防建设义务。县人防办完成防空地下室易地建设和就地建设项目审批工作。按标准征收防空地下室易地建设费，坚决杜绝少收、漏收和收人情费的现象；严格遵守收支两条线的规定，建设项目应缴的防空地下室易地建设费直接由企业或单位缴入县财政金库。

【人防专业队伍建设】 2020年，浦城县人防办做好重要经济目标防护预案的编制，落实重要经济目标防护责任；与民兵的整组对接，调整人防专业队伍的人员；抓好拥军优属工作做好军地共建发展，落实人防工程平战结合方针，落实人防工程平时开发利用，融合人防设施在平时为地方经济建设和社会服务。

【规范执法】 2020年，浦城县人防办规范行政行为，切实转变行政职能，使行政职能向“服务型”和“法治型”转变，抓好依法行政各项工作。提高行政服务中心服务质量，认真梳理行政审批、公共服务事项，公开精简办事材料、程序，做到行政许可公开透明；认真清理政府信息，按照政府信息公开目录推进政府信息公开；对行政许可审批的项目、法律依据、条件、程序、收费、时限等通过政府网定期公示，主动接受监督；严格审批程序，完善政务服务体系。认真执行《中华人民共和国行政许可法》，规范行政许可行为，完善许可审批程序，做到无越权许可，无超范围许可，每项许可都依规定和程序审批。严格执行财经管理制度。

【防空警报试鸣】 2020 年 5 月 13 日（浦城解放日），浦城县人防办按照正常程序进行防空警报试鸣，在警报试鸣前，对警报的各项指标进行全面检测，对系统的线路、信道等进行认真的维护检修，通过试鸣检验，警报各项运行指标处于良好的状态，鸣响率 100%，覆盖率 98% 以上。

（余兰兴）

退役军人事务

综 述

【理论学习】 2020年，浦城县退役军人事务局贯彻落实上级决策部署，围绕中心、服务大局，积极作为、开拓创新，工作开展有声有色。在政治思想建设、党务政务落实、意识形态管理、退役军人服务、双拥共建推动等方面取得明显成效。

坚持理论学习。制定下发学习方案计划，推进“强学习、提能力、做标兵”活动，利用党组中心组学习、局务会、“三会一课”、“每周一学”、主题党日活动、下基层调研等时机，运用“学习强国”“福建干部网络学院”、微信公众号等平台，综合采用集中学习、个人自学、专题辅导、交流研讨等方式，组织开展政治理论和专业知识学习。2020年，局党组集中学习20次，支部交流讨论20次，组织干部职工集中学习51次。

意识形态管理。贯彻执行中央、省委、市委和县委关于意识形态工作的决议、决定、指示、部署和要求，引导全局党员干部培育爱国主义精神和坚定共产主义信念。制定《中国共产党浦城县退役军人事务局党组2020年意识形态工作方案》，明确责任分工和工作要求。做好新闻信息公开和舆论导向工作。加强网络舆情监测、管控。

党建工作。认真落实“三会一课”、支部主题党日、谈心谈话、党员联系服务群众等党内制度，全年组织支部党员大会14次、主题党日活动12次、支部书记与党员谈心谈话4人次、党员干部志愿服务9次。全面加强党员管理，及时收缴党费，发展入党积极分子1名、预备党员1名，完成4个季度党员“双线管理”考评和年度总评。扎实开展“四联四促”，分别与盘亭乡盘江村、南浦街道兴浦社区联合制定《结对共建工作计划》，指导、参与盘江村的疫情防控、人居环境整治、危房排查、澳大利亚茶试种，协助兴浦社区开展环境卫生巡查和疫情防控等相关工作。

【疫情防控】 2020年，浦城县退役军人事务局抓好所辖区域、局属人员及家庭管控，组织进行“新冠肺炎疫情防控定向捐赠”活动。配合兴浦社区疫情防控，张贴宣传标语14份。指导并支持盘亭乡盘江村疫情防控，多方寻购并支援一次性手套90双、一次性医用手套145双、一次性雨衣85件、便携式消毒喷壶8个。先后两次发布《倡议书》，动员退役军人参加疫情防控、捐物捐款，退役军人参加所在村居防疫，退役军人捐款捐物（折价）28.51万元，其中超过1000元（含折价）的达27人次。

【烈士纪念日活动】 2020年9月30日，浦城县退役军人事务局在仙楼山森林公园革命烈士纪念碑广场开展烈士公祭活动，县四套班子在家领导、驻浦部队领导、县双拥共建工作小组成员单位负责人，退役军人和社会各界代表参加。

【讲述抗美援朝故事】 2020年10月20日，浦城县退役军人事务局参与访谈并整理的回忆录《听96岁老兵讲抗美援朝故事》，被“学习强国”福建平台采用，10月24日，闽北日报改标题为《当兵就要保家卫国——听浦城老兵刘彩富讲述抗美援朝故事》刊出。

【找寻烈士墓】 2020年9月30日，浦城县退役军人事务局经一年的努力，并取得退役军人事务系统及其他单位支持协助，在漳州市南靖县探寻到浦城县籍烈士叶泉坤安葬墓地，同时协调好烈士遗骸返乡事宜。

双 拥

【双拥共建】 2020年，浦城县退役军人事务局争取光荣院项目立项，并做好各项建设准备工作。选塑、宣传并向上级推荐双拥先进典型，深入推进国防教育活动，做好第三轮省级双拥模范城（县）创建迎检工作，做好退役士兵、转业军官、随军家属接收、安置工作。

双拥模范城（县）创建有序开展。召开双拥创模工作动员部署会，下发《浦城县响应南平市创建新一届全国双拥模范城（县）考评工作任务分工表》，收集双拥共建相关材料并归档，超标准布设双拥宣传牌。

双拥共建长效机制基本建成。及时调整双拥共建工作领导小组成员名单，召开双拥共建工作领导小组会议，并形成《会议纪要》，制定《浦城县双拥共建工作领导小组工作规则》《浦城县双拥共建工作领导小组办公室职责和工作制度》，领导小组各成员单位工作开展有了依循。

春节、“八一”实现“全员节庆”。春节、“八一”中国人民解放军建军节、2019年度获誉立功现役军人慰问、2020年度入伍新兵慰问等活动联合开展，各类社会组织拥军形式多样，“双拥在基层”活动持续深化，军地座谈会同步召开，军地感情更加融洽。率先在全市实现退役军人及其他优抚对象“全员节庆”。

双拥工作信息反馈及时有料。及时上报双拥共建工作进展，大力宣传军政军民团结奋斗、抗击新冠肺炎疫情的生动实践和感人事迹，联合宣扬全国双拥模范、“最美退役军人”等双拥先进典型事迹。开展双拥征文活动，上报浦城县双拥共建活动典型事迹、经验做法、创新成果和意见建议36篇。

双拥办自身建设规范有序。双拥共建工作领导小组成员单位联络员制度全面建立，双拥办职责制度规范上墙，浦城县退役军人事务局与县人武部政治工作科联系紧密，合署办公定期开展。

【拥军优属送福利公益活动】 举办为退役军人、军属送福利系列大型活动。2020年8月，浦城县退役军人事务局联合福建广电网络集团浦城分公司和TCL集团共同举办“拥军优属，利国利民”公益活动，无偿赠送55英寸彩电3台、空气净化器40台，发放“惠民补贴折”1万张，最高让利预算1200万元。2020年10月，联合福建览东粮油贸易有限公司共同举办“拥军爱军，军民同心”粮油捐赠公益活动，无偿赠送现役、退役军人食用油，价值近20万元。

优 抚

【退役军人服务站标准化建设】 2020年，浦城县退役军人事务局从县民政局协调到工商银行浦城支行为19个乡镇（街道）退役军人服务站无偿提供办公物资器材等，折合20余万元，解决了基层经费困难和实现服务站建设标准化、统一化问题。

【创设临时救助专项资金】 2020年，浦城县退役军人事务局从县民政局“临时救助专项资金”中划定专项经费，用于临时困难退役军人及其他优抚对象救助。

【退役军人社保接续】 2020年，浦城县退役军人事务局专设窗口，推行“掌上社保”服务；财政垫付、同步催缴、多措并举、限时办结。截至4

2020年11月10日，县退役军人事务局在丹桂山庄举办“退役军人创业培训”活动
（县退役军人事务局 供）

2020年12月3日，县退役军人事务局召开浦城县基层退役军人服务站示范型创建培训会（县退役军人事务局 供）

月30日，社保接续申请100%办结。后续申请，成熟1例、办理1例，5月后申请的全部办结。

【优抚褒扬纪念】 2020年，浦城县退役军人事务局严格落实抚恤补助优待政策。抚恤补助标准年4%比例自然增长，抚恤补助及临时价格补贴按时足额发放，光荣院院民待遇全面落实。

伤残人员评定依法办理。严格落实《伤残人员评定工作规范》，为申报伤残退役、在职申报评残人民警察完成报核流程。

推进烈士褒扬工作。为抗战英雄叶景文追烈成功，仙楼山革命烈士纪念碑广场通电线路铺设完成，下发《关于组织开展“致敬·2020清明祭英烈”网上祭扫活动的通知》，开展“清明祭英烈”网上祭扫活动，组织“9·30”烈士公祭日活动。

建立完善优抚信息数据。完成优抚对象信息管理系统数据更新，上报审核一次通过；建成年度获誉立功人员（含现役和当年退役）信息库，精准发放奖励金；开展优抚对象信息补漏采集与光荣牌发放工作。

安置 就业

【安置工作】 2020年，浦城县退役军人事务局完成新接收的多名转业士官安置，接收退役士兵，落实多名县管自主择业军转干部、多名军休干部、多名军休干部遗属各项待遇。

【就业创业扶助】 2020年，浦城县退役军人事务局不断推进退役军人就业创业扶助举措。基本建成“浦城县退役军人创办企业情况台账”“浦城县2019年秋冬季退役士兵生活就业情况建档立卡”“退役军人就业信息数据库”；先后3次开展退役军人适应性、就业、创业技能培训；公安部门专招多名退役军人上岗；签订《浦城县退役军人就业战略合作协议》，绿康公司每年定向招录退伍军人；县域优质企业定向提供岗位；中成村镇银行提供“退役军人贷”，可为退役军人创业提供启动资金。

（林春城 吴小斌 张 露 张惠平）

应急管理

综 述

【概况】 2020年，浦城县应急管理局在编人数22人。内设机构：办公室、应急指挥中心（应急保障股）、政策法规股（审核审批股）、综合减灾股、火灾防治管理股、防汛抗旱股、危险化学品安全监管股、安全生产股；直属事业单位：浦城县安全生产执法大队，浦城县应急救援中心。全年全县发生生产安全事故8起，死亡6人，受伤4人，事故起数、死亡人数、受伤人数分别同比下降11.1%、14.3%、33.3%。浦城县应急管理局在全市2020年度安全生产目标管理责任制考评中获得优秀。

【安全责任落实】 2020年，浦城县应急管理局严格安全生产目标责任考评。切实抓好年终考核工作，并将安全生产工作纳入了绩效、综治、“四比六促”考评范畴，强化考评结果运用，推动安全生产工作有效落实。按照“党政同责、一岗双责、齐抓共管、失职追责”和《南平市党政领导干部安全生产责任制实施办法》要求，及时梳理县直部门权责清单，进一步厘清安全生产监管职责边界，健全完善安全责任体系和政策措施，切实做到“管行业必须管安全、管业务必须管安全、管生产经营必须管安全”。强化企业安全生产主体责任落实。综合运用行政执法、挂牌督办、问责约谈管理等手段，督促企业建立自我规范、自我约束、持续改进的工作机制，督促推动企业建立全过程安全生产管理制度，强化企业安全生产主体责任落实。

【审核审批管理】 2020年，浦城县应急管理局对外的服务窗口工作人员始终把“服务”作为首要任务，掌握并使用标准的服务用语，热情对待办事的群众。县应急管理局保留县级行政许可事项6项（其中含子项13项），公共服务事项7项（其中含子项7项）。按中心管委会的要求，所有事项均已入驻福建省网上办事大厅，开通“一趟不用跑”事项20项，占比100%（含双向快递），并压缩审批环节，压缩审批时限达到85%以上，承诺时限为法定时限的15%以内。所有事项可以网上申报，现场指导办事群众进行网上申报。对有核查等环节的事项和相关业务股室做到提前沟通，及时解决。全年受理行政许可26件次、公共服务项目共21件，办结率100%。

【应急救援预案管理】 2020年，县应急管理局加强预案管理，做好全县应急预案体系建设有关工作，规范内部应急预案编修，强化应急预案衔接协调，提升应急预案的针对性和可操作性。全年对有关企业生产安全事故应急预案备案11家，其中工贸行业企业告知性备案7家，危险化学品使用单位备案3家，烟花爆竹经营企业备案1家。

【应急演练】 2020年，浦城县应急管理局突出应急救援能力的提升，加强应急救援队伍建设和应急救援演练工作。大队党委聚焦“全灾种、大应急”的消防救援队伍发展新模式，坚持苦练精兵。成功完成了各类灾害事故处置，2020年大队3名指战员参加总队赴江西抗洪救灾，践行了全心全意为人民服务的宗旨。开展辖区“六熟悉”及灭火演练90余次，完善各类预案60余份，同时有针对性地制定仁宏医药、欧普化工、大中石油等重点保护单位灭火救援处置预案。

【监管执法队伍建设】 2020年，浦

2020 年 5 月 29 日，浦城县消防救援大队在欧普化工开展消防演练

（县消防救援大队 供）

城县应急管理局组织乡镇（街道）、村（社区）、县宜单位安全管理人员 培训。参加省、市举办的各类业务培 训班，加大安全监管监察人员执法业 务能力学习培训，提升监管执法能力 和解决问题能力。

（游宇飞）

安全生产监督管理

【安全生产宣传教育】 2020 年，浦城县应急管理局扎实开展全国第十九个“安全生产月”、“闽北安全发展行”系列活动。开展关于安全生产重要论述网络课堂培训；理论专题学习 51 次，参与 320 人次；开展“排查整治进行时”专题活动，220 个企业开展“排查整治”等活动，排查整治安全风险隐患 365 个；300 个社区（村）、物业公司开展“查找身边隐患”360 场次；组织干部职工、企业员工参与线上“公众开放日”300 人次，观看安全体验场馆“360”全景示范展示 30 人次，参与安全打榜直播 20 人次，参与全国网上安全知识竞赛 600 人次；扎实推进安全宣传“五进”工作，参与活动 37000 人次。发放安全生产宣传材料 28200 余份，制作各类展板、标语横幅 300 余块（幅）。全县各部门及企业开展安全生产、防汛防火等各类应急演练共计 1608 场，参加演练 126000 人次。

【隐患排查治理行动】 2020 年，浦城县应急管理局按照县委办、政府办印发了《浦城县各行业领域安全隐患大排查大整治工作方案》《关于建立全县各领域安全隐患大排查大整治工作机制的通知》等文件，进一步明确隐患排查的时限、整治重点、责任分工、整治方法等内容和相关要求。全县派出排查整治组 2298 个（其中：执法服务组 2128 个，专家服务组 170 个），参加人员 9465 人次，检查单位和场所 4175 家次，排查发现隐患 4521 条（其中一般隐患 4518 条，重大隐患 3 条），已完成隐患整改 4484 条（其中一般隐患 4481 条，重大隐患 3 条），限期整改 1815 家，停产停业整改 5 家，取缔关闭 1 家，罚款 60 万元。

【安全生产培训】 2020 年，浦城县应急管理局开展全县安全生产大培训工作，举办全县各类企业“三岗人员”（主要负责人、安全生产管理人员初复审、特种作业人员）培训，共 531 人参训。举办浦城县重点领域行业主要负责人安全管理人员专题培训、重点领域行业人员安全生产、工伤预防培训班，有 420 人参加培训。乡镇（街道）、村（社区）、有关单位安全生产管理人员培训班，全县 470 余人参训。开展森林防灭火、防汛抗旱、南平市应急管理平台等业务培训，共 1484 人参训。

（游宇飞）

重点行业整治

【非煤矿山行业】 2020 年，根据省市县安排，从 3 月 11 日起，全县开展安全生产大排查大整治工作，浦城县应急管理局立即行动，联合县自然资源局、公安局、生态环境局等单位制定下发了《浦城县非煤矿山安全隐患大排查大整治工作实施方案》文件，对排查整治重点、责任分工、整治措施进行细化规定，先后配合市应急局、县自然资源局、生态环境局对全县 10 个矿山、7 座尾矿库进行全面排查整治，共检查矿山企业 44 家次，发现隐患 141 条，应整改 139 条，已整改 139 条，按期整改率 100%。

【危险化学品行业】 2020 年，浦城县应急管理局制定印发《浦城县应急管理局等七部门关于印发＜浦城县危险化学品和烟花爆竹安全隐患大排查大整治工作方案＞的通知》等文件，按照年初既定工作计划和国家、省、市专项执法检查安排，严格执法检查和隐患排查工作，组织检查人员 462 人次，监察企业 107 家次，重点检查企业覆盖率 100%，一般企业检查达 32%，下达整改指令书 65 份，发现安全隐患 335 条，已整改 335 条，整改率 100%。行政处罚 3 起，处罚金额 0.9 万元。

【烟花爆竹行业】 2020 年，浦城县应急管理局监察企业 12 家次，下达整改指令书 5 份，发现安全隐患 19 条，作出查封扣押决定 3 起，查处非法烟花爆竹窝点 0 处，收缴非法烟花爆竹件数 50 余件。为进一步加大执法检查队伍的专业性，全年共组织专家检查 8 起。

【工矿商贸行业】 2020 年，浦城县应急管理局制定隐患排查工作方案，联合工信、消防等部门对工贸企业进行监督检查。2020 年以来，共检查企业 71 家，排查出事故隐患 430 条，停产整顿 1 家，行政处罚两家，共计罚款人民币 1.3 万元。

（游宇飞）

消防救援

【概况】 2020 年，浦城消防大队有消防安全重点单位 64 家。大队共有人员 44 人，大队有消防战斗车辆 5 辆（水罐消防车 2 辆、泡沫水罐车 2 辆、登高平台车 1 辆），总载水量 33.2 吨。辖区内共有 77 个微型消防站，19 支专职（志愿）消防队。浦城消防大队全年接处警 173 起（其中火灾 51 起，抢险救援 122 起），出动车辆 302 辆次，出动指战员 1680 人次，抢救被困人员 40 人，抢救财产价值 135.8 万元。

【火灾隐患整治】 2020 年，浦城消防大队先后部署开展火灾隐患排查整治，组织开展大排查大整治检查生产经营单位 348 家，排查发现隐患数 43 项，“三合一”场所检查 129 家，发现隐患数 36 项，农村老旧房屋消防安全整治已排查 11163 家，排查发现隐患数 144 项，已排查出租屋 881 家。

【基层基础建设】 2020 年，浦城消防大队为持续营造良好生活环境，按照基层正规化建设要求，完成厨房改造工程，并投入 70 余万元用于大队办公楼外墙防水及屋面改造。运用物防技防措施，在文物保护单位安装自动报警器 6 个，安装 电气火灾监控系统 6 套，接入所在城 市消防远程监控系统3家。在各乡镇（街道）、各类场所推广安装独立式火灾感烟报警器 831 个、简易喷淋 256 个。持续开展消防安全示范社区 创建工作，全县 11 个的社区达到示范社区标准、12 个的社区达到消防安全社区要求。

【消防队伍训练】 2020 年，浦城消防大队严格按照全年执勤训练工作计划，开展辖区六熟悉及灭火演练 90 余次，完善各类预案 60 余份，同时有针对性地制订仁宏医药、欧普化工、大中石油等重点保护单位灭火救援处置预案。按照福建省森林防火指挥部同意部署，大队联合市应急管理局、市林业局、市森林消防支队等多部门，共同开展 2020 年福建省驻浦城县森林防灭火综合演练。

（郭培德）

防灾减灾

【森林防灭火】 2020 年，浦城县县、乡共成立森林防灭火督查组 19 个，抽

2020 年 11 月 30 日，2020 年福建省浦城森林防灭火应急救援综合演练在寨下国有林场举办 （县应急管理局 供）

调干部65人次开展森林防灭火督查；在进山主要路口、县、乡、村公墓区设立临时关卡105个，设置固定检查关卡1个。共组织专职护林员、巡查员等1.8万人次巡山护林，临时增派扑火队员巡山护林1500人次，排查隐患41处、整改消除隐患41处，查处违章用火320起，罚款680元，开展计划烧除面积200公顷。组织承办2020福建省浦城森林防灭火应急救援综合演练，寨下国有林场、乡镇应急救援队、县森防指成员单位、县森林消防队伍和武夷山森林消防大队的森林防灭火队伍共计300余名队员参加实战演练。浦城县安委办印发《浦城县应急能力提升工程三年行动方案》，在各乡镇（街道）原有救援队伍基础上组建应急救援站和应急救援队，每支救援队伍人数在30人以上，并由县安委会办公室统一调度，对森林防灭火、抗洪抢险、微型消防站等资源进行整合，完善应急指挥体系和应急救援设施设备，提升各类灾害事故和生产安全事故应急救援能力。2020年全县选取7个乡镇作为试点，建成7个应急救援站，每个救援站经验收合格分别给予24万～34万元补助资金，在8月25日已拨付补助资金200万元。

【防汛抗旱】 2020年防汛强降雨期间，浦城县防汛抗旱指挥部指挥长坐镇指挥，及时部署各项防范工作。各地防汛责任人到岗到位，坚决落实“干部沉下去，群众转出来”的要求，严格实行县挂乡、乡挂村、村挂组的三级防汛领导负责制。5—7月防暴雨期间，县级下沉乡镇指导180人次，乡镇下沉村指导3505人次。2020年，全县15个乡镇1113人受灾，紧急转移1824人次，农作物受灾189公顷，损坏房屋27间。全县直接经济损失2306万元，其中农业损失196万元、基础设施损失2085万元（其中水利设施损失410万元），家庭财产损失25万元。在全县1402个自然村设置自然村自然灾害避灾点，对申报建设自然村自然灾害避灾点进行资金补助，2020年共补助资金140万元，对石陂镇塅尾村避灾点等10个避灾点进行提升建设，全力打通应急处置环节的最后一公里。

【应急值班和应急准备】 2020年，浦城县应急管理局严格执行领导带班、重要岗位24小时值班和信息报告制度，从预案、力量、装备、物资等方面做好应急准备，确保一旦发生事故或紧急情况，有效开展应急救援和处置；开展应急管理体系调研，与各有关单位开展交流合作，对全县应急救援队伍和应急保障物资进行摸底调查，不断完善工作机制。

（游宇飞）

外事 侨务 对台事务

外 事

【概况】 2020年，浦城县外事办在县委、县政府的正确领导和市外事办的指导帮助下，以习近平新时代中国特色社会主义思想为指导，深入贯彻中共十九大和十九届二中、三中、四中全会精神，以及全国地方外办主任会议和省委外事委第二次会议精神，围绕工作重点，进一步规范和加强外事管理，不断提高外事服务质量，各项工作都取得新进展。

【外事审批管理】 2020年，浦城县外事办严格执行中央和省、市有关文件规定，持续深化“1+X”专项治理工作，进一步加强因公出国（境）审核报批。根据本县对外交往的实际需要，科学规范安排出访活动。同时，进一步加强计划控制、量化管理和任务审批，坚持分类管理、确保重点的原则，确保事关全县经济发展大局和任务紧急的团组顺利出访。

【外事服务外资企业】 2020年，浦城县外事办加强与县工信部门、外向型企业及侨资企业的沟通联系，通过多方宣传推介APEC商务旅行卡，采取主动上门办理服务，为企业持APEC商务旅行卡“走出去”搭建平台、创造机会，优化服务。县外事办密切与正大奥格、绿康生化、永芳香料等外资企业的联系，强化为外资企业服务的力度，帮助解决外资企业发展中存在的困难和问题，营造良好的投资环境，推动外资企业的发展。县外事办帮助圣农发展（浦城）有限公司、圣农食品（浦城）有限公司、正大生化有限公司申办外国人来华签证邀请函4批次5人。

【抓好涉外疫情防控工作】 2020年，浦城县外事办成立疫情防控工作领导小组外事组，作为牵头单位，牵头制定《县新型冠状病毒感染肺炎防控工作领导小组外事组工作方案》《严控境外疫情输入工作方案》《关于加强境外进入浦城人员健康管理的通告》《关于加强反偷私渡防疫情工作的通知》等8个文件，完善数据共享、信息通报和闭环管理机制，有序落实入境入浦人员全流程合规防控和“点对点”闭环管理。助力全县企业复工复产，深入一线调研，摸清外向型企业需求，对急需人员来浦复工复产企业提供便捷服务。至12月，发放4批次5人来华邀请函，为企业生产和技术服务急需的外籍人员，积极给予“快捷通道”便利安排，缩短其入境后隔离观察时间。

侨 务

【概况】 2020年，浦城县侨办全面贯彻中共十九大精神，坚持“两个并重”“两个拓展”，强化为侨服务、为大局服务，认真履职，实干拼创，进一步提高思想认识，凝聚侨心侨力，为推进新时代新浦城治理现代化，全方位推动绿色高质量发展超越做出新贡献。组织开展侨情、侨务工作情况调研活动，着力解决侨务工作面临的新情况、新问题。统筹协调有关部门和社会团体贯彻执行好《福建省华侨权益保护条例》等涉侨法律法规，健全完善涉侨部门协调工作机制。2020年，浦城县侨办确定的侨眷91人、归侨11人、海外留学生7人。

【县侨联七届三次全委（扩大）会议】 2020年，浦城县侨联七届三次全委（扩大）会议召开，学习贯彻落实习近平总书记涉侨重要论述，传达中国侨联十届三次全委会和省侨联十届四次全委会议精神，听取和审议县侨联工作报告与工作意见。落实年度工作，搞好服务大局、扶贫攻坚、服务侨胞侨眷和舆论宣传。

【疫情防控】 2020年，浦城县侨办积极投身疫情防控工作，按部署要求在卡点值守、社区巡查，开展上门、电话排查。联系对接海外侨胞，宣传疫情防控工作正能量，接收与转捐他们援助的口罩、消毒液、防护服等医疗物资。做好每日侨属回浦信息登记报送工作，上报回浦侨属信息16人次。到丹桂山庄医学观察集中隔离点，协助观察点开展工作，派干部到厦门口岸开展境外入南平人员防疫处置和“点对点”对接工作。发出致海外侨胞的倡议书、慰问信，并制作海外侨胞入浦申报平台、健康服务手册等，为海外侨胞防疫提供暖心服务。

【海外联谊拓展】 2020年，浦城县侨办团结引导侨商、侨企积极融入浦城绿色发展大局。邀请危春阳博士回乡考察交流，引导他们回乡投资创业；积极发挥海外境外工作群作用，依托亲情文化，加强对外联系与统战宣传工作，疫情期间密切联系海内外华人华侨，充分做好暖侨心工程；疫情平稳后，组织回浦侨胞、留学生以及归侨侨眷开展联谊活动，共话浦城发展。联合街道侨联，在光明社区、爱民社区、胜利社区举办“迎中秋·庆国庆·侨心向党”主题系列活动，开展侨法宣传，邀请回浦侨胞和归侨侨眷、社区群众观看文艺表演、座谈与游园活动等，进一步弘扬中华传统文化，营造“知侨法、懂侨法、用侨法、护侨益”的良好氛围，也进一步拉进侨联、侨界群众和社区之间的联系，把党和政府的温暖传递到侨胞侨眷和社区乡亲的心里。积极开展海外华侨社团浦城籍重点人士联系，特别是法国南方华人总商会会长潘春霖联系，力争搭建家乡和法国经贸、文化、人文友好往来的桥梁。服务侨胞侨眷一百多人次，加强互动交流，在互动中讲好浦城故事。

2020年9月30日，浦城县侨联联合社区开展“迎中秋·庆国庆·侨心向党”系列活动 （县侨联 供）

【侨益维护】 2020年，浦城县侨办坚持为侨服务宗旨，听侨声、解侨情、护侨益、暖侨心。持续开展春节送温暖活动，慰问侨界代表人士和困难侨眷10户，发放慰问金6000元，送去县委、县政府和侨联组织的关怀与温暖；帮扶困难归侨8户，发放救助金1.8万元，关爱侨界3名贫困大学生，发放侨心助学金1.5万元，慰问临江困难侨眷4户，发放慰问金2000元；帮助海外华侨与归侨侨眷家庭解决具体困难，协助解决意大利、美国华侨子女就学、办理身份证、留守老人照顾等问题。引导广大归侨侨眷参与公益事业，在扶贫济困、侨心工程、捐助公益事业等方面，显示了浦城侨界的拳拳爱心和良好形象。处理涉侨纠纷事件一起，为侨办好事实事4件。

【服务侨企】 2020年，浦城县侨办落实联系企业制度，为联系的浦城县邹氏米厂发展和具体问题的解决出谋划策，搞好联络。如因疫情影响企业生产资金周转困难，4月份在县里的帮助下有四家银行与其对接，相关贷款需求已解决，目前企业生产状况良好。疫情平稳后先后走访福建凯泰化工有限公司、福建浦城鸿发工程塑料有限公司等涉侨企业，了解企业复产复工情况，建立联系，加强联谊，并送去口罩与关心慰问。在了解到鸿发公司生产经营遇到困境，积极帮其联系对接工信局、人社局等相关部门，申请稳岗返还补助。

【贫困归侨帮扶】 2020年，浦城县侨办结对帮扶25户，申请上级财政帮扶52392元，其中3户每户5000元，8户每户2299元，14户每户2000元，切实把侨联的关怀和温暖送到侨界贫困群众和建档立卡贫困户中去。

【服务社会事业】 2020年，县侨联

按照县委、县政府的乡村振兴战略，聚合侨力资源，捐建教育、卫生、扶贫等项目，进一步扩大侨联服务覆盖，提升服务质量。侨联副主席许青松、名誉主席周紫云等人在捐资助学、扶贫就医等公益事业上都有 10 多万元捐款；副主席胥哲波慰问武警中队价值近 5 万元的物资。疫情期间，县侨联副主席孙建明为防疫工作者与扬祖大药房全省分店所在地捐助价值 50 余万元的防疫物资与药品；旅法侨胞、县侨联名誉主席潘春霖积极筹集防疫物资捐赠各省、市，其中捐助给浦城县 1 万余元的防疫物资。

对台事务

【暖心工程】 2020 年，浦城县台港澳办发出致浦城台港澳同胞的倡议书、慰问信，并搭建到浦申报平台，提供健康服务手册等，为港澳台同胞防疫提供暖心服务。慰问回浦集中观察的港胞梁显荣等人，送去包含牛奶、浦城特产、慰问信、健康服务手册、八闽侨声等物品的爱心包。

【海峡两岸剪纸文化艺术交流活动】 2020 年 12 月 21 日，浦城县台港澳办牵头组织浦城剪花嫂剪纸坊、浦城县海峡两岸乡友联谊会、泉州市九思逸品创意设计有限公司（文创台企）联合举办“2020 年海峡两岸（浦城）剪纸文化艺术交流活动”。充分利用浦城作为“中国民间剪纸之乡”的丰富非遗文化资源，通过线下邀请台湾青年代表林筱蓉及台胞刘英女士、线上联系 10 名台湾女士等海峡两岸嘉宾共计 30 人至浦城县剪花嫂剪纸坊举行剪纸文化艺术交流活动。

【章氏文化交流大会】 2020 年 9 月 24 日，浦城县委、县政府和南平市台港澳办联合举办的第十二届海峡论坛南平分会场 • 海峡两岸（浦城）章氏文化交流活动大会在浦城举行。活动围绕“扩大民间交流，深化融合发展”主题，积极发挥两岸章氏宗亲的文化交流纽带作用，增进同胞的亲情和福祉，推动两岸交流合作提质增效。300 多位来自海峡两岸的章氏后裔齐聚浦城，寻根谒祖，共话深厚友谊、共商发展大计。台北市章姓宗亲会理事长章德生委托在陆台胞章祖原先生向大会致辞，台北市章姓宗亲会荣誉理事长章然以录制视频的方式对大会的召开表示热烈的祝贺，原国民党副主席章仁香女士题词“两岸一家亲”为大会纪念。

【对台基层交流示范点】 2020 年 12 月 24 日，中华章氏功德院成功获得省台港澳办批准，成为海峡两岸省级对台基层交流示范点。在省委、市委台港澳办的重视和支持下，以海峡两岸交流基地的格局来打造，投入建设项目资金 5000 多万元。其中台湾宗亲捐资 800 余万元共同建设该基地。

（金晓芸）

2020 年 9 月 24 日，浦城县在章氏功德院举办海峡两岸（浦城）章氏文化交流大会
（县台港澳事务办 供）

自然资源管理

综 述

【概况】 2020年，浦城县自然资源局围绕实现浦城生态环境“高颜值”和经济发展“高素质”的目标，坚持生态优先、坚持绿色发展、坚持以人民为中心、坚持深化改革，统筹资源保护和资源保障，统筹资源开发和生态建设，统筹依法行政和改革创新。在耕地保护与开发、省市县重点项目用地报批、征地拆迁、地灾防治和机构改革等方面取得较好成绩。县自然资源局由原浦城县国土资源局机构改革组建而成。主管全县自然资源工作的县政府组成部门，主要承担全县土地管理、矿产资源管理和地籍测绘管理等职能。统筹资源保护和资源保障，统筹资源开发和生态建设，耕地保护与开发，统筹依法行政和改革创新。进行省市县重点项目用地报批、征地拆迁、地灾防治。县自然资源局内设8个机构，即办公室、政策法规与审核审批股、调查监测和生态修复股、自然资源确权登记股、自然资源用途管制与开发利用股、国土空间规划股、耕地保护监督股、地质灾害与矿产资源管理股；派出19个机构，即19个乡镇（街道）国土资源所；所属事业单位6个，即国土资源监察大队、土地储备中心、耕地开发技术中心、地质矿产中心、地理信息中心、国土空间规划技术研究中心。现有在岗人员125名，其中行政编制11名，事业（含参公）编制129名。另有编制外聘用人员28名。

【自然资源调查】 2020年，县自然资源局按照国家统一规程规范和标准要求组织开展第三次全国国土调查，各项工作有序推进，全县“三调”成果按时提交国家核查，完成内外业调查7804个变化图斑提交工作；农村地籍房屋调查与不动产登记数据库实现连接，首批52个行政村调查成果通过市自然资源局组织专家组验收。农村地籍与房屋调查成果基本满足入库要求，能与不动产登记数据库衔接；浮盖山风景名胜区确权登记工作有序开展，12月底通过省上验收。

【不动产登记】 2020年，县自然资源局不动产登记中心发放不动产登记证书3515本（林权753本），发放登记证明4485份（林权18份），外网受理办件量占总办件数的44.31%，不动产登记中心平均办证用时0.79天，抵押登记平均办件用时0.38天（国务院要求5个工作日以内）。出具不动产查询证明4141份，受理司法查封138宗。受理不动产继承申请30宗，完成审查与登记办结30宗，为群众节省继承公证费用40余万元。不动产登记审批流程已精简至“受理、审核、登簿发证”3个环节，同时转移登记业务受理、纳税审核实行同步申请、同步办理，进一步提高办件效率，为群众节省更多时间，最大化方便群众。

【矿产资源管理】 2020年，县自然资源局全面完成全县6个探矿权、13个采矿权网上年检工作；委托二九四地质队，以矿山年检和抽查地质资料为抓手，开展矿山储量动态监测工作；利用无人机+GNSS移动端等技术设备对全县有效采矿权的露采矿山开展越界违法开采专项检查和生态环境恢复治理监督巡查，有效掌握各个矿山开采的状况，避免违法采矿，规范全县矿产开发秩序；推荐上报菜园圃采石场为绿色矿山，该矿山符合省级绿色矿山要求，上报省厅待审核批准。浦城县第四轮矿产资源总体规划由市自然资源局按照“统招分签”的模式通过公开招投标有序推进。

土地资源管理

【耕地保护】 2020年，浦城县自然资源局压实耕地保护主体责任。完成补充耕地任务面积100.27公顷，占年度任务40公顷的250.675%；充分挖掘耕地资源价值，将占补平衡富余指标有偿调剂给沿海发达及建设占用耕地较多的地区，全年转让耕地指标83.33公顷，粮食产能107.5万公斤，获取交易资金2.6699亿元。

【土地收储与征收】 2020年，浦城县完成收储项目2宗5.46公顷，收储资金535.159万元。其中：富岭信用社土地收储0.52公顷，建筑面积2161.35平方米，收储资金112.21万元；绿康生化有限公司土地收储4.94公顷，收储资金422.949万元。荣华物流园已完成收储意向，完成二九四土地置换二期谈判。完成莲塘镇九秋村土地征收25.6公顷。

【保障项目用地需求】 2020年，县自然资源局全面推行“自然资源一清单三保障”工作机制，实施项目用地清单式管理，强化指标保障、政策保障、服务保障，强化绿色产业发展的土地政策支撑。办理用地项目供地审批18宗28.73公顷。其中：招拍挂及协议出让用地11宗7.16公顷，出让金41447.5万元（具体为拍卖出让住宅用地2宗6.55公顷，出让金39340万元；拍卖出让商服用地1宗0.12公顷，出让金112万元；协议出让商服用地1宗0.49公顷，出让金740万元）；挂牌出让工业项目用地7宗10.79公顷，出让金1255.5万元。划拨用地供地7宗13.32公顷。

【建设项目用地审批】 2020年，县自然资源局做好建设项目规划公开、公示工作。对报建的建设项目特别是新建工程项目，坚持审批前的规划公示制度，并按照审批程序要求，及时通过县人民政府网站和建设项目现场等多种形式进行规划的批前、批后公示，加强规划审批的透明度，增强社会各界和市民对规划的关注与参与。全年对建设项目规划设计方案等共计公示8项。2020年办理《建设工程竣工规划条件核实意见书》20件，新征用地预审与选址意见书系统配号了5本，办理建设用地规划许可证13件，规划用地面积39.9万平方米；办理建设工程规划许可证29件，规划建筑面积37.01万平方米。

2020年12月8日，浦城县召开“金土地生态银行”农村土地经营权流转竞拍会
（县自然资源局 供）

【农用地审批】 2020年，县自然资源局办理农用地转用土地3个批次15.05公顷。其中：上报市政府审批农用地转用土地1个批次2.24公顷（耕地2.07公顷），涉及古楼乡古楼村及仙阳镇殿基村2个新农村新村项目用地。上报省政府审批农用地转用与土地征收2个批次，涉及3个项目用地面积12.81公顷，涉及福建仁宏医药化工有限公司年产3000吨香精香料及聚氨酯新材料中间体项目用地6.3公顷、水北生活垃圾填埋场二期扩容建设工程项目用地0.85公顷、荣华实验高中项目用地5.66公顷。

【执法监察】 2020年，县自然资源局制定《动态巡查实施方案》、巡查台账制度、违法案件报告制度、责任考核奖惩制度等规范巡查工作；经常性地组织巡查人员学习相关法律法规，提高素质，提高办案能力。上半年移动执法巡查签到1853次，签到到位率100%，移动执法上报疑似违法线索11宗，发现违法用地8宗，制止到位11宗。通过开展移动执法，推进“两违整治”工作。2020年度的月卫片图斑核查工作，经实地核查，共发现26宗违法用地案件，转入乡镇“两违”系统处理。

地灾防治

【概况】 2020年，浦城县自然资源局立足“防大汛、抗大险、救大灾”

的思想，始终把人民群众生命和财产安全放在首位，“做精、做准、做实、做细”地灾防治各项工作。召开全系统防汛备汛工作会议，组织乡镇开展多场培训和演练，组织编制《浦城县2020年地质灾害防治方案》。

【地灾工程治理】 2020年，县自然资源局抓好地灾工程治理工作，莲塘镇西岩村泥石流治理工程完成进度42%；枫溪乡福禄村村部地灾点滑坡治理工程完成进度23%；莲塘镇九秋村山下自然村崩塌治理工程进入清场工作阶段。

【易地扶贫搬迁安置区地灾排查】 2020年，县自然资源局组织技术单位对33个集中安置点和462户分散安置点进行易地扶贫搬迁安置区地质灾害隐患安全问题排查。经闽北地质工程勘察院对无地质勘查的安置点进行现场勘察并出具岩土工程勘察报告和地质踏勘简报。

（周流利）

2020年10月30日，不动产登记中心与税务等部门工作人员完成不动产登记与税务业务数据共享测试　（自然资源局 供）

经济管理与监督

宏观经济管理

【概况】 2020年，浦城县完成地区生产总值175亿元，比上年增长4.5%，2020年前三季度高于全市5.3个百分点，位居全市第一。第三产业增速列全市第一，三次产业结构日趋优化。向上级申请资金项目24项，共7161万元。下达资金项目24项7013.61万元，其中中央资金8项4829.4万元，省级预算内资金20项2175.6万元（含中央、省重复补助项目），下达地方政府专项债券项目18项，额度8.61亿元，争取项目数、资金额度排在全市前列。

【重大项目投资】 2020年，浦城县主抓县重点推进的115个项目，做好“创新突破年”考评工作，以及继续推进“一月一协调”机制，做好项目建设要素保障工作，加快省市重点、“五个一批”等重大项目的建设步伐，同时抓好全社会固定资产投资入库工作，确保投资稳步增长。2020年，浦城县在“福建省‘五个一批’项目动态管理信息系统”共有项目615个，总投资1219.39亿元，2020年新增116个，总投资119.44亿元；“五个一批”正向激励机制考评第一季度全市前三，获奖20万元。列入省市重点项目34个，在建项目29个，总投资201.54亿元，年度计划投资45.38亿元，1—12月完成投资46.58亿元，占年度计划的102.64%，超额完成目标任务。

【招商引资】 2020年，浦城县利用“6•18”海峡项目成果交易会平台，提高浦城县企业自主创新能力。组织开展了“中国好粮油”示范县“浦城大米”推介会、2020年浦城大米品牌研讨会等4场小型专场对接活动，牵头开展全县“6•18”项目日常对接活动；组织企业参加“6•18”全省生物医药企业科技成果对接会和福建省新材料产业技术资本对接会线上活动、组织企业到磐安考察中药材。组织征集国内外高校、科研机构最新项目成果和县内企业的技术需求。全年对接项目100多个，涉及生物制药、现代农业等多个领域，共征集10个企业技术需求。县

2020年11月5日，县发改和科技局副局长带队前往富岭镇泽潭村福建省沃谷农业科技发展有限公司调研中药材生长情况　（县发改和科技局 供）

发改和科技局完成“十里香”现代粮食精深加工招商引资开工项目。仙芝科技项目获 2020 年“6·18”省级扶持成果转化资金，扶持资金达 60 万元。

【生物产业专项活动】 2020 年，浦城县发改和科技局人员多次到生物产业企业和浦潭生物园区指导企业复工复产，推动绿康新增 2 个生物产业项目，年产 1200 吨活性杆菌肽预混剂和 1200 吨兽药原料药和正大人用盐酸金霉素原料药项目生产；组织实施 5 个生物产业重点支撑项目，全年完成投资 5.32 亿元，投资完成率 158%，超额完成任务；组织实施 10 个生物产业固投项目，完成固投 5.025 亿元，同比增长 28.98%。

【创业创新工作启动】 2020 年，浦城县新认定国家高新技术企业 13 家，省级企业工程技术研究中心 3 家，省级科技成果转化基地 1 家、市场企业技术中心 3 家。深化新时代科特派制度，完成 39 个科特派工作站，124 个科特派示范基地建设，实现科特派服务全县村村全覆盖，创新设立科技创新风险基金，共发放 61 笔 1865 万元，解决科创型小微型企业融资难问题。

【营商环境提升】 2020 年，浦城县发改和科技局组织开展营商环境大学习大讨论，营造尊重企业、关心企业、支持企业的浓厚氛围。牵头各部门对全县与优化营商环境条例精神不一致的文件予以修改或废止，公布继续有效的文件 119 件，废止 2 件，需修改 3 件。制定《浦城县营商环境优化行动方案》，明确九大目标 33 项细化任务，四大保障措施，推动高质量发展，落实“六大行动”决策部署，进一步转变政府职能、提高服务效率和水平，优化全县营商环境。合力推动营商环境提质增效。疫情期间主动与银行对接，利用优惠政策为企业争取贷款和退税。落实贷款 4310 万元，退税 123.66 万元，有力地缓解疫情期间重点保障企业的资金需求矛盾，矛盾助力复工复产。

2020 年 8 月 23 日，县发改和科技局联合县直有关单位到富岭镇开展“科技战疫，创新强国”科技活动周宣传活动　　（县发改和科技局 供）

【“放管服”改革推进】 2020 年，浦城县按照“应减尽减、能合则合、及时承接”原则，对县级行政审批服务事项进行再梳理、再优化、再精简，一年来，承接市级下放的行政审批服务事项 6 项，县级中介服务事项已精简至 47 项，凡未纳入清单的中介服务事项，一律不得作为行政审批受理条件；开展政务服务“好差评”工作，推进政务服务公众评价，形成良性互动，促进服务质量提升。目前好差评系统已收到群众评价 9537 条，好评率 100%。创新推出“一件事”窗口集成套餐服务 23 项等。县级中介服务事项已精简至 47 项。纵深推进“最多跑一次”事项 1972 项，审批服务事项网上可办率 98.46%，五星级全流程网上办事项 588 项。

【民生价格稳定】 2020 年，浦城县启动平价商店运行，并根据疫情实际适当延长运行时间，1 月 15 日至 2 月 20 日平价商店运行期间共销售平价农副产品 16.56 万公斤，实行政府补贴 17.76 万元，让群众直接受益。根据社会救助和保障标准与物价上涨挂钩联动机制，持续并加大力度对全县低收入困难群体发放价格临时补贴，全年共发放价格临时补贴 340.42 万元，惠及 11887 人。加强价格监测预警，全年向国家、省上报送 34 种重要商品和服务价格的监测数据 900 多条，上报率、准确率均达 100%；在疫情期间，对猪肉等 20 个商品品种的价格实行每日采报价制度。

【“中国好粮油”示范县】 2020 年，浦城县围绕“中国好粮油”示范县实施方案，开展“浦城大米”品牌推介活动。2020 年 10 月在福州西湖宾馆组织召开品牌发布周年研讨会和参加第三届中国粮食交易大会暨第十六届福建粮洽会，及在福州、泉州、新疆等地举办“浦城大米”品牌现场推介，在南平高铁站、福州—合肥动车做“浦城大米”宣传广告。积极协调有关部门认真落实好“中国好粮油”示范县优质稻种植、优质品种推荐工作。浦城县主推优质稻品种为“中浙优 8 号”、“福香占”及企业推荐品种，种植面积达 9333.33 公顷。

（叶梦诗）

国有资产管理

【概况】 2020 年，强化资产管理，持续管好非转经资产，规范有序运作。针对县直单位 300 多处非转经店面（房屋），严格按照《浦城县国有资产管理暂行办法》和《浦城县国有资产投资运营有限公司国有资产管理暂行规定》要求进行资产出租，定期对将要到期店面（房屋）面向社会公开竞价招租。全年组织 7 场次招租会，面向社会招租成交的竞租标的 71 个，总成交年租金 225.48 万元。借助租金催缴预警系统及时高效催收对外出租资产租金，2020 年回收对外出租资产租金 823.68 万元，电话催缴 300 余次，发送催缴短信 300 余条，送达催缴通知书 10 份。

【产权交易行为规范】 2020 年，浦城县国有资产投资运营有限公司严格按照《浦城县国有产权交易管理实施细则》规范国有产权交易行为，落实国有产权交易制度，有效监管、组织浦城县域国有产权交易活动。组织及协助其他国有企业、单位公开资产招租和资产处置 16 场次，总成交金额为 377.34 万元。规范国有产权交易行为，防止国有资产流失，严格落实产权交易制度，确保国有资产保值增值。

【重点项目建设】 浦城县机动车驾考中心项目总土地使用面积为 46603.56 平方米，建筑面积为 2540.7 平方米，总投资 1800 万元。浦城县国有资产投资运营有限公司共建设驾考中心场地及候考综合楼。该项目位于德秀大道五里塘路 186 号，2020 年 5 月份正式开工建设。项目已完成科目二考试场地硬化建设及场地道路标线设置和设备安装的工程；候考中心大楼（共 4 层）完成建设；消防水池工程完成设备安装工作；考试车辆 8 辆（6 辆手动挡、2 辆自动挡）全部进场，同时完成考试设备安装及考试系统的初步调试。工程项目建设单位工程基本完工。将县物资再生利用公司场所改造建设成夜间美食城，项目投资金额 400 万元，5 月 18 日上网公告招标，6 月 8 日完成招投标工作，中标单位为福建渔龙源餐饮管理有限公司，12 月完成主体钢结构拼装。

【融资保障能力提升】 浦城县国有资产投资运营有限公司根据浦城县政府文件精神，成立优质企业互助会，并设立县工业发展互助金，浦城县工业发展互助金 1500 万元。共建设驾考中心场地及候考综合楼。该项目位于德秀大道五里塘路 186 号，2020 年 5 月正式开工建设。项目已完成科目二考试场地硬化建设及场地道路标线设置和设备安装的工程；候考中心大楼（共 4 层）完成建设；消防水池工程完成设备安装工作；考试车辆 8 辆（6 辆手动挡、2 辆自动挡）全部进场，同时完成考试设备安装及考试系统的初步调试。工程项目建设单位工程基本完工。将县物资再生利用公司场所至 2020 年，累计为 55 家小微企业提供过桥转贷 165 次，累计使用资金达 70141 万元。开展国有背景的融资担保平台建设，为破解浦城县小微企业融资难、融资贵、发展资金短缺等瓶颈问题，至 2020 年 12 月帮扶 30 家小微企业，担保贷款 174 次，担保

图为浦城县机动车驾考中心，摄于 2020 年 12 月 28 日（县国投公司 供）

贷款金额为 36701.83 万元。还有 20 家企业通过南平市融桥融资担保有限公司担保向银行贷款，贷款担保金额 6762.50 万元。

【国家专项建设资金监管】 2020 年，浦城县国有资产投资运营有限公司根据县委、县政府的安排，作为国家专项建设基金监管单位，按照《浦城县国家专项建设基金监管实施细则(暂行)》相关规定，做好风险把控，做好抵押物的落实，切实加强对资金使用的监管，最大限度发挥专项建设资金使用效益。累计对南平荣华山现代物流园建设项目专项基金支付 4756.10 万元，剩余 243.90 万元未申报使用；浦城县旭禾米业现代粮食产业示范园项目专项基金支付 2771.30 万元，尚余 228.70 万元尚未申报使用。

【落实减免政策】 2020 年，浦城县国有资产投资运营有限公司落实中小微企业和个体工商户房租减免政策。对承租国有经营性房产的中小企业及个体工商户，给予租金减免 3 个月即 2 月免收，3 月、4 月、5 月、6 月减半，通过告知、受理、审批、统计、公示等环节，高效有序地开展房租减免工作，为 190 户承租户减免租金共计 162.4332 万元。对承租国有经营性房产的中小企业及个体工商户因受疫情影响确实有困难的，由承租户提出申请，公司会议研究决定后给予有实际困难的承租户采取房屋租金分期支付。有 7 户承租户提出申请分期支付租金，分期支付租金合计 69.69 万元，年内收回 51.095 万元。降低企业信贷成本，减轻企业负担。对于办理过桥转贷的企业，免收过桥转贷手续费，3—5 月，4 家企业申请使用工业发展互助金转贷借款，转贷金额合计 1000 万元，减免转贷手续费 12.978 万元。

（郑　煜）

审　计

【概况】 2020 年，浦城县审计局完成审计项目 43 个，占年初计划的 116%。其中完成上级审计部门安排项目 4 个，经济责任审计项目 5 个，自然资源资产离任审计项目 1 个，专项审计项目 7 个，配合项目 4 个、政府投资审计项目 22 个。查出管理不规范金额 13587 万元，提出审计建议 69 条。

【预算执行审计】 2020 年，浦城县审计局利用财政行业联网审计平台采集处理财政相关数据，通过查询、分析、比对等方式，对预算编制及执行、政府采购、非税汇缴、资金支付等数据进行综合分析比对，并结合实际情况，有重点、有深度、有方法地进行现场核实，有效实现“系统分析、发现疑点、分散核实、汇总反馈”的信息化审计思路。结合预算执行审计，同步开展促进中小企业发展科目资金、就业科目资金、土地整理复垦开发专项资金的审计。

【政府投资审计监督】 2020 年，浦城县审计局改变以往审计机关直接参与工程预结算的审核的做法，加强对重大政府投资项目的审计监督力度，全年完成政府投资项目审计 22 个，核减政府投资 2700.12 万元。

【跟踪审计】 2020 年，浦城县审计局整合审计资源，改变以往离任（事后）审计方式，实行跟踪审计，提高审计时效，及时预警防范，发挥审计“治已病、防未病”作用。每季度开展一次国家重大政策落实情况跟踪审计，重点核查疫情防控资金和捐赠款物发放情况、减税降费

2020 年 9 月 21 日，县委巡察三组在县审计局会议室召开巡察动员会

（县审计局　供）

和房租减免情况、援企稳岗情况等，及时纠正了疫情防控人员补助发放、防控物资发放、粮食加工补贴发放工作中存在的问题。及时跟进中央直达基层资金的审计，对全县收到的33746万元直达资金进行跟踪审计。

【生态资源检审衔接】 2020年，浦城县审计局深化生态资源检审衔接工作机制，检审双方互相配合4次，互通信息7份，督促自然资源资产审计问题整改24个。

【专项审计调查】 2020年，浦城县审计局完成6个单位（乡镇）8名党政领导干部的任期经济责任审计，其中：党委2人，政府2人，行政机关3人，事业单位1人。查出主要问题金额747.34万元，督查整改纠正375.93万元，其中：上缴财政或归还资金原渠道371.5万元。

【审计问题整改落实】 2020年，浦城县审计局明确被审计单位是落实整改责任的主体，指导被审计单位抓好问题整改，建立审计发现问题清单、整改清单，实行台账管理、对账销号，并组织开展审计整改专项督查。通过指导和督查，通过对上年县本级财政预算执行审计，发现12个问题，其他审计发现的14个问题，全部整改落实到位，其中，减少财政拨款或补贴2697万元，归还原渠道资金472万元，审计效果得到进一步彰显。

（肖素娟）

统 计

【概况】 2020年，浦城县统计局纳入统计联网直报统计企业147家，其中：规模以上工业95家，限额以上贸易业14家，规模以上服务业6家，资质等级以上建筑业17家，房地产业15家。黄裕忠获国务院第四次全国经济普查领导小组办公室授予的第四次全国经济普查先进个人，浦城县统计局获得福建省第三次全国农业普查领导小组办公室授予的第三次全国农业普查省级先进集体荣誉称号。

2020年11月9日，浦城县第七次全国人口普查登记工作视频推进会召开

（县统计局 供）

【第七次全国人口普查】 2020年，浦城县统计局员负责开展全县第七次全国人口普查工作。组建县、乡、村三级普查机构，落实普查经费、普查方案，划分普查小区，创新方式从“机关联社区”机制活动中抽调160名工作人员充实到社区担任普查员，及时选聘“两员”并开展培训、宣传动员、数据质量审核与验收等工作，全面完成人口普查各阶段工作。

【统计业务工作】 2020年，浦城县统计局全力做好“四上”企业及固定资产投资联网直报工作。全县纳入统计联网直报统计企业167家；严把项目入库关，全年共入库项目125个，其中5000万元以上项目81个；组织全县各乡镇（街道）、各企业的统计员深入学习贯彻习近平总书记关于统计工作的重要指示、批示精神和《关于深化统计管理体制改革提高统计数据真实性的意见》等重要统计法律法规内容，并列入县委党校（行政学院）科级干部学习培训内容。

【统计监督加强】 2020年，浦城县统计局加大执法监督检查力度，严肃查处各种统计违法行为。8月中旬按“双随机”检查的相关要求，组织对山下乡、枫溪乡、盘亭乡、九牧镇及城区有关贸易、建筑、房地产等企业，抽取22家单位开展统计执法监督检查，发现上水南安置小区工程项目、高速南互通项目、濠村污水处理厂项目超进度报送问题。上水南安置小区工程项目超进度报送1993万元，要求该项目进行统计整改，超进度报送的数据已按“形象进度法”基本整改到位。高速南互通项目检查时发现固定资产投资项目情况表累计完成投资额8650万元，经核实实际累计投资为7898万元，超进度报送752万元。要求该项目进行统计整改。濠村污水处理厂项目超进度报送问题，检查时发现固定资产投资项目情况表累计完成投资额1078万元，经核实实际累计投资为424万元，超进度报送654万元。要求该项目进行统计整改。

（廖润平）

【统计造假专项整治】 2020年，国家统计局浦城调查队严格贯彻落实《意见》《办法》《规定》精神，年初召开班子专题会议，研究制定《2020年统计法治工作要点》。联合县统计局积极与县委组织部沟通，将统计法律法规列为2020年县委党校政策法规培训班学习内容。组织干部认真学习《国家统计局福建调查总队统计行政处罚裁量权实施办法（试行）》，开展统计法学习月活动，提高干部依法统计意识。2020年疫情期间，严格贯彻落实《国家统计局关于严格依法统计切实保障统计数据质量的通知》精神，积极督促指导统计调查对象依法提供统计资料，加强源头数据审核，保障统计数据质量。

（张　锋）

市场监督管理

【概况】 2020年，浦城县内资企业新增628户，总数达5263户。其中：国有企业（含国有、全民、集体、其他）新增16户，总数达437户；私营企业新增541户，总数达3905户；农民专业合作社新增71户，总数达921户。个体工商户新增2161户，总数达17163户。全县共新颁发食品经营许可证719件，总数达3675件；换发药品零售企业经营许可证12件，总数达63件；新颁发第二类医疗器械经营备案5件，变更49件，总数达85件；第三类医疗器械经营许可证新颁发2件，总数达15件，核发食品生产许可证5件，总数达129件。

【营商环境优化】 2020年，浦城县市场监督管理局缩短审批时限、提升办事效率、优化服务环境，实现将企业开办时间压缩至3个工作日内，全县市场监管部门的注册登记时间从法定时限15天压缩至1天以内，落实“马上就办”，提升“窗口”服务效能，缩短市场主体创办周期，方便群众办事。全县内资企业年报率为93.53%(应报3847户、已报3598户)、农民专业合作社年报率为94.99%(应报839户、已报797户)、个体工商户年报率为94.76%（应报14972户、已报14199户）。规范简易注销，降低企业注销门槛，完善市场主体退出机制。全年，注销企业205户、个体工商户518户、农民专业合作社20户。开展依法吊销连续6个月未开展生产经营的市场主体，有25家企业完成吊销程序。

【“武夷品牌”推广】 2020年，浦城县树龙头产业品牌。以浦城大米产业为突破口，全力推动大米产业发展的品牌打造，带领“武夷山水”企业到福州、宁夏、泉州等地参加展会10余场。依托省标准化研究院的专业力量，编制发布浦城大米团体标准；利用“武夷山水品控品台”，完善“三确一检一码”，建立全程可追溯体系，制定《浦城大米溯源防伪管理办法》，确保产品质量；浦城县委、县政府将武夷品牌的宣传推介放在重要位置，启动浦城县“品牌强县”战略规划编制工作，为下一步品牌创建提供指导。制作武夷品牌宣传广告牌200面，并将持续在福州、厦门、泉州、南平、浦城电视台推广浦城县品牌产品，在上海至深圳高铁，福州高铁站开展广告宣传，形成了人人参与的良好氛围；保持与中国国家品牌网、省品牌建设促进会等单位合作。县委、县政府在资金非常紧张的情况下，投入500万元专门用于奖励扶持武夷品牌建设，出台《浦城县武夷品牌奖励扶持办法》，其中厦门市思明区魏慧芳土特产店、厦门航成酒店有限公司、浦城厦门商会名特优旗舰店、浦城福州商会名特优旗舰店，共获得35万元补助。

【品牌专利价值培育】 2020年，县委、县政府表彰正大生化、绿康生化、圣新能源等33家企业，9位发明（设计）人授权的17件发明和118件实用新型专利获得奖励，科技创新奖励金额71.9万元；培育了浦之玉、海川、龙凌、华大利和阳光碳素等企业申报市知识产权优势企业，圣新能源、铭塔等企业申报省知识产权优势企业；华特合成革以3件实用新型专利出质获建设银行3000万元授信贷款，鸿发工程公司以1件实用新型专利出质获邮储银行751万元授信贷款。4月22日，组织46名相关执法人员参加知识产权专利行政执法培训。邀请南平市市场监督管理局专家进行授课解读，对标注专利标识行为的监督检查及假冒专利行为的识别，进一步提升执法人员对专利行政执法的理解和运用；对全县 2 个街道、17 个乡镇专利宣传和专利申请给予指导。做好专利申请工作，全年全县专利申请 321 件，增长 65.46%，其中，发明专利申请 23 件，实用新型专利申请 224 件，外观设计专利申请 74 件；全县专利授权 194 件，增长 31.97%，其中，发明专利授权 7 件，实用新型专利授权 124 件，外观设计专利授权 63 件；全县有效发明专利 89 件。

【消费者合法权益维护】 2020 年，浦城县市场监督管理局将“12315 五进”规范化建设作为促进消费者权益保护工作和“12315”行政执法体系“四个平台”建设的重要任务，登记好本辖区内“12315 五进”的各类信息。建立“消费维权服务站”19 个，315 人，实现“12315”中心与“消费维权服务站”的信息互通和维权互动。结合疫情防控要求，持续维护消费者权益。受疫情影响，受理消费者投诉举报 404 件，其中受理消费者投诉 272 件，受理举报 132 件。受理有关疫情的投诉举报共计 115 件，其中投诉 29 件，举报 86 件；115 起投诉举报中哄抬物价等价格违法行为 78 件，餐饮、住宿、婚庆等方面预付定金纠纷 8 件，口罩制假售假 21 件，对投诉举报全部予以答复。

【计量器具检测】 2020 年，浦城县市场监督管理局强化计量帮扶，助力复工复产复市。深入了解市场经营者的计量需求，推进计量精准服务，解决计量突出问题，为助力复工复厂复市打通“最后一公里”。通过计量审批每日早晚两次，做到企业上报审批不过夜，审批单位审核 179 家，计量器具备案审核 4291 件。开展机动车安全技术检验机构监督检查，对辖区内两家机动车安检机构进行检查。重点对安检机构的检验资质、检验过程、检验设备、检验报告等四大类 15 个项目进行检查。全年配合市市场监督管理局专家组机动车检测站进行了双随机抽检，开出的整改项目已监督整改到位并对浦城县众捷机动车服务有限公司进行立案查处和整改项已监督到位。

【食品安全监管】 2020 年，浦城县市场监督管理局开展农村食品安全专项整治工作。出动执法人员 260 人次，检查食品生产主体 25 个、食品销售主体 375 个，检查批发市场、集贸市场等各类市场 23 个，发现违法违规 30 个，责令整改 30 个，立案查处 15 起。对农（集）贸市场、大型商场超市（永辉超市、好佳多超市和恒弘超市）、第三方配送平台等 15 家重点食品经营单位的监督检查，督促落实主体责任；加大禽肉、肉蛋奶、米面油、果蔬盐等生活必需食品的监管，确保疫情期间的食品安全。针对春节、元宵、国庆和中秋等特殊节日开展节前专项检查，提升行业安全意识，确保节日期间食品生产、消费环节安全，净化食品市场，检查期间共出动执法人员 968 人次、检查食品经营者 697 户次、发现不符合食品安全标准的食品违法线索 13 起。开展校园周边食品安全专项检查。疫情期间，检查以中小学校园周边流通环节食品经营者作为重点区域，以超市、便利店、小商店、食品摊贩为重点

2020 年 2 月 4 日，县疫情防控志愿服务者在怡源社区卡站执勤

（县市场监督管理局）

场所，以“五毛食品”、辣条、散装食品以及冷冻饮品为重点品种。在检查期间共出动执法人员356人次，检查食品销售主体106家次，下发责令整改通知书12份。开展特殊食品安全专项监督检查。组织监管人员到母婴奶粉店、保健食品专营店、药品零售企业、商场超市、医院及其附近的食品销售商店等38家重点经营单位开展监督检查，重点检查产品标签标示是否规范、普通食品与特殊食品分区销售情况、广告宣传是否普通食品冒充特殊食品等情况。对县内8家大米粿生产加工单位进行突击检查并现场抽样送检，根据检验报告立案6起，案件已经移送至县公安局。开展校园食品安全监管。联合教育局、卫健局、疾控中心、食安办等相关部门对学校食堂进行全覆盖检查，针对监督检查中发现的学校饮用水安全问题，责令各乡镇加强水质日常管理，加快供水设施建设，保障学校日常用水安全。

【特种设备安全监察】 2020年，浦城县市场监督管理局对宾馆、商场、酒店和重点企业等重点场所的特种设备开展节前安全检查，出动检查人员70人次，监督检查单位和场所26家，确保节假日期间特种设备安全运行。开展电梯专项整治，电梯总数达634台。针对医院、定点隔离酒店、商场、住宅小区等重点场所电梯安全存在的突出问题开展监督检查，督促电梯使用单位和维保单位做好疫情防控期间电梯日常管理和维护保养，确保疫情防控期间重点领域特种设备安全运行。共巡查电梯使用单位39家，电梯维保单位（点）7家，检查电梯100余台，排查出一般安全隐患7处。开展为期1个月的特种设备安全隐患大排查大整治工作，重点排查锅炉、压力容器（含气瓶）、压力管道、电梯、起重机械、场（厂）内专用机动车辆等特种设备使用单位和气瓶（移动式压力容器）充装企业，深挖安全隐患。出动执法人员196人次，检查特种设备相关单位76家，排查一般隐患23处；并办理特种设备注册登记293台（套），其中锅炉9台、压力容器21台、压力管道14条4045.6米、电梯212台、场（厂）机动车20辆、起重机械17台。受理设备状态变更48台（套），注销登记35台（套）。在石陂镇、仙阳镇、永兴镇开展特种设备安全宣传培训活动及安全生产月宣传活动，提高特种设备安全管理水平和安全防范意识。

【市场环境维护】 2020年，浦城县市场监督管理局完善联席会议工作制度，牵头县直有关部门积极依托福建省部门协同监管平台，抽查检查等各类企业信息共32819条。自定自行组织的2020年度信用良好企业综合抽查、2020年守信及信用一般企业综合抽查、2020年度失信及严重失信企业综合抽查、2020年度个体工商户登记事项及经营行为综合抽查等抽查任务共438户，对抽查中通过登记的住所（经营场所）无法联系的28户企业、5户农民专业合作社列入经营异常名录，对抽查中通过登记的经营场所无法联系的58户个体工商户列入经营异常标注。履行“双随机、一公开”牵头责任，要求县各有关部门制定2020年“双随机、一公开”工作方案（计划），健全、完善和更新“一单两库一细则一平台”，要按照“谁审批、谁监管，谁主管、谁监管”的原则，牵头开展各自许可或主管的行业领域的多部门联合抽查工作。深化开展“1+X”专项督查工作。全局出动执法人员60余人次，检查超市、酒店等20余户，发现问题线索5条，及时移送县纪委。强化异常名录管理，严格按照规定流程规范经营异常状态的列入、移出和公示，有195户次被列入经营异常名录的企业、

2月1日，南平市市场监督管理局食品安全总监一行到浦城临江市场开展疫情防控工作督查

（县市场监督管理局 供）

农民专业合作社依照《企业信息公示暂行条例》等规定履行相关义务，提交相关材料申请并办理移出经营异常名录手续，强化企业信用约束，促进企业诚信自律。开展清理长期停业未经营企业工作。连续两个年度未报送年报的企业名单共 63 户，收到税务部门回函提请吊销营业执照的企业共 25 户，县 市场监督管理局按行政处罚程序于 6 月前全部完成 25 户企业的吊销工作流程。

【监管执法】 2020 年，浦城县市场监督管理局对辖区进行疫情防控情况跟踪检查，督促经营者落实好各项防控措施。出动执法人员 9338 人次，检查批发市场、农贸市场等食用农产品交易场所 1260 家次，食用农产品经营户 2756 户，未发现售卖野生动物及其相关制品。督促或帮助店面粘贴温馨提示“未戴口罩，禁止入内”3000 余张，发放“营业场所消毒记录”和“从业人员体温记录”3148 张，餐饮服务业新冠肺炎防控指引、餐饮单位复工复产落实防控措施自查表 1000 余张。共办理核准和签订《恢复营业责任承诺书》《餐饮单位复工复产承诺书》2351 份。疫情期间，县政府出台有关停办宴席、取消农村集体聚餐、关停非生活必须经营场所等通告，县市场监督管理局立即组织人员通知餐饮单位停止举办各类宴席、农村集体聚餐等聚集性活动，疫情期间陆续取消餐饮单位宴席 957 场次（10846 桌），农村集体聚餐 2606 场次（32094 桌），总计取消 42930 桌；积极劝说餐饮单位、食品经营户、日用品及服装经营户等停止经营公告，为防止疫情扩散起到积极作用。针对农贸市场、超市人流量多，防控措施落实难，派出 15 名人员驻点，督促和帮助他们落实防控措施。针对城区复工后餐饮单位、商店多，成立 4 个复工后疫情防控专项督查小组，每天开展城区主街干道疫情防控工作督查，检查商户疫情防控制度落实情况，加快推进生产生活秩序全面恢复。针对部分商家屡次防控措施落实不位，采取关停整改措施，并利用局公众号向社会曝光，同时对做得好的给予公开表扬。及时落实重点人群的新冠病毒检测，通知包括三文鱼接触者、进口冻虾、冷藏冷冻经营者进行核酸检测 487 人，结果全为阴性。全面摸排辖区食品生产加工企业、批发市场、农贸市场、大型超市、餐饮企业的自建自备、租赁冷库 36 家，食品经营者自建冷库（批发零售）53 家，总计 89 个冷库。发现“温控记录”不合规等问题 8 个，责令经营者完成整改。积极配合县疾控中心对农贸市场、超市、冷库等经营场所外环境采样进行新冠病毒检测，采样送检 726 份，结果全为阴性。严禁野生动物交易。与林业、公安、商务、农业等部门联合执法，对城区农贸市场、超市、冰库等重点区域、场所有无售卖野生动物行为进行检查。进行日常监管，对严重扰乱市场秩序的违法行为持续加大打击力度，深化食品药品、特种设备等领域各类专项整治，严打不正当竞争、侵害消费者合法权益的行为，强化合同格式条款监管，加强商标专用权保护，并以医疗、药械、保健食品等行业为执法重点，严厉打击非法宣传和虚假广告，重点加强口罩、消毒用品和抗病毒用药、居民生活必需品等产品质量和价格监管，共开展各类专项整治行动 17 次，检查整顿市场 23 个次，处理投诉举报件 425 件次，共立案查处各类案件 147 件，其中：一般程序 144 件，简易程序 3 件；移送公安 1 件，已结案 130 件，罚没 297 万元。

（郑 楠）

财政 税务

财 政

【概况】 2020年，浦城县一般公共预算总收入9.69亿元，比上年下降3.26%。其中，地方一般公共预算收入6.80亿元，比上年增长0.09%。一般公共预算支出33.69亿元，比上年增长1.14%。

【税收征管】 2020年，浦城县税务局深化征管制度改革，统一纳税申报管理，简化工作程序，提高服务水平；对县里纳税百强企业税源进行重点监控，采取“以电控税”和“预警税负率”等风险管控措施，堵塞税收转移流失漏洞；用好税收政策，争取出口企业增值税免抵调库指标。落实“收支两条线”和“罚缴分离”管理，将所有非税收入全部纳入预算；加大资源资产盘活力度，确保非税收入及时足额入库。

【财源培植】 浦城县发挥财政扶持资金和上级专项资金的作用，落实企业奖励扶持政策，安排企业发展专项基金2177万元，支持实施高成长企业和高新技术企业“双高”培育工程。开展政银企合作，设立中小企业贷款风险担保基金2000万元，推动金融机构加大有效信贷资金，解决中小企业融资难问题。安排资金2.81亿元，加快推进浦潭生化工业园建设。安排资金4261万元，支持荣华山产业组团基础设施建设。综合运用财政、金融、产业政策，优化土地、区域规划、人才引进等要素资源配置，推动主导产业做大做强，重点产业提质增效，培育壮大财源，增强财政可持续发展能力。全面落实减税降费政策，减轻实体经济负担，支持企业发展壮大。2020年，全县新增减税降费1.11亿元。

【强监管提绩效】 2020年，浦城县开展部门预算绩效管理。进行部门整体绩效评价单位51个，资金总量11.90亿元；专项业务资金、项目资金213项，资金总量27.78亿元；引入第三方中介机构开展重点绩效评价项目11个，资金总量1.78亿元。绩效评价结果为优秀等级项目6个、良好项目5个，优良率达100%。统一公开预算平台，规范公开预算内容。除国家规定的涉密部分外，县政府本级预决算和县直所属独立核算单位预决算、19个乡镇（街道）预决算，在批复后的20日内向社会公开，公开率达到100%。与财政部扶贫资金绩效管理系统对接，对资金下达、使用、结余全过程进行监控。盘活存量，做大增量，充分发挥闲置资金的使用效益。2020年，全县共清理存量资金2121万元，财政全部收回统筹安排。严格落实中央八项规定精神和“1+X”专项督查要求，加强“三公”经费管理。2020年，“三公”经费支出963.87万元，同比减少504.25万元，下降34.35%。建立财政预算编制规程、股室风险内部控制规程、内部控制操作规程等，防控廉政风险

【财政民生服务】 2020年，浦城县安排资金6.12亿元，用于实施教育优先发展战略，促进义务教育均衡发展，调整优化学校布局，实施实验幼儿园新园区、浦城一中新校区、新城学校、新城幼儿园及临江学校扩容等项目建设。安排资金2.20亿元，用于实施第三医院、县体检中心、核酸检测中心、基层卫生机构提升改造项目建设，整体改善医疗卫生条件。安排资金3.45亿元，用于进行道路扩改、“四好农村路”、雨污管网、供水管网、绿道景观工程、城区停车泊位、公厕建设改造。安排资金4.89亿元，用于落实事业

单位人员失业保险、行政事业单位人员意外伤害险、育龄夫妇生育保险等政策。安排资金 2.85 亿元，用于构建现代公共文化服务体系，改善城乡公共文化体育设施条件。持续推进文化馆（站）、纪念馆、公共体育场馆向社会免费开放；实施浮盖山旅游景区、梦笔文化公园、美术馆、全民健身中心等项目建设；着力传承浦城文化，实施练夫人广场建设、古民居抢救保护工程；开展诗画浦城摄影作品展、有声城市启动、全国知名画家写生创作、创建包酒文化之乡、郊野钓鱼大赛等活动。安排资金 2.14 亿元，用于“武夷山脉”国家重点生态功能区建设，大力推进森林绿化工程、污水排放治理工程、闽江上游浦城段和中小河流治理工程。做好疫情防控防护所需各项设备物资的经费保障工作，保证第一时间将资金拨付到位，不因资金问题延误新冠肺炎的防控救治工作。2020 年，投入资金 5103.37 万元。

【财政惠及“三农”】 2020 年，浦城县安排财政奖补资金 1145 万元，用于村级公益事业“一事一议”奖补、美丽乡村建设，扶持村级集体经济发展；安排资金 6.33 亿元，实施高标准农田、水库除险加固工程、农田水利设施建设。全面落实农民购置农机具补贴、农业支持保护补贴、种烟税收全额返还政策。深化农村产权制度改革，开展农村土地确权。落实耕地“增减挂钩”指标收入分配机制，保障耕地存量平衡。安排扶贫资金 1.40 亿元，用于落实贫困户实现“两不愁三保障”政策兜底，扶持建档立卡贫困村发展集体经济，增加村财收入。

（占志平）

税务

【概况】 2020 年，浦城县税务局所辖区内管征纳税人共 12281 户；负责社保费征收涉及缴费人 70 万人次。受疫情等宏观因素影响，2020 年各项税费收入 12.95 亿元，同比减收 2.04 亿元，下降 13.6%，其中，税收收入 7.17 亿元，下降 14.3%；社保费收入 5.51 亿元，下降 13.5%；非税收入 0.27 亿元，增长 5.8%。

【减税降费】 2020 年，浦城县新增减税降费 1.83 亿元；累计为企业和个人办理有关疫情防控等税收优惠减免 1850.09 万元，办理阶段性社保费减免 7910.64 万元；为支持个体户复工复产减免增值税 650.79 万元，惠及全县 410 户个体户。

【“非接触式”办税】 2020 年，县税务局贯彻税务总局“申报期限延长”“预约错峰办税”等支持疫情防控系列举措，通过导税预审、分流疏导，减少人员聚集，引导纳税人自助办理涉税事项；实现 213 项涉税事项全程网上办理，年网报率 99.6%，其他事项网上办理率 60.2%。县税务局拓宽全县发票领用和发票代开“网上申请、邮寄配送”覆盖面，实现发票线上领用率 97.3%，提升办税缴费便利度和满意度。

【纳税人满意度提升】 2020 年，县税务局连续七年开展“便民办税春风行动”，在全县范围开展纳税人满意度调查，发放并回收有效调查问卷 450 份，针对性制定改进方案。县税务局为纳税人、缴费人搭建“绿色通道”，解决政策享受、业务办理中遇到的困难，累计通过自然人办税系统征纳互动平台和“12366”纳税服务热线平台处理、转办纳税人意见建议和困难诉求 194 条，受理“12366”投诉 7 条。县税务局按照上级部署，组织开展“好差评”系统的线上培训及设备安装调试工作，丰富征纳矛盾处置化解“工具箱”。

【税收行政执法】 2020 年，县税

2020 年 6 月 18 日，国家税务总局浦城县税务局“纪律讲堂”活动在综合办公楼举办　（县税务局 供）

务局研究出台浦城县税务行政处罚裁量权使用规则和基准，进一步规范约束处罚裁量权；坚持处罚和教育相结合，对受疫情影响符合条件的逾期申报或报送材料的纳税人，免于行政处罚；有序推进税收行政执法“三项制度”建设，采购配备执法记录设备，在有关执法信息公示平台对256条行政处罚及507条行政许可进行公开公示，进一步提升浦城县税收行政执法透明度和准确率。

【参与地方抗“疫”】 2020年，县税务局充分发挥党员先锋模范作用，号召全局党员干部冲锋在前，参与街道社区卡口值班，承担检查“双证”、登记测量体温等工作；先后组织10批次共32名干部深入忠信高速服务区开展全天候卡口值勤，在抗“疫”一线践行忠诚担当，用实际行动守护福建“北大门”。

2020年10月19日，县税务局人员在浦城县丹桂广场参加浦城县社会科学普及宣传周活动 （县税务局 供）

【助力脱贫攻坚】 2020年，县税务局机关党支部与浦城县4个村开展结对帮扶，在乡村振兴战略中积极为当地争取政策、资金支持。县税务局为联建村争取上级产业发展资金3万元种植高山薏米6.67公顷，年增收3万元。疫情期间，及时向支部联建村送去1.2万元防疫资金，密切党建共建关系。全局95名在职党员干部与贫困户“一对一”挂点结对，累计提供帮扶资金6万余元，137户贫困户全部实现脱贫。

（张正帅）

金 融

金融监管

【概况】 2020年，浦城县辖内有金融机构27家，其中政策性银行1家、商业银行8家，其中地方性法人机构2家。全县各项存款和各项贷款相比较上年总体呈现增长趋势，全辖本外币各项存款余额为208.90亿元，比年初增长10.96%；全辖本外币各项贷款余额为104.13亿元，比年初增长23.31%，各项贷款增长幅度超过各项存款增幅12.35个百分点。金融纠纷调解件数55笔，涉案金额482.47万元。

【不良贷款控制】 2020年，浦城县中小金融机构不良贷款控制。以“双降”为目标，有效化解信用风险。2020年末，浦城联社不良贷款余额5440万元，比年初上升656万元，不良率2.29%，比年初下降0.09%；浦城中成村镇银行不良贷款余额227万元，比年初减少308万元，不良率0.94%，比年初下降1.7%。

【金融服务地方经济】 2020年，浦城县全辖存款余额203.06亿元，比年初增长22.11亿元，增长12.22%；贷款余额104.13亿元，比年初增长19.68亿元，增长23.31%；存贷比51.28%，比年初增长4.61%。金融服务实体经济水平稳步提升，存、贷款增长比例力争在3%以上；辖内存贷比达到50%以上，完成任务目标。

（李贵明）

【企业融资成本降低】 2020年，中国人民银行浦城支行按照市场化、法治化原则，深入推进存量浮动利率贷款定价基准转换，加强对LPR的组织宣传，确保存量浮动利率贷款定价基准转换稳妥有序推进，按周、月统计上报2家法人机构存量贷款转换进度。继续推广新增贷款利率定价参考LPR，坚决打破贷款利率隐性下限。通过资产负债“两手抓”，进一步疏通LPR向实体经济，尤其是小微企业融资利率传导的渠道，维护存贷款市场竞争秩序。据统计，12月末辖内2家法人金融机构各项贷款加权利率降至6.47%，比年初下降1.56个百分点。

【外汇监管】 2020年，中国人民银行浦城支行提升外汇管理履职能力。

3月20日，中国人民银行浦城支行行长在浦城木樨园营养食品有限公司参加浦城县首笔央行抗疫100万元再贷款发放仪式

（中国人民银行浦城支行 供）

指导各银行启动应急响应机制，建立外汇业务绿色通道，按照“特事特办、急事急办、随叫随到”原则，简化办理手续，提高工作效率，确保与疫情防控相关的物资进口、外汇捐款、跨境融资、资本项目收入支付等相关业务高效办理。全面落实《优化营商环境条例》相关要求，深化外汇管理“放管服”改革。开展“进百家企业、解百件难题”外汇政策宣讲及外汇诚信兴商宣传月活动。深入市场主体开展走访调研，送政策、送服务上门，及时为企业排忧解难。加强市场预期引导，提振市场信心，进一步提升外汇支持实体经济发展的水平。

【人民币现金流通管理】 2020年，中国人民银行浦城支行疫情期间，切实做好现金消毒工作，把好网点检测关、现金消毒关、现金监测关、客户引导关等，加强对现金管理，保障现金流通安全，保证支付出去的是“干净钱”“放心钱”。降低回笼残损人民币差错率。以假币“零容忍”为目标，重点整治银行业金融机构对外误付假币及缴存人民银行回笼券中夹杂假币现象，切实保护客户合法权益，加强对回笼券的质量管理。开展反假货币工作，维护社会公众合法权益。督促辖内银行业金融机构的营业网点大厅配备的点验钞机要处于良好的使用状态，无偿为客户提供点验服务。

【征信管理强化】 2020年，浦城辖内2家粮食加工浦城县信用示范企业获得2900万元的专项再贷款中小企业融资支持。至2020年12月末，辖内10家信用示范企业累计节约融资成本562.13万元，以增信激励机制引导辖内工业园区有信用、有效益的中小企业继续参与创建活动，起到良好的宣传、示范作用；推进普惠金融与乡村振兴战略，着力推动农村信用体系建设。探索“以信用促帮扶、以信贷促发展”的支农支小信贷服务模式至2020年12月，引导涉农金融机构共同推荐并评定1个信用乡（镇）、6个信用村，助力普惠金融业务发展；突出征信信息安全主线，组织辖内金融机构征信相关人员158人共同参与福建省金融业征信合规知识与技能竞赛及南平中支开展的征信安全倡议签名活动，齐抓共管，强化征信管理及内控信息安全。

【消费者权益保护服务】 2020年重新修订发文5个消保类制度；加强宣传，提升消费者维权意识。发挥网点宣传主阵地的作用，在窗口办理业务过程中融入金融消费安全警示、完善金融知识宣传教育功能区的建设，积极配合监管部门开展各种形式的宣传活动，在提升金融知识宣传质效的同时提升村行品牌宣传度；加强对员工的培训，针对新员工、前台员工、中后台员工开展不同的培训课程，达到全员守牢合规服务底线，提升消费者权益保护服务意识的效果。

（金昌健）

银行业

【中国银行浦城支行】 2020年，中国银行浦城支行存款66542万元，公司存款22094万元，较上年下降4459万元；储蓄存款余额44448万元，较年初新增4302万元；外币存款时点145万美元，较年初新增10万美元。公司贷款30046万元，较年初下降2345万元；个人贷款余额22741万元，较年初新增2186万元；公司普惠贷款新增2300万元，个人普惠贷款新增732万元，双双完成分行下达的任务。风险控制。个贷不良56万元，较上年下降22万元，不良率0.33%。银行卡不良余额130万元，较上年新增42万元，受疫情影响，银行卡不良余额上升较快。发展普惠业务。对公普惠方面，中行不断密切与南平市荣华山产业组团管委会联系，双方建立起良好的

2020年8月17日，中国银行浦城支行组织员工参加民法典专题讲座学习

（中国银行浦城支行 供）

合作关系，从中了解园区企业的资金需求，对相关企业进行有针对性的走访营销，全年新增对公普惠 2830 万元，超额完成全年任务；对私普惠方面，采取全员营销的方式，加大奖惩力度，充分调动员工积极性，利用各自的人际关系，积极寻找普惠客户，完成个人普惠 732 万元。重视风险防控。中行公司资产质量良好，不良率仍保持零纪录；主要受疫情影响，银行卡不良余额上升较快，中行加强催收，将 10 万以上大额逾期移至浦城金融调解中心调解，对 5 万元以上逾期客户安排专人催收并做好台账，尽快实现压降、化解。

（黄 杰）

2020 年 3 月 23 日，银保监浦城监管组到工行巡查疫情防控工作开展情况

（中国工商银行浦城支行 供）

【中国工商银行浦城支行】 2020 年，中国工商银行浦城支行存款余额 163607 万元，大存款较年初新增 24597 万元，增幅 18%。对公存款新增 6670 万元，储蓄存款新增 17920 万元，创支行储蓄存款增长历史新高，储蓄存款规模的四行占比较上年提升了 1%。经营效益提速。完成拨备前利润 4263 万元，同比新增 216 万元，实现拨备后利润 4417 万元，同比新增 2100 万元，人均利润四行占比第一；实现中间业务收入 1390 万元，同比新增 144 万元。贷款增量和结构持续优化。全年贷款余额 15.21 亿元，在消化银团按期还贷、结构调整退出三户企业减少 4100 万元的背景下，实现新增贷款 1.62 亿元，信贷资产质量优质，不良贷款始终控制在低位。年末不良贷款余额 302 万元，不良率 0.2%。零售业务快速发展。全年在基金、理财、保险、理财产品销售上业绩突出，在信用卡、代发工资、三方存管业务上取得长足发展。营商优化。通过人员机构调整，用好转岗人员，盘活存量资源，强化队伍建设，根据“四改三”改革推进工作要求，全面提高人力资源的使用效率，助力服务质效双提升；加强与外部机构单位的合作协作，与财务服务公司建立合作成立互助机制，与退役军人事业局建立合作在每个乡镇设立工行金融知识宣传点，与不动产登记中心合作在全县率先推出不动产登记银行办理新模式。

（郑 强）

2020 年 12 月 4 日，中国工商银行浦城支行开展反洗钱宣传活动

（中国工商银行浦城支行 供）

【中国建设银行浦城支行】

2020 年，中国建设银行浦城支行一般性存款时点余额 33.74 亿元，日均余额 314935 万元，四行占比

37.5%，年日均新增2.86亿元。其中对公日均存款10.52亿元，占比37.5%，全口径个人存款余额22.01亿元，较年初新增28181万元。

深耕细作抓好对公存款。加强财政、土地、教育等重要部门核心客户维护，发挥机构类存款压舱石的作用。地方债券资金。通过对接省财政厅，梳理下发相关建设项目名单。结合实际，尽快成立任务团队，明确后续资金承接预案；同时保持与各地财政、相关主管部门的联系，提前落实相关信息，力争最大限度承接。积极营销新建项目开户，继续加大对各重点项目建设下游客户的营销，最大限度提高资金承接，实现体内循环。关注同业存款信息。密切关注客户资金在各行存款价款和动向，切实掌握客户资金流向，及时反馈信息。

打牢个人存款稳存增存基础。密切关注把握个人存款走势，既拓面，又挖潜，既请来，更留住。关注资金流向，抓实过程化管理。大力开展代发工资业务，积极拓展商户存款，做好手机银行各类专享大额存单拓展，全力以赴做好稳存增存，为全年奠定扎实的存款基础。承揽浦城县在建工程项目农民工工资的代发，与中电建、建工集团建立良好的业务关系，农民工工资多数在此行沉淀。如浦城县第一中学、浦城县实验幼儿园新校区建设单位"福建建工集团有限责任公司"都在此行落户，资金日均沉淀近270万元，账户资金流动已达1.6亿元。

信贷投放成效明显。12月底，建行各项贷款余额19.54亿元，四行占比35.5%。较年初新增3.90亿元，其中，公司类贷款时点余额9.47亿元，四行占比34.4%，年新增2.59亿元。个人类贷款时点余额10.07亿元，四行占比36.6%，年新增1.3亿元。普惠金融快速发展。2020年，四季度当季新增抵押快贷30户，授信额度新增2798万元。2020年个体工商户抵押快贷授信新增22户，授信额度新增1134万元，全年小微企业抵押快贷授信新增54户，授信额度新增4531万元，总体抵押快贷业务取得好成绩。

信贷资产质量平稳可控。建行不良贷款余额770万元，四行占比43.7%，年下降409万元，不良贷款率0.39%，比年初下降0.4个百分点；逾期贷款余额613万元、逾期率0.73%、逾期额当年下降653万元。信用卡贷款余额1.83亿元，逾期贷款余额470.76万元，比年初减少15.18万元，逾期率2.57%，排名第8，逾期率下降0.08%。不良贷款余额318.74万元，比年初增加49.56万元，不良率1.74%，排名第9，不良率上升0.27%。

客户发展基础持续夯实。2020年，

2020年11月13日，建行浦城支行举办"裕农通"业务培训会

（中国建设银行浦城支行 供）

2020年9月12日，建行浦城支行与县税务局联合20多家民企举办"云税贷"业务推进会

（中国建设银行浦城支行 供）

对公有效客户折算后新增 3249 户，全年新增 670 户，增幅 18.93%。个人有效客户折算前 4.05 万个，当年净增 1116 个，折算后 16.55 万个，当年净增 13471 个，完成率 122.46%，增长率 8.86%。

重点业务稳健发展。通过对代工单位进行表格化管理，建立代工单位分级维护管理制度。2020 年，建行承揽浦城建设工程项目农民工工资的代发。

代发工资个人有效账户数净增 3714 户，增长率 19.45%。当年代发工资金额 79061 万元，同比新增 6571 万元，增长率 7.91%，基本户代工覆盖度 10.38%，信贷户代工覆盖度 19.58%。信用卡新客净新增 1508 户，完成率 73.94%。

经营效益稳步提升。全年实现账面利润 5936 万元，年度多增 0.6%，四行占比 38.1%。实现中间业务净收入 1807 万元，市场占比 35.6%。其中信用卡中间业务净收入 1116 万元，占支行整体中收的 61.7%。

持续推进内控合规管理。夯实合规基础，做实合规管理，守牢合规底线。推动精细管理。员工行为网格化，落实好网格管理任务清单，既管业务又管行为，对网格成员建立完整翔实的合规档案，加强对重点关注类员工的观察和日常管理，及时开展业务和行为排查，强化违规报告和配合处置的职责，增强员工行为控制的准确性和及时性；全方位深化警示教育。积极开展讲合规活动，组织全行员工学习案件和违规警示案例，重点解决警示教育层层弱化的问题，让员工识戒惧、知敬畏、守规矩，积极营造依法合规经营、自觉防范案件风险的工作氛围。

（吴勤标）

【中国农业银行浦城县支行】

2020 年，中国农业银行浦城县支行（简称县农行）把存款组织“进位提升”作为工作重心，全行本外币各项存款余额 31.38 亿元，四行占比 35.64%，排名第二，较年初增加 3.51 亿元，四行占比 32.30%，排名第 2。其中，个人资金余额 22.07 亿元，四行占比 37.16%，排名第一；对公存款余额 9.30 亿元，四行占比 32.50%。有效拓展县域各类贷款客户，全行各项贷款余额 14.99 亿元，比年初增加 2.21 亿元，四行排名第 2。其中，个人贷款余额 7.81 亿元，较年初增加 1.14 亿元，对公贷款余额 7.18 亿元，较年初增加 1.69 亿元。深化普惠金融。农行贯彻执行各项政策要求，突出行业引领作用，助推区域发展有新作为。积极支持复工复产，累计发放纾困企业贷款 595 万元，支持企业 4 家，享受纾困企业 1% 利率贴息。运用“宽限期”“展期”等政策措施，解决企业特殊时期资金周转困难，无还本续贷较年初增加 735.5 万元。支持医疗单位抗疫资金需求，为浦城县医院授信疫情专用贷款 3000 万元。持续加大项目贷款投放力度，成功发放浦城县驾考中心项目贷款 1000 万元，有力支持县域基础设施建设。充分发挥纳税 e 贷等小微特色产品优势，强化普惠客户服务，银保监口径普惠贷款客户增加 20 户，贷款余额比年初增加 2700 万元。深度拓展消费和民生领域金融服务，累计发放非按贷款 1.20 亿元。金融服务拓展至县域医疗、教育行业，成功落地浦城县医院银医通项目。开展服务三农。为持续推进“一县一快农贷、一特色产业一快农贷”，农行深挖浦城特色农业产业，在烟叶、粮食、锥栗、竹荪、笋竹、乡村医生、乡村振兴带头人基础上，对人大代表、政协委员、优秀党员、劳动模范进行提额，走进 2 个街道 17 个乡镇 286 个行政村，至年末，业务覆盖全县各村镇，覆盖率达到 100%，取得了良好实效。“金穗快农贷”客户数 2585 户，授信金额 2.82 亿元，用信余额 2.03 亿元，比年初增加 9250 万元。“快农贷”所惠及的企业有 50 余家，受益的农民达 1 万余人，进一步解决农民融资难、融资贵的难题，助推农民

2020 年 10 月 17 日，浦城农行行长深入九牧镇黎处村开展乡村文明诚信公益课堂讲课

（中国农业银行浦城支行 供）

节支增收致富，深受越来越多农户好评。主动对接推动贫困户信贷支持，精准帮扶以直接信贷支持建档立卡贫困户贷款为主，支持建档立卡贫困户生产经营。全年信贷支持17户建档立卡贫困户，金额181.5万元。有效提升客户服务。加快推进网点和零售业务转型，全行6家网点均完成“创服务品牌”转型工作，持续推进网点“智能化”改造升级，一直把网点作为业务营销的先锋阵地，有效推进网点转型工作。业务办理渠道上，支行以超级柜台为阵地，以网银掌银为抓手，线上经营持续提速发力，支行超级柜台业务占比57.54%，网络渠道交易占比19.53%，银企金融服务平台交易占比13.85%，自助机具交易占比7.98%，柜面交易占比仅为0.93%，网点工作效率和客户体验明显提升。有效建立网点营销团队，落实网点各岗位人员选聘，实行弹性排班制，持续激发队伍营销活力。

（毛婧敏）

2020年12月4日，银保监浦城监管组在农发行会议室组织召开年末提高存贷比专题工作会议

（中国农业发展银行浦城支行 供）

【中国农业发展银行浦城县支行】

2020年，中国农业发展银行浦城县支行支持浦城县级储备粮1.05吨，贷款计2387.6万元；支持松溪县级储备粮4120吨、县级储备油30吨，贷款共计1099.82万元；支持国有粮食购销企业开展订单粮销售，收回信贷资金。支持浦城、松溪两地完成订单粮收购任务14580吨，其中县储粮轮换4420吨。加强粮食库存监管，按月开展粮食库存安全检查，坚持“有仓必到、有粮必查”，切实维护粮食安全。

大力营销存款。实现浦城县和松溪县全年地方自筹粮食风险基金于1月份提前足额到位，共计445万元。营销非贷客户存款及地方政府债券资金，1全年计引存非贷存款1.95亿元，其中，引存债券资金共计8700万元，分别为浦城县交通工程建设开发有限公司一般债券资金1500万元，浦城县城市建设开发有限公司专项债券资金2200万元，松溪县城市建设综合开发公司专项债券资金1000万元，浦城县梦笔水源工程建设有限公司专项债券资金4000万元，非贷存款形成日均共3421.06万元。

推进贷款投放。全年支行累计获批贷款10笔，续贷2笔，金额5.87亿元，累计投放12笔，金额5.34亿元，其中流动资金贷款获批9笔，金额3.9亿元，中长期贷款获批3笔，金额1.97亿元。保障疫情期间大米市场供应。疫情期间，支行第一时间对接防疫重点企业，及时启用应急贷款绿色通道，向福建旭禾米业有限公司、福建浦之玉米业有限公司投放疫情防控专项再贷款2900万元，用实际行动守护民生“米袋子”。大力支持农业农村基础设施建设，累计获批城乡一体化贷款1.77亿元，投放1.24亿元，用于浦城、松溪两地安置小区项目建设。助推乡村振兴，打赢脱贫攻坚战。获批投放扶贫贷款3.28亿元，其中，仙芝科技（福建）股份有限公司审批投放2000万元，带动231名国定贫困人口年均增收3000元，其中包含易地扶贫搬迁人口7名。福建圣农发展（浦城）有限公司审批投放3亿元，吸收了5000余人就业，其中国定建档立卡贫困人口32名，带动人均增收5.12万元。福建旭禾米业有限公司以签订交易合同的方式带动贫困人口6名，人均增收0.3万元。

做好项目储备。通过大走访、大营销，支行储备项目8个，拟融资金额22亿元。分别是浦城县土地综合整治建设项目、浦城县城乡供水一体化项目、浦城县新城全民健身中心项目、浦城县锦城新材料工业园区建设项目、松溪县土地综合整治建设项目、松溪县红旗街片区安置房建设项目、松溪县梅口埠AAAA级景区基础设施建设项目（一期）和松溪县平坑前进茶洲水电站技改项目。支行将继续安排走访相关项目主管单位，实时跟踪、即时更新、及时跟进项目营销清单和跟踪培育项目情况表所列项目，力争项目早落地、早见效。

强化风险管理。落实信贷全流程标准化管理，严格按照信贷管理要求，规范信贷全流程各环节操作。做实贷后管理。用好贷后检查尽职管理系统，并结合市分行7个种类的“一型一模板”操作标准，逐企业落实好贷后首次跟踪检查及“一谈二看三查”制度；按月召开贷后管理分析例会，逐企业分析贷后管理情况，进一步压实贷后管理责任。

规范支付结算。加强账户管理，遵循风险防范为本、安全与效率并重原则办理结算账户业务，对存量账户上门核查，对新开客户进行开户核实，做好账户风险排查工作，加强账户风险防控。有序推进网上银行推广工作，全年支行网银累计开户企业数33户，占开户数的78.57%，转账5443笔，累计全年替代率97.39%，微信客户平台累计绑定客户17户。推广网上银行对账功能，实现100%对账率。

保障抗疫资金通畅。按照“特事特办、急事急办”的原则开通“绿色通道”，提高账户开立、网银签约效率。

（郑夏卿）

2020年7月13日，邮储银行浦城县支行开展“不忘初心强党性，不良清收显成效”党建联建活动（参观樵夫廉政公园）（中国邮储银行浦城县支行 供）

【邮储银行浦城支行】 2020年，邮储银行浦城支行实现收入5261万元，同比增长18%，完成年度目标的109.15%，是全市完成率最高的一级支行。资产业务。各项贷款市占率10.25%，新增市占率17.03%。各类贷款余额10.69亿元，年净增加3.35亿元，增幅达45.69%。个人经营性贷款注重基础客户开发，2020年新建信用村44个，累计100个，新客群拓展（上海、杭州异地房产抵押）及新产品（极速贷）推广，年净增1.6亿元，完成年计划的350%。个人消费贷款净增1亿元，完成年计划的119%。小企业贷款净增4880万元，完成年计划的302%。中间业务。2020年新增信用卡客户2939户，完成年计划的94.81%，悦享分期卡发卡360张。大理财业务：净值型理财月日均增量2021万元；非货币基金累计销售1104.47万元；网金业务：手机银行发展2469户；微信认证2291户。负债业务。各类自营存款市占率为3.9%，新增市占率8.06%。其中个人负债期末余额3.37亿元，年增6447万元，完成年计划的168%，平均余额3.15亿元，年增4125万元，完成年计划的179.33%。公司负债余额4.78亿元，年增1.02亿元，完成率269%；平均余额4.7亿元，本年净增6500万元，完成率288%；地方债累计入账1.57亿元。风险管控。开展警示教育学习，每月监督组织全行员工学习《案防学习手册》《员工轻微违规积分管理办法》，结合身边人、身边事、身边案展开分析，增强全员合规操作意识，筑牢风险防线；培育合规文化，挖除合规隐患。开展合规学习，结合“合规管理精细化2.0”“合

2020年9月20日，邮储银行浦城县支行开展人民币知识宣传进社区活动（中国邮储银行浦城县支行 供）

规管理学习机制及合规先锋管理”等活动要求，每月监督组织集中学习一次合规知识；强化不良资产清收，至12月末，贷款诉讼率、执行率均达100%；信用卡诉讼率由年初的79%提升至96%，执行率由61%提升至82%。实现“量率四降”目标，逾期贷款金额732.06万元，较年初减少920.56万元，逾期率0.71%，较年初下降1.55%；全行不良贷款余额787.12万元，同比下降1130.53万元，不良率0.76%，同比下降1.85%，不良资产大幅压降，较好地保卫了全行经营发展的成果。

（李佳倩）

【浦城县农村信用合作联社】 2020年，浦城县农村信用合作联社总资产58.78亿元，比年初增加5.81亿元，增幅10.97%；净资产（所有者权益）3.55亿元，比年初增加0.17亿元，增幅4.92%。总负债55.23亿元，比年初增加5.65亿元，增幅11.39%。各项存款52.76亿元，比年初增加4.58亿元，增幅9.5%，其中储蓄存款41亿元，比年初增加4.89亿元，增幅13.54%；各项贷款23.71亿元，比年初增加3.64亿元，增幅18.14%，人民币存贷款规模均位居当地银行业首位。

电子银行平稳发展。手机银行客户数8.47万户，比年初增加0.79万户，季平均考核动户率21.68%，比年初增加5.6个百分点；移动扫码收单存量客户数6909户，比年初新增1362户，小额高频商户1975户；贷记卡存量2880张，2020年新增2262张、激活2029张，授信额度2746万元，手续费收入74万元；微信绑卡8.9万户，比年初新增3.2万户，绑卡客户覆盖率79.9%；ETC累计用户数3931户，比年初新增836户；福E购合作企业5户，合作产品种数8种，2020年销售8236件，金额33.74万元。

风险化解力度加大。县联社账面五级不良贷款余额5440.46万元，比年初增加655.94万元，增幅13.71%。不良占比2.29%，比年初下降0.09个百分点，降幅3.58%。全年累计处置不良贷款5681.61万元，其中核销3000.48万元。清收表外不良贷款2910.39万元，其中现金清收2893.45万元。

抗风险力持续增强。县联社贷款拨备覆盖率397.09%，比上年上升9.46个百分点，拨贷比9.11%，比上年下降0.13个百分点；资本充足率17.59%，比上年下降1.45个百分点。各项抗风险指标均达标，抵御风险能力仍然较强。

经营效益有所下降。县联社各项财务收入2.49亿元，比上年减少747.81万元，下降2.92%；各项支出2.15亿元，比上年增加386.85万元，上升1.83%；资产减值准备计提3520万元，同比增提220万元。利润总额4546.82万元，比上年减少1976.58万元，下降30.3%；净利润3396.82万元，比上年减少1134.66万元，下降25.04%；资本利润率9.81%（银监口径），同比下降4.52个百分点；资产利润率0.61%（银监口径），同比下降0.29个百分点。

案防治理扎实有效。2020年，县联社持续完善内控制度，加强员工行为管控，进行风险排查，执行有效整改，扎实推进案件防控治理工作，全辖网点未发生案件和事故。

服务实体经济，助力企业复工复产。县联社依托人行支农再贷款资金，创新推出“战疫支农贷”，以该产品“纯信用、低利率（年化利率4.55%）”的特点，努力解决县域内种植、养殖、流通专业大户以及农产品加工企业的资金周转困难。截至12月末，共发放“战疫支农贷”420户，金额7862.8万元。推出“战疫贷”扶商系列产品。为解决商户、小微企业疫情期间经营资金困难，全年共计发放该类贷款9085.8万元，着力满足零售批发、

2020年7月6日，浦城农信社与浦城供销社签订战略合作协议

（浦城县农村信用合作联社 供）

餐饮住宿企业复商复市的金融需求。加大“振兴贷”贷款投放力度。以县工业园区设立风险补偿金为基础推出的“振兴贷”为抓手，通过简便的办贷手续、优惠的贷款利率、灵活的担保方式为县域内规上企业、政府重点扶持企业复工复产提供支持。对1—3月受疫情影响的小微企业贷款利息予以优惠，对3—6月新办的小微企业“振兴贷”在原贷款利率水平上优惠20个百分点。全年共发放“振兴贷”31户，金额8460万元。对接“金服云”金融服务平台。为客户提供高效的“一站式”综合金融服务，年末“金服云”关注企业79户，利用“金服云”平台发放贷款79户，金额8938万元。疫情发生后，第一时间走访受疫情影响较大的酒店、餐饮、外贸等企业，利用“金服云”平台发放企业纾困贷5笔，金额2000万元。落实惠企利民政策。全力支持复产复工和创业就业。至12月末，发放“纾困贷款”支持5家企业，金额2000万元；落实延期还本付息政策支持小微企业87户，金额8121万元，延期还本率72.34%；普惠小微信用贷款563户，金额6189.98万元；扶贫再贷款136户，金额6000万元；支农再贷款122户，金额2700万元；直接发放信用贷款6189.98万元，比率达到18.04%。推动网络金融发展。提高电子银行产品覆盖率及动户率。开展手机银行“交易抽奖”活动，通过网点LED、海报及微信公众号大力宣传，开展贷记卡“消费满30元立减20元”活动，至12月末，腾讯云活动宣传页浏览量5592次，新增贷记卡客户1257户；开展手机银行及云闪付“一元换购”活动，参与活动客户1883户，优惠金额1.69万元，带动手机银行动户率的进一步增长。同时，认真做好疫情防控期间手机银行、网上银行及微信银行等网络金融渠道服务的宣传推广，通过联社微信公众号对相关操作流程及常见问题解答进行推送宣传，组织员工认真学习手机银行、网上银行、微信银行业务知识手册，对客户提出的问题进行针对性的解答。通过开展系列宣传活动，有力推动手机银行、扫码收单、贷记卡、ETC以及云闪付等业务的共同增长。

（梁佳仪）

【浦城中成村镇银行】 2020年，浦城中成村镇银行各项存款余额18234.33万元。其中：单位存款余额11723.42万元，比年初减少1897.75万元，降幅13.93%；个人存款余额6510.91万元，比年初增加1773.16万元，增幅37.43%。年日均存款余额18194.11万元，比年初增加1448.78万元，完成目标任务的72.44%。主要营销渠道有国投、城建公司等对公大客户、征地款代发、全员营销等。全年实现利息净收入1666.39万元，中间业务净收入0.35万元。净利润为641.05万元。各项贷款余额24149.86万元，比年初增加3873.26万元，增幅19.10%。其中：公司类贷款50.1万元，个人贷款24099.76 万元；涉农贷款余额19497.89万元，比年初增加3463.00万元，增幅21.60%，占贷款总量80.74%；农户和小微企业贷款占比92.97%。贷款户数942户，相比年初796户增加146户，户均贷款余额25.64万元，较年初增加0.16万元，存贷比132.44%。主要营销渠道有“银村共建”、建档预授信、支持新农村建设、支持科技创新企业、支持退役军人、支持新阶联盟客户等。不良贷款余额226.96万元，不良率0.94%，不良贷款余额较年初减少307.58万元，不良率较年初下降1.7个百分点。资产质量较上年有较大的提升，暂无显性不良及隐性下迁风险。

做实支农、支小、支实工作。2020年，中成村镇银行坚持服务“三农”的市场定位，全年累计发放各类小额支农贷款447户13590.60万元。先后支持生猪、山羊、鸡鸭等畜禽水产养殖31户660万元。支持家庭农场、专业合作社等各类经济组织发展水稻、薏米、水果、蔬菜等经济作物规模种植贷款28户488万元。支持丹桂等林业种植127户3843.10万元，实现较好的社会经济效益。

推进“银村共建”信用体系建设，助推乡村振兴发展。2020年，中成村镇银行把“银村共建”整村授信工作作为获客和贷款新增投放的主要渠道。全年推进“银村共建”信用村创建行政村2个，其中富岭镇殿下村130户，预授信金额3000万元，万安乡浦潭村授信90户，预授信金额3000万元。年内授信金额850万元，预授信转化率达到65%。

创新信贷产品，主动服务实体经济。2020年，中成村镇银行全年先后推出“退役军人贷、新阶联贷”2个信贷品种。支持创业客户7户，授信金额105万元。与县发改和科技局建立联系服务机制，为科技型初创小微企业提供无抵押信用、保证类贷款金融支持服务。累计信贷支持科技民营企业61户，金额1,865万元。

（阮　莉）

【兴业银行南平浦城支行】

2020年，兴业银行南平浦城支行贷款余额40998.21万元，较年初增加5164.53万元，增长14.41%。其中企业贷款余额3.12亿元，个人贷款9843.21万元。存贷比为67.67%。存款减少。至年末，各项存款余额6.06亿元，较年初减少1.38亿元，下降18.51%。其中，企业对公存款1.88亿元，较年初减少1.87亿元，个人存款4.18亿元，较年初增加4908.43万元。不良贷款增加。至2020年末，全行不良贷款余额8万元，较年初增加7.9万元。

助力征信业务发展。2020年，支行开展征信相关宣传共计13次，进校园、进社区、进乡镇，与老年大学、公安消防、周边乡镇等地开展征信宣传，发放宣传材料共计5000份，受众人数约1500人。2020年末开展支行征信自查，对2020年12月未建立个人信用报告交接登记簿问题进行整改，均已整改完毕。

服务实体展现新担当。2020年，支行加大对制造业、绿色产业等信贷支持力度。持续在支持企业转型升级、提质增效上积极作为。全年，制造业贷款余额比年初增加6615万元；民营企业贷款余额3.12亿元，比年初增加5369万元；普惠型小微企业贷款客户4户，比年初增加4户；普惠型小微企业贷款（人行口径）余额1635万元，比年初增加1635万元。发挥绿色金融优势，持续加大绿色产业信贷投放。为绿色项目发放贷款4500万元；分行创设“武夷山水品牌贷”产品，设立绿色金融中心、“武夷山水品牌贷”工作推进小组，推动相关项目对接落地；福建“金服云”平台设“南平专区”创新模式，实现绿色产品发布、政银企网上对接等功能，发挥线上服务重要作用，注册金服云127户。

开展反洗钱工作。2020年，支行开展6次反洗钱宣传活动，发放宣传单450份，受益人数达500多人，提高了广大群众反洗钱的意识，反洗钱监测系统共计产生421份可疑交易预警数据，其中上报可疑案例78份，排除可疑案例343份，强化尽职调查121份。

（徐凌杭）

保险 证券

【概况】 2020年浦城县辖区内有保险机构16家（其中营销部10家），证券营业部2家。

【中国人民财产保险公司浦城支公司】 2020年，人保财险浦城支公司保费收入5866.64万元，增长率7.84%，市场份额44.52%，直接赔款支出3112.92万元，简单赔付率53.06%。

2020年公司针对浦城辖内车行抓重点进行针对性合作服务，承保了10个乡镇的城乡居民大病补充小额意外险，推广手机销售意外险，促进公司业务持续有效发展。

（邵丽君）

【中国人寿保险股份有限公司浦城县支公司】 2020年，中国人寿浦城县支公司有10个乡镇营销服务部，公司现有员工31人，销售人员800余人。公司累计赔付支出1737.87万元，赔案件数3685件。缴税174.58万元。承保建档立卡贫困户13730人，为每位贫困户提供了5万意外身故、住院医疗费用15万元保障。全县贫困户大病保险累计有306位群众享受到了大病保险补偿，意外身故7起赔付32.50万元，对提高精准扶贫水平起到积极作用。为计生家庭户及“两癌”女性提供保险保障，全年计生险投保8066户，至12月计生险共理赔350件，理赔金额120.43万元；女性安康险理赔6件，理赔金额40.70万元。对城乡居民医保意外补偿不足进行有效的补充。中国人寿浦城县支公司为9330位公务人员提供111.96亿元出行意外身故、意外医疗、意外津贴等保险。为30272位学生提供保障，共计理赔1375件，金额214万元。至12月底，股份总保费8593.31万元，浦城个险实现标保2187.6万元，完成率103.2%，

2020年2月1日，人保财险浦城支公司组建先锋队，配合社区开展新型冠状病毒感染的肺炎疫情防控工作 （人保财险浦城支公司 供）

2021 年 3 月 17 日，中国人寿浦城县支公司为抗疫以身殉职毛样洪家属捐赠 10 万元慰问金　　（中国人寿浦城县支公司 供）

同比增长 387.8%；首年期交 3557.7 万元，完成率 102.3%，同比增长 93%；十年期交 2416.7 万元，完成率 111.2%，同比增长 238.2%，保障型 1676.5 万元，完成率 106%；短期险 709.69 万元，完成率 102%。公司大短险保费 2046.83 万元，完成率 110.16%，同比增长 12.4%；实现期交保费 742 万元，完成率 128%；其中五年期保费 326 万元，完成率 128%；实动人力达成 59 人，完成率 134%；保障型目标保费达成 9.2 万元，完成率 44%；团短险保费 1312.93 万元，同比增长 3.83%，达成全年目标 111.74%。

（蔡红兰）

【兴业证券浦城营业部】 2020 年，兴业证券股份有限公司浦城兴浦路证券营业部（简称兴业证券浦城营业部）实现净利润正增长，年末客户总资产 3.8 亿元。

业务拓展。2020 年，兴业证券浦城营业部与总部投行部、分公司机构部相关人员多次协同拜访当地上市公司绿康生化相关高管及铭塔玩具和荣华山组团、浦城工业园区相关企业，成功落地绿康生化回购专户，引进资产 3240 万元。加强了营业部与当地相关企业的合作。

渠道合作。2020 年，兴业证券浦城营业部继续加强与兴业银行、中国银行、农业银行、工商银行、建设银行、邮储银行浦城支行开通三方业务的银行实现辖区内网点全覆盖的合作。

投资者教育活动。2020 年，兴业证券浦城营业部重视中小投资者权益保护，组织全体员工和投资者保护志愿者按照公司要求，通过日常客户回访、走进社区、客户沙龙、短信、微信公众号等手段向社会各界广泛宣传防范和识别非法证券期货活动、防“飞单”等主题，推广、完善投资者权益保护咨询、投诉纠纷首问机制，健全投资者适当性制度。同时加强中小投资者风险教育，保障中小投资者的基本权利。强化中小投资者纠纷解决和赔偿救助，并将“3·15”国际消费者权益日与“5·15”全国公安机关打击和防范经济犯罪宣传日的宣传活动作为投资者教育及保护的例行活动。在营业部举办沙龙及策略分析报告会都会通过悬挂横幅，投教机等方式向投资者揭示风险。

合规管理和风险控制。2020 年，营业部带领合规人员多次对接当地人民银行、银保监督导组相关管理人员，安排做好日常的反洗钱、防非等投教宣传工作，增强投资者风险以及合规意识，审慎投资，定期开展反洗钱实名制的排查和整改，完善日常资料和档案规范，并将合规培训列为周例会一项重要内容，将风险管理列为营业部发展的生命线。

（张秀红）

城乡建设

城市建设

【概况】 2020年，浦城县住房和城乡建设局对全县建筑企业、在建工地督促疫情防控工作，指导各建筑企业、施工单位做好疫情防控宣传动员，强化责任担当，严格细致科学落实各项疫情防控措施。检查房地产开发企业和房地产中介机构，督促其做好防控工作，开展现场消毒，严防疫情输入性传播，疫情期间关闭售楼部8家，关闭门店32家。保障城市正常运行，疫情期间派员到供水、供气等涉及保障城市运行的企业开展防疫工作检查，督促供水、供气企业认真履行消毒杀菌工作，切实做好疫情防控期间全县自来水和燃气供应，确保城市有序运行。指导全县建筑企业、在建工地做好疫情防控，有序统筹引导建筑施工企业和在建项目复工，对申请复工的企业进行核查，严格落实各项防控措施，协助企业完成消毒杀菌、防控物资筹备、工人返岗等工作，累计帮助解决企业复工问题和困难15个。

【城市在建项目】 2020年，浦城县城市在建项目有：

城市住宅增设电梯。县住房和城乡建设局牵头自然资源、城管等部门，牵头起草制定《浦城县既有住宅增设电梯试点工作方案（修订）》，稳步推进城区既有住宅加装电梯工作。2020年12月24日，经过业主申请、部门联合勘察及审批，并具备开工条件的前提下，兴浦路363号3栋2号首个增设电梯项目开工建设，按照方案获得政府补贴6万元，是南平市首个获得政府补贴的增梯项目。

全面推进老旧小区改造。2020年，县住房和城乡建设局策划总投资2.2亿元的老旧小区改造项目，向上争取资金6145万元，年内完成贝林广场和安华广场老旧小区的改造，兴莲片区、和平小区正在实施中。提前谋划2021年老旧小区改造项目，分别是站前小区、南浦北路片区、福鑫园小区、怡园片区、拱北片区等共5个片区（小区），户数约4254户，总投资18281.95万元，向上争取到资金2122万元。

安居工程建设。2020年，浦城县大众影院棚户区改造建设项目126套棚改安置房，投资4500万元，已封顶，正在外墙围护和内部装修。

2020年2月5日，县住建局领导深入在建工程和房地产项目指导疫情防控工作 （县住建局 供）

浦城县永平农场垦区危房改造项目危房改造6套，投资33万元，6户危房改造完工。交椅湾公共租赁房项目用地面积5721.88平方米，总建筑面积10126.18平方米，三幢楼房（其中两幢八层、一幢九层），共184套住房。完成施工图设计，正在开展施工图审查、预算编制工作。闽运安置房项目，A地块建设用地面积6136.61平方米；B地块建设用地面积3899.39平方米，建设安置房约108套，完成各栋楼主体工程及装修工程建设，在开展区内配套工程施工，完成投资1500万元，年底竣工完成。

新改扩建城市道路项目。2020年，实施完成莲塘路、梦笔一区5号至65号道路、林化厂宿舍道路、工业路150-38号至158-1号道路、紫霞路与兴华路交接处至紫霞路52号道路、仓北路175号至松鹤小区54号道路、仓北四弄1号至24号道路等城区主次干道及背街小巷改造11公里，完成投资6190万元。实施在建新城南启动区吕处坞路北段、南一路、会窑路中段道路建设，以及梦笔片区梦笔东路北段270米、梦笔西路南段道路建设，完成投资2000万元。完成浦城一中新校区西侧挡墙支护工程的设计及预算编制，开展施工招标。完成浦城一中新校区五显路及金正路设计及预算编制，开展施工招标工作。

（刘荣强）

城市管理

【市容管理】 2020年，浦城县城市管理局全面摸排整改“城区六乱”。制定出台《浦城县创建省级文明县城“城市管理组”工作方案》《浦城县城市管理局创建省级文明县城市容环境整治工作方案》，成立6个整治工作组，细化任务目标，明确成员分工，同步摸排城区“六乱”，形成问题清单，倒排整治时间节点，逐一销号，确保创城各环节有序推进。对照各级督查组、文明办等单位下发的督办件、问题单等，逐一销号，排查六大类问题2925个。

城区主次干道外挂线缆专项整治。2020年，县城市管理局联合移动、联通、电信、广电等相关单位，对城区内废旧线缆进行排查整治，切实解决城区内主次干道架空线缆杂乱无序问题。全年共整治600余处乱悬挂废旧线路。

校园周边占道流动食品摊点整治。2020年，县城市管理局将市容早班执勤时间提早6：30，弹性延迟中班和晚班时间，采取定点定岗定人的形式，对校园周边占道摊点进行集中整治，维持上下学四个高峰时段校园周边经营秩序，共劝导整治流动摊点20余家，暂扣液化气桶2个，遮阳伞1把。

城区占道肉摊专项整治。2020年，县城市管理局劝导肉摊摊主入市场经营，出动执法人员近40名，执法车辆10辆，立案查处1起，依法暂扣刀具4把、电子秤1台、切肉板1块、电动三轮车1辆。

城市“牛皮癣”专项整治。2020年，县城市管理局完成对城区各类公共场所、基础设施的“牛皮癣”及乱涂乱画污渍的清理工作，清理

2020年8月1日，浦城县城市管理局开展为期一周生活垃圾分类系列宣传活动。 （县城管局 供）

面积约25.2万平方米，清理耗材费用约8万元。

违规户外广告排查整治。2020年，县城市管理局加大对破损、破旧及存在安全隐患的户外广告牌、店招店牌进行排查，督促所有权人加强日常管理，及时拆除存在隐患的户外广告设施，消除安全隐患。共拆除破旧、存在安全隐患的户外广告牌、店招店牌85块，清理破损宣传条幅57处，清理破旧对联及广告纸53处。

流浪犬专项整治。2020年，县城市管理局多渠道发布城区养犬管理通告，宣传养犬责任和义务，提升安全养犬意识，畅通投诉举报热线，制止不文明养犬行为，委托第三方服务机构成立专业捕犬队伍，开展“拉网式”排查，及时收容收治城区无主犬、流浪犬、狂犬等犬只，防止犬只破坏市容环境卫生及传播新冠病毒，消除安全隐患，组织开展专项巡查750余次，收治犬只322只，共送养犬只104只。

城区交通秩序专项整治。2020年，县城市管理局与公安、交警、交通执法、市场监管部门和其他部门执法力量以及属地责任单位联合执法，对城区主次干道车辆乱停放行为进行联合整治，整治主次干道占道堆放、占道经营等占用停车位的行为，开展汽车销售门店车辆占道停放专项整治，全力保障城区道路交通安全有序畅通。劝导违停行为5000余人次，拖移违停车辆600余辆。

城区渣土车专项整治。2020年，县城市管理局规范化城区渣土运输管理，建立完善渣土管控平台，将10家渣土运输公司整合为6家规范化公司，共开展联合执法36次，对非法超载的68辆渣土车进行安全教育和处罚，切割加高挡板渣土车辆45台，行政处罚162起，处罚金额21.47万元。

窨井盖专项整治。2020年，县城市管理局对全县存在会跳、会响、有积水的窨井盖和人行道不平坦、不工整的窨井盖进行全面摸排。共排查发现存在问题的雨污水井190座，雨水篦53座，已修复的雨污水井盖94座，雨水篦1座，修复费用约为9.4万元。

市政路面设施修复。2020年，县城市管理局完成五一三路、正大路、皇华山路、南浦北路、兴浦路、文化街、梦笔大道、江滨路，兴华南路、梦笔山路、府前路、御景华府小区、名桂首府小区、真德秀广场和方志敏广场等处相关市政设施修复，修复大理石板人行道约1028平方米、水泥砖人行道2147.5平方米、盲道138平方米、景观树围挡410米、路面破损修复805平方米。

城区地下管线普查。2020年，县城市管理局对城区6种管线（排水、燃气、给水、广电、电力、电信）进行普查，各类管线普查长度共计464.5公里，建立电子信息系统对城区管网进行实时监控，确保城区地下管线安全有序。

污水管网修复。2020年，县城市管理局通过老旧小区改造、丹桂河两岸污水和管网处理工程（清淤）对污水管网损坏和（雨、污管网）存在错接混接的情况进行改造。全年改造修复管网及疏通管道300多米，整改问题点20处，已全部整改到位。

修复老旧破损路灯。2020年，县城市管理局安排市政管护工作人员，对城区各路段路灯不亮、亮度不够的情况及地下电缆设施组织检查、维修更换，排除故障。完成对13条主次干道的路灯修复，部分路段完成80%，南浦北路、皇华山路、江滨路等路段列入道路改造工程，因线路老化故障，路灯无法修复，待后续道路改造后统一更换。

【“两违”治理】 2020年，浦城县 城市管理局开展“两违”综合治理，集中力量排查全县历史遗留“两违”问题，形成历史遗留积案清单，指导属地乡镇开展分类处置，排查历史遗留积案27宗，分类处置21宗，拆除违法建筑面积约6400平方米；加大对违建情况全方位进行监管，做好每日巡查执法记录，将日常巡查与集中连片拆违相结合，落实“即查即拆”，切实做到防范在前、发现及时、制止有效、查处到位，从严、从重、从速开展拆违行动。全年全县共计拆除违法建筑面积约26.79万平方米，城区完成拆违2.22万平方米。其中城区范围下发停建通知书187份，限期整改通知书443份，强制拆除“两违”218起；落实属地管理责任，指导并配合乡镇开展大型拆违行动，联合公安、生态环境、自然资源、供电、供水等部门，对乡镇（街道）违规搭建畜禽养殖场所、农贸市场周边乱搭建、已征用土地抢种青苗等行为进行联合执法，把好“两违”建筑的“水电”审批关，发挥联合执法优势，形成良好治理“两违”联动机制。配合石陂镇，联合县水利局、农业农村局、自然资源局等部门对11个违规养鸭场进行整治拆除，面积约10000平方米。全年开展联合整治行动10次，对城区4户屡禁不止，拒不整改的违建户采取停止供水、供电的强制措施。

【园林绿化养护】 2020年，县城市管理局全面排查城区行道树、花箱、公园绿地的管护情况，清除公园绿地卫生死角，对公园绿地进行开荒，每月定期清理杂草，做好行道树及绿化带的新植、补植、移植及修剪工作，及时更换破损花箱及其他绿化设施，加强仙楼山红色文化森林公园的日常保洁、防火防盗和基础设施建设维护等工作，提升城区绿化景观。全年共清理枯死乔灌木135株，修剪行道树枯枝367株，对黄土裸露1100平方米进行补植。

（余若璇）

【城区供水】 2020年，浦城县结合道路改造完成莲塘路及梦笔一区5号至65号道路、林化厂宿舍道路、工业路150-38号至158-1号道路、紫霞路与兴华路交接处至紫霞路52号道路、仓北路175号至松鹤小区54号道路、仓北四弄1号至24号道路的给水管网改造共6km，在建城东万安供水管网及城区背街小巷供水管网3千米，共计完成投资3800万元。

【污水处理】 2020年，浦城县结合道路改造完成莲塘路、梦笔一区5号至65号道路、林化厂宿舍道路、工业路150-38号至158-1号道路、紫霞路与兴华路交接处至紫霞路52号道路、仓北路175号至松鹤小区54号道路、仓北四弄1号至24号道路等城区主次干道及背街小巷污水管网改造8千米，完成工业路莲塘地税大楼至南浦溪污水管网工程、紫兴新城污水截污纳管工程以及梦笔大道北侧涵洞截污工程建设，完成新城梦笔片区吕处坞路北段、南一路、会窑路中段、梦笔东路北段270米污水管道建设3.6千米，共计完成投资46000万元。

【液化气供应】 2020年，浦城县销售液化石油气总量1978吨，完成税收48.7万元。实现利润总额为76万元。对储灌站的安全保障系统的消防安全设施进行一次全面维护和检测，现有的水泵、喷淋、发电机、避雷装置等设施设备经请有关专业人员维护和检测，设备完好率达100%，清理600立方米水池二次，切实保证安全设施在关键时刻用得上，能发挥作用。为加强和完善储罐区的安全，购置干粉4千克灭火器20台，10支50米长的消防水带，购置换干粉4千克灭火器50台。并为液化气用户及酒店无偿更换高压皮管500多条，减压阀200多个。统一装配按GB/T 7512—2017标准生产的要求液化石油气瓶阀门，在衢州瑞荣燃气具有限公司检验检测20批次总共7000只钢瓶，全按GB/T 7512—2017标准要求安装液化石油气钢瓶阀门。全年，处理报废钢瓶6025只。

（余若璇）

村镇建设

【农村危房改造】 2020年，浦城县共计完成农村贫困户危房改造1182户，并全部经验收合格符合入住条件；累计下达补助资金1569.27万元；全县4322户国定贫困户住房信息全部录入全国农村危房改造系统，并完成手机APP核验工作。

【乡镇污水处理】 2020年，浦城县15个乡镇污水处理设施投入正常运行，为提高进出水水量监测能力，3000吨/日以下乡镇污水处理厂（站），安装进出水量计量装置。经申请省级资金补助，安装完成16台次进出水量计量装置，逐步建立起乡镇污水处理设施运行监控机制。

【乡镇垃圾转运设施】 2020年，富岭镇高坊垃圾转运系统提升项目列入省政府为民办实事项目，在年底前投入运行。

【乡镇公厕改造】 2020年，浦城县有28座公厕列入省政府为民办实事，其中集镇公厕8座，农村公厕20座，全部完成。

【传统村落建设】 2020年，浦城县启动枫溪乡岱后村、仙阳镇柏山村两个省级传统村落提升项目，岱后村计划投资820万元（其中上级补助资金600万元）、柏山村计划投资550万元（其中上级补助资金400万元）。岱后村完成保护规划编制，完成传统村落核心保护区界桩设置，历史文化保护3处，历史建筑挂牌、修缮3栋。柏山村完成保护规划编制、评审、报批及核心保护区界桩设置，修复古道1.5公里，造纸坊遗址修复一处，历史建筑挂牌、修缮保护4栋。

（刘荣强）

建筑工程管理

【房屋安全隐患排查】 2020年，浦城县排查各类房屋97863栋，对比2019年房屋安全隐患排查总量91474栋，比例达106.98%，基本完成4月底前全面排查的阶段目标，超额完成去年排查量；共发现隐患房屋502栋，已完成处置496栋，处置率98.80%，其中重大安全隐患房屋195栋，已完成处置195栋，重大安全隐患房屋处置率100%；一般安全隐患房屋307栋，已完成处置301栋，一般安全隐患房屋处置率98.05%。

“三个一批”集中攻坚行动（第一轮）挂牌督办的9个问题全部进行整改，公开接受监督的10处隐患房屋均未接到投诉，集中拆除的25处隐患房屋全部拆除完毕。“三个一批”集中攻坚行动（第二轮）挂牌督办的13个问题全部进行整改，集中整治一批重大地灾隐患房屋10处全部拆除，集中治理一批钢结构房屋20处全部拆除完毕。

配合河滨、南浦街道开展各类危旧房屋隐患排查工作，南浦街道共排查房屋5977栋，其中重大安全隐患房屋16栋，已全部完成整治销号；河滨街道共排查房屋3921栋，其中存在安全隐患房屋16栋，已全部完成整治销号。

【房屋安全隐患排查整治工作督导】 2020年，县城市管理局抽调股（室）、执法大队相关骨干成立督查组，对河滨、南浦两个包片街道房屋安全隐患排查整治工作情况进行随机督查，抽查村（社区）的内业档案资料，共开展3次督导，发现问题6个，一次交叉巡查检查，发现问题9个，形成问题清单，并督促属地街道及时整改到位。

【建筑工程安全隐患排查】 2020年，县城市管理局领导深入水北垃圾焚烧发电厂项目、生活垃圾填埋场二期扩容改造项目、仙楼山森林公园等项目现场，督促开展厂房、设施安全隐患排查；督促沿街店铺复工后，自行开展店招店牌安全隐患排查，及时整改或拆除存在隐患的户外广告设施。

（刘荣强）

房地产业

【保障性住房建设】 2020年，浦城县大众影院棚户区改造建设项目126套棚改安置房，主体已完工。永平农场垦区危房改造项目危房改造6套，完成投资33万元，全部完工。上水南安置小区项目完成1～5号楼主体工程，并验收完成，二期工程完成边坡防护工程，正在进行基坑支护桩基施工。交椅湾公共租赁房项目总建筑面积10126.18平方米，完成施工图设计及上网招标工作。实施闽运安置房项目建设，投资1500万元，完成各栋楼主体工程及装修工程建设。

【房屋交易管理】 2020年，县住建局办理商品房预售许可证15起，预售批准建筑总面积27.4万平方米；其中住宅2462套，建筑面积24.65万平方米。新建商品房销售备案1959起，建筑面积18.76万平方米，其中住宅1624套，建筑面积16.68万平方米。办理商品房转移登记备案45起，建筑面积0.48万平方米。办理存量房交易登记备案830起，建筑面积9.63万平方米，其中住宅712套，建筑面积8.63万平方米。办理房屋租赁备案登记26起。

【房地产市场监管】 2020年，县住建局根据省市有关文件精神，在县疫情防控一级响应解除后，针对所有开发企业适度放宽商品房预售许可审批形象进度要求，加快新房源推向市场。对有需求的企业，放宽预售资金监管要求，准予相应节点拨付比例上调15%，缓解企业因疫情影响带来的资金压力，有序推进房地产领域复工复产，保障全县房地产市场平稳发展。

【维修资金专项管理】 2020年，县住建局进一步加强对商品住宅专项维修资金的归集管理，完成维修资金的归集、使用与银行对账工作。4月份，有世纪名园、永辉、仙楼嘉园、名桂首府、紫兴新城B1、绿洲豪庭等6个物业小区交存维修资金共18户，金额4.85万元，累计结余3152.08万元。进一步加强维修资金使用管理，及时划拨维修资金，严格落实管理制度，全方面予以监管，4月，申请使用维修资金项目3个，支用金额3.26万元。

【公租房管理】 2020年，县住建局收缴公共租赁住房租金旧欠27.35万元。组织县公安、法院、民政，城市管理、街道办事处等部门，利用行政措施、法律手段、舆论曝光等方法，加大追缴旧欠房租，清退侵占或不符合租住条件租户的工作力度。继2019年对全县直管公房（公租房）住户信息收集480户758人住户信息，并完成省民政救助申请家庭经济状况核对平台录入提交审核工作后，2020年将平台审核符合条件的337户503人送县不动产登记中心查询，经查询无房产或房产面积不超标准的有318户，将符合承租条件的租房重新签订合同，以切实解决历史遗留问题。全年清退违规占用公房（公租房）33套（间），其中清退公职人员违规占用公房（公租房）13套。

（刘荣强）

生态环境

综述

【保持环境质量】 2020年，浦城主要流域国、省控断面年均水质达标率100%，9条小流域年均水质达标率100%，县级集中式饮用水水质达标率100%，空气质量优良天数比例100%，一氧化氮浓度同比持平，其余5项指标同比均下降。

【服务质量优化】 2020年，浦城完成环境影响评价审批62件，提前完成国家版排污许可证清理整顿；完成午夜间建筑施工作业许可21起、建设项目环境影响登记表备案51件、危险废物省内转移备案1904件。

【推动督察整改】 2020年，浦城两轮中央环保督察共78件信访件已全部销号，第一轮中央环保督察反馈的13个问题全部完成整改，第二轮反馈的8个全省共性问题整改均达序时进度。

【受理信访投诉】 2020年，浦城受理环境污染信访投诉件145起，同比下降36.9%，其中水污染38起、大气污染64起、固体废物2起、噪声污染15起、畜禽养殖污染18起、其他8起，出动执法人员300余人次，信访投诉处理率100%。

【网格化环保监管】 2020年，浦城全面建立县、乡镇（街道）、村（社区）三级网格监管体系，把全县划分为“19个片区，16个社区网格和288个行政村网格”，将全县304名三级生态网格员、292名河道专管员和27名乡村道路专管员3支队伍整合为1支专业化生态专管员队伍。设立生态“110”举报电话，负责网格区域内的信息收集汇总、日常监管巡查和宣传教育工作。每年县财政预算492.95万元作为深化生态环境网格化巡查工作经费，为网格员配备手持移动终端、巡查摩托车、对讲机、执法记录仪等巡查装备，有效推动网格化监管工作的顺利运行。

生态环境监督

【执法监督】 2020年，浦城县生态环境局开展突出生态环境问题集中排查、清水蓝天、环境安全隐患排查、环境执法大练兵等执法行动，累计出动执法人员900余人次，勘查企业400余家次，依法立案查处违法案件28件，行政处罚金额202.34万元，其中行政处罚案件22件，查封、扣押案件4件，移送环境污染犯罪和行政拘留案件各1件。下达责令改正或限期改正环境违法行为通知书46家次，采取断电措施4家次，取缔非法加工点8家，其中石材加工3家、塑料制品加工2家、有机树脂加工点2家、涂料加工点1家。

【环境事件隐患排查】 2020年，浦城县生态环境局针对绿康、正大、永芳、仁宏、南平人立、欧普、华丽制漆、圣农肉鸡加工厂、瑞晟合成革等11家较大以上环境风险和2家含尾矿库的选矿企业开展环境安全隐患现场排查工作。累计出动执法人员300余人次，检查企业160家次，其中较大以上环境风险企业80家次，含尾矿库选矿企业20家次，一般环境风险企业60家次，其间共发现一般环境安全隐患34个，完成整改34个，全年未发生因企业违法排污引发的突发环境事件。

【污染源日常监管】 2020年，浦城县生态环境局对重点污染源和化工企业（正大生化有限公司、绿康生化有限公司、华东污水处理厂以及绿园环保工程有限公司）的监察每月不少于一次；一般污染源监察原则上每季不少于一次；对扰民严重的建筑工地、娱乐服务行业的污染，及群众来信来访和举报的污染源及时进行随机监察。全年，县生态环境局出动2000余人次，现场监督检查企业300余家次，所有现场监理企业均按规范填制现场监察记录，并建立台账。规范化建设并设立标志牌的排污口178个，其中废水排放口62个，废气排放口116个。对排污口未按规范化建设和已按规范化建设但未挂标志牌的企业，已要求按照便于采集样品，便于监测计量，便于日常监督检查的原则进行排污口规范化整治并在醒目处设立标志牌。第一批省级挂牌督办企业正大公司对存在的环境问题完成了整改，并向上级申请摘牌。对和顺矿业、东正炭业、利建淀粉厂等4家存在突出环境问题企业进行约谈，督促企业落实治污主体责任，完善污染治理设施，对存在的环境问题及时整改到位。

【污染源自动监控管理】 2020年，浦城县有污染源在线监控企业13家（废水监控9家、废气监控4家），其中绿康生化股份有限公司、南平市荣华山污水处理有限公司、浦城县城市污水处理厂、正大生化有限公司、南平人立环保科技有限公司已委托第三方运营，第三方每周都会将企业污染源自动监控设施运营情况上报县生态环境局，县生态环境局要求出现数据异常的企业要及时向福建省污染源监控平台进行报备，超标6个小时以上要手工监测一次，并对企业进行现场勘查及采样监测，将经有效性审核的自动监控数据用于行政处罚。截至年底，全县已有89家水电站按相关要求安装下泄流量装置。

【协调化解污染纠纷】 2020年，浦城县生态环境局在群众投诉污染纠纷调处方面，安排专人轮流值班，确保“12369”环保热线24小时畅通。受理群众来信来访来电以及上级环保部门交办件和“12369”环保举报管理平台内的各种因环境污染纠纷所引起的投诉件145起，其中水污染38起、大气污染64起、固体废物2起、噪声污染15起、畜禽养殖污染18起、其他8起，出动执法人员300余人次，信访投诉处理率100%。福建省生态环境保护例行督察组入驻南平市期间，共向浦城县交办13件信访件，已办结7件，阶段性办结6件，办结率53.8%，下达责令整改通知书12份，立案处罚1家，处罚金额2.4万元。

环境监测

【大气环境质量】 2020年，浦城县空气质量达标比例100%，与上年同期持平，综合指数2.29，同比下降0.18，下降比例为12.4%；PM2.5每立方米518毫克，同比下降5.3%，臭氧每立方米94毫克，同比下降16.1%。对仙阳镇环境空气质量进行为期5天的大气环境质量监测，监测结果表明，仙阳环境空气质量达到《环境空气质量标准》GB 3095—2012的二级标准要求。

【水环境质量】 2020年，浦城县国、省考断面建阳坪洲大桥Ⅲ类以上水质年均达标率100%；全县4个市控断面Ⅲ类以上水质达标率100%。小流域监测，全年2月、4月、6月、8月开展小流域（富岭溪口、官田溪口、濠村河口、临江溪口、马莲河口、南浦溪上游口、旧馆桥、桐源溪（西岩桥）、岩鼻溪口）监测。其中小流域Ⅱ类以上水质达标率为55.76%，Ⅲ类水质达标率100%。对地下水质监测，每季度对垃圾填埋场地下水质进行监测，监测结果氨氮、铁、锰等指标出现超标情况。

2020年6月5日，南平市浦城生态环境局联合县河长办、检察院在方志敏广场举办了“美丽中国·我是行动者”主题宣传活动

（浦城生态环境局 供）

【声环境质量】 2020年，浦城县区域环境噪声根据网格布点的原则（200×200）共布点位113个，全年浦城县区域噪声均值51.6分贝，全县声环境质量总体水平良好。

【土壤环境监测】 2020年5月，浦城县配合福建省南平环境监测中心完成国控点土壤采样工作，样品由省站统一安排监测。

【农村污水处理设施监测】 2019—2020年，完成对仙阳镇旱田村、巽源村，富岭镇双田村的农村污水处理设施监测。各污水处理设施排放口水质达标。

环境整治

【水污染防治】 2020年，浦城县生态环境局完成68个入河排污口整治，小流域交叉执法发现76个问题全部完成整改。马莲河小流域水质提升工程已竣工，验收后即可投入运行。推进乡镇饮用水水源保护区划定调整，完成饮用水水源保护区疑似违建排查和“千吨万人”水源地排查评估。开展水资源、水环境承载力现状评估，完成集中式地下水型饮用水水源和重点污染源调查。

【大气污染防治】 2020年，浦城县生态环境局落实《浦城县打赢蓝天保卫战三年行动计划实施方案》，荣华山产业组团10家重点企业22条生产线完成排气筒非甲烷总烃两级处理提标升级改造。880台非道路移动机械完成摸底调查和编码登记。对圣农公司柴油货车尾气排放进行入户监测，多部门联合开展柴油货车尾气排放路检。

【土壤污染治理】 2020年，浦城县生态环境局对4家重点企业行业完成土壤调查采样单位和报告编制单位的委托合同签订。制定浦城受污染耕地安全利用实施方案；配合省市完成20家重点企业土壤详查前期调查，持续推进永兴镇遗留铅锌矿修复。重点企业危废考核达标率95.5%，医疗废物处理率100%，无危险废物超期贮存现象。

【乡村环境整治】 2020年，浦城县生态环境局按要求部署开展生态和农村环境监察工作，推动农村面源污染及畜禽养殖污染整治，做好小流域综合整治，督促乡镇加快推进污水处理设施工程建设，提高浦城县农村生活污水、生活垃圾处理水平，提高乡村人居环境质量，建设美丽乡村。同时加大对农村环境整治工作，对各乡镇存在的违法违规建设项目依法进行查处。

（李敏仙）

农业 农村

综述

【概况】 2020年，浦城县农林牧渔业总产值74.40亿元，增幅7.0%；农村居民人均可支配收入17048元，增幅7.2%。组建10支突击队奔赴共建社区及19个乡镇（街道）抗疫一线，向共建村予以财力物力支持和生产技术指导，为村部配足防疫物资，指导农业有序复工复产，有序推进春耕备耕生产工作，保障了“米袋子”，提稳了“菜篮子”。截至2020年，浦城县共培育市级以上农业龙头企业22家，其中国家级2家、省级5家、市级15家；全县县级以上家庭农场示范场共28家，其中省级20家、市级8家；全县注册登记的各类农民专业合作社77家（含联合社16家），其中示范社国家级6家、省级7家、市级21家、县级43家。

【农业农村改革】 完善农村基本经营制度，强化农村集体“三资”监管，全县286个村集体村财收入6953.71万元，村均24.31万元。村财收入10万元以上的有286个村，占比100%；15万元以上163个，占比56.99%。推进农业农村改革，完成农村集体产权制度改革。全县286个行政村全面完成成员身份确认，认定成员9.30万户、35.76万人。有序推进土地流转，2020年申请市级奖励资金37.99万元。全县土地流转总面积1.48万公顷，流转率38.91%。推进经营性资产股份合作制改革，全县286个有经营性资产的村已成立股份经济联合社。推进新型农业经营主体建设，新增县级以上示范社36家、家庭示范场17家。

【精准扶贫】 2020年，浦城县作为省级扶贫开发工作重点县，实现“摘帽”退出；70个贫困村全面出列；建档立卡贫困人口5066户9675人均达到“两不愁三保障”目标，实现脱贫；贫困发生率由2016年的1.34%下降到2020年的0%。主要依托产业扶贫“五个一百”示范带动工程，新增发放小额信贷193.57万元。投资1800万元发展灵芝产业扶贫项目，累计带动4100余户贫困户增收。落实就业扶贫，帮助全县2436名有就业意愿的贫困劳动力全部实现就业，4510户贫困户各有一项产业或就业增收项目。疫情期间，为3259户贫困户及受疫情影响较大的47个贫困村，发放各类补助资金730.8万元。全面落

2020年3月11日，省农业农村厅副厅长李岱一（右五）一行到浦城县调研指导春季农业生产工作　　（县农业农村局 供）

2020年6月11日，浦城县县长沈晓文在“县长带你买好货”系列网络直播节目（在印象小密·中国包酒文化博览园开播），当起“带货主播”，为浦城县优质农特产品代言带货　（县农业农村局 供）

实贫困人口“三保障”及饮水安全保障，加派科级干部对207户515个五类贫困重点对象进行帮扶，对70个贫困村、5066户贫困户实施动态监测，全力防止返贫致贫。

【乡村振兴战略实施】 2020年，浦城县以“机关联乡村、党建促振兴”机制为抓手，286个机关党支部与286个村党支部结对共建，同时建立县机关主要负责人联村促乡机制，合力发挥示范带头作用。投资3.87亿元，开展乡村振兴示范带项目241个，进一步完善交通、生产、生活等基础设施。以11个省级乡村振兴试点村为重点，打造18条乡村振兴示范带，建设里程192千米，覆盖建制村65个，其中重点围绕“产业兴旺、多产融合”和“文创兴村、和谐善治”主题，着力推进2条示范带建设。推进产业发展，引进乡贤企业家，创新“政府+公司+农户”模式，打造总投资6000万元的现代农业观光园33.33公顷，开发计划总投资2亿元的大水口旅游度假项目。

【农业安全生产防线筑牢】 2020年，浦城县开展农作物病虫害绿色防控示范工作，建立水稻示范区3个、蔬菜示范区1个，带动全县应用4.47万公顷次。全面开展动物强制免疫。全年家禽高致病性禽流感免疫1.42亿羽次，应免免疫密度达100%。做好动物免疫抗体监测。全年共检测动物样品4857份，高致病性禽流感免疫抗体、口蹄疫免疫抗体、猪瘟免疫抗体合格率均达到并超过南平市下达的指标要求。开展非洲猪瘟等动物病原学监测工作，全年累计监测非洲猪瘟病原学样品8165份，全部阴性。监测禽流感病原学样品716份，全部阴性。执行动物防疫监督检查任务。检查相关车辆4820辆次，拦截非法调运生猪运输车辆1辆，对违规调运的4头生猪全部无害化处理。支持创建优质农产品标准化示范基地5个，带动规模生产基地全部按标生产。加强农产品质量安全监管，督促指导248家农产品生产主体入驻农产品合格证与一品一码并行制度监管平台（其中国家级平台13家），新增赋码225.24万枚。加大快速检测监测力度，完成农（兽）残快速抽检样品11183个（占比106.5%），合格率99.6%；“瘦肉精”抽检生猪尿样974个，合格率100%；水产品快速检测样品65个，合格率100%。

种植业

【现代绿色农业提质增效】 2020年，浦城县落实粮食安全行政首长责任制，全面开展耕地撂荒整治，完成粮食播种面积3.3万公顷、总产21.45万吨。打造“中国好粮油”示范县，建设示范基地0.8万公顷，新增产能区34个0.19万公顷，完成高标准农田建设0.3万公顷。继续培育“浦城大米”品牌，成功创建1.35万公顷全国绿色食品原料（水稻）标准化生产基地和省级农作物生产全程机械化示范县，浦城大米被授予“福建十大农产品区域公用品牌”和“国家地理标志证明商标”称号，浦城大米现代农业产业园列入省级十大现代产业园。扩大特色种植，落实薏米2067公顷、灵芝120公顷、冬闲田中药材400公顷。实施畜禽产业提升工程，圣农总投资1.2亿元的4个种鸡场基本建成。推进渔业结构调整，建设工厂化养殖基地3家、面积1.34万平方米，新增省级“水乡渔村”1家。推进农村一、二、三产业深度融合发展，新增市级龙头企业5家，新建农产品产地初加工中心13个，发放补助资金194万元。

【茶叶生产】 2020年，浦城县茶叶种植面积2087公顷，产量1944吨。

全县现有茶叶经营主体50多家，其中10家经营主体取得SC认证，9家经营主体经过无公害认证，认证面积达1040公顷；全县共注册茶叶商标29个，其中省著名商标1个，市知名商标6个。

【农业面源污染治理】 2020年，浦城县农业农村局实施化肥减量增效行动。推广种植紫云英2667公顷，推广使用商品有机肥3467公顷，发放施肥建议卡1000多份。完成测土配方施肥5.33公顷（次）以上，主要作物技术覆盖达95%以上，水稻化肥利用率提高到40%以上。建立油菜、水稻秸秆粉碎还田示范面积670多公顷，辐射带动秸秆还田2万公顷以上。实施畜禽粪污资源化利用整县推进行动.新建有机肥厂1个，建设种养结合示范点6个。支持利用畜禽粪便生产有机肥，推广沼液滴灌、畜禽粪便施用等面积3.67万公顷以上。

养殖业

【渔业转方式调结构】 2020年，浦城县水产养殖总面积867公顷，稻田养鱼1500公顷，现有渔业养殖企业50家，其中水产专业合作社22家。推进渔业转方式调结构，建设工厂化养殖基地3家，面积1.34万平方米，新增省级“水乡渔村”1家。至2020年，全县建立水产品质量安全“一品一码”追溯体系企业11家，农业农村部健康养殖示范场2家。注册有“惠益”甲鱼、“晒宝山”河蟹、“金竹坑”石蛙等渔业品牌商标。

【畜牧业可持续发展推进】 2020年，浦城县推进畜牧业可持续发展。全县年宰杀1.42亿羽白羽肉鸡，产值超40亿元。至2020年，共建设种鸡、肉鸡场94个；实施畜禽产业提升工程，圣农总投资1.2亿元的4个种鸡场基本建成；规模以上生猪场25家，其中年出栏万头以上的9家。全县有1家生猪定点屠宰场，年屠宰生猪3.5万头。新良源种猪繁育中心承担浦城县珍贵地方猪品种“武夷黑猪”保种任务。推进渔业转方式调结构，建设工厂化养殖基地3家，面积1.34万平方米。

农村环境建设

【户厕改造】 2020年，浦城县农业农村局重点推进“一革命四行动”，完成无害化卫生户厕改造6656户，实现行政村户厕无害化改造普及率大于90%，总体农村无害化户厕普及率97.67%。

【小型污水处理设施】 2020年，浦城县新建农村小型污水处理设施33个，基本实现农村生活垃圾处置体系全覆盖。

【垃圾治理】 2020年，浦城县农业农村局在行政村建立垃圾治理常态化机制，100%乡镇配置污水处理设施；绿化村庄13.33公顷，建设美丽乡村特色景观带2条，11个乡村振兴试点村均完成多规合一的实用性村庄规划编制，县级编制推广具有地域特色的农房建筑立面图集并制定落实强化村庄建筑风貌和质量管控的具体措施。推进“全域无垃圾”专项行动，以推广垃圾干湿分离和修建沤肥池为重要手段，推动农村生活垃圾治理。专项行动以来，累计参与1万多人次，整治清理垃圾乱倒、乱搭建等4万多处。

（祝文琪 余丹凤）

林 业

【概况】 2020年，浦城县森林覆盖率76.98%，森林蓄积量1757.91万立方米，林地面积27.13万公顷，完成木材生产9.46万立方米，完成植树造林1144.4公顷，实现林业总产值36.86亿元。

【林业企业复工复产】 2020年，浦城县切实履行企业监管责任，积极主动，紧盯重点，全力支持13家规模以上木竹加工企业有序复工复产，省级重点项目樟元山森林公园建设、国家储备林质量精准提升工程等全面复工，造林绿化、松材线虫病防控、森林防火等林业重点工作按时间要求有序推进。

【国家储备林质量提升工程项目】 2020年，浦城县将项目建设列入乡镇（街道）创业竞赛考评，每月进行考评、通报，层层压实责任，部门、乡镇齐抓共管。完成集约人工栽培122.2公顷，占年度任务113.33公顷107.8%；完成现有林改培面积735.07公顷，占年度任务100%；完成商品林赎买林权证过户1684.87公顷（其中重点生态区位内商品林赎买71.4公顷，占计划任务66.67公顷的107.1%），占计划任务101.1%；国开行累计支付项目资金14920.69万元，占任务完成101.47%。

【夯实绿色发展基础】 2020年，

浦城县完成造林绿化 1144.4 公顷，森林抚育 3133.33 公顷，封山育林 2133.33 公顷，全县参加义务植树 24 万人次，完成义务植树 90.8 万株。完成“两带一窗口”绿美示范工程 10.47 公顷，占任务的 100%。2020 年度秀美村庄建设任务 4.67 公顷，通过对秀美村庄的道路、公共绿地、庭院、荒山等进行造林绿化，完成 13.33 公顷村庄的建设。珍贵树种造林完成 160.67 公顷，占任务 100 公顷的 160%。林分修复完成 66.67 公顷，占任务 66.67 公顷的 100%。完成各种苗木培育面积 2.33 公顷，苗木 181 万株。竹业项目财政补助资金 160 万元，建设机耕道 70 千米，竹山蓄水池 7 个蓄水量计 500 立方米，丰产竹林示范片 23.33 公顷，毛竹林抚育 115.67 公顷，新造小径竹 12.33 公顷，小径竹垦复 95.33 公顷，项目进入验收阶段。油茶低改示范基地建设完成 133.33 公顷。

【产业项目建设】 2020 年，浦城县新增入库项目 3 个，为新建年产 4 万立方米高档环保集装箱板生产线项目，总投资 510 万元；新建年产 5000 立方米高档竹板生产线项目，总投资 615 万元；新建年产 2500 套高端竹材家具生产线项目，总投资 560 万元。全县人造板加工 5663 立方米、胶合板 2400 立方米、涂装板 3263 立方米、纸板 6227 吨、活性炭 2835 吨。

【笋竹精深加工示范县项目】 2020 年浦城县笋竹精深加工示范县项目总投资 1778 万元，其中使用省级财政补助资金 150 万元，共实施 4 个项目：新建年产 5000 立方米高档竹板生产线建设项目、新建年产 6500 立方米特种复合型集装箱板生产线建设项目、新建年产 2500 套高端竹材家具生产线建设项目、鑫隆达联合体竹林经营认证项目。

【生态保护修复】 2020 年，浦城县完成投资林业生态修复工程 7237 万元，其中：完成商品林征用（林权赎买）和林分改良 1496.07 公顷，合计投资 6773 万元（大部分为精准提升工程国开行贷款资金的林权赎买）；南浦溪流域天然湿地保护修复设施建设项目完成投资 337 万元〔项目分为富岭溪湿地保护修复和南浦溪省重要湿地（水北街）保护设施建设〕。

【生态公益林和天然林管护机制】 2020 年，浦城县认真落实森林资源保护发展目标责任制，将森林覆盖率、森林蓄积量、林地保有量纳入绩效考评。生态公益林和天然林管护机制改革逐步完善，确保生态公益林和天然林总体不变，加强智能森林巡护系统监管，在上年试行基础上，找出薄弱环节，及时更正，确保落实生态公益林及天然林管护责任，加强生态公益林和天然林监管及 2020 年度资金发放各项工作。深入各乡镇组织开展生态公益林和天然林监管员培训，给各林业站配备森林资源调查监测设备北斗卫星定位终端机，购置 19 台无人机，充实到部分乡镇，用于加强森林资源管护。

【野生动植物资源保护】 2020 年，浦城县严厉打击非法猎捕经营鸟类等野生动物保护执法行动，结合疫情防控，通过创新宣传方式，制作张贴禁食贴画 930 张、送达告知书 2600 张、发放宣传单 2.1 万份。开展野生动物收容救护 21 起，救护处理野生动物 87 只（条），组织进行野生动植物案件林业技术鉴定 11 起。抓好野生动物疫源管控及完成人工养殖野生动物养殖场退养转产工作。组织 7819 人次，对全县 24 家养殖场所和市场、集市、商铺、餐饮、冰库等场所巡查检查 5258 家次，全面禁止野生动物交易。组织 22804 人次参加野外巡护，捕获夹清网 63 个，发放宣传材料 1.98 万份，从源头上打击非法猎捕野生动物行为。完成全县 47 家野生动物养殖场退养处置工作，处置养殖动物 6.71 万只（条），拨付退养转产补偿补助资金 778.45 万元。野生动植物抢救性保护或救护，完成投资 127 万元。

【林业有害生物防治】 2020 年，浦城县围绕森防目标管理“四率”指标和松材线虫病防控目标任务，认真做好林业有害生物测报、防治（防控）和检疫。全县林业有害生物发生面积 4713.33 公顷，全年完成防治面积 4613.33 公顷，无公害防治面积 4613.33 公顷，无公害防治率达 100%，成灾率为零。全年应施累计监测面积 2.73 万公顷，实施监测累计面积 2.73 万公顷；年初预测发生面积 4666.67 公顷，实际发生面积 4713.33 公顷，测报准确率达 98%。开展松材线虫病除治“冬春攻坚”行动和松枯死木清理攻坚行动，共除害处理零星松枯死木 2773 株。

【森林资源保护】 2020 年，浦城县做好森林资源监测，严格执行森林采伐限额制度。根据行政审批改革有关规定，做好第三方伐区调查规划设计的前期工作。做好林木采伐许可证审批工作，完成上级下达保护发展森林资源目标责任制。打击涉林违法犯罪，查处林业行政案件 114 起（其中擅自改变林地用途案件 62 起），受行政处罚 115 人次，挽回经济损失 103.88 万元。完成森林督查暨森林资源管理“一张图”年度更新工作。全县图斑 502 个，制定“浦城县 2020 年森林督查暨森林资源管理‘一张图’年度更新迎检实施方案”，将全县 502 个疑似图斑分解至各乡镇现地调查。7 月 20 日，全县 502 个疑似图斑现地调查结束，发现的问题图斑线索及时移交林业综合行政执法大队或公安森林警察大队依法调查处理，及时完成资源建档“一张图”年度更新工作及数据更新入库。

【森林防火】 2020 年，浦城县森林防火指挥部、县森林防火指挥部办公室及其职能、人、财和物等已从县林业局移交转隶至县应急管理局，县林业局新设立林业防灾减灾股，确定转隶后工作职责，多措并举，狠抓森林防灾减灾责任落实，确保森林资源和人民群众生命财产安全。继续将森林综合保险工作纳入 2020 年为民办实事项目，为将项目落地，全县共有 25.45 万公顷森林承保，承担总保险金额 389395.71 万元。

【樟元山森林公园建设】 2020 年，浦城县对樟元山森林公园进行公益性开发建设，建设项目包括公园森林景观提升 60 公顷，改造盘山旧 205 国道路面 10 千米，旅游接待中心建设，樟元山顶部至旧国道的水泥道路及部分游步道建设等，项目估算总投资 7070 万元，当前完成工程量 3051 万元。

（温星辰）

水 利

【概况】 2020 年，省水利厅下达浦城县水利工程建设投资计划 4.11 亿元，其中重大水利项目 3.11 亿元，重点水利项目排名全省第四，面上水利项目 1 亿元，至 12 月底全面完成计划投资任务。

【重大水利项目】

浦城县忠信寨门溪安全生态水系建设项目。治理河长 10.5 千米，新建生态护岸、生态巡查步道、生态滨水绿道、生态景观节点等，总投资 1247 万元，其中省级资金补助 960 万元。2020 年 1 月已开工，9 月底已经全面完成。

闽江上游建溪二期（浦城段）防洪工程。项目总投资 1.1 亿元，2020 年投资 2000 万元，年底建设完成马莲河堤段 1 千米，至 12 月底累计完成投资 2000 万元，项目累计完成投资 7500 万元。

浦城县王家洲水库。建设总投资 2.82 亿元，总库容 2093 万立方米，拟增加投资 4000 万元将原设计中的下游消能箱变更为装机 3000 千瓦消能电站建设。预计 12 月底大坝工程完工验收，隧洞进水口闸墩、启闭平台、交通桥等土建工程浇筑，完成投资 3000 万元。

水美城市建设综合治理项目。2020 年，开展马莲河左右岸堤防建设、景观建设、拦河坝建设，项目于明年汛期前建设完成，建成后将申报马莲河水利风景区。同步开展了南浦溪西门公园至马莲河交汇处景观建设。2020 年计划投资 1.07 亿元，已完成投资 1.09 亿元。

南浦灌区续建配套与节水改造工程。设计灌溉面积 41.2 万亩，总投资 6.43 亿元。县财政预算 2500 万元实施子项目东风水库引水隧洞工程，开挖总长度 2280 米，隧洞已全线贯通，年底通水。

集镇供水巩固提升工程。自 2017 年以来，先后启动石陂、临江、濠村、永兴、古楼、山下、枫溪、水北街、仙阳、富岭、管厝、忠信、九牧、盘亭、官路、万安等 15 个乡镇供水巩固提升工程的实施工作。计划改造扩建乡镇水厂 15 座，设计供水规模 4.14 万吨/日，受益人口 16.1 万人，总投资约 1.4 亿元。2020 年计划投资 2700 万元，10 个

2020 年 11 月 4 日，省水土保持工作站科长到浦城杉坊村检查 205 国道及渔梁岭隧道项目水土流失防治情况（县水利局 供）

乡镇正开展完工验收工作，5 个乡镇主体工程至 12 月底完成。

城区防洪排涝(高水高排)项目。工程总投资约 3.5 亿元，工程主要任务是防洪为主，兼顾排涝。主要建设内容：元射泄洪洞总长 3.527 千米，设计流量 485 立方米／秒，潜坝长 80 米，高 3.3 米。工程等级为Ⅳ等，主要建筑物级别为 4 级、次要建筑物级别为 5 级，临时建筑物级别为 5 级。工程防洪标准为 30 年一遇，排涝标准为 10 年一遇。支洞已开挖 15 米。

浦城县城乡供水一体化项目。设计供水总规模共 22.67 万吨／日，设计总供水覆盖人口 42.6 万人，总投资 13.89 亿元。2020 年 6 月 9 日省水利厅组织专家评审通过该《规划》，并于 7 月 28 日出具了专家评审意见，县政府 10 月 14 日根据省厅专家评审意见对《规划》进行了审批。《可行性研究报告》编制工作从 7 月下旬全面展开，水利局于 10 月 20 日组织专家对该报告（送审稿）进行了技术评审，11 月县发改局对该项目进行审批立项，正在着手特许经营权网上公开招投标工作，预计 2021 年 2 月初开标，至 12 月底完成投资 5000 万元。

浦城县大洋水库工程。该项目预算总投资 3 亿元，属总库容为 1790 万立方米的中型水库，坝址以上集雨面积 50 平方千米，水库以防洪、灌溉、供水为主，设计灌溉面积 2 万亩，供水 3 万人。前期，浦城县已委托省水利水电勘测设计研究院开展大洋水库可研编制工作，目前已完成《工程可行性研究报告（送审稿）》和移民安置规划实物调查等工作，其他《防洪论证报告》等 6 个专题报告正编制中。因该水库未列入全国中型水库建设规划库，现正争取增补入库或待“十四五”时争取列入规划。面上水利项目完成情况：至 12 月底，节水型社会建设完成 240 万元，水库水源地保护完成 35 万元，农村饮水安全巩固提升完成 136 万元，农业水价综合改革完成 20 万元，水利工程水毁修复完成 800 万元，大坝安全鉴定及水利设施维修养护完成 190 万元，小型病险水利常态化除险加固完成 300 万元，水土流失综合治理 1188 万元，水土流失治理项目林业、国土等其他部门投入完成 2279 万元，高标准农田建设水利投入完成 3000 万元，市政、交通等相关部门水利部分投入完成 590 万元，水利风景区建设完成 600 万元，水利信息化（防汛抗旱指挥系统、水资源管理系统等建设与运行维护）项目完成 20 万元，未列入以上 16 类的水利项目完成投资 1069 万元。

【防汛备汛】 2020 年，浦城县按照防汛指挥系统在 4 月底前由县水利局转到县应急管理局，县防指及相关乡镇（街道）调整充实了防汛抗旱指挥机构，修订完善防指成员单位职责，并督促落实以行政首长负责制为核心的各项防汛责任制。在《浦城时讯》媒体上公布小型水库防汛行政责任人名单，自觉接受社会监督和检查。浦城县对各乡镇（街道）下达了水利工程安全度汛责任书，并进一步落实水库防汛及大坝安全的政府与行政、主管部门、管理单位与巡查、技术等 4 类责任人，确保防汛度汛、大坝安全责任落实到位；防洪工程水毁修复重点工程 67 处，总投资 830 元，其中水利救灾资金 711 万元，目前已全部完成工程修复，预算执行进度 85%。完成 79 座小型水库防洪调度运用计划和防洪抢险应急预案的审查审批；完成闽江上游建溪二期、闽江六期等在建水利工程度汛预案的审查、审批；完成《浦城县城市超标准防御预案》修编。全年，山洪灾害防治项目建设投资 34 万元，三元、新桥、小溪、口坑 4 座水库水雨情自动监测系统改造、预警与监测平台及群测群防体系建设全部完成。

【洪涝灾害】 2020 年，浦城县上半年城区累计降水量 1672.5 毫米，全年占去年同期的 92.07%；占历年同期平均的 101.08%。截至 10 月 20 日，全县经历了“5•10”“5•30”“6•11”“7•09”四次大范围降雨，全县乡镇不同程度受灾，受灾人口 1113 人，累计农作物受灾 189 公顷，全县直接经济损失 2307 万元，其中水利设施损失 410 万元。

【农村饮水安全工作】 2020 年，开展浦城县建档立卡贫困人口饮水安全排查复核和整改落实工作，对全县 19 个乡镇 5196 户（9973 人）建档立卡贫困户安全饮水开展入户排查工作，开展水质检测 1054 份。做好贫困村农村饮水安全巩固提升工程建设，2020 年省级财政专项资金下达 9 个贫困村 183 万元。已完成工程勘测设计工作，工程进入施工，进度 50%。完成国家监测农村饮水水质枯水期、丰水期的取样、检测工作，全年合格率 70%。2020 年中央投资 253 万元，县级财政投入 79.6 万元，开展全县 710 处农村饮水安全工程维修养护任务，做到全覆盖。

【水政水资源管理】 2020 年，浦城县加强水法律法规和河长制工作学习宣传。进行河湖清“四乱”情况。严格按照“四乱”清查标准，认真

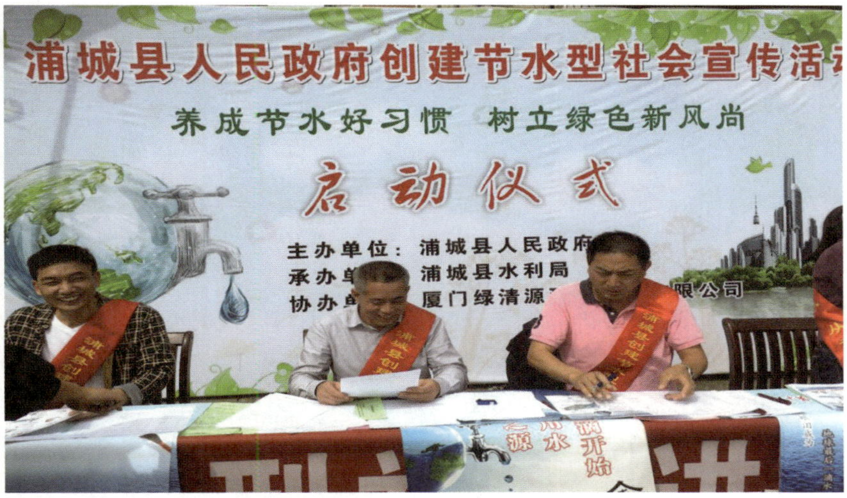

2020年9月25日，县水利局、河长办承办“养成节水好习惯 树立绿色新风尚”宣传活动 （县水利局 供）

摸排河湖“四乱”问题。2020年，发现“四乱”问题15个，6个建筑垃圾乱堆问题、2个种植碍洪作物问题、2个非法占用水域滩地问题、3个非法采砂问题、2个涉河违法违规建设问题，已整改到位；水政监察大队在依托河长制工作的同时，利用节假日进行河道巡查，严厉打击河道非法采砂行为。全年查处了9起河道非法采砂和1起侵占河道规划岸线案件，给予了行政处罚。

【农村水电工作】 2020年，浦城县现有水电站97座，装机7.8万千瓦。全年水电生产任务为2.1亿千瓦时，发电量2.02亿千瓦时，完成全年水电发电量任务的95%。浦城县列入“十三五”增效扩容改造项目共10个，10个项目总投资3197万元，中央资金补助819.1万元，实际投资3427.7万元，到位资金3427.7万元。10座电站从技改前装机6775千瓦增至11595千瓦，新增装机4820千瓦，新增发电量1471万千瓦时。2020年上半年全面完成省厅绩效评价。浦城县有30%的水电站数据异常或不合格。县水利局每天通报不合格电站，督促限期整改到位，确保下泄流量真实、完整；组织安全生产专项检查工作组于汛前对装机500千瓦以上的电站和有大坝的电站进行安全生产检查，500千瓦以下的水电站以自查、检查、抽查相结合，确保电站安全运行。

【水土保持】 2020年度国家水土保持重点建设工程浦城县九牧溪、旱田溪、上盘亭溪小流域水土流失综合治理项目。基本完成项目建设任务，完成综合治理水土流失面积1700平方千米，建设水保生态清洁小流域（安全生态水系）1条，长度4.47千米。完成项目总投资856.97万元，其中中央资金完成600万元、地方群众投劳折资完成256.97万元；2020年仙阳镇太平村水土保持生态村项目，完成综合治理水土流失面积83.5公顷；完成总投资62.5万元，其中省级财政补助50万元、地方配套12.5万元；2020年古楼乡上云村水土保持生态村项目。完成综合治理水土流失面积83.5公顷；完成总投资62.5万元，其中省级财政补助50万元、地方配套12.5万元。全年开展水土保持监督执法检查15次（检查生产建设项目15个），审批水土保持方案12个，送达各类商函和通知书23份；严格规范水土保持监督检查程序和行为，有序监管、有据监督、有迹可查，生产建设项目水保方案监督检查程序合格率达到100%。

【河（湖）长制工作】 2020年，县委、县政府把河长制工作纳入生态文明建设的高度加以深化落实。纳入绿色发展考核评价体系，加大河长制工作力度，从根本上保证全县河长制工作的深入开展。针对“三合一”生态巡查机制实施工作中存在的问题，通过借鉴其他县市经验，通过网上公开竞聘，7月由福州雪品环境有限公司正式接手浦城县生态巡查工作，并由县河长办、生态环境局、交通运输局每月对雪品公司进行考评工作；县委书记、县长带头履行浦城县河长职责，每月对南浦溪（管厝、仙阳、万安、南浦、河滨、莲塘段）进行巡查，带动全县其余县级河长27人和乡级河长63人积极履职，促进浦城县河长制工作持续扎实开展。

【库区移民开发】 2020年，浦城县库区移民总数为7682人，其中直补移民4251人，扶持到村移民3431人。对4251名移民群众发放2020年度移民直补资金共计255.06万元；对因病、因残、因灾等7名困难移民发放补助金共0.7万元。浦城县被列入后期扶持的大中型水库5座，即东风水库、龙岭下水库、东坑水库、旧馆水库和古田溪水库，库区移民主要分布在莲塘、仙阳、管厝、石陂、永兴5个乡（镇），共20个行政村（场）和64个自然村。2020年度向上争取大中型水库后期扶持项目6个，资金611.96万元。其中生产开发类项目1个，资金140万元；环境整治类项目 2 个，资金 452.96 万元；社会事业类项目 1 个，资金 10 万元；培训项目 1 个，资金 4 万元；其他项目 1 个，资金 5 万元。乡村建设和环境改善，主要为：路灯 138 盏，公厕 11 座，停车场 2 处 1500 平方米，休闲公园两处，道路交通建设进行顺利，完成农村机耕道 4.68 千米及村内道路硬化 6800 平方米，有效改善移民及连带影响人口的出行生产问题。

（揭晓云）

农业机械化

【农机购置补贴政策落实】 2020 年，浦城县农机总站向省、市争取农机购置补贴资金，得到省、市农机部门支持。12 月底，全县已申请使用农机购置补贴资金 2542.44 万元。其中：已拨付购机农户中央资金 1089.13 万元，省级资金 496.85 万元，待结算资金 956.46 万元，共补贴各类机具 3943 台，受益农户 2933 户。

【农机推广】 2020 年，浦城县农机总站以创建水稻生产全程机械化示范县为抓手，依托永兴绿禾农机合作社开展全程机械化 + 综合农事示范点建设，富岭隆庆农机合作社开展水稻全程机械化示范点创建，九牧龙鑫开展机械化养殖试点，三个示范点建设正在实施当中，三家“五有”农机合作社正在按规范要求开展创建。全年开展水稻耕、种、收、机防、烘干等各环节现场演示会 5 场，专项机播、机插、直播现场会 8 场，推广先进、高效、节能的农机新机具、新技术，做实、做活农机推广工作。引导农机合作社、种粮大户改变传统耕作方式，形成现代农业种植新模式，全县水稻生产全程机械化建设稳步推进。8 月已经申报省级主要农作物全程机械化示范县。

【农机社会化服务】 2020 年，浦城县农机总站积极扶持引导农机合作社开展订单作业、统防统治、粮食烘干、代购代销等农机社会化服务，提高农机合作社的规模化经营、专业化生产和社会化服务水平，取得良好的经济效益和社会效益。对各个合作社在落实农机购置补贴资金、技术指导、机库棚建设、全程机械化示范项目以及社会化服务资金等政策上重点倾斜。使农机合作社的功能进一步完善，农机装备有明显的改善，为农机合作社实施农机作业“一条龙”服务提供保障，为农民群众通过农机化实现规模经营和增加收入搭建平台。

【农机安全监管】 2020 年，浦城县农机总站严格落实农机安全生产，党政同责，一岗双责，积极做好农机安全生产工作。开展农机安全生产宣传教育，营造良好安全氛围。利用各种宣传形式开展农机安全宣传教育活动。2020 年出动安全宣传人员 100 人次，发放农机安全宣传材料 1800 余份，群发安全短信 4000 余条，安全宣传受益人达到 2000 余人次。开展经常性的安全生产监督检查以及农机安全生产月活动，突出抓好重要农时、节假日和各类农机服务组织的安全生产监督，确保农机生产顺利、安全、高效进行。

（刘　婷）

工 业

综 述

【概况】 2020年1—12月，浦城县本级规模工业企业63家，实现产值88.39亿元，现价同比增长-2.85%，累计实现工业增加值25.66亿元，同比增长0.9%，高于全市平均水平（-9.5%）10.4个百分点，工业增加值增长位列全市第二，减产企业已由26家减少到21家。县本级规模工业企业累计用电量3.16亿千瓦时，同比增长-0.06%。累计实现税收2.08亿元，同比增长-3.16%。在全市绿色发展考评中，第一至第三季度均位列全市前三。

【抓好复工复产】 全力支持企业复工复产，工信局分管领导分三组带队深入企业帮助解决疫情困难问题，实现疫情防控和经济发展“两手抓”“两不误”。落实政策支撑，强化精准服务，加强要素保障，建立联企帮扶机制靠前服务，建立企业人员健康管理平台，明确企业主体责任，推动企业复工复产。在疫情防控一级响应期间累计为到浦城县务工就业的企业和项目复工企业外省员工开展免费咽拭子核酸检测2450余人次，检测结果均为阴性。至3月底，县本级63家规模工业企业，复工率100%，到岗人员9666人，到岗率98.49%，重点企业产能达95%以上，4月以来增加值增长率逐步收窄，12月累计增速达0.9%。

【重点项目建设】 浦城县实施2020年市级重点工业和信息化投资（技改）项目15项，总投资44.03亿元，1—12月完成投资8.7亿元，完成计划数的100.46%。优化产业结构，着力培育绿色低碳的新增长点项目，培育省级新增长点项目7家（圣农发展、圣农食品、闽瓯铝业、菩尔新材料、铭塔玩具、蒙正生物、永芳香料），1—12月累计新增产值2.44亿元。推进战略性新兴产业项目，绿康生化2400吨/年活性杆菌肽系列产品扩建、蒙正生物专业园2个项目被列为2020年省级战略性新兴产业重点项目。

【绿色发展推动】 2020年，浦城县

2020年12月22日，县工信局领导察看智慧城市建设项目一期进展情况

（县工信局 供）

强化各部门节能工作职责，制定下发《2020 年浦城县节能与绿色发展工作要点的通知》，加强各乡（镇）人民政府、街道办事处、荣华山产业组团、工业园区、各有关单位对节能和绿色发展工作的监管。加大节能循环经济新技术、新产品的推广应用，引导鼓励乔宝陶瓷、鑫隆达竹木、兴达化机等企业优质产品申请列入福建省节能技术产品推广目录。推荐鑫隆达竹木、永芳香料申报循环经济示范单位。加快推进福建浦城工业园区循环化改造工作，有关省循环化改造财政资金 1000 万元文件下达至县财政局，县工信局会同县财政局成立园区循环化改造项目推进工作领导小组，制定循环化改造专项资金管理办法，加快推进循环化改造项目的实施。提升工业固废综合利用，组织福建庆浦物资再生利用有限公司申报再生资源综合利用行业规范企业。永芳香料无害化处置固体废弃物焚烧炉、永鑫竹业竹屑及下脚料资源化余热回收利用、闽瓯铝业利用废铝再生技术生产铝合金、鑫隆达竹木改造竹材饰面复合材精深加工生产线、旭禾米业分布式光伏发电等项目综合利用成效显著。持续推进工业领域节能，县域重点用能单位正大生化、绿康生化、浦城圣农、乔宝陶瓷、海圣饲料 5 家企业，均完成能耗在线监测系统建设。

【招商引资】 开展以商招商、平台招商、产业链招商等多种形式的活动，积极参加各类招商对接活动，围绕食品加工、生物制药、轻纺轻工三大优势产业，认真策划招商引资项目。2020 年向县商务局报送 3 个签约项目，分别为总投资 38300 万元的年产活性 1200 吨杆菌肽预混剂、1200 吨兽药原料药项目和总投资 10000 万元的人用盐酸金霉素原料药项目和总投资 8000 万元的高端新型塑胶玩具及厂房建设项目。邀请仁宏医药“年产 4000 吨香精香料中间体项目”、正大生化“人用盐酸金霉素原料药项目”参加省重大招商项目集中“云签约”活动进行现场签约。

【技改创新】 2020 年，浦城县推进企业技术改造和增资扩产，落实中央、省、市关于支持企业技术改造优惠政策，重点支持一批转型升级、结构调整、质量提升技改项目。浦城县列入 2020 年福建省重点技术改造项目 7 项，总投资 8.66 亿元，完成投资 4.41 亿元，完成率 100%。指导铭塔玩具“高端新型塑胶玩具及厂房扩建项目”、仁宏医药“生产线设备升级及自动化改造项目”、正大生化“人用盐酸金霉素原料药项目”申报省技改设备补助，下达补助资金 6.08 万元。绿康生化总投资 2.01 亿元的浦城工业园区浦潭工业园热电联产项目，获批 8700 万元省企业技术改造基金贷款额度。

【现代物流业助推】 2020 年，浦城县进一步做好物流业相关工作，促进 2 个物流园基础设施建设。引导外挂车辆回迁、引导货运车辆向物流园集聚，年初，县工信局会同财政局、交通运输局、商务局等部门对符合文件要求的企业申报上年度物流业奖励补助项目材料进行严格审核，符合奖励条件的企业 12 家，奖励资金 42.16 万元。全县物流企业 39 家，2020 年度新增货运车辆 148 辆，新增回迁车辆 7 辆。

【信息产业发展】 2020 年，浦城县推进企业工业化与信息化深度融合，申报省级两化融合重点项目 7 项，市级两化融合重点项目 10 项；培育和指导圣新能源、永芳香料、正大生化、浦城圣农、绿康生化 5 家企业获得“两化融合管理体系评定证书”，浦城圣农获两化融合贯标专项评定奖励 20 万元；组织永芳香料等企业申报 2020 年工业互联网应用标杆企业；组织县域内 21 家优质企业参加 5G 智企信息化应用培

2020 年 6 月 3 日，浦城县工信局在县委大会议室举办浦城县 5G 智企信息化应用业务培训会（县工信局 供）

训；组织铭塔玩具申报2020年第一批企业上云上平台专项补助，获得补助资金9.82万元；继续推进“浦城县新型智慧城市建设项目一期”项目建设工作，通过项目建设助力浦城信息化全面建设，促进浦城产业发展。

【金融服务强化】 2020年，浦城县设立浦城县工业产业基金，34家企业获得9530万元无抵押贷款；为13家小微企业提供过桥转贷13次，使用资金5495万元，为55家企业转贷165笔，转贷资金7亿元；组织企业申报中小微企业纾困专项资金贷款。全县39家企业申请福建省中小微企业纾困专项贷款资金2.07亿元，24家企业享受到纾困贷款资金1.26亿元。

【安全生产落实】 2020年，浦城县召集行业企业召开安全生产会议3次，组织相关安全负责人认真学习国家安全生产法规政策和有关安全文件精神，提高企业安全责任意识；开展安全检查和专项整治工作。贯彻落实上级有关安全生产工作会议精神，采取不定时不定点抽查的方式，对全县民爆等行业进行14次安全生产大检查，发现1家企业安全隐患15条，下发整改通知书限期整改，企业对隐患全部整改到位。

支柱产业

【三大产业集群】 2020年，浦城县规模工业中三大“主导产业”以龙头企业和优势产品为着力点，提高产业聚集度，完善产业链条，推动产业向精深加工、终端产品生产转变。三大“主导产业”实现工业产值127.58亿元，占规模工业比重77.69%。

【生物制药产业龙头企业】2020年，浦城县生物制药产业发展质量不断提升。依托绿康生化、正大生化、蒙正生物、永芳香料、仁宏医药等企业，以工业园区、浦潭生物专业园为主要发展区域，主要生产生物兽药、生物农药、生物饲料、氨基葡萄糖原料药、食品饲料添加剂、合成香料等系列产品，70%出口国外。2020年，生物制药产业集群（9家）实现工业总产值7.65亿元，占规模工业比重4.65%。

【食品加工产业龙头企业】2020年，浦城县食品加工产业总量大幅提升。全县食品加工产业规模以上企业22家，形成了以生产肉鸡的福建圣农集团有限公司、生产灵芝系列产品的福建仙芝楼生物科技有限公司、生产薏米桂花系列产品的福建木樨园营养食品有限公司、生产大米的福建旭禾米业有限公司等为食品加工产业的龙头企业。2020年实现工业总产值58.82亿元，占规模工业比重35.82%。

【轻纺轻工产业龙头企业】2020年，浦城县轻纺轻工产业链不断延伸。以荣华山组团和工业园区为依托，集聚生产要素，不断完善产业链。轻纺轻工产业规模以上企业23家，以荣华山新型轻纺工业园合成革面料生产、皮具制品、服装鞋帽加工等企业为轻纺轻工产业龙头，2020年轻纺轻工产业集群（23家）实现工业总产值61.11万元，占规模工业比重37.22%。

（林 婷）

工业园区

【概况】 2020年，浦城工业园区现有入驻企业36家，规模以上企业23家，其中国家高新技术企业2家，省级名牌产品数1个。完成工业产值24.65亿元，比上年同期增长4.54%；创造税收1.44亿元，比上年增长21.82%；固定资产投资2.76亿元。园区企业在疫情环境下保持逆势增长的良好态势。

【基础建设】 2020年，浦城工业园区投资1.5亿元，建设横九路、浦潭大桥、滨溪路、浦潭大道等项目，构建浦潭生物专业园区由内向外扩散式交通运输网，提高企业对外对内的输送能力，提升园区承载力；投资2亿元建设全市首个热电联产项目，投产后能为企业提供日蒸汽量4000吨，改善供热环境，减少废气排放；投入6000万元打造全省首个工业园区双线双主变110千伏变电站，为园区提供高标准的电力保障，营造稳定的生产经营环境。投入4500万元建成一期日处理量6000吨污水处理厂，投入8000万元加快建设二期日处理量10000吨污水处理厂，全面提升园区污水处理能力；投入2100万元建设日供水8000吨自来水厂，提高园区供水的安全性和稳定性，为园区各企业安全、绿色、高质发展提供保障。

【招商引资】 2020年，浦城工业园区坚持把招商引资作为重中之重的工作之一，通过创新招商引资模式，推进招商引资工作迈上新台阶。采取会议招商、机构招商、环境招商、政策招商、中介招商等方式，引进一批实力雄厚、税源可靠、前景看好的省、市重点工业项目。园区入驻企业36家，均已建成投产；永芳香料二期、热电联产项目已竣工拟投入生产；在建和计划建设的项目有绿康系列产品、蒙正系列产品、仁宏药业等项目，初步形成以医药制造、生物制药、食品及饲料添加剂、专用化学品和日用化学品制造等产业为主、相关下游产业为辅的生物化工产业集群。入驻和计划入驻企业6家，总投资约60亿元。

【疫情防控】 2020年，浦城工业园区全面织牢织密疫情防控网。园区干部职工深入企业、项目现场指导、检查疫情防控工作151人次，发现问题13项，整改问题13项，为企业协调口罩26100个，为重点施工项目配备体温枪6把，督促外地返岗企业职工、项目负责人、一线工人签订《居家隔离承诺书》56份，并指定专人对各企业、重点项目进行定期安全、卫生检查，为企业生产经营、项目施工建设营造安全、稳定、健康的环境。

【安全监管】 2020年，浦城工业园区把安全监督管理贯穿企业生产、项目建设全过程，不断深化安全制度建设、安全教育培训、安全责任制落实。开展消防安全、危房排查、疏散逃生、应急救援培训各3场，培训企业负责人285人次、安全管理人员360人次，与企业签订安全生产责任书27份。同时，对企业、工地、“三合一”场所展开全面排查整治，先后深入企业厂房、办公楼、职工宿舍楼、职工食堂进行安全检查196人次，发现隐患72项，完成整改72项，排查辖区危房253栋，发现危房隐患3项，完成整改3项，实现安全隐患排查整治全覆盖、无死角。

【环保督查】 2020年，浦城工业园区在发展壮大园区产业的同时，加强对企业的环保督查。在全面排查摸底企业环保设备、环保工艺、环保技术的基础上，精准施策、把脉问诊，引导、督促入园企业加快工艺改进和设备更新，淘汰一批能耗大、污染重、效益低的陈旧设备，实现环保技术升级。同时，推广清洁生产，提高入园企业门槛，构建多层次的产业链网，使园区内的产业结构和空间布局合理化，从源头控制污染。通过不断完善园区基础设施建设，加快园区污水处理厂建设步伐，为入园企业提供污水集中处理服务，从而提高污染治理效果。

【产业规划】 2020年，浦城工业园区规划项目有：年产活性2000吨绿色微生物添加剂项目，总投资4.3亿元；永芳合成香料生产项目，一期新建7个年产5000吨合成香料生产线，二期新建年产天然提取物（75%）400吨及咸味香精3500吨生产线，总投资4.2亿元；年产4000吨香精香料和新材料中间体项目，一期新建年产2000吨香精香料和新材料中间体项目，二期新建年产1000吨光引发剂项目，总投资5亿元。

（范妹敏）

荣华山产业组团

【概况】 2020年，南平市荣华山产业组团完成规模工业产值75.81亿元，同比下降20.71%；规模工业增加值12.58亿元，同比下降18.81%；工业用电12807万千瓦时，同比下降13.73%；工业用气3902.81万立方米，同比下降19.37%；固定资产投资11.96亿元，同比下降11.95%；入库税收1.04亿元，同比下降17.46%。

【招商引资】 2020年，组团招商工作依托互联网，通过网站公开组团招商项目以及资源、环境优势等，吸引客商赴组团考察、投资。围绕“1+2”产业定位，坚持一把手招商、小分队招商、以商招商等，主动对接浙江温州、台州、丽水等地，重点洽谈纺织、鞋业、机械制造、食品生产等项目。全年新引进总投资超5000万元产业招商引资合同项目20个，总投资18.42亿元，其中12个转化为开工项目。一把手招商合同项目10个，总投资9.99亿元；回归经济项目4个，总投资3.7亿元。

【项目建设】 2020年，组团被列入省、市重点项目10项（在建6项，预备4项），总投资13.57亿元；新开工2项［南平荣华山循环利用废旧轮胎项目、南平荣华山产业组团机械电子园配套基础设施（一期）建设项目］。全年完成投资3.77亿元，占年度计划投资3.18亿元的118.63%。全年新增“五个一批”项目40项，总投资32.5亿元。其中：新增谋划项目12项，总投资13.95亿元；新增签约项目13项，总投资9.07亿元，均完成工商注册及备案；新增开工项目12项，总投资8.55亿元；新增投产项目3项，总投资0.93亿元。

【土发集团合作】 2020年，组团按照“资源整合，优势互补”的原则，深化与南平市土地发展集团有限公司（市土发集团）的合作，既增加市土发集团的资产规模，又解决组团资金

2020年5月19日，南平市荣华山组团与浦城电信公司签署"智慧园区"战略合作协议（南平市荣华山产业组团 供）

紧张问题。首个合作项目——总投资2.4亿元的福建浦城荣华山经济开发区基础设施（一期）二标段设计采购施工总承包（EPC+F）项目于2020年开始施工；出资收购园区公司经营性资产BT、BOT水厂，保障园区供水安全。此外，市土发集团还为组团融资提供担保，首期5000万元资金到位，后续将继续为组团融资提供担保。

【品牌建设】 2020年，组团有4家企业获国家高新技术企业认定，浦之玉和仙芝科技获评福建省产业化省级龙头企业，和洁环保公司的回收DMF涡轮萃取塔技术集成装备被认定为福建省省内首台（套）装备。组团拥有4家国家高新技术企业，3家国家两化融合贯标企业；6家省科技小巨人领军企业，12家省科技型中小企业，2家省知识产权优势企业，1家省级示范物流园；7家市高新技术企业，5家市知识产权优势企业，1家市级企业技术中心，3家企业上云上平台。

【补齐基础设施短板】 2020年，组团完成荣华山产业组团一期及浦城新城北启动区控规修编工作，委托同济大学完成组团"十四五"规划的编制。全年建设边坡防护工程5000立方米；平整土方200万立方米，为园区发展提供13.33公顷土地；完成污水集中处理及管网二期工程（日处理量1.8万吨）主体建设和设备试安装，全面改造、修复轻纺园雨污管道；实施新205国道绿化提升项目，完成土建工程和80%苗木种植；完成园区监控系统、道路标识系统及路灯改造。综合园标准厂房竣工验收（企业顺利入驻），智慧园区智能化管理平台在积极搭建。

【环境质量提升】 2020年，组团新增完成13家企业危险废物全过程可视化、信息化智能管理设备安装。采用冷凝+吸附工艺率先在省内合成革行业开展并完成组团10家重点合成革企业24条生产线喷淋回收塔尾气两级处理升级改造，实现园区VOCs减排。完成DMF集中回收一期项目运行成本标定以及二期项目选址、用地红线测绘、能评初稿等，正在编制环评报告书。

（陈祥峰）

电力工业

【概况】 2020年，国网浦城供电公司固定资产投资0.61亿元。售电量9.59亿千瓦时，同比增长0.24%。售电收入4.84亿元。资产总额5.38亿元，较年初增长5.9%。电费回收率100%。综合线损率4.02%，同比下降0.7%。用户平均停电时长10.79小时/户，同比下降35.5%。

【电网建设】 2020年，国网浦城供电公司完成110千伏万安变二期、35千伏东峰变、山下变扩建投运。110千伏仙霞变在建设中，35千伏官路变、管厝变二期扩建在建设中。完成配网投资约5023万元。至2020年，浦城10千伏电网N-1通过率80.36%、网架标准化率96.58%。解决单线单变站7座、单辐射线路34条，实现1条跨县域配网末端联络。调度集群化工作以全省最高分通过省调验收，实现和武夷山公司互调工作。强化变电运维管理，新迁建安华运维站，完成35千伏仙阳有人值守变电站的退役。新建公司浦潭物资仓库开工建设。系统整治低电压用户台区，特别是拉网式整治重灾区莲塘所低压隐患。完成8条标准自动化馈线建设。

【安全生产】 2020年，国网浦城供电公司落实"四个管住"，加大现场执规监督力度，检查作业现场1765人次，发现严重违章8起，典型违章5起，一般性违章388起，考核金额10.05万元。推动电力设施安全隐患治理纳入政府核心考核指标。强化涉电安全隐患及时处理和线路走廊清理协调工作。协同电力执法办开展三线搭挂涉电隐患整治，召开整改推进会，处理强弱电交叉跨越等隐患321处。扎实开展安全生产专项整治。220千伏线路跨越迁改电网六级风险保电工作获上级肯定。提升员工“自保+互保”安全意识，落实正向激励，全年兑现安全奖励金23.82万元。

【经营管理】 2020年，国网浦城供电公司采取7个方面53项举措，推进提质增效，实现创利737万元。实施降本增效，在受阶段性降低企业用电成本政策不利因素影响下，实现利润总额比上年同期增加807万元，增幅12%。持续推进“三清理、两提高”工作，压降工程物资65.3%、压降在建工程39.4%。反窃查违追补84.31万元。闲置资产盘活、保险理赔等增利99万元。逾龄资产增长率压降42.14%。台区综合线损率降至2.5%。深化内模市场建设，挂钩薪酬兑现125万元，自主作业压降外包费46万元。闲置房产资源再利用，官路营业所与九牧派出所办公楼使用权互换，水南营业所办公楼改造为公司青工职工周转房，减少公司房屋租赁费。整合精简营业窗口，节约营业厅日常维护费用。

【改革创新】 2020年，国网浦城供电公司深化一线班组“工效挂钩”分配机制，员工薪酬向基于业绩转变。试点石陂供电所模拟合伙人制。“无信号区载波三遥集联”“配电化变电站数字化应用方案”两项发明申报国家专利，配网灾损评估管理系统应用入选省公司优秀管理创新推广成果，《地理接线图清障系统》项目获省总工会“五小”创新三等奖，新型安全围网研究课题获省质协QC成果一等奖。闽延建设公司浦城分公司成立自建班组检修试验中心和带电作业班，积极开拓业扩市场，大力争取居配项目、政府工程，2020年实现营收6605万元，同比增长5.72%，其中业扩工程实现收入3459万元，同比增长18.74%。

【营销服务】 2020年，国网浦城供电公司执行提升“获得电力”28项举措，实施“三个零天”管控机制，实现用电报装七大类证照信息政企共享。加快集约中心供电所建设，实施营业厅转型再升级，转型入驻乡镇便民服务中心窗口1个，撤并营业厅6个、撤柜18个，“网上国网”新增绑定3.6万客户，线上开票率98.69%，智能缴费预付费占比74.65%，客户临柜率1.22%。强化供电所对标管理，全年4个所排名进入全区前40名，即水北所（第9名）、永兴所（第24名）、忠信所（第28名）、莲塘所（第30名），特别是永兴所、莲塘所指标显著提升“打了个翻身仗”。

2020年4月10日，浦城县供电公司员工为茶厂义务检查设备线路

（浦城县供电公司 供）

【“数字化”实践】 2020年，国网浦城供电公司构建绿能指数项目获评全国电力行业两化融合优秀解决方案。公司作为唯一参与省公司“智慧园区”“水电云系统”项目的县公司。与铁塔公司建立战略合作关系，试点通信基站管理助手；“电易信”数字产品推广实践入选中电联全国“信用电力”典型案例。

【巡察整改】 2020年，国网浦城供电公司强化政治担当，提高政治思想站位，落实巡察整改工作。围绕巡察反馈的问题61个，制定整改措施178项，建立完善制度6项。问责有关人员18人（公司中层15人、一般员工3人）。问责人员中运用第一种形态18人，其中诫勉谈话3人、通报（批评）3人、责令书面检查10人、提醒谈话2人。经济处罚其他人员36人。应用“四种形态”廉政提醒约谈358人次。

（江永贵）

二轻工业

【概况】 2020年，浦城县二轻工业全系统实现工业总产值8800万元，实现销售8600万元，比上年均有增长。

【资产管理】 2020年，浦城县二轻工业总会成立以会长为组长的二轻系统资产管理领导小组，制定有关资产管理制度；对全系统各企业资产进行全面摸底，造册建档。要求各企业厂房租赁合同须报二轻总会备案，企业处置废旧机器设备须列出清单向二轻总会申报审批；协调解决有关企业厂房租赁合同纠纷，维护企业、职工的合法权益。对18家停产关闭的企业最大限度地盘活资产，为企业厂房招租牵线搭桥，确保集体资产的保值增值。通过强化资产管理，全年增加集体收入130万元。

2020年4月1日，二轻工业总会召开“房屋结构安全隐患大排查大整治”部署会 （县二轻工业总会 供）

【安全生产】 2020年，浦城县二轻工业总会落实安全生产工作，坚持“谁主管、谁负责”的原则，督促各企业签订落实安全生产责任书，健全安全生产责任制，要求各企业与承租人签订安全合同，按有关规定抓落实；在全系统认真落实房屋安全隐患大排查大整治百日攻坚专项行动，排查出有危房的，按要求规定立即进行整改。皮鞋厂投资3万余元对厂房危楼进行修缮整改；竹器厂投资2万余元对用电线路、消防器材和旱厕进行整改更新；制革厂投资1万余元对厂区危房和职工宿舍危房进行整改；华林建材厂投资1万余元对厂区环境和旱厕进行整改；合成化工厂投资1万余元整治厂区危房；国泰木艺制品厂投资1万余元对厂区危房进行整改。共排查出6家企业危房，花费整改资金10万元。

（刘福建）

邮政 通信

邮政业

【概况】 2020年，中国邮政集团公司浦城县分公司（中国邮政浦城县分公司）实现邮政总收入7221万元，完成率101.2%，同比增长9.07%，超额完成利润指标。跨年度余额净增5.76亿元。余额与中间高效业务双轮驱动，齐头并进。

【金融业务】 2020年，中国邮政浦城县分公司坚持“余额是重心、收入是中心、利润是核心”的要求，加大政策支持力度，强化网点经营管理，提升产品服务能力，量质并重推进稳健转型，代理金融发展持续向好，经营业绩稳步提升。完成代理金融收入5862万元，同比增长10.2%，收入规模和增长率分别列全市第二和第三；全年实现保险收入543万元，收入规模列全市第一；2020年期末余额达43.88亿元，本年净增5.71亿元；年新增市场占有率30.80%，存量市场占有率为28.78%。全县16个网点均达成跨年度确保档目标，其中12个网点达成跨年度奋斗档目标。在全国代理金融跨年度专项营销活动中，7个网点获评集团千佳网点，占全省获评网点的25.9%，占全市获评网点的50%。五一三网点获评全省“跨年度竞赛十佳网点”。

【寄递业务】 2020年，中国邮政浦城县分公司寄递业务紧扣“时限更快，价格更优、丢损更少、稳定可控”，以“三个视角”找差距，立标杆，以“三大规律”促改革、求创新。以政策为导向。全年发展125个有效协议客户，新增收入62万元。全年寄递收入完成565万元，同比增长16.06%，完成率96.65%。

【邮务业务】 2020年，中国邮政浦城县分公司邮务发展坚持主动创新、积极转型、统筹推进、重点突破的发展模式，围绕保存量拓增量的工作目标，按照“早谋划、早安排、早受益”经营思路，以核心营销团队为主要力量，动员非团队成员积极参与的协同发展模式，全力推动基础邮务业务平稳发展。全年实现基础邮务收入576.91万元，其中函件收入108万

2020年3月5日，中国邮政浦城县分公司工作人员在疫情期间将学生课本分发送到学生家 （中国邮政浦城分公司 供）

元；报刊收入204万元，报刊大收订收订报刊流转额755万元；集邮收入103.65万元；增值业务收入45.05万元；分销业务收入116.21万元。

（祝新频）

通信

【中国电信股份有限公司浦城分公司】 2020年，中国电信股份有限公司浦城分公司主营业务收入6141.79万元，完成预算88.37%，DICT业务收入1163.89万元，码号收入完成4089.65万元，完成预算的85.15%。天翼过网份额达31.69%，净增份额65.01%。天翼净增4019户，完成率82.36%，5G用户净增12448户；宽带净增完成2562户，完成率达87.14%，智慧家庭业务天翼看家有效发展1926户。

5G双抢行动。2020年，浦城分公司在全市率先完成浦城5G二期42个站点，119个载扇开通入网工作。5G用户累计净增12448户，完成年目标80.10%，5G终端机销量4973部。

智家业务发展行动。2020年，浦城分公司发展智慧家庭业务天翼1926户，完成40.46%；全屋Wi-Fi累计新增4579户，完成62.18%。

DICT发展行动。2020年，浦城分公司DICT收入签约累计完成1792万元，完成率75.16%，ICT收入完成率87.17%，两线收入完成率85%。

云网融合行动。2020年，浦城分公司全面推进以云网融合为核心的云改工作，梳理存量专线用户，通过看网讲云行动，打造分管领导+客户经理+网络工程师铁三角队伍，做好云业务的拓展，发展云安全专线7条、云专线8条。聚焦医疗行业安全等保信息化项目，成功获得浦城县医院三级等保信息化项目，带动云收入73.9万元，云核发展327核，也为后续中医院、妇幼保健院安全等保项目的拓展奠定良好的基础。

携号转网服务行动。2020年，浦城分公司发展携号转网2069户，中高值1754户。

客户经营提升行动。2020年，浦城分公司码号收入同比增幅6.59%。紧盯各类派单完成进展，每周通报各个渠道的完成情况，对落后的渠道及时电话沟通，对营销成功落后的社区店安排值班长上门面对面帮扶，抓好欠费回收。抓好欠停复概率，针对欠费初期客户，抓欠费催缴关键时间点及时派单并跟踪结果确保成功率，落实项目欠费责任制。

发展质态优化行动。2020年，浦城分公司天翼中高值净增完成6371户，完成指标的260.04%；129以上套餐新增占比19.76%；300M及以上宽带用户新增占比6.62%。

落实5G项目推进。2020年，浦城分公司5G室外无线网络建设二期工程42个站点、119个载扇，5G无线网络室分建设3个站点、7台PRRU，2020年5G补点建设城口基站和浦城正大公司2个站点6个载扇。

（黎 勇）

【中国移动通信集团福建有限公司浦城分司】 2020年，中国移动通信集团福建有限公司浦城分公司实现通信服务收入超8000万元。

移动网络建设。2020年，中国移动福建公司浦城分公司4G总站址数825个，开通5G站点61个、农村FDD900站点448个，完成23余个电信扩频干扰小区整治，全网移动覆盖率较上年提升1.08%，全面巩固网络优势。通过建维联动，升级FDD900站点448个，实现全网2G站点的整合替换。开展5G网络建网簇优化，强化4G/5G协同工作，基本实现城区5G网络全覆盖。针对低感知区域，完成近37个关键站点开通、5部电梯直放站安装，全面提升深度覆盖能力。实时监测热点区域，完成负载均衡优化190余次；针对容量热点扩容57余次，解决容量问题小区42个。稳步推进家宽、专线整治活动，着力打造智慧家庭工程师队伍，常态化开展“宽带义诊”活动，家宽中断比较年初压降62%，专线故障次数压降33.8%，确保用户良好体验。

通信安全保障。2020年，中国移动福建公司浦城分公司推进实名制管理，启用在线视频实人认证方式核验用户身份信息，防范黑卡风险；持续规范渠道实名管理，实现实名照片100%稽核。紧盯垃圾短信、骚扰电话、不知情定制等工作，强化市县联动，将骚扰、诈骗、涉案等不良信息号码纳入经营业绩考核项目，层层压实责任，保障用户信息安全。聚焦不良号码特征，建立高危号码监控模型，年内累计关停1万余张号卡。持续落实网络闭环标准流程，做到“事前有方案、事中有保障、事后有跟踪”。

服务质量提升。2020年，中国移动福建公司浦城分公司完善服务质量管理体系，关怀覆盖客户超70万人次，收集客户评价及意见14万条，关怀修复客户近2万户。落实携号转网、提速降费等惠民政策。携号转网方面，规范携号转网实施过程中的客户服务行为，提高服务质量及服务效率，累计为1000余名客户提供携号转网服务；加快千兆小区建设，累计为超20个小区提供千兆宽带服务；手机上网流量单价压降23%，互联网专线和企业宽带全年平均资费压降20%。

智慧城市建设。2020年，中国

2020 年 5 月 17 日，浦城移动公司举行首个 5G 基站开通仪式

（浦城移动公司 供）

移动福建公司浦城分公司加快落地中国移动“5G+”战略，融合发展物联网、大数据、移动云，深耕九大行业，实现数字产业化、产业数字化、数字化治理和数据价值化，重点推进雪亮工程、教育城域网、智慧停车、智慧城管等项目，着力推动 5G 融入百业、服务大众，助力数字浦城建设。

履行社会责任。2020 年，中国移动福建公司浦城分公司面对新冠肺炎疫情，全力确保网络畅通、服务不停、支撑有力。常态化做好内部防控管理工作。主动对接政府、企事业单位，提供防疫保障信息化产品，全力支撑全县防疫工作。联合县人社局，利用公司“云视讯”产品，开展“春风行动”线上招聘，报名人数超千人，求职意向率近 50%。全力投入到抗击疫情的信息战场，满足企事业单位的多层次需求，为各单位复工复产保驾护航，成功发送 108 万条短信业务、云视讯业务 190 笔、热成像体温设备一套、宽带开通 117 户等。在疫情期间充分发挥移动人的拼搏精神和过硬的技术本领，打赢一场场信息化建设攻坚战，凝聚起万众一心、共克时艰的强大力量。

（郑春英）

【中国联合网络通信有限公司浦城分公司】 2020 年，中国联合网络通信有限公司浦城县分公司（简称“浦城联通”）全年实现主营业务收入 2497.9 万元，其中创新业务收入同比增幅 25%。

持续提升网络能力。2020 年，浦城联通加大共建共享力度，3G 人口覆盖率达 93.09%；4G 人口覆盖率达 85.55%；5G 人口覆盖率达 30%。云网新架构初具雏形，总算力达 4568vCPU，存储能力达到 1092T，行业云池具备三级等保能力。行业云池接入国家 BSN 骨干网，具备私有区块链业务接入承载能力。IT 集约有序推进，整合 IT 资源，加快推进数字化新 IT 智慧中台建设，提升生产效率。建成自主交付队伍，交付能力逐步提升。

聚力增强客户感知。2020 年，浦城联通以客户体验为引领，构建端到端客户体验管理体系，由事后评价转变为实时端到端全场景、全生命周期评价，以客户体验实时评价数据、投诉数据为基础，整体评价 8.32 分，工信部满意度 89.8 分，行业领先。建立全量问题运营体系，由客户问题解决转变为客户、员工全量问题运营。

助推数字应用发展。2020 年，浦城联通全面推进数字化转型战略落地，积极参与浦城县范围内公路治超非现场执法试点工程建设，促进形成浦城县科技治超“建设一盘棋、管控一张网”新格局，推动智能信息化在交通强国建设中的引领作用。

（徐虹）

2020 年 3 月 20 日，浦城联通公司为浦城县 2020 年重大项目开工提供服务保障

（浦城联通公司 供）

交 通

综 述

【概况】 2020年，浦城县交通运输工作，围绕年初制订的工作目标，强化落实，累计出动执法人员5428人次，巡查公路45780公里，检查道路运输企业120家次、客货场（站）96次、道路运输车辆15713辆次；依法立案查处各类道路运输违法行为513起（其中非法营运案件36起，南平市交通运输局要求完成的动态监控案件12起、安全生产案件1起），处罚金额591334元。清除各种堆积物2975平方米，拆除违法构筑物400平方米，拆除非公路标志（广告牌）39面；办理答复上访、投诉举报、随手拍等信访件25起，督办件5起，处理率达100%。

【交通基础设施建设】 2020年，浦城县交通运输局积极推进国道322改线工程，完成省里立项工作，3.6公里的城西迎宾大道基本建成。国道三期仙阳段和菜角垄高速下穿桥正在有序推进。推进县道提级改造工程的落实，21.3公里县道的临江至山下、16.7公里县道的临江至永兴和1.7公里县道的龙浦高速南互通连接线建设工程全面竣工，建成通车。投资5000万元的撤渡建桥项目中，云峰大桥和双保大桥建成通车，九石渡大桥和茅洲大桥基本建成。拓宽改造乡道33条142.7公里，涉及15个乡镇57个行政村，总投资约3亿元。年内完工建成通车26条130公里，完成危桥改造8座。乡镇综合运输服务站建设项目中：建成管厝乡综合运输服务站；临江镇综合运输服务站完工；忠信镇金源综合运输服务站完成封顶，投资141.7万元；永兴综合运输服务站完成框架结构施工，完成投资106.6万元。上浦高速公路项目工程可行性研究编制工作完成。

【疫情防控检测】 2020年，浦城县先后设立14个防疫检测站。在各个检测站设立体温检测处、留观室，安排人员轮流值班，严格开展人员核查、车辆登记等工作，内防输入、外防输出，疫情期间，累计出动一线防控工作人员1200余人次，出动车辆360余台次；累计检查车辆17380余辆，累计劝返车辆13980余辆；累计检查人数46538人。公共交通工作人员必须佩戴口罩，并每日做好健康监测；公共交通工具建议备置体温计、口罩等物品；增加公共交通工具清洁与消毒频次，做到日消毒、次通风，同时做好消毒工作记录和标识；保持车内的卫生整洁，及时清理垃圾；巡游出租车营运中严格实行每日出车前消毒和运营中每趟次通风防控措施。

【行业管理】 客运市场。2020年，浦城县交通运输局加大对辖区内客运市场及企业的安全监管力度，开展客运企业检查15次、客运车辆检查214辆次，压实企业的疫情防控和安全生产主体责任；加强车辆动态监管，确保北斗卫星车载终端正常在线运行；严查从业人员安全生产教育培训情况、服务质量情况；开展非法营运车辆专项检查，调整值班人员、执法时间，严查严打非法营运车辆，维护客运市场稳定。

货运市场。2020年，浦城县交通运输局加强源头管理，做好重点货运企业的培育工作，引导道路货运企业向现代物流业转型，加快现代物流业发展和货运规模化进程，促进货运市场又快又好地发展；加强道路货物运输车辆安全性能管理，严把营运车辆技术关，对不按期进行二级维护的行为进行及时纠正和教育。

维修市场。2020年，浦城县交

通运输局加强对全县各类维修企业从业人员的上岗培训，确保从业人员持证上岗。结合机动车维修企业质量信誉考核工作，对辖区内三类以上维修企业进行审核，先后检查三类维修企业16家，责令整改1家。

驾培市场。2020年，浦城县交通运输局加强日常监管，不定期深入基层，严打非法驾校经营，全面推进驾培行业的健康有序发展。出动人员110人次，在全县开展16次驾培市场清理工作。

【治超工作】 2020年，浦城县交通运输局对辖区内相关单位和企业做好治超政策法规的宣传，在电视台、广播、报刊上集中曝光一批集体闯卡和暴力抗法的典型案例事件，对违规单位和从业人员强化宣传教育培训；从根本上保证驾驶员“不敢超”“不会超”“不爱超”。2020年受疫情影响，查处超限车辆356台，卸货3527吨。

【农村公路】 2020年，浦城县农村公路按照“县道县管、乡道乡管、村道村管”的责任体系，推进农村公路养护管理各项工作，促进农村公路管养水平新提升。各级路长办设置 完成，实行农村公路“路长制”，在县、乡道设置385块路长公示牌，以劳务派遣方式招聘乡村道专管员27名加强农村公路巡查。县级财政把农村公路养护配套资金495万元列入年度预算，保证县、乡、村道养护资金的投入。通过购买服务方式将全县252.3千米县道委托给第三方公司养护，从2018年7月开始，由第三方公司集中养护。水毁路段的道路修复工作进展推进，完成溜方清理1782处，修复道路53处，修复桥梁3座。

【安全生产】 2020年，浦城县交通运输局定期对组织人员对重点企业、施工地段、渡口、场站进行安全检查，对查出的问题，严格要求相关单位限期进行整改，确保假日期间各项安全措施落实到位。汛期安全工作，及时开展汛期安全大检查，针对检查中发现的问题，要求责任单位制定整改计划，落实专人负责。

【运输市场秩序规范】 2020年，浦城县交通运输局出动执法人员2575人次，检查客运车辆846辆，货运车辆5540辆，发现违规车辆182起，处罚车辆182起，罚款27.23万元，有效维护浦城县道路运输市场秩序。

2020年浦城县公路概况一览表

表1

线路等级	单位	数量	单位	里程	公路等级	路面硬化完成时间	养护单位	
一、高速公路	条	2	千米	123.885	—	—	—	—
1. 南浦高速	条	1	千米	89.025	国高网	2008年	高速公路养护公司	南平至浦城（浦城段）
2. 浦龙高速	条	1	千米	34.86	国高网	2011年	高速公路养护公司	浦城至龙泉（浦城段）
二、国道	条	3	千米	196.813	—	—	—	—
1. 国道205线（浦城段）	条	1	千米	91.498	二级路	2010年	浦城公路分局专养	浦城深坑至濠岭
2. 国道322线（浦城段）	条	1	千米	41.735	二级路	2008年	浦城公路分局专养	省道205线 富下线提升为国道
3. 国道353线（浦城段）	条	1	千米	56.216	二级路	2008年	浦城公路分局专养	省道302松浦线 提升为国道
三、县道	条	12	千米	255.215	四一三级路	—	县交通运输局管 乡镇公路站群养	—
四、乡道	条	194	千米	771.009	四级路	—	县交通运输局管 乡镇公路站群养	硬化767.4千米
五、村道	条	1193	千米	1368.883	四级及等外路	—	—	硬化701. 4千米

说明：1. 全县面积3383平方千米；公路里程2595.4千米，公路密度达76.72千米/平方千米

2. 国道205线仙阳一余乐18.2千米提升为一级路标准

3. 国道322线城区北外环7.878千米提升为一级路标准

2020 年浦城县水路概况一览表

表 2

名称	单位	数量	备 注
航道	条	1	观前至旧馆航道 26 千米，已停航
渡口	个	13	—
1. 万安乡	个	3	溪西渡口、马家滩渡口、新元渡口
2. 富岭镇	个	1	寺前渡口
3. 石陂镇	个	4	小串渡口、渡头渡口、邱元渡口、朱墩遥渡口
4. 水北街镇	个	5	朱均渡口、曹村渡口、茅洲渡口、九十渡渡口、观前渡口
渡船	艘	9	钢质船 9 艘
说明：1. 2016 年万安乡连墩上王处渡口撤渡建桥 2. 新元渡口、马家滩渡口、观前渡口渡船已停驶，无渡船			

2020 年浦城县交通运输概况一览表

表 3

项目	数量	车辆数	备 注
一、客运线路	75 条	93 辆	—
1. 跨省	12 条	15 辆	—
2. 跨区	6 条	5 辆	—
3. 跨县	8 条	14 辆	—
4. 县境内	49 条	43 辆	—
二、货车	1262	1654 辆	其中危货车 12 辆
三、公交车线路	4 条	32 辆	—
四、出租车	3 家	150 辆	—
1. 嘉盛汽车出租公司	—	—	—
2. 良友汽车出租公司	—	—	—
3. 玉林汽车出租公司	—	—	—
五、机动车维修企业	—	—	其中：1 类企业 1 家，2 类企业 1 家，3 类企业 3 家。
六、汽车站	—	—	—
1. 客运站	—	—	武夷交运客车站二级
2. 公交车站	1 个	—	北门站
3. 村道候车亭	286 个	—	—
说明：1. 乡镇客运站已建成有临江、山下、水北街、石陂 4 个尚未启用 2. 年客运总量 1336.27 万人次，比上年下降 9.63%; 年货运总量 957.61 万吨，增长 12.2%			

2020 年度浦城县物流企业基本情况表

表 4

物流公司	车辆数（辆）	驾驶员（人）	管理人员（人）	负责人	电话
南平市浦城县聚鼎物流发展有限公司	12	18	5	池民武	13313915668
福建省浦城县万顺运输有限公司	27	29	8	周国武	13905999551
浦城县顺兴危化车队	11	13	5	季有新	13809583279
福建省浦城县腾宏物流发展有限公司	22	28	5	高元贵	13809583948

续表 4

物流公司	车辆数（辆）	驾驶员（人）	管理人员（人）	负责人	电话
浦城县金顺运输有限公司	6	6	2	陈金财	13950616513
浦城县平安物流有限公司	20	20	4	毛文财	13809583820
浦城县沪浦运输有限公司	5	5	2	刘晓平	13386982938
福建通源现代物流有限公司	27	27	3	谢国泉	15859093899
福建浦城祥达运输有限公司	27	27	6	汤尚贵	13755324917
福建恒冰物流有限公司浦城分公司	10	10	3	傅露芳	17759759168
浦城县德盈运输有限公司	13	13	3	雷厚东	18960673099
福建群利物流有限公司	7	7	2	林智文	18965359653
浦城县宏晟物流有限公司	8	8	1	陈光平	13905992717
浦城县铭洋物流有限公司	2	2	1	连　伟	13860004922

（张智深）

【交通综合行政执法】 2020年，浦城县交通综合行政执法大队开展路域整治行动，对内业资料进行查缺补漏，包括路政宣传、路政巡查、执法案件、联合执法工作机制等资料归档工作；对浦城县内路域环境开展执法整治工作，包括公路建筑控制区公路及公路用地、公路平面交叉道口、非公路标志牌等路域环境整治工作。本次“国评”专项行动共出动执法人员243人次，出动执法车辆98辆次。

开展道路运输专项执法。2020年，浦城县交通综合行政执法大队按照市支队《关于开展2020年道路运输“春雷1号”专项执法行动的通知》工作部署要求，对车站、物流公司等道路运输企业进行执法检查，重点对企业的动态监控有无异常情况进行排查。同时与交警大队开展路面联合执法行动，打击道路非法营运车辆，对聚集在汽车站、安华广场等区域疑似非法营运车辆进行查处。此次“春雷1号”专项执法行动共出动执法人员79人次，与交警大队开展联合执法7次，出动执法车辆25辆次，检查道路运输企业17家次，检查车辆161辆次。

开展疫情管控执法服务。2020年，浦城县交通综合行政执法大队坚持实行24小时领导带班值班巡查制度，分成道路、水路、交通运输企业、浦城（五显岭）公安交通执法服务站4个执法组，加强重点路段、重点部位的安全稽查，严厉打击各类违章违法营运行为。疫情暴发后，大队迅速调整工作重心，在主管局的统一领导部署下，第一时间制定疫情防控工作方案，全体干部职工自动放弃春节假期和双休日，每天24小时轮流值守在上桥、九牧、大庄闽浙赣高速口，国、省道卡口等各个疫情防控岗位上。在转为低风险防控期间，大队按照“外防输入、内防扩散”工作要求，强化对汽车客运站、公交、出租车公司巡查力度，加强驾乘人员自我防护以及车

图为国道205线浦城段路面改造工程，摄于2020年8月5日

（浦城公路分局 供）

辆消杀毒情况监督，严查私家车非法营运违法行为，严格按照疫情防控有关要求做好执法服务保障工作，助推企业复工复产。春运和疫情防控工作期间，大队累计出动执法人员1500余人次，排查车辆8万余辆。

联合执法。2020年，浦城县交通综合行政执法大队与公路局浦城分局开展联合执法7次，与交警开展联合执法46次，查纠各类违法行为40余起，清理堆积占道面积达1300平方，清理非公路标志牌30面。联合交警大队成立治超非现场执法联合稽查队。大队出动执法人员226人次，出动执法车辆80辆次，非现场治超平台立案1215起，查处“双百”超限运输车辆15辆次，严格按照市交通局《非现场治超裁量基准（试行）》进行处罚，处罚金额10.95万元，在县电视台播放开展非现场治超执法通告7天，发放治超宣传单500余份，约谈企业4家次。联合海事处开展船舶管理员和渡工4小时安全培训及水上安全知识进校园活动，强化水上安全知识宣传和培训力度。检查渡口96道次、渡船96艘次，出动执法车辆12辆次，执法人员36人次，年内未发生内河水上交通安全事故。

（张智深）

图为县道临江至山下路段提级改造工程，摄于2020年8月3日

（县交通局 供）

公 路

【概况】 2020年，南平市公路局浦城分局（浦城公路分局）专养公路里程178.904千米，包含隧道4978米/3座，涵洞473道，大桥5座、中小桥60座。分局机关内设办公室、工程股、财务股、安全应急股、路产路权所、工会6个职能部门，下设6个公路站（国道205线九牧公路站、七里头公路站、桥亭公路站、临江公路站、国道322线富岭公路站、国道353线上王元公路站）。

图为龙浦高速南互通连接线建设工程，摄于2020年8月3日

（县交通局 供）

【小修养护管理】 2020年，浦城公路分局整修路基1752千米，清理边沟920千米，加强排水系统养护，对所有截水沟进行疏通清理，确保排水顺畅；路面保洁人工6276千米、机械7463千米，加大路面清扫机械使用率，在浦城城区基础建设项目多、干扰大的情况下努力做好路面保洁工作。重点做好路面修补及裂缝修补工作，路面坑槽修复613平方米，水泥路面裂缝修补13850米，桥梁栏杆、人行道及上下部等钢筋砼结构修复81立方米，修复轮廓桩528根。在改造经费不足的情况下，分局在G205线、G322线、G353线共修补路面1028平方米，裂缝修补1733米，确保路面良好，提升路面使用寿命。

【绿化养护】 2020年，浦城公路分局秉承“十三五”规划“创新、协调、绿色、开放、共享”的发展理念，持续推进国道干线绿化提升工程，修剪、养护乔灌木1735株、地被31700平方米、草皮10200平方米。绿化推进路段绿化率100%，乔灌木、地被保存率95%。

【改善路域环境】 为了进一步加强整治滴洒漏污染公路违法行为，提升路容路貌，保证公路“畅安舒美”的优良通行环境，产权所联合县交通执法大队、县交警大队对占道经营、集市贸易、路面“滴撒漏”开展联合整治行动2次，清理各类堆积物5处1000平方米，查处“滴洒漏”车辆6台，出动执法人员36人，制止、劝导占道经营集市贸易2处。结合人居环境整治和美丽乡村建设，继续开展非标整治工作，与县交通综合执法大队、仙阳镇政府，开展对仙阳镇路段非公路标志“回头看”再整治行动。共拆除和清理国道公路用地及建筑控制区范围内各类非公路标志20余块，发放非标整改通知书1份，有效的规范浦城县国道干线周边的道路交通环境，确保路容路貌整洁，提高公路路域环境。

【桥涵隧预防性养护】 2020年，浦城公路分局组织工程技术人员对桥梁再重新进行仔细摸排，对11座桥梁附件损坏进行及时修复，从而达到延长使用寿命、提高服务质量、降低养护成本的目的。全年共维护隧道3660米、涵洞90道、桥梁保洁2740米，实现桥涵隧运行安全可控，养护管理标准化、规范化水平不断提升。

【路政管理】 2020年，浦城公路分局强化路域巡查，密切关注国道干线公路建筑控制区范围内的违章搭建、违法增设平交道口行为。路政人员多次联系公安交警部门，反复对肇事当事人进行耐心细致地沟通，将一起货车在隧道内发生自燃事故所造成的路产损失补偿到位。处理路产损坏赔偿案件42起；许可案件6起；协议式管理案件13起。纠正、制止各项违章291起。

2020年4月29日，浦城公路分局联合县公安局交警大队在仙阳镇渔梁村开展地灾应急救援演练 （浦城公路分局 供）

【养护工程】 2020年，浦城县公路分局参建养护专项工程3项，现完工3项，进行决算审计工作。2020年国道205线水泥混凝土路面加铺改造工程完工；临江公路站服务设施提升改造工程完工；2020年“迎国检”标线工程完工。

【路政宣传】 2020年，浦城公路分局为提高社会公众爱路护路意识，全面落实路政宣传工作。针对长期以来管辖路段国道公路沿线车辆短途运输造成的路面“滴洒漏”严重污染现象，联合县交通行政执法大队、县七里头超限运输检测站深入辖区源头厂矿、企业，将路政宣传活动与“七五”普法结合起来，开展法律法规“进企业、优服务”普法宣传活动。以“防疫情、守安全、保畅通、优服务”为主题，积极推进“路政宣传月”活动。联合县公安局交警大队开展地质灾害应急救援演练，通过演练提高路政人员在疫情和汛期期间突发情况下的快速反应能力，做到平安时保护公路路产，危机时能顶得上、扛得住。宣传月期间，悬挂宣传标语7幅，出动人员20余人、执法车辆4辆次，发放宣传资料400余份、宣传品（伞）360把，解答群众咨询60余人次。

【安全隐患排查】 2020年，浦城公路分局对养护路段公路、桥梁、作业施工、设备设施、消防安全进行16次安全检查，共查出安全隐患12项，整改10项。检查旧道班房25个，排查出18个存在问题，完成整治18个。开展安全隐患大排查专项行动，出动人员104人次，排查公路185千米、隧道3座、桥梁66座、涵洞410个，排查隐患7项，整治完成4项。

（徐凌楠）

交通运输业

【概况】 2020年，福建武夷交通运输股份有限公司浦城分公司（简称浦城县交通运输分公司）客运车辆现有省际车辆11台，市县际车辆16台，农村客运车辆49台（含村村通10辆），旅游车辆5台，合计车辆81台。收取责任承包经营管理费299万元。落实各级政府要求承担开通“村村通”班车的工作部署，7月23日起“村村通”购置10台小型7座车辆投入运营，完成98个建制村“村村通”任务，每台按全额缴交保证金购车，其中7台每月收取300元管理费，3台每月收取600元管理费，车辆统一纳入农村客运管理。完成农村客运班车进站售票工作。47台农村客运车辆，其中22台车辆2020年运营满8年报废，更新农村客运车辆14台，做好农客新车购车补贴手续。

【公交运营】 2020年，浦城县交通运输分公司32台车辆正常运营。9月26日开通9路线九牧（覆盖3路线仙阳）。12月低燃气8辆车报废（油补公里数完成）。截至11月30日运营收入215.29万元，比2019年同期增加10.27万元，运营成本433.87万元，比上年同期减少2.73万元，运营亏损218.58万元，比上年同期减少12.99万元。

【出租车运营】 2020年，浦城县交通运输分公司的嘉盛出租现有运营车辆计12台，尚有38台份额未投入。收取9辆7座月管理费每台728元，3辆5座月管理费每台428元，合计每年管理费7.66万元。

【农村客运】 2020年，浦城县交通运输分公司做好农村客运线路、车辆管理工作，做好年度政府燃油补贴发放及新车购置补贴等工作。积极与交通运管执法部门沟通，打击非法营运，收集黑车材料呈报，严打扰乱客运市场黑车势力。加强农村客运班线运行及车容车貌等各项管理，严格执行到期车辆更新，满足农村旅客出行需求。公营车稽查工作完成每月不少于8次的不定时、不定点的移动稽查任务；认真做好车载监控录像审片工作。

【安全生产演练】 2020年，浦城县交通运输分公司开展安全生产月活动，6月16日，浦城分公司工会、车站、嘉盛出租、东方公交等单位在浦城县汽车站站前广场组织开展以加强“消除事故隐患、筑牢安全防线”为主题的“安全生产月”宣传咨询日活动。6月17日在车站人员密集场所开展消防救援应急疏散演练，组织科室、车站、修理厂员工参加。

【做好隐患排查】 2020年，浦城县交通运输分公司坚持每月一次的安全生产大检查，由安保科牵头组织办公室、车站、修理厂等相关部门人员参加的检查组，对安全生产工作的各环节进行现场检查，查出隐患，及时整改、及时闭合。在春节、清明节、“五一”国际劳动节、中秋、国庆前对车站、修理厂、租赁场所等重点部门的消防器材、液压容器、电气设备作重点检查，开展隐患排查工作12次，确保节日、重大活动和“两会”期间安全生产。

【浦城县东方公交客运有限责任公司】 2020年，浦城县东方公交客运有限责任公司总营收304.98万元，收到政府相关亏损补贴100.95万元。2020年公营公交车辆32台（纯电18辆、燃气8辆、燃料6辆），座位1156个；投入运营32辆（大型公交车18辆，小型公交车14辆）。拥有1路、2路、5路、6路、9路公营公交线路计5条。12月30日报废8辆燃气公交车。5月18日新增开通6路临江公交定制班线，12月31日止营收39.24万元。2020年10月，原3路仙阳公交定制班线延伸至九牧，调整为9路九牧公交定制班线，12月31日止营收86.05万元。与政府及相关管理部门沟通，争取各项补贴。收到运营亏损补贴50万元，老年人免费乘车补贴60万元，浦潭园区12万元。

（史金星）

商贸

国内贸易

【概况】 2020年，浦城县（不含南平市荣华山产业组团）新引进总投资超5000万招商引资合同项目48项，占全年目标任务27项的177.78%，投资总额81.14亿元；全部项目开工建设，开工率达100%，其中新引进总投资超10亿元的“一把手”重点招商项目4个；全县社会消费品零售额累计完成41.6亿元，比上年同期下降6.6%；限上合计6.35亿元，同比下降29.9%，其中：限上法人个体（不含两油苏宁）完成2.66亿元，下降25.6%；两油苏宁完成3.68亿元，下降32.7%；限下合计完成35.25亿元，同比下降0.7%。争取到账国家级电子商务综合示范县专项资金1500万元。

【内贸流通】 2020年，浦城县支持跃进农贸市场升级改造和建设工程顺利完成，投资总额198万元，营业面积3000平方米，摊位101个，为300人提供就业平台，年交易额5000万元，有效促进市场交易环境改善；扶持“菜篮子”基地建设，全县建设蔬菜基地13个，种植面积174.84公顷，其中常年蔬菜面积28.34公顷、季节性蔬菜面积146.5公顷，给予兑现奖励资金30.19万元。

【电子商务】 2020年，浦城县商务局兑现前两年浦城县扶持电子商务发展优惠政策奖补。鼓励电商企业开展农村产品网络销售、对于电商企业促进农村产品产销对接的补助、促进农村流通体系建设、推进电子商务助力扶贫工作四大板块。申报34个子项目，总计奖励金额128.05万元。召开电商年货节暨首届农村产品对接会。1月10日启动电商年货节暨首届农村产品对接会，来自浦城本土近50家知名企业参展，展示农产品品牌，购年货、品美食、赏演出，吸引八方群众前往参观购物。让当地特色产品借助“互联网+”推介给更广阔市场。通过电商企业助推贫困户增收脱贫。县政府出台政策引导电商企业吸收贫困户就业、收购贫困户产品和开设网店等方式促进贫困户增收，电商企业吸收贫困户用工，7家企业帮扶56人，增收金额85.84万元。

（吴 丹）

2020年1月7日，浦城县商务局组织强美木业、木榉园企业负责人到河南省易境信息科技有限公司学习跨境电子商务　（县商务局 供）

2020 年 11 月 16 日，浦城县总投资 10 亿元的雾耕农业示范园项目成功签约
（县商务局 供）

【石油专营】 2020 年，中石化森美（福建）石油有限公司浦城分公司片区各加油站进行新型冠状病毒预防宣传，加油机显眼处张贴“倡议书”和摆放“废弃口罩收集桶”提高员工和广大群众疫情防范意识和自我保护意识。南平分公司对浦城城北、第三加油站升级洗车设备，开展免费洗车服务。在清洗环节加注对车漆无毒无害无残留的专用消毒片、消毒液。片区休息员工每半天轮班现场引导车辆，操作介绍洗车流程，帮忙对车辆内部进行再清洗和消毒，保证车内外的美观和卫生整洁。浦城片区以安全生产月为活动契机，联合县应急管理局和反恐大队开展安全生产月活动。应急管理局和反恐大队工作人员为员工进行灭火器材和反恐器材应急预案演练；为片区安全员现场讲解卸油过程和散装汽油登记过程。

（吴桂芳）

对外贸易

【概况】 2020 年，浦城县贸易进出口总额 5.6 亿元，与 2019 年基本持平，县里利用外资 1015 万元，主要来源绿康生化股份有限公司资本公积转增股本。绿康生化有限公司出口总额比去年增长 18%，成为拉动浦城县出口的重要力量。

【国际市场开拓】 2020 年，浦城县商务局推荐外贸企业利用省商务厅推荐合作的环球资源外贸平台、“线上广交会”等资源，开展线上产品展示活动，运用线上对接的方式，拓展新市场，抢接新订单；组织企业参加省商务厅和市商务局组织的线上培训活动，帮助企业了解最新外贸政策措施和如何走出外贸困境等，为企业提供更好的线上培训服务；主动服务企业参加“云展会”相关活动及做好补贴政策宣传，引导强美木业、荣皇家用两家生产家居用品的外贸出口企业参加福建外贸云展会，线上拓展国际市场。

【重点企业跟踪服务】 2020 年，浦城县商务局领导带队走访全县外贸出口企业，宣传助企政策和措施，帮助企业解决复工复产急需口罩问题，帮扶企业协调人社、金融等部门争取补助资金和申请贷款。通过建立微信群时时办公和邀请南平海关现场办公等方式，对全县进出口企业实行“点对点”“一对一”的协调服务机制，及时帮助协调孔德农业科技和中谷茶业等企业，打通通关环节上的难点，使其在 12 月底顺利出口，实现浦城县农副产品出口零突破。

（吴 丹）

粮食市场

【概况】 2020 年，浦城县粮食部门与有关部门沟通协调，落实好粮食安全首长负责制各项措施。有序开展落实粮食库存质量和数量大清查工作，浦城县成立了由县发科局、粮食局、财政局、农业局、统计局、农发行等部门组成协调机制办公室，明确职责，并成立政策性粮食库存数量和质量大清查督导工作组和案件核查组，负责大清查工作各项任务，全面完成粮食库存质量和数量大清查工作。

【粮食安全生产】 2020 年，浦城县加强粮食安全生产工作，实行“一岗双责”，明确岗位职责，安全生产检查采取定期检查和双随机抽查方式组织检查，对存在的安全隐患及时通报，并落实整改到位。严格按照“谁主管、谁负责”原则和“安全第一、预防为主、综合治理”的方针落实安全生产工作。组织开展安全生产培训 5 期，参加培训的局领导 16 人次，企业负责人 33 人次，企业安全管理人员 12 人次，企业工作人员 55 人次。机关干部、企业领导和职工的安全生产觉悟和消防技能得到了提升。开展房屋结构安全检查，组织5个检查组，20人次，撤除重大安全隐患房屋一座。自查发现问题3个，完成整改问题3个；市普查组检查发现问题2个，完成问题整改2个。有检查，有记录，有照片，有汇报，有安全检查问题清单，发现隐患立行立改。

【疫情期间粮食供应】 2020年，浦城县成立粮食市场保供稳价领导小组，安排好粮食保供稳价值班，密切关注粮食市场价格情况，并与县市场监督管理局联合印发《关于确保我县粮食市场供需稳定的通告》；组织行业协会开展自律，号召全县粮食加工企业做到守法诚信，自觉维护粮食价格平稳，并郑重承诺让广大消费者吃到放心粮油。在1月26日，县粮食部门组织加工企业复工复产，15家企业加工9000多吨大米的投放市场，确保粮食市场稳定。

【粮食订单任务落实】 2020年，浦城县订单任务23020吨，其中，省级储备订单任务20100吨，县级储备粮轮换订单任务2920吨。到12月底全面完成粮食订单收购任务。全年印制3000余份粮食有关政策、如何科学食粮、农户如何科学储粮、减少粮食损耗等知识宣传单发放给市民。

【粮食质量监管】 2020年，浦城县加强粮食市场质量监管，根据省粮储局下达抽检任务，在粮食产后，深入到各乡镇、村、农户抽取样品，全年共抽中晚稻检样品80多份，对抽检不合格粮食跟踪处置。

【“中国好粮油”示范项目】 2020年，浦城县围绕“中国好粮油”示范县实施方案，开展“浦城大米”品牌推介活动，10月20日在福州西湖宾馆组织召开品牌发布周年研讨会和参加19—21日第三届中国粮食交易大会暨第十六届福建粮洽会，及在福州、泉州、新疆等地举办“浦城大米”品牌现场推介，并在南平高铁站、福州—合肥动车做“浦城大米”宣传广告。积极协调有关部门落实好“中国好粮油”示范县优质稻种植、优质品种推荐工作，2020年浦城县主推优质稻品种为“中浙优8号”、“福香占”及企业推荐品种，种植面积9333公顷。

（叶梦诗）

供销合作社

【农民专业合作社】 2020年，浦城县供销社牵头新建农民专业社（联合社）16家，累计组建各类农民专业合作社220家。年初，浦城县乾坤果蔬种植专业合作社获评全国总社农民专业合作社示范社。浦城县陈武水稻种植专业合作社联合社、秋满仓水稻种植专业合作社、东元农机农民专业合作社等3家专业社获评省级示范社。对服务三农工作成效突出且创新发展的27家农民专业合作社、联合社、家庭农场等涉农企业进行重点扶持，发放扶持资金47万元。支持组建生产经营型、社会服务型、专业技能型的新型专业合作社联合社，开展统防统治作业面积达0.11万公顷，机械化服务面积达到0.33万公顷，与县农村信用联社签订战略合作协议，落实低息信贷资金需求370万元。

【农村流通网络建设】 2020年，浦城县供销社把基层供销社恢复重建等组织建设作为基层运转的重中之重，以重点项目建设为抓手，通过资源整合、资本运作等方式，推进基层社经营网络改造升级，以构筑现代农村流通网络为抓手，做好“新网工程”和“惠农工程”建设。新建富岭镇圳边村供销社，对水北供销社和官路信源供销合作社进行行

2020年5月23日，浦城县供销合作社志愿者协同交警开展志愿服务活动

（县供销合作社 供）

业标准改造提升，对富岭供销社庄稼医院规范化建设项目升级改造，创建浦城县富岭镇圳边综合服务社和浦城县石陂长华农资综合服务社，争取省财政“新网工程”改造升级项目补助资金5万元，打造农村综合服务体系，为农民生产、生活提供便捷优质服务。

【农资供应】 2020年，浦城县供销社抓好化肥冬储。在疫情防控、资金紧缺的情况下，及时调运冬储化肥1.1万吨，完成化肥冬储计划的220%；完善服务措施，组织力量对全县农资经营网点商品质量进行一次全面检查，杜绝假冒伪劣化肥从供销社渠道流入市场，县龙得宝农资公司配送中心转变服务方式，开通春耕农资预约订货服务热线电话，采取“一站式”终端配送的办法，配送3000多吨优质肥。成立农资志愿服务小分队，开展“放心农资”下乡助力春耕活动，做到疫情防控和农资供应服务“两不误”。全年，全县供销社系统供应各种化肥25740吨，其中优质肥14684吨、小化肥10840吨、有机肥110吨，农药106吨。

【农村电子商务】 2020年，浦城县供销社以传统农村经营网点、镇村为农服务中心为依托，建立乡村电商服务站点。同时，整合社会资源，吸收一些基础条件好、辐射带动能力强的村级综合超市加盟，合理布局电商服务网络，打造线上线下相融合的现代农村电商服务平台，做好电子商务网络建设，新建农村电子商务服务点25个，累计建立服务站点85个，全年全系统电子商务销售额35970万元。

【疫情防控】 2020年，浦城县供销社在做好自身疫情防控的同时，成立4个党员先锋队和志愿服务队下沉到防控一线，全力配合社区做好疫情防控工作。协助取消聚会活动6个，制作30余幅宣传标语在小区内张贴，并参与到社区卡口值班，每天通过微信及时准确发布全县疫情防控工作部署、各条战线防疫先进典型、科普小知识等信息，累计发布信息500多条。

（胡慧标）

专营管理

【烟草专卖】 2020年，浦城烟草公司落实烟农580户、面积1400公顷，收购烟叶2640吨，完成任务98.5%，收购金额7755.8万元，创烟叶税1706.3万元。烟农户均售烟收入13.37万元（不含补贴）。烟基项目项目实际投资0.50万元，在建烟基项目69个。卷烟销售1.2万箱，完成全年任务指标100.13%。实现卷烟销售收入3.67亿元，条均价122.3元。非烟销售总额65.61万元。浦城县查获各类案件119起，涉及各类卷烟5645条，其中非渠卷烟2525.9条，总案值116.23万元，大案件10起，案值80.95万元，判刑2人，刑拘1人。

（丘政先）

【盐业销售】 2020年，福建省南平盐业有限责任公司浦城分公司全年销售盐产品2172.7吨，其中销售小包装食盐870.32吨，销售大包装加工用盐1302.38吨；浦城分公司做好“三品”战略实施，打造福建高端海盐品牌，树立特色鲜明的福建海盐产品形象，集团公司研发推出一系列福建生态海盐产品。

组织员工深入全县乡镇片区，了解市场需求和动态，采取应对措施，推广和销售闽盐绿色盐。在平时的市场走访宣传中，向群众普及、宣传、解读国务院和工信部、发改委盐改相关政策要点，加大“闽盐”牌福建海盐系列中高端多品种盐的宣传力度。

（张 健）

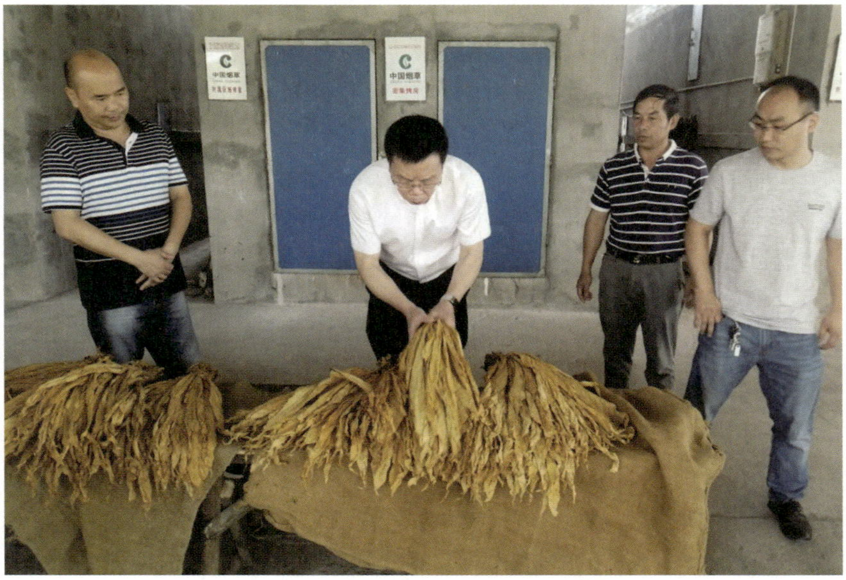

2020年8月16日，南平市烟草专卖局党组书记、局长（经理）张清明到浦城调研烟叶生产工作

（县烟草专卖局 供）

教育

综述

【概况】 2020年，浦城县有高级中学1所、完全中学3所、职业技术学校1所、独立初中13所、九年一贯制学校5所、完全小学34所、教学点28个、特教学校1所、公办幼儿园20个、教师进修学校1所、职成教中心1个，中小学幼儿园教职员工3281人，其中中学1459人、小学及幼儿园1724人、职业学校49人、进修学校和职成中心等事业单位49人，中小学幼儿园在校生48800人，其中小学20864人、初中13708人、高中5847人、职高847人、特教117人、幼儿7417人。

【教育补短板项目】 2020年，浦城一中新校区教学组团、宿舍组团、行政综合楼正在内装修施工，校门前区、图书馆、艺体楼室正在内外装修，架空球场及看台主体结构完成90%，食堂三层柱筋绑扎，室外管网正在施工；实验幼儿园迁建项目、新城幼儿园项目正在室内外装修；临江中心幼儿园正在基础建设；新城学校小学部教学楼框架封顶；临江学校一期教学楼、综合楼投入使用；新华小学扩容工程基本竣工；4个改薄项目光明小学运动场、梦笔学校运动场交付使用，枫溪学校综合楼竣工，濠村中心小学综合楼正在室内外装修。

【教育信息化建设】 2020年，浦城县教育局投入1652万元添置教仪设备和教育信息化“三通两平台”建设，教育城域网升级建设基本完成，实现信息化基础设施和宽带网络全覆盖，教育城域网实现裸纤专线到校、万兆到校、千兆到桌面的建设目标，新增班班通47台，各类桌椅柜2818套。将信息化与学校管理、学科教学、校本教研和教育科研相融合，提高教育信息化建设成果。

【教师队伍建设】 2020年，浦城县教育局加大教师招聘力度，招聘中小学及幼儿园新任教师108人，储备紧缺急需学科教师12名，开展中小学幼儿园班子换届工作，调整优化中小学幼儿园校（园）长结构。实施“名师名校长培养工程”，推荐认定4名省级学科带头人候选人选、推荐上报市级示范校长4名、骨干教师8名、后备校长26名，5位教师被评选为省优秀教师，1位校长被评选为市名校长，11名教师被确定为市名师，29位教师被确定为市学科带头人，116人列入县名师、学科带头人、骨干教师培养人选。

【教师交流培训】 2020年，浦城县教育局加大教师交流力度，城乡双向交流中小学校长、教师166人。开展各级各类培训，组织教师参加市级及以上培训班40个共870人次，其中国家级培训3人次、省级351人次、市级培训516人次。清华大学高考辅导、学科专题线上培训763人，省重点县跟岗培训27人，组织小学幼儿园新教师82人岗前学习培训。浦城一中等4所结对帮扶学校利用湖里区帮扶资金33万元，安排校长教师外出培训242人；组织公务员、专业技术人员线上教学能力等网络培训6650人次。

【校园安全】 2020年，浦城县教育局做好教育系统疫情防控工作，严防疫情输入校园，严守校园发生聚集性疫情底线。开展学校房屋安全隐患大排查，完成全县93所中小学及497栋闲置校园校舍的逐校逐栋排查和整治。以全国安全教育日、防灾减灾日、安全生产月、食品安全宣传周、交通安全、水上交通安全知识进校园等主题系列活动为契机，开展主题安全教育活动，做到中小学每个月、幼儿园每季度至少开展1次应急疏散演练。安排中小学幼儿园安全管理人员2批次125人参加市级安全管理培训，组织44所学校868个班级959名教师和35816名学生参加南平安全教育平台活动，实现安全教育网络全覆盖。深入开展新一轮2020年“平安校园”等级和消防安全标准化管理达标创建活动，对全县各校开展安全大检查，人人参与、有错必纠、立查立改，完成24所学校“平安校园”及消防安全标准化管理达标创建。协调县综治、检察院等部门，对城区部分学校增聘5名法治副校长。积极开展扫黑除恶专项斗争，加强线索摸排和上报。

【依法治教】 2020年，浦城县教育局依法办学从严治教，坚决治理和严肃查处乱收费社会高度关注、群众反映强烈的突出问题，严格执行教育收费公示制度，坚持义务教育学校实行免试入学、多余学位电脑派位制度。加快教育行政审批制度改革，切实做好行政审批服务事项“五级十五同”工作，大幅压缩承诺事项时限，新的承诺事项时限达14.57%，满足法定时限15%以内，31个行政审批和服务事项全部实现“最多跑一趟”，28个事项实现“一趟不用跑”，占比90.3%。依法公开政府信息20条、公示公告106件，依法认定教师资格231人，加强对校外培训机构、民办幼儿园的监管，对1所民办学校、34所民办幼儿园、24家民办培训机构进行年检。

【教育督导】 2020年，浦城县教育“两项督导”高质量通过市级核查、省级评估考核，获评“南平市政府教育工作优秀县”。有序推进中小学幼儿园责任督学挂牌督导工作，完成第七轮第二批9个乡镇（街道）2020年教育工作县级复查、16所幼儿园第一轮督导评估以及第七轮第一批13所学校素质教育督导评估。

（汤隽永）

基础教育

【概况】 2020年，浦城县有幼儿园54所，其中公办中心园20所、民办幼儿园34所，在园幼儿7417人，幼儿入园率98.69%。全县有完全小学34所、教学点28个，初级中学13所，九年一贯制学校5所，小学在校生20864人，初中在校生13708人。九年义务教育巩固率达112.78%。全县有高级中学1所、完全中学3所，4所高中全部建成省级达标校，一、二级各1所，三级2所，高中在校生5847人。

【普惠性学前教育资源】 2020年，浦城县开展民办幼儿园和校外培训机构专项治理攻坚工作，对民办幼儿园进行年检，普惠性幼儿园覆盖率97.84%，比上年提升1.7%。

【办园水平提高】 2020年，浦城县新建公办园6所，改建实验、和平、民主等小学附属公办园3所，城区公办幼儿园秋季招生新增学位619个，公办幼儿园提升至51.46%，比上年增加10.26%。创建市级示范园2所。

【义务教育标准化】 2020年，浦城县创建义务教育管理标准化学校14所，创建办学条件标准化小规模学校6所，全县28所小规模学校全部达到办学条件标准化；全面消除56人及以上的大班额，51～55人班额控制在5%以内。

【义务教育质量提升】 2020年，浦城县实施“小片区”管理，继续推进义务教育招生改革，义务教育实行就近划片入学和剩余学位公开电脑派位“阳光招生”。狠抓教学常规管理，强化教学教研，常态开展质量监测，小学9个学科质量监测全覆盖，18所样本校完成省义务教

图为浦城一中皇华山公园，摄于2020年1月22日　　（浦城一中 供）

育质量监测。将每学期末学生学业水平测试结果，纳入校长、教师绩效考评的重要指标之一。优质生源上升，浦城一中高一新生统招分数线居全市第四。

【新高考改革】 成立高考综合改革工作小组，积极推进高考综合改革，做好高考综合改革内容多层次、全覆盖的培训工作。加强对学生选课走班指导和管理，建设好综合素质评价等管理信息化平台，浦城一中被评为福建省普通高中课程改革基地建设学校。

【高中教育质量提升】实施高中“筑梦”工程，加强高中课程资源建设和课堂教学改革，定期召开完中校长联席会议，开展教研论坛、专题讲座等。实施联盟办学，有效整合教育教学资源，提升教师素质和教育教学质量。高考质量明显提升，本科上线率 71% 居全市第三，总分 600 分以上理科 54 人居全市第四，文科 10 人居全市第二。

（汤隽永）

【浦城第一中学】 2020 年，浦城第一中学在编教职工 187 人（专任教师 186 人），其中，高级教师 105 人，占 56.5%；中级教师 54 人，占专任教师的 29.0%；有全国教育系统先进工作者 1 人，省级优秀教师 3 人，省学科带头人 2 人，闽北名师 1 人，市级骨干教师 26 人，市级学科带头人 4 人，硕士学位 9 人。高中教学班 42 个，在校学生 2093 人。

（钟远清）

【浦城二中】 2020 年，浦城二中 2020 届高考文理科各项成绩均位居南平市同类校第一名，本科录取 243 人，录取率达 65.5%，其中 4 名同学被双一流大学录取，1 名同学被原 211 大学录取，1 名同学被顶尖艺术类学校录取，46 名同学被原本一批大学录取；2020 届中考，一中录取率、重点中学录取率、普高上线率均位居全县公立学校第一名。

（孙建忠）

【浦城三中】 2020 年，浦城三中在编在岗教职工 222 人，其中高级教师 62 人、一级教师 88 人、本科以上学历 198 人。2020 年升入浦城一中人数位居全县公办学校首位，初中巩固率达 99.6%，本科录取 117 人，其中叶良伟同学被中国矿业大学录取（211，双一流大学），在社会上赢得了很好的声誉。

（李贤皆）

2020 年 9 月 10 日，“明理崇德 尊师尚学——‘朱子故里·理学摇篮’南平市 2020 朱子敬师礼”活动在浦城三中隆重举办　（浦城三中 供）

职业教育

【概况】 2020 年，全县有职业学校 1 所，在校生 847 人，2020 级毕业生 230 人，就业率达 100%。

【职业教育联合办学】 2020 年，浦城职业技术学校坚持深化校企合作、产教融合，与福建船政学院、闽北职业技术学院联合办学，引进振辉汽车修理厂进行校企合作；对接“喜马拉雅大学”项目建设，“有声书主播实训班”第一期培训顺利完成，增设“播音与节目主持”专业，将喜马拉雅“有声书主播”培训课程融入教学体系，打通“双师制”教学模式，浦城职业技术学校创建成福建省级规范化中等职业学校。

【开展各类培训】 2020 年，浦城职业技术学校联合县人社局等部门开展乡村旅游、育婴师等培训工作，开展各类技能培训 1479 人。

【学生技能水平提升】 2020 年，浦城职业技术学校毕业生 198 人参加全省分类考试，有 196 人考上高职院校，上线率达 98.3%。

（林晓莉）

【浦城县教师进修学校】 2020 年，

浦城县教师进修学校占地面积6906平方米，建筑总面积4100平方米。图书馆藏书近1.5万册；校园绿化面积0.13公顷。全年中小学幼儿园教师参加全员继续教育培训2966人；对新招聘小学及幼儿园教师开展教学常规等专题岗前培训，小学教师参训46人，幼儿园公民办教师参训36人；完成小学村小校长和学科教师集中培训等。

全年中学教研室到富岭、忠信、石陂等10所中学进行教学视导，共听课90多节，召开九场教师座谈会、五场学生座谈会，开展区域教研、有效提升农村薄弱校教学质量，并分别前往浦城三中和浦城二中进行9个中考学科的教学现场观摩活动。做好课题的申报、管理和指导工作，先后下发有关县级课题管理细则、申报指南，指导学校做好课题工作。小学教研室完成结题69项、中学教研室完成88个县级课题的结题。

（岳清荣）

2020年11月20日，浦城县教育教学质量专项视导工作会议召开

（浦城县教师进修学校 供）

科 技

科技项目成果

【概况】 2020年，浦城县参与研究与发展（R&D）活动的企业47家，R&D研发经费投入3.27亿元，较上年增长21.8%，R&D经费投入强度1.96%，位列全市第一。

【企业科技品牌建设】 2020年，经县发改科技局、工信局、财政局等部门召开联席会议核实审查，浦城县推荐锐信合成革、华大利合成革、铭塔玩具等3家企业申报2020年度科技小巨人领军企业入库培育，已入库15家；组织仙芝科技、正大生化、绿康生化、仁宏医药、圣新能源做好2019年全省火炬统计调查工作；完成17家企业科技型中小企业入库备案工作。做好高新技术企业梯级培育工作。完成靖桥环保、龙凌植物油、汇钜金属、阳光碳素、宏正利合成革5家企业2020年市级高新技术企业入库培育工作；完成兴达化机、汉阳光能、阳光碳素、宏正利合成革、靖桥环保5家企业2020年国家高新技术企业推荐申报工作。

【科技招商转化】 2020年，浦城县帮助福建省十里香农业发展有限公司签订技术服务合同，引进技术，完成年产7万吨碾米生产线项目立项，3月份完成重大项目入统，项目总投资6416.4万元，开工建设。促成福建绿安生物农药有限公司与天津市汇源化学品有限公司完成成果购买，并设立新农药生产线，计划投资2000万元。协助浦城县黑蜻蜓植保服务专业合作社引进浙江大学团队的黑豚养殖技术，成立南平市陶园黑豚养殖有限公司，孵化养殖场地坐落在浦城大游陂下农庄，购买母种苗5000只，总投资1000万元。引进四川大学高分子研究院和台湾通顺公司共同开发解决铭塔玩具的GPPS项目开发和滕浩皮革的耐磨材料改进制剂研发。

【科技项目申报推荐】 2020年，浦城县推荐申报2020年度省级科技计划项目9项。仙芝科技（福建）股份有限公司承担的“灵芝道地中药材规范化种植关键技术研究及示范推广”项目申报省社会发展领域区域发展项目；绿康生化股份有限公司承担的“阿维拉霉素的菌种遗传改造及其产业化应用”项目和福建省圣新能源股份有限公司承担的“畜禽养殖废弃物发电技术集成及效能提升”项目申报省中科院STS计划配套项目；浦城县闽越山水农业开发有限公司承担的“彩色油菜/药-稻轮作高效利用模式推广示范”项目申报省星火技术引导示范项目；福建浦芝韵生物科技有限公司承担的“灵芝制种工艺及产业升级关键技术研究与示范应用”项目、浦城县官路乡信源薏米专业合作社承担的“浦城薏米化肥减施及高效加工关键技术示范”项目和福建浦之玉米业有限公司承担的“浦城大米优质品种筛选与机械化高产技术示范推广”项目申报省级科技特派员后补助项目。

科技创新体系

【企业科技后补助资金申报】 2020年，浦城县组织兴达化机、铭塔玩具、仙芝科技、光隶新能源、木樨园、浦之玉、仁宏医药等10家企业申请2020年福建省级科技创新券补助经费85.5万元；组织绿康生化、正大生化、圣新能源、仁宏医药、仙芝科技5家企业申请2020年科技小巨人加计扣除奖励467.2万元；推荐兴达化机、铭塔玩具等14家企业申报上年度企业研发经费补助 364.22 万元。

【科技特派员】 2020 年，浦城县完成选任 2020 年度省级扶贫专家 27 名、市级专职科技特派员 15 名，推荐省级个人科技特派员 100 名、团队科技特派员 27 个，持续推进 70 个贫困村科特派服务情况，实现科技特派员服务全县村村全覆盖，助推乡村振兴和企业创新发展。

【技术成果转化】 2020 年，浦城县发展改革和科技局与税务、工信部门促进技术成果登记工作。完成网站技术成果上传 3042 条，深入走访企业 43 次，集技术需求 14 项，完成线上技术合同登记 2 份，合同金额 1145.96 万元，其中，绿康生化股份有限公司与湖北大学签订芽孢杆菌代谢工程育种技术开发合同 400 万元，协助福建绿安生物农药有限公司与天津市汇源化学品有限公司签订农药制剂新技术秘密转让合同 735.96 万元。协助中科院福建物质结构研究所线上成果拍卖“热转印喷墨墨水组合物及其制备方法”成交金额 10 万元；线上发布新闻报道、科技政策 233 篇，微信公众号发布 1136 篇。

【发挥上海交大科技资源优势】 2020 年，上海交大浦城科技园通过福建省科技特派员制度大力引进上海交通大学、江南大学、复旦大学、上海大学、上海农科院等推荐 22 名专家教授申请福建省科技特派员。组织交大以赵则胜老师为首的特种稻专家对浦城县内的特种稻品种、数量、特色以及文化进行调研和取样，研究保留和传承特种稻资源和特种稻文化，并对县内广泛种植的稻米品种进行大米品质定量分析检测，助推浦城稻米品牌。促成上海交大灵芝专家周选围教授团队与浦城浦芝韵公司开展校企合作，重点研究灵芝酒、灵芝茶及灵芝蛋白面膜等终端产品并进行产业化。同时正在促进江南大学食品科学与工程学院娄在祥教授与福建龙凌植物油开发有限公司开展利用茶粕开发天然手工香皂产学研合作、上海交通大学食品科学与工程学院吴金鸿教授与浦城县兴竹竹笋加工厂开发即食笋和速冻笋等产品。

（叶梦诗）

气 象

【预警预报】 2020 年，浦城县气象局多样化形式及时发布公共气象和决策气象信息。汛期、重大天气过程及重大活动期间，及时做好“点对点”服务和灾情调查上报。共发布下周天气 51 期、重要气象信息专报 100 期、重要天气预警报告 28 期、短时临近预报 112 期、各类灾害性预警信号 516 期、地质灾害风险预警 15 期、农业气象专报 31 期。启动变更应急响应 25 次。其中，灾害性天气预警短信发送约 16 万人次。针对浦城县特色丹桂产业，开展丹桂花期专题气象服务，获评福建省气象局优秀决策气象服务个例二等奖。

【综合观测】 2020 年，浦城县气象局定期开展业务学习，组织全体业务人员开展地面气象人工观测应急演练，重点针对仪器设备维护、设备故障排查、备份站和备份机切换、市电和发电机发电切换开展演练学习，及时开展网络信息安全、备份站数据应用等方面的业务演练。全年完成农气观测基数 1347 个，农气观测质量居全省前列，一人次获评农气观测质量先进个人。

【技术保障】 2020 年，浦城县气象局完成全县区域自动气象站巡检

浦城县气象局观测场全景，摄于 2020 年 10 月 28 日　　（县气象局 供）

工作，完成大监站仪器检定工作，完成游枫、忠信、永兴、枫溪、官路自动站检定，顺利完成全县19个区域自动站、26个单雨量站、1个高速交通自动气象站和1个农田小气候站的巡检和维护。做好各类气象观测设备的运行监控、巡检、维修维护及视频会商系统、服务器、计算机等信息网络系统的运行维护。新增天气现象视频监测系统、多温多雨传感器观测系统、草温观测等新型设备，并开展业务试运行。顺利完成石陂区域自动站升级改造。

2020年3月11日，县气象局开展浦城国家基本气象站计量检定工作

（县气象局 供）

【安全生产与行政许可】 2020年，浦城县气象局制定《浦城县气象局2020年防雷和施放气球安全隐患大排查大整治工作方案》。针对全县防雷安全监管重点防御单位及其他监管对象开展防雷安全检查全覆盖，发现存在安全隐患2家，责令其完成整改。在职能范围内依法依规开展防雷行政许可工作。

【气象科普宣传】 2020年充分利用“3·23”世界气象日、“5·12”全国防灾减灾日等重要节日，联合县直其他部门组织开展科普宣传活动，结合下乡联系工作、维护检修自动站等工作开展，深入了解农民朋友对气象科普和气象服务工作的需求。全年发放宣传材料1000余份。在不同时间节点同时通过浦城气象微博、微信公众号开展各类宣传。

【气象服务活动】 2020年，浦城县气象局为2020年浦城县应急演练暨“空中120”救援活动、2020年浦城县危险化学品生产企业综合应急预案演练活动、浦城县2020年中国农民丰收节、2020年浦城县第二届半程马拉松赛提供专题气象服务，活动前制订服务方案，活动期间精准服务，保障活动顺利开展。

【气象能力加强】 2020年，浦城县气象局开展人工影响天气安全隐患排查，加强人影工作手机App应用、网络信息上报等方面的管理。年内多次组织实施人工影响天气作业，共开展人工防雹作业14场次，发射人影弹91枚，有效降低冰雹对烟叶的危害。

（郭科琦）

文 化

综 述

【概况】 2020年，浦城县文化体育和旅游局是主管全县文化艺术事业、文化产业、新闻出版事业、体育工作、旅游工作、广播电视行政工作的县政府工作部门，主要职责为主管全县文化艺术事业、文物及非物质文化遗产保护与传承、文化产业发展、文化旅游市场管理、图书借阅、竞技体育工作、全民健身运动会开展、旅游开发与推介、新闻出版、电影、广播电视行政事务和著作权管理工作、村村响广播工作。局直属单位14个，浦城县文化市场综合执法大队、体育中心（少体校）、文化馆、文物保护技术中心（博物馆）、图书馆、赣剧艺术传承发展中心、旅游服务中心、广播技术服务中心、美术馆、仙阳广播站、石陂广播站、临江广播站、九牧广播站、富岭广播站。

【文化市场监管】 2020年，浦城县文化体育和旅游局做好疫情期间文化旅游市场暂停营业及后期复工复产工作，服务指导各文化旅游企业疫情防控落实到位。疫情期间督促各KTV、游艺厅、网吧、电影院、景区、旅行社等文化娱乐场所暂停营业，未发现擅自开业现象。后期指导文化旅游场所有序恢复经营，复工复产，印发《关于切实加强复工复产安全防范和安全服务的通知》《浦城县网吧、KTV、游戏游艺场所复工复业指引》等文件，召开全县文化旅游市场经营管理业主复工复业会议，有效指导各场所落实好疫情防控措施。全县有文化娱乐场所21家（其中歌舞娱乐场所10家、游戏游艺场所2家、网吧7家、电影院2家），按照防疫指南要求，申请、备案陆续开放。为加强恢复经营场所巡查制度，成立专项检查组，领导带队专项开展检查。深入开展扫黑除恶专项斗争，结合日常工作摸排在建项目工地、印刷企业、出版物经营单位、娱乐场所、网吧、文保单位等场所共2466家次，摸排问题线索3条。深入开展扫黄打非工作，检查出版物经营单位共102家次、印刷企业66家次、校园周边文具店等经营场所共18家次。

【项目建设】 2020年，浦城县文化体育和旅游局开展项目建设。新城梦笔文化中心（五馆一中心）项目：博物馆主体工程及外立面施工完成，智能化管线施工完成，进行智能化设备安装与调试；文化馆主体及外立面干挂石完成，正在进行外窗施工；大剧院混凝土工程施工完成。梦笔文化公园、美术馆项目：江淹纪念馆基坑支护冲孔围护桩完成；基坑降水井施工完成；基坑支护完成98%；完成基础垫层、基础砖胎膜50%工程量；完成基础土石方开挖90%工程量。新城全民健身中心（原体育公园）项目：体校综合楼一层柱、二层梁板支模完成30%；游泳馆基坑边坡喷锚器械进场；游泳馆已开挖承台。书香浦城项目：采用“1+7”模式，建设内容为图书馆总馆升级改造工程和新建7处图书馆分馆暨城市书房。7处城市书房全部建成开放，选址在丹桂广场、青少年宫、商业城志愿者服务中心、江滨公园、梦笔少体校、和平小学及临江镇文化站。图书馆总馆升级改造工程完成设计。喜马拉雅城项目：选取浦城县原香料厂地块用于项目建设，已开展土地收储等前期各项工作。浦城有声城项目：2020年启动浦城有声城二期项目，在公园广场等人员聚集区域建成10面有声墙，完成60个有声二维码标签，完成设计和预算。醉美画乡项目：完成项目设计方案、立项等前期工作，开展方案的优化和完善。固投填报工作：

按照项目进度，每月按时联网上报项目投资额度，截至 2020 年 9 月，各项目总投资 12.3 亿元。

【文艺活动】 2020 年，浦城县文化体育和旅游局开展丰富多彩的文化惠民活动：举办“不忘初心、牢记使命”为主题的“我们的中国梦欢欢喜喜迎新年”文艺演出，举办“中国画、油画、水彩画”写生作品展，参加文化科技卫生“三下乡”、“送书下乡 文化惠民”活动、“喜迎国庆——书香朗读会暨押花书签手工制作活动”、重阳节“书香送暖 情满重阳”活动走进龙人·伍心家园养老院，赠送书籍及期刊 300 余册，并设立爱心图书流通点。“5·18”国际博物馆日与武夷山市博物馆联合举办“万里茶道（福建段）图片展”。开展多种形式线上文化活动：组织创作“众志成城艺术战役”活动，创作浦城剪纸作品 30 幅、大口窑青白瓷作品 7 件、美术书法作品 20 余幅、诗词散文作品 60 余篇、创作歌曲 1 首；组织“浦城剪纸”“浦城包酒酿造技艺”“浦城丹桂茶制作技艺”“浦城大口窑制作技艺”“浦城明笋干制作技艺”参加非遗网络购物节活动；6 月 13 日世界非物质文化遗产日在浦城三山会馆举办的“非遗图片展”，组织浦城剪纸、闽派古琴、大水口木偶展演。

历史文化遗产保护

【非遗项目】 2020 年，开展推进闽派古琴申报国家级非遗前期各项工作，进行搜集、整理图片、文字、琴谱等相关工作。着手“浦城大口窑制作技艺”申报省级非遗前期工作。开展非遗项目公益培训：在暑期开办 10 期剪纸、古琴、传子木偶公益培训班，激发全县人民剪纸、古琴乐趣，培养剪纸技艺传承人。

【文物保护】 2020 年，浦城县启动省级文保单位西山故居修缮工作，修缮工程已竣工，正在进行初验，待初验报告完成后，报请省文物局验收。完成九牧杉坊（郭风纪念馆旁）古道清理恢复工作。完成浦城县列入南平市第一批朱子文化遗存中 7 处不可移动文物的保护标志设立工作。完成福建省第九批省级文物保护单位（补充）申报工作。完成毕岭关保护修缮项目及验收工作。完成九牧上山板桥战斗遗址维修和验收工作。完成龙头山作为博物馆考古研学基地的前期立项工作。完成第十批县级文物保护单位申报工作，通过县政府常务会议审议，正在组织公布文件。持续推进西山故居和叶氏花厅安防工程建设和验收工作、猫耳山申报国家级遗址公园各项准备工作，猫耳山遗址公园项目已完成前期考古调查、规划文本编制、项目方案设计等前期工作，猫耳山遗址公园获省文物局批准公布为福建省第一批省级遗址公园。

（袁 窈）

融媒体

【概况】 2020 年，浦城稿件在市级以上媒体采用（含新福建、东南网、大武夷新闻网等）合计 4580 篇，其中《浦城：电商年货节暨首届农村产品对接会让“年味”更浓》《社区疫情防控宣传，福建省浦城县亮点颇多！》《企业勇担当 政府显作为——福建浦城县全力保障企业安全有序复工》《保粮食丰收底气更足》等共 8 篇在人民日报发表，在中央媒体采用取得新的突破；《学习强国》采用 392 条，在南平市内名列前茅；

2020 年 6 月 13 日，浦城县在博物馆（三山会馆）开展文化和自然遗产日活动

（县文化体育和旅游局 供）

电视新闻上送播出中央电视台9条、新华社客户端30条、省电视台90条、市电视台283条，策划的重稿大稿不断登上省级以上主流媒体。

【融媒体中心建设】 2020年，融媒体中心新闻调度指挥中心和融媒体演播室建设完成并投入使用。9月15日，浦城县融媒体中心顺利通过省委宣传部验收工作组的验收。

【“诗画浦城”App上线运营】2020年，浦城县“诗画浦城”App立足浦城，将打造浦城新闻资讯权威发布的主流舆论阵地，集“媒体+政务+服务”功能为一体，分为时政、民生、品牌、社会、美图、党建等版块。其中首页推荐版块设置8个频道，包括疫情动态、直播浦城、浦城电视、浦城时讯、视频点播、音频点播、浦城新闻网、喜马拉雅等。“诗画浦城”App下载安装总量为15000人次，每条平均阅读量为2000次。

【栏目创新】 2020年，浦城县融媒体中心各媒体结合选题策划，推出“浦城故事”“我们的节日”“主播带你看浦城”“浦城一分钟”“桂香之音”“梦笔夜话”等栏目；结合农村人居环境品质提升等工作，开设“争创文明县城”等栏目。

【媒体融合】 2020年，浦城县融媒体中心做好“浦城新闻”微信公众号和“诗画浦城”App的运营，拓宽新闻报道的深度和广度。将每天的电视节目尽可能地全部以视频+图文的形式在App上逐条推送，让县内县外更多人通过不同渠道了解浦城、获取信息。同时，利用新媒体技术，与海博TV深入合作，在6月11日举办“县长带货”网络直播活动，为推介浦城、扩大影响发挥积极作用。

（徐赵浦）

2020年4月17日，浦城县融媒体中心驻科技大市场记者站、南（临江）片记者站、北（仙阳）片记者站、中片记者站分别挂牌成立

（县融媒体中心 供）

广播电视

【区域广播管理】 2020年，浦城县农村有线广播“村村响”建设，实现有线电视联网的243个行政村，利用当地有线网络免费传播广播节目到行政村；对未实现有线联网的45个行政村采用卫星接收方式接收广播节目。在疫情防控宣传期间，全县“村村响”做到早、中、晚三次循环播放疫情防控各种通知和相关知识等，为提高群众自我防护意识起到重要的作用。播出防控相关信息153条，播出次数6732次。加强日常村村响检修维护工作，五个区域广播电视站工作人员下村维护52人次，完成18个乡镇73个行政村广播设备的检修维护工作，检修更换多功能控制器34台、调频调制器27台、收扩机54台、喇叭芯47个、镇级多功能控制器4台、网络机顶盒7台，使用广播线643米、电视线687米，完成新建村部广播机房搬迁7个。委托福建广电网络集团浦城分公司对19个乡镇281个行政村进行升级改造，12月前完成第一期二级平台及100个广播点建设。

【建设“万物声体验室”】 2020年，浦城县为实现浦城“中国有声第一城”的县域名片，与喜马拉雅签订战略合作协议，探索有声频道运营，借助喜马拉雅平台拓展宣传渠道。浦城县融媒体中心帮助制作本地音频产品，提供相关音频素材，并在融媒体中心办公楼建设“万物声体验室”，具体包括有声图书馆、有声党建活动中心、有声城频道运营及推广等，是该项目落地的一个小样本，也是推进媒体深度融合的具体实践。在喜马拉雅有声平台推出浦城频道，设有“梦笔声花”栏目。

（袁 窈）

图书发行

【概况】 2020 年，福建新华发行集团浦城分公司实现销售 2850.79 万元（其中含校服 35.92 一视同利润），比上年 2417.93 万元，增长 17.9%。其中：教材 797.34 万元，同比增长 15.94%；教辅 1220.00 万元，同比增长 7.57%；一般图书 569.24 万元，同比增长 49.28%；多元产品 80 万元，同比下降 30.11%；校服收入 128.19 万元。实现利润 190.77 万元。

【丹桂书城改造项目落地】 2020 年 10 月 30 日，丹桂书城向全县广大读者开放，其面积 1895 平方米，融入咖啡水吧、线上教育、文具、步步高、大口窑、闽派古琴等多元产业，书城还集党建工作室、人才驿站、青少年思想培训中心、红十字会驿站等功能于一身，成为当地文化的聚集地。

【理论读物发行】 2020 年，福建新华发行集团浦城分公司重点政治理论读物销售 257.46 万元。其中：《习近平在宁德》销售 8329 册，码洋 57.47 万元；《习近平在厦门》销售 8331 册，码洋 34.99 万元；《习近平在福州》销售 8220 册，码洋 62.47 万元；《习近平谈治国理政》（第三卷）12326 册，码洋 98.61 万元；《中国制度面对面》销售 1261 册，码洋 3.15 万元；《习近平总书记教育重要论述讲义》销售 220 册，码洋 0.77 万元。

【中小学图书采购】 2020 年，福建新华发行集团浦城分公司参与县教育局中小学图书采购招标工作，加强与教育局装备站及学校沟通和联系，努力参与招标文件的制定工作。在集团的大力支持下，浦城分公司中标浦城县教育局 2020 年度中小学图书采购项目 95.89 万元。同时，与浦城一中就新校区图书馆建设达成初步意向，做到提前介入，提出方案和参数，为新一年招标打下基础。

2020 年 10 月 30 日，福建新华发行集团浦城分公司举行浦城县新华书店转型升级揭牌仪式　（福建新华发行集团浦城分公司 供）

【一般图书发行】 2020 年，福建新华发行集团浦城分公司根据读者分类分别建立读者微信群（如读书会、绘本故事会）、推广“无接触服务”，提供线上查询，微信公众号、微信群推荐购书，线下取书等服务；开展“全民读书月 新华阅读季”活动，创新活动形式，以“夜读八闽 书香浦城”为主题开展夜读活动、联合县委宣传部、县委党校、县社科联举办习近平采访实录专题研讨会等；开展流动售书、图书“七进”活动，解决农村买书难问题。

【教材教辅发行】 2020 年，福建新华发行集团浦城分公司坚持“教材发行守土有责，教辅发行寸土必争”和质量为先、服务至上的原则，确保“课前到书、人手一册”政治任务的完成。在全县学生数大幅下降的条件下，浦城分公司教材教辅仍保持稳定增长。全年教材发行 797.34 万元，目录内教辅 549.35 万元，目录外教辅 670.65 万元。

（周玲升）

档案工作

【概况】 2020 年县档案馆对涉及机构改革的单位及各立档单位开展业务指导工作，加强单位档案归档质量，强化涉改单位档案移交；做好“村档乡管”工作，完成全县 19 个乡镇（街道）均已完成 2018 年度文书档案的整理归档工作；加强对重大项目档案和重大活动档案的指导工作，指导王家洲水库、旧馆水闸除险加固工程项目档案归档工作；完成馆藏图书5271册、期刊17926册、文件3349册的整理归档工作。并对馆藏档案中保管整理状况不符合国家标准的档案19150卷（盒）进行整改；接收县委宣传部照片档案1860张、县档案馆文书档案698件，援鄂护士苏治云援鄂期间照片32张、视频5个、实物档案6份。浦城章仔钧练夫人研究会照片档案13张、录音录像档案24盒、图书期刊55本，接收社会各界人士捐赠图书资料74册；完成《档案记忆》图片集2册、《最美逆行者》画册1册、《抗疫一线党旗红》画册1册编研工作。

【单位档案立档工作】 2020年，县档案馆干部深入各机关、企事业单位指导档案业务和机关档案室规范化管理工作，先后指导了浦城寨下国有林场、县民政局、农业农村局、水利局、自来水公司、城乡居民社会养老保险中心、县委党校、县审计局、生态环境局档案的整理，并指导南平市华严档案服务有限公司、浦城县创新档案服务公司、福州科易软件公司（指导土地确权档案数字化）3家档案服务公司的业务工作，讲解最新档案立卷归档规则。

【“村档乡管”工作】 2020年6月28日，中共浦城县委办公室印发《关于进一步开展“村档乡管”工作的通知》，要求各乡镇（街道）继续抓好上年文书档案和各类别档案整理移交工作，并全力做好2020年度新冠肺炎疫情档案收集工作。全县19个乡镇（街道）相继召开“村档乡管”工作推动业务培训会，召集全县286个行政村、18个社区档案员参加培训。6月1日，县委组织部、县档案局下发《关于全县“村档乡管”“回头看”情况通报》，指出各乡镇现阶段存在问题，并对下一阶段工作推进提出明确要求。县委大督查定期到各乡镇、各行政村开展督查工作，各乡镇档案员每月报送“村档乡管”工作进度，19个乡镇（街道）均已完成2018年度文书档案的整理归档工作，各行政村（社区）2019年度档案进行整理。

【抓好“三重”档案指导】 2020年，县档案馆加强对省市重点建设项目档案的登记工作，至10月底，收到各重点建设项目档案登记表25份。深入建设项目，重点指导王家洲水库、浦城县旧馆水闸除险加固工程项目档案收集整理。开展重大活动档案指导工作，围绕“不忘初心、牢记使命”主题教育工作，指导全县“不忘初心、牢记使命”主题教育档案归档工作；参与指导浦城县通航小镇项目建设前期档案如何做好收集分类工作。

【“互联网＋放管服”工作】 2020年，县档案馆根据省、市、县审改工作的安排部署，全省全市全县深化“放管服”改革优化营商环境要求，配合推进“互联网＋放管服”“互联网＋监管”“全省一张网”等平台建设，对入驻福建省网上办事大厅的行政审批事项认真进行自查自纠，举一反三，确保网上办事事项准确、完整。同时进一步梳理细化行政审批服务事项，提高审批服务效率和政务便民化，进一步推进简化审批事项，优化服务流程，提升政务服务事项标准化水平。

【档案优质服务】 2020年，县档案馆接待社会各界档案利用者543人次、提供利用档案586件次，利用现行文件56件、利用15人次。为浦城县和社会各界制订计划、规划，实行科学决策，进行经济活动，查办案件取证，解决财产纠纷，界定山林权属等一系列活动提供大量可靠的依据，使档案资料充分发挥社会效益和经济效益，有力推动各项工作的向前发展。

【档案安全管理】 2020年，县档案

2020年9月27日，县档案局领导带领档案馆人员到浦城县旧馆水电站指导档案业务工作
（县档案局 供）

馆开展档案安全隐患排查工作。3 月 18 日，转发福建省档案局文件，要求加强全县档案安全管理，及时排查消除安全隐患，全面提升安全防范水平，确保档案实体和信息绝对安全；开展汛期档案安全检查工作，要求南平市严华档案服务有限公司严格按照档案保管“八防”要求，提前做好汛期安全隐患排查。档案馆干部职工开展馆藏档案安全检查工作，清理门前排水沟，下水道等卫生。在档案服务器机房，档案馆库房、档案业务用房及主要出入口加装监控设备。

2020 年 5 月 7 日，浦城县档案馆副局长在万安乡开展“村档乡管”业务培训工作　　（县档案馆　供）

【档案编研】 根据征集到的援鄂护士苏治云援鄂期间照片资料，编研《最美逆行者——苏治云》画册一本，该画册详细保存浦城县援鄂护士苏治云从出征到武汉方舱医院工作期间以及返浦后的珍贵照片资料。根据县委组织部关于开展浦城县“抗疫一线党旗红”获奖摄影作品 60 幅，同县委组织部共同编研《浦城县抗疫一线党旗红》画册一册，详尽反映全县广大干部职工，人民群众在疫情期间工作生活的感人瞬间。

（苏　超）

旅游 体育

旅游业

【全域生态旅游】 2020年，浦城县文化体育和旅游局开展丰富多彩的节庆赛事活动；加大广告投放力度，在高铁武夷山东站和浦南高速、龙浦高速及国道沿线、出口等地方投放“清新福建·诗画浦城”旅游系列广告；在福州市地铁站投放浦城旅游宣传广告；与移动、联通、电信三大运营商合作，投放浦城旅游入境短信，制作20秒精美旅游宣传短片，与中国电信合作推出入境视频短信，宣传浦城旅游。在县域内重点星级酒店、商务酒店、快捷酒店、宾馆免费派送旅游线路图和旅游指南等宣传材料；充分利用报刊、电视、网络、微信、微博等各类媒体，大力宣传和推介浦城，扩大浦城旅游知名度，将浦城旅游点打造成网红打卡点，第二季度推出的抖音短视频点赞数达2.6万人，推广浏览量达50万人以上，第三季度推出的抖音短视频点赞数达5.2万人；赴浙江省衢州市开化县、杭州市临安区、福州市、平潭县等地推介浦城旅游及旅游招商项目。

2020年9月5—7日，浦城县举办2020年“武夷山水”“铭塔杯”郊野钓鱼大赛

（县文化体育和旅游局 供）

【旅游项目建设】 2020年，浦城县文化体育和旅游局建设匡山景区一期开发项目：项目施工结束，并做好开营前期准备工作。浮盖山旅游开发项目：综合服务片区的田园集市1、2封顶完成；游客服务中心、消防泵房、生活垃圾中转站进行主体施工；停车场挡墙施工完成50%；架空平台基础及短柱浇筑完成30%；田园游乐片区：6.5米道路路基修筑完成3.2公里；道路两侧排水沟完成800米；道路边坡挡墙施工完成300米；两米登山道完成4公里；跌阶挡墙砌筑完成60%；浮云楼、棋盘台、观景平台、四角亭基础全部浇筑完成。浦城县旅游集散服务中心项目：该项目与浦城县仙楼山慢行道（二期）工程打包策划，由县住建局进行前期的基础设施和生态停车场建设，由县旅投公司进行主体建筑建设。已完成项目旁山体滑坡治理工程。喜马拉雅城项目：选取浦城县原香料厂地块用于项目建设，开展土地收储等前期各项工作。

【旅游开发项目】 2020年，浦城县

文化体育和旅游局做好促进夜间经济发展的各项牵头组织和部门协调工作，统筹推进全县夜间经济发展。着力围绕“梦笔生花、丹桂之乡”主题，通过对十里莲塘田园休闲吧、浦城县文化展示体验街区（文化一条街）、美食街、永辉超市等4个夜间经济特色街区的建设，形成夜间经济特色经营片区。依托赣剧、传子木偶、闽派古琴等非遗技艺，设定赣剧团，文化一条街（剪花嫂剪纸坊、闽派古琴馆）为非遗技艺固定展演展示场所，夜间常态化对外开放。

【策划文旅活动】 2020年，浦城县文化体育和旅游局策划第十二届海峡论坛南平分会场·海峡两岸（浦城）章氏文化交流大会文艺晚会、印象小密景区篝火晚会、“现代遇传统 汉服过七夕”礼拜织女活动、大水口梦幻星空灯光秀、大水口夜间经济综合体开园活动、“脱贫攻坚 你我同行”文艺演出、“共筑美丽南浦溪”夜间文艺演出等活动20余场，促进创城、文化和旅游发展，丰富消费者夜间生活，为旅游业发展打下基础。

体育

【竞技体育】 2020年，浦城县文化体育和旅游局组织少体校复训工作，5月8日，少体校恢复训练，严格落实好疫情防控和学员管理工作。筹备组织南平市第四届运动会，浦城县拟组队参加田径、游泳、举重、跆拳道、篮球、三人篮球、乒乓球、羽毛球、射击、拳击、足球、武术散打、排球13个项目赛事，有200多名运动员、教练员参加比赛。

【群众体育】 2020年，浦城县举办“宜和佳苑杯首届中国电动冲浪板公开赛”、2020“武夷山水”浦城县“铭塔杯”郊野钓鱼大赛等全国性大型体育赛事。开展石陂武术文化节暨美食节、新年登高活动、快乐周末篮球赛、三对三篮球对抗赛、重阳节老年人象棋比赛等全民健身赛事活动10余场。疫情期间，停办赛事2场，关停全县11个运动场馆。

【筹备第17届省运会】 2020年10月，浦城县文化体育和旅游局积极开展承办第17届省运会前期工作，制定《浦城县备战福建省第十七届运动会方案》《浦城县筹办福建省第十七届运动会工作实施方案》，成立筹备委员会和筹备委员会青少年部组织机构，明确工作职责和目标任务，制订相关政策和经费保障措施，做好浦城县承办女足、田径、柔道项目分赛场各项工作。

【体育项目】 2020年，浦城县文化体育和旅游局进行体育公园项目开工建设，主要是新城全民健身中心（原体育公园）项目：体校综合楼一层柱、二层梁板支模完成30%；游泳馆基坑边坡喷锚器械进场；南地块土方工程完成85%；北地块土方开挖完成60%；游泳馆已开挖承台。

（袁 窈）

2020年11月1日，“宜和佳苑杯”中国电动冲浪板公开赛在浦城县吴山水库开赛

（县文化体育和旅游局 供）

卫生 健康

综 述

【概况】 2020年，浦城县有医疗卫生机构290个（公立医疗卫生机构25个）。其中：县级公立医院3家（综合性和中医系列“二级甲等医院”各1家，精神病防治专科医院1家），卫生预防、保健、执法机构3家（疾控预防控制中心、妇幼保健院、卫生监督所），乡镇卫生院17所，街道社区卫生服务中心2家；民营医院3家，村卫生所244个，个体诊所17个（含诊所、卫生所、学校医务室），其他医疗机构（健研血透）1家。

床位编制。全县医疗机构拥有编制床位1518张，实际开放1719张，其中，县级医疗机构1307张（含民营220张），基层卫生机构412张（乡镇卫生院和社区卫生服务中心），平均每千人口床位5.73张。

人员编制。全县25个公立医疗卫生机构人员编制1038名，在编人数830人（缺编208人）。在岗人员1549人（含临聘人员719人）。每千常住人口执业（助理）医师数1.91人，每千常住人口注册护士数2.14人。

诊疗情况。2020年全县总诊疗147.77万人次（基层医疗卫生服务机构总诊疗87.3万人次）；通过组织实施医疗机构设置规划，调整结构和布局，全县公立医疗机构设置齐全，医疗资源布局基本均衡。

【疫情防控工作】 2020年，浦城县成立疫情防控领导小组和11个专项小组；抽调卫健、教育、公安、交通运输、工信、文体旅、商务、市场监管、外办和疾控中心等部门人员，组建县疫情防控工作领导小组防控工作专班。成立数据信息组，提升疫情防控信息分析处理能力。组建县乡两级专业流调队伍：由县疾控中心牵头，完成由流行病学调查、核酸检测、环境消杀、社区防控和心理干预等11名专业技术人员组建的县级疫情防控专家队；组建19支由基层医疗机构38名公共卫生人员组成的专业流行病学调查队伍。成立由10人组成的县级消杀专业队和乡、村两级的消杀服务组，健全管理和协作机制。成立由县医院临床主任、副主任医师组成的医疗救治专家组。

强化防控责任落实。2020年，

2020年11月，中共福建省委、福建省人民政府授予邓立瑜（中）“福建省抗击新冠肺炎疫情先进个人”称号　（县卫生健康局 供）

浦城县召开 30 余次疫情防控工作领导小组会议，拨付 1882.46 万元用于疫情防控，织密“五张网”。

推广“健康码”和核酸检测，科学精准防控。2020 年，浦城县全面推广应用“八闽健康码”，扩大核酸检测，尽早发现无症状感染者。投入 500 万元建设 3 家检测实验室，对医疗机构工作人员、进口冷链一线从业人员、教职员工、福利机构工作人员、监所人员、公共场所服务人员等 10 类重点人员开展定期核酸检测。

【卫生监督执法】 2020 年，浦城县卫生健康局健全卫生健康监督执法体系，深入实施卫生健康普法工作，指导相关部门开展群众性卫生健康普法活动；加强执法人员教育培训，提高依法办事能力；承办行政复议和行政应诉工作，组织查处卫生计生违法行为，督办重大卫生计生违法案件。开展食品污染及有害因素监测（已落实常规、专项监测 52 份），开展食源性疾病监测（21 家监测医院通过食源性疾病病例监测系统上报病例 644 例），开展食源性疾病事件流行病学调查。对 40 家医疗机构、172 家城区公共场所、115 家乡镇公共场所和 87 所中、小学及托幼机构开展监督检查。给予行政处罚 19 家，没收非法所得 1.38 万元，罚款 7.04 万元。

医疗改革

【医疗卫生体制改革】 2020 年全面跟进国家“4+7”药品集采和使用试点工作，开展优质护理服务。有效控制药品耗材占比，切实减轻群众就医的总体负担。投入建设资金 3399.566 万元，在总医院统一建立三大平台（县域医疗服务技术平台、协作平台、信息平台）和六大中心（消毒供应中心、心电诊断中心、临床检验中心、医学影像中心、病理检验中心、远程会诊中心），全部建设完工投入运行，实现同一诊疗区内医学检查、检验结果互认。建立较为规范的首诊和转诊程序，以慢性病和常见病、多发病为切入点，提升基层医疗机构服务能力；进一步扩大基层医疗机构诊疗目录，基层医疗卫生机构诊疗量占总诊疗量比例进一步提升，基本实现大病不出县，形成“基层首诊、双向转诊、急慢分治、上下联动”的分级诊疗模式。

【总医院资源整合】 明确总医院及县级公立医院的内部组织机构、管理和议事规则，进一步完善总医院的建设。加强医联体建设，根据需要提供技术、设备、人才等方面的帮扶。建立省、市级医联体 2 个〔浦城县医院与福建省立医院（三甲）建立对口帮扶关系；浦城县中医医院与南平市人民医院（三甲）组成南平区域中医医联体〕，专科医联体 1 个（浦城县医院与福建医科大学孟超肝胆医院签订协议，开展福建省肝病医联体合作），县级医联体 2 个（县医院联合南浦社区卫生服务中心、石陂中心卫生院、枫溪卫生院、古楼卫生院成立浦城县医院医联体；浦城县中医医院联合河滨社区卫生服务中心、仙阳、忠信中心卫生院、山下卫生院成立县中医区域医疗联合体）。

【医疗项目建设】 2020 年在建项目 2 个：总投资 6500 万元的浦城县第三医院精神卫生医养综合楼项目、总投资 3800 万元的浦城县健康体检中心项目。2 个项目为 EPC 项目，2018 年 12 月开工建设，2020 年 12 月完成主体建设，年底 2 个项目大楼已经封顶，外墙装修基本完成，转入内部装修。积极谋划“十四五”期间浦城县区域医疗及健康养生产业项目 24 个，计划投资 62 亿元。其中：公共卫生服务体系建设项目 4 个，计划总投资 11 亿元；医疗卫生机构高质量发展项目 7 个，计划总投资 15.3 亿元；全生命周期健康保障项目 4 个，计划总投资 4 亿元；中医院能力提升项目 9 个，计划总投资 31.7 亿元。

（张 红）

公共卫生

【卫生应急和常态化综合防控】 2020 年，浦城县新购置负压救护车、移动 DR，添置医务人员个人防护用品，改造负压病房与发热门诊，建设核酸检测实验室、设置集中隔离点。已配备 6 套 96 孔 PCR 仪，常态化下日检测能力达到 1150 人次，能够满足日常“应检尽检”“愿检尽检”“适时抽检”目标；还将添置 2 套 PCR 仪，按 10 倍混检能达到 2.3 万人次的日检测能力，为常态化疫情应对提供有力保障。

【基本公共卫生服务】 2020 年，浦城县卫生健康局利用海报、微信公众号、宣传横幅、折页、印制项目内容的实物等多种形式，广泛开展基本公共卫生服务项目内容和免费服务政策宣传。建立居民电子健康档案 24.22 万份，电子建档率 80.72%；更新宣传栏 996 期，发放健康宣传资料7.96万份；累计为3.97万名65岁及以上老年人建立健康档案；已管理高血压患者1.93万人，已管理糖尿病患者5848人；管理严重精神障碍患者1528人，规范管理率达65%以上；传染病疫情报告率、及时率达100%。建立家庭医生服务团队87个，参与签约的家庭医生253人。

【爱国卫生运动】 2020年，浦城县卫生健康局深入开展新时期爱国卫生运动。引导市民自觉养成健康生活习惯，筑牢全民防疫防线。强化重点场所日常清洁消毒，着力防控重大疾病。发放消毒液1.93万公斤，累积疫点和医学观察点消毒面积61.78万平方米。牵头组织开展农村卫生户厕改造建设工作，完成新建改造农村卫生户厕6656户（年度任务数6000户），总体普及率达97.67%（目标要求90%以上）。指导管厝乡开展国家卫生乡镇创建工作，已基本通过省爱卫办组织的专家审评。全面落实城区8家市场清扫、消杀等制度，做到每日对经营场所进行全面高压水枪冲洗、喷雾消毒，保持市场通风，守好群众“菜篮子”的安全；增添洗手设施21处，加强市场内部厕所的卫生保洁和消杀，保障市场相关硬件设施良好运转。

（张　红）

【浦城县医院】 2020年，浦城县医院是一所集医疗、保健、教学、科研、急救为一体的“二级甲等”公立综合性医院。医院占地面积2.3万平方米，建筑面积4.1万平方米。编制床位数510张，实际开放床位数634张。年门急诊病人53.68万人次，出院病人2.61万人次。系福建中医药大学、福建卫生职业技术学院、闽北卫校的教学医院和福建省助理全科医师规范化培训基地；是福建医科大学附属第一医院的协作医院，系福建医科大学孟超肝胆医院肝病专科医联体、福建省立医院医联体、福建医科大学附属第一医院及协和影像专科医联体的成员单位。承担着全县及部分周边县人口的医疗服务、卫生保健及公共卫生突发事件的处置工作。全院在岗职工598人，其中高级职称人员108人、中级职称人员125人。卫生技术人员528人，其中研究生2人、本科学历198人。开设有内一科、内二科、内三科、外一科、外二科、外三科、妇产科、儿科、重症医学科、急诊科、口腔科、康复理疗科、检验科等30个临床、医技科室。各临床科室具有熟练开展各类常见病、多发病和疑难病的诊治能力。医院拥有进口西门子64排螺旋CT机和1.5TMR各1台、国产联影16排螺旋CT机和1.5TMR各1台、DR机3台、西门子中型C臂机、西门子全自动检验流水线、电子胃肠镜、腹腔镜、等离子电切镜、输尿管镜和钬激光及弹道碎石设备、宫腔镜、胆道镜、支气管镜、关节镜（软镜、硬镜）、乳腺钼靶机等大型先进医疗设备，DSA设备已经进入安装阶段。近年来，医院坚持科技兴院，相继开展了腹腔镜、宫腔镜、胃肠镜、钬激光、关节镜等微创新技术。

（甘瑞君）

【浦城县中医医院】 2020年，浦城县中医医院人员271人（在编人员146人，临聘人员125人），其中卫生技术人员241人：高级职称人员53人（正高级职称9人、副高级职称44人），中级职称人员75人，初级职称人员116人。设有内科、外科、妇科、儿科、骨伤科、康复科、口腔科、肛肠科、五官科、眼科、皮肤科、血透室等临床科室及B超、心电图室、检验科、放射科、病理科、CT MRI室、电子胃镜肠镜室、PCR实验室等医技科室。2020年医院总收入5374.98万元，比2019年增长9.28%。其中，医疗收入5093万元，比2019年增长3.55%；门急诊143177人次，比2019年下降6.49%；出院病人5912人次，减幅15.86%。

（徐宝莲）

2020年8月1日，浦城县医院康复医学科开科　（浦城县医院 供）

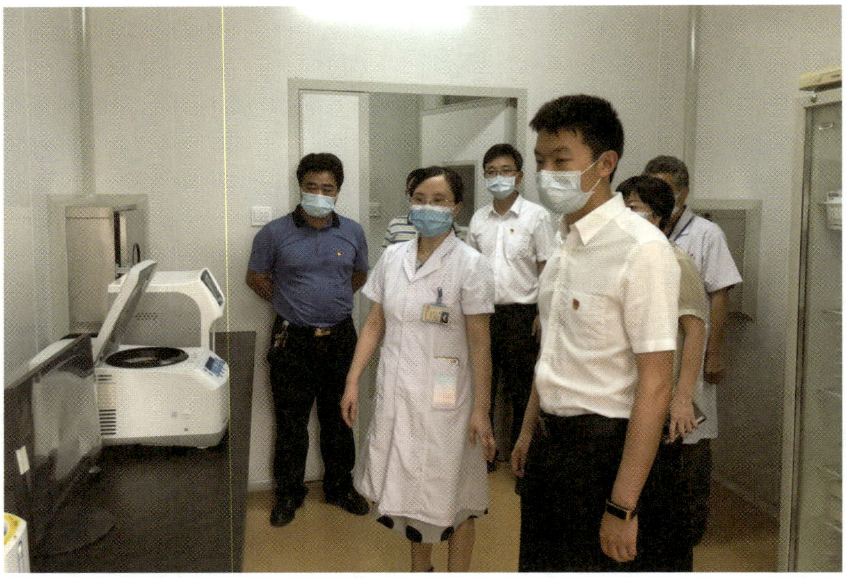

2020 年 6 月 18 日，县中医医院核酸检测实验室正式投入使用，县长沈晓文（右一）等领导查看设备　（县中医医院　供）

疾病预防与控制

【概况】 2020 年，浦城县疾病预防控制中心按照省、市疾控中心下达的任务指标开展各项工作，按时做好传染病疫情审核与分析。浦城县甲、乙类传染病累计报告发病 634 例、报告发病率 229.33/10 万，死亡 4 例。甲、乙类传染病比上年下降 11.33%。丙类传染病累计报告发病 96 例，报告发病率 32.00/10 万，无死亡病例。丙类传染病比上年下降 83.64%。1—12 月，甲、乙类报告发病最多的传染病前五位为肝炎、梅毒、肺结核、淋病、艾滋病，丙类报告发病最多的传染病前三位为手足口病、流行性感冒、其他感染性腹泻病。

【主动监测】 2020 年，浦城县疾病预防控制中心到县医院、中医院相关科室开展“AFP、新生儿破伤风、麻疹”主动监测各 12 次，对县医院有关科室进行每旬流脑监测一次。没有发现监测病例。每月做好手足口病标本的采集和送检工作，共采集并送检 60 份标本。

【艾滋病防治】 2020 年，浦城县新发现并报告感染者及病人 26 例，其中治疗 17 例、随访管理 9 例，无死亡病例。已按要求做好病人的随访、转介治疗及 CD4 细胞的送检工作。至 2020 年底全县发现 202 例，其中在治 129 例、随访管理 23 例、累计死亡 50 例，抗病毒治疗覆盖率为 84.86%。自愿咨询与检测服务，全县自愿检测咨询 418 人次，发现 13 例确诊阳性病例。按时开展预防性传播干预活动，对全县 12 家大型娱乐场所及路边发廊的暗娼干预 66 场次，干预人数 988 人次。高危人群检测 202 人次，未发现阳性病例；发放宣传单 1840 余张、各型安全套 1840 只。

【结核病防治】 2020 年，浦城县定点医院共接诊初诊病人 382 例，发现活动性肺结核病人 120 例，其中新涂阳病 74 例、复治涂阳病人 3 例、涂阴病人 37 例、结核性胸膜炎 6 例。新涂阳病人治愈率为 95%，病人治疗管理方面完成上级下达的任务指标。县疾病预防控制中心按项目管理方案要求做好各项工作，包括病人的督导访视，共督导乡镇 65 次，访视结核病人 121 人次；在“3·24”期间开展结防知识大型宣传活动；开展疑似结核病人的追踪，应追踪病人数为 382 例，追踪到位 376 例，到位率为 98.43%；学校未发生结核病疫情。

【麻风病防治】 2020 年，浦城县疾病预防控制中心按照《2020 年福建省麻风病防治项目工作方案》的要求开展麻风病的防治工作。1 月 31 日为世界麻风病防治日，在方志敏广场开展现场宣传活动。5 月初举办一期麻风病防治知识培训班；在 6 个行政村开展线索调查，共发现 12 例可疑病例，经排查，没有发现确诊患者。

【鼠疫监测】 2020 年 5—10 月，浦城县疾病预防控制中心在永兴镇、忠信镇、管厝乡开展鼠疫监测工作，按照方案要求完成 2020 年鼠疫监测工作目标，共计捕获各类鼠 219 只，其中家栖鼠 181 只、野栖鼠 38 只，检蚤鼠数为 220 只，染蚤鼠数为 9 只，鼠体总染蚤率为 4.09%；染蚤总数为 29 只，缓慢细蚤 21 只，占 72.4%，为当前优势蚤种；未检获到印鼠客蚤。所采集的血清标本没有发现阳性鼠疫抗体。

【寄生虫监测】 2020 年 11 月 5—8 日，浦城县疾病预防控制中心根据《全国肝吸虫病和土源性虫病监测方案》要求，对富岭镇瑞安村、临江镇水东村、水北街镇曹村村、仙阳镇管九村、万安乡连墩村进行肝吸虫病采样检测调查，每村调查3周岁以上居民200人左右，5个村共调查了1215人。每人采集30克以上粪便1份，共1215份。采用改良加藤法检测，一粪两检，共检出21人感染各类肠道寄生虫，寄生虫总体感染率1.73%。感染华支睾吸虫3人，感染率0.25%；感染钩虫17人，感染率1.4%；感染鞭虫1人，感染率0.08%；保虫宿主粪便26份，其中狗粪26份，检出阳性结果12份，总感染率46.2%，其中单独感染11份、混合感染1份；淡水鱼肝吸虫囊蚴感染情况，共检查麦穗鱼100条，检查结果为麦穗鱼阳性95条，感染率95%，小鲫鱼未查出阳性。

【地方病防治】 2020年，浦城县按照福建省碘缺乏病和人群碘营养监测方案统一部署，东、西、南、北、中划分5个抽样片区，随机抽取忠信镇、永兴镇、临江镇、仙阳镇、南浦街道等5个乡镇（街道）作为监测点共检测210名8～10岁儿童甲状腺B超、盐碘、尿碘，100名孕妇（早、中、晚孕期尽量均衡）盐碘、尿碘。

检测结果表明8～10岁儿童的甲状腺肿大率为3.33%，小于5%。儿童尿碘中位数为183.3微克/升，大于100.3微克/升。孕妇尿碘中位数为134.33微克/升，小于150.3微克/升。

【公共场所卫生监测】 2020年，浦城县疾病预防控制中心在新冠疫情防控期间，对重点场所（公共场所、学校、医学观察点、农贸市场、酒店等）预防性消杀指导工作，对疑似病例、确诊病例、密切接触者的居所、隔离医学观察点进行终末消杀，消杀面积约655018平方米；对仙阳茶场、丹桂山庄隔离医学观察点作消毒评价，均符合标准；对县医院、谢秀山医院、妇幼保健院开展院感消毒效果监测，对县实验幼儿园开展消毒效果监测。

【饮水卫生监测】 2020年，浦城县疾病预防控制中心落实饮用水卫生监测工作。城市供水监测，出厂水2个监测点、末梢水12个监测点、二次供水8个监测点；农村监测点17个乡镇34个村集中供水、学校自备式供水3个、分散式供水3个。枯、丰水期采样检测192份水样，每份33项指标。枯水期、丰水期的饮用水采样监测分别在2月、5月全面完成，枯、丰水期监测数据的网络直报7月20日完成上报，对全县农村供水工程进行摸底统计和网络报告。

【职业卫生】 2020年，浦城县疾病预防控制中心开展尘肺病调查，摸清中华人民共和国成立以来至2019年底已报告的职业性尘肺病患者的健康状况、生存情况和现患病例的病情与保障情况。年底，尘肺病患者共164人（其中存活66人，死亡82人，失访16人）。完成20家厂矿企业的危害因素现场监测和检测数据的上报工作。其中重点行业9家，非重点行业11家；采矿业6家，制造业14家；小型企业15家，微型企业5家。其中监测（粉尘、化学、物理）危害因素都合格的企业6家，不合格的14家，合格率30%。根据《福建省卫生健康委员会关于开展职业病危害现状调查的通知》的要求，完成8个乡镇的68家厂矿企业的危害现状调查与系统数据上报工作。

【食品安全风险监测】 2020年，浦城县疾病预防控制中心根据《关于印发2020年南平市食源性疾病监测方案的通知》文件要求，浦城县医院，浦城县中医院，南浦、河滨街道社区卫生服务中心各乡镇卫生院为福建省食源性疾病监测点的监测医院，通过国家食源性疾病监测报告系统及时上报疑似食源性疾病病例。截至12月31日，县医院报告144例，完成进度工作的120%；县中医院报告123例，完成率为102.5%；永兴卫生院报告39例，完成工作进度的130%；九牧卫生院已报告35例，完成工作进度的116.6%；南浦街道社区服务中心已报告36例，完成工作进度的120%；忠信卫生院已报

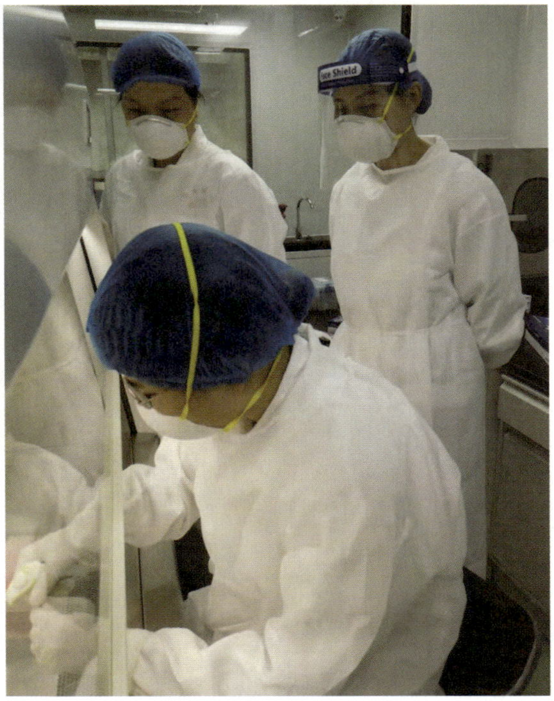

2020年7月30日，浦城县PCR实验室正式投入使用（县疾控中心 供）

告 38 例，完成工作进度的 126.6%；濠村卫生院已报告 36 例，完成工作进度的 120%；仙阳卫生院已报告 36 例，完成工作进度的 120%；石陂卫生院已报告 30 例，完成工作进度的 100%；古楼卫生院已报告 38 例，完成工作进度的 126.6%；水北街卫生院已报告 38 例，完成工作进度的 126.6%；莲塘卫生院已报告 37 例，完成工作进度的 123.3%。2020 年 7 月新增食源性监测医院：富岭卫生院已报告 33 例，完成工作进度 220%；河滨社区卫生服务中心已报告 30 例，完成工作进度 200%；官路卫生院已报告 29 例，完成工作进度 193.3%；管厝卫生院已报告 31 例，完成工作进度 206.6%；盘亭卫生院已报告 24 例，完成工作进度 160%；枫溪卫生院已报告 31 例，完成工作进度 206.6%；山下卫生院已报告 30 例，完成工作进度 200%；临江卫生院已报告 40 例，完成工作进度 266.6%；万安卫生院已报告 31 例，完成工作进度 206.6%。其中中医院未完成市里制定任务。县疾控中心对报告卡进行及时审核，1—12 月每月随机抽取 10 个病例进行电话复核，填写复核记录表汇总到南平市疾控中心。

【计划免疫】 2020 年，浦城县疾病预防控制中心规范预防接种工作的服务行为，加强接种人员的培训、指导，开展现场督导，规范服务告知与接种服务行为；指导莲塘镇卫生院、山下乡卫生院进行预防接种数字化门诊装修改造升级，提升服务形象，确保预防接种服务的规范、安全注射的落实。开展儿童分类管理，利用“4—5 月查漏补种月活动”全面排查 2014 年 1 月 1 日至 2019 年 12 月 30 日出生的儿童本底数据。协调卫健系统儿童出生、流动数据共享机制和安全保密制度，对 2298 名目标儿童进行全面排查核实。县、乡、村三级配合，通过产科、计生、村医上报等数据的核对排查，主动、实时掌握免疫适龄对象儿童本底数据，确保客户端整卡的全面、准确。落实接种率指标，筑牢免疫屏障。完成新建卡管理 1611 人。细化免疫催种流程，落实免疫覆盖，适龄儿童第一类疫苗共接种 43348 剂次，免疫接种率达 99.91%；巩固水痘、EV71、流感等学校常见传染病相关的非免疫规划疫苗接种。定期对接种率报表数据进行分析、核查和报告、反馈，确保相关报告数据真实、准确。

（吴秀英）

妇幼保健

【概况】 2020 年，浦城县妇幼保健院服务 89403 人次，其中门诊就诊 45299 人次，健康体检 44104 人次，收治住院 474 人次；业务收入 993.6 万元（门诊收入 880.77 万元，住院收入 112.83 万元），其中医疗收入 589.92 万元、药品收入 403.68 万元（其中疫苗收入 219.93 万元），不含疫苗药占比 23.75%。实际开放总床日数 21582 天，实际占用总床日数 2188 天，床位使用率 10.13%。

【重大公共卫生妇幼项目】 2020 年，浦城县妇幼保健院落实孕产妇系统管理和贫困孕产妇救助工作，高危管理 11 人，转诊 4 人，高危贫困孕产妇救助基金救助 3 人，金额 0.711 万元；规范儿童保健服务，对全县 32 所幼儿园 3715 名儿童进行健康体检，体检率 96.09%；开展妇科病普查，全县单位女职工 2218 人进行妇科常见疾病筛查；规范预防艾滋病、梅毒和乙肝母婴传播，全县孕产妇艾滋病、梅毒和乙肝检测 4599 人次，其中艾滋病阳性（流动人口）1 人，梅毒阳性 9 人，乙肝阳性 57 人；做好“三网监测”及卫生年报工作，全年全县孕产妇系统管理率 91.02%，孕产妇死亡率 0，5 岁以下儿童死亡 8 人，死亡率 3.07‰，婴儿死亡 7 人，死亡率 2.69‰，7 岁以下儿童保健覆盖率 95.02%，3 岁以下儿童系统管理率 93.16%。

【妇幼卫生服务】 2020 年，浦城县妇幼保健院惠民便民，实行免费婚前健康检查、孕前优生健康检查和地中海贫血筛查“一站式”服务。2020 年婚检总人数 2546 人，婚检率 93.2%，疾病检出率 12.4%，孕前优生健康检查服务 1620 人，完成全年任务数 1800 人的 90%（只需完成 80%），筛查出高危人数 46 人，地中海贫血免费筛查 900 对，100% 完成全年任务数，筛查出双方阳性夫妇 33 对；认真落实“两癌”检查项目，乳腺癌筛查 6144 人，完成目标任务 102.4%，宫颈癌筛查 7387 人，完成目标任务 124.12%；预防出生缺陷，提高出生人口素质，全年叶酸发放 1700 人、3237 盒，100% 完成全年目标任务数，免费产前血清学筛查 61 人，筛查出高风险 7 人，超声产前筛查 17 人；落实基本避孕服务。

【孕前优生健康检查】 2020 年，浦城县妇幼保健院抽调婚优检科、检验科、超声科等科室医务人员骨干组成“婚检上门服务队”，驻点县民政局婚姻登记处二楼，为前来登记结婚的新人们提供免费婚检、优检、婚登一站式服务。2020 年结婚登记 2732 人，婚检总人数 2546 人，婚检率 93.2%，检出疾病 324 人，疾

2020 年 2 月 1 日，县妇幼保健院做好新型冠状病毒感染的肺炎防控工作

（县妇幼保健院 供）

病检出率 13.4%，其中生殖系统疾病 266 人、内科系统疾病 57 人、精神病 1 人；免费孕前优生健康检查 1620 人，完成全年任务数 1800 人的 90.0%，筛查出高危人数 46 人。

【儿童保健新项目】 2020 年，浦城县为促进儿童健康发育成长，提高孩子生活质量，2020 年 1 月新开展牙龋病早筛和新生儿黄疸检测，为及时发现黄疸和儿童牙龋病早发现、早干预、早治疗提供科学依据，全年牙龋病早筛 72 人次，新生儿黄疸检测 139 人次。12 月新开展儿童感觉统合项目，填补浦城县早教项目空白，通过专业的评估，使用特殊的训练器材，帮助感觉统合失调的孩子提升感觉统合能力。

（方 静）

医政管理

【医疗服务水平提升】 2020 年，浦城县按病种付费出院人数占比 53.28%（达上级 ≥ 50% 要求），按临床路径管理的出院人数占比 61.88%（达上级 ≥ 50% 要求），基层医疗卫生机构门诊量占比 55.59%（达上级≥ 55% 要求），医疗费用增长率 -9.81%（达上级＜ 10% 要求）；医疗服务收入 32.57%，住院费用个人自付比例占比 42.97%，县域内住院量占比 68.51%，县级公立医院平均住院日 6.53 日（达上级＜ 7.37 天要求）；2020 年全县总诊疗 147.78 万人次，基层医疗 87.3 万人次。有效避免乱开药、滥检查等过度治疗现象，缩短平均住院天数 1 天。开展“优质护理服务”活动。为患者提供“一站式”全方位优质护理服务；加强县级内科、外科、儿科、妇产科、急诊医学科五大临床核心专科和精神科、康复医学科、重症医学科、新生儿科、血液透析科五大临床薄弱学科建设，加强口腔科等重点专科建设，推进胸痛中心、卒中中心建设，全面提升浦城县医疗服务能力。组织 73 名医务人员到上级医院进修培训，组织 246 名医务人员参加通信医学继续教育，组织 726 名医务人员参加远程医学继续教育；组织医务人员积极参加防控知识和业务能力拓展培训，共培训 107 场、3541 人次；8 人报名参加 2020 年（西医）住院医师规范化培训，19 人报名参加 2020 年（西医）助理全科医生培训和全科医生转岗培训。

【优质护理】 2020 年，浦城县卫生健康局为患者提供“一站式”全方位优质护理服务；县医院 8 个病区全面铺开优质护理服务活动，覆盖率 100%；中医医院在 5 个病区开展优质护理（共有 6 个病区），覆盖率 83%。

【乡村医生养老保障】 2020 年，浦城县有 167 人享受乡村医生养老保险补助；1082 人享受乡村医生（含赤脚医生、卫生员、接生员）养老生活补助；累计发放乡村医生养老保障补助 243.95 万元。落实对承担村卫生所工作任务的乡村医生每年每人 1200 元的乡村医生政府津贴，共发放 39.13 万元。

（张 红）

卫生监督

【概况】 2020 年，浦城县卫生监督所按照上级防控工作要求，启动防控新冠肺炎一级应急响应，于 1 月 22 日、2 月 1 日、2 月 16 日组织召开疫情防控培训、工作安排部署会议，成立新冠肺炎疫情防控领导小组并制定应急预案，组建 3 个疫情防控应急督查小组，对医疗机构、公共场所、学校、企业复工复产等监督对象进行细化分类，做到科学防控、精准监督。检查医疗机构40家（其中县医院、中医医院、妇幼保健院、疾病预防控制中心、第三医院、17家乡镇卫生院、2家社区卫生服务中心、3家民营医院、11家个体诊所、1家血液透析中心、1家康养中心）；检查城区公共场所172家，巡查乡镇公共场所115家，签订了《防控新型冠状病毒感染的肺炎卫生安全责任书》，发放《新型冠状病毒感染的肺炎防护指南》287份；开展学校开学前卫生监督检查，与县教育局、疾病预防控制中心联合成立防控新冠肺炎工作的专项监督检查队伍，对全县中小学、局直属学校，托幼机构进行检查。此次监督检查87家（包括中小学42家，特殊教育学校1家，职业学校1家，公立幼儿园2家，私立幼儿园25家、校外辅导机构16家），当场签署《新冠肺炎防控要求》87份，针对检查中发现的问题当场下达监督意见书87份，责令其立即整改。

【生活饮用水监督检查】 2020年，浦城县卫生监督所开展全县范围内生活饮用水卫生监督检查，对全县19家集中式供水单位（日设计供水千吨以上的集中式供水单位11家、千吨以下8家）进行监督检查，对卫生许可情况、卫生管理制度、水源卫生防护、水厂卫生要求、制水工艺、涉水产品、水质消毒自检、从业人员卫生等方面进行现场检查。针对此次检查中发现的问题，通报县食安办、水利局、生态环境局及有关乡镇等相关部门。

【专项检查】 2020年，浦城县卫生监督所对辖区内的63家住宿场所业主进行相关卫生法律法规和卫生知识培训，开展住宿业专项卫生监督检查，针对检查存在问题，责令相关住宿场所限期整改，并跟踪落实整改情况。

【投诉案件受理查办】 2020年，浦城县卫生监督做好投诉案件受理查办，作出行政处罚26家，没收非法所得1.38万元，罚款15.09万元（其中医疗机构4家，没收非法所得1.38万元，罚款7.04万元；公共场所警告11家；职业卫生警告10家；行政罚款1家，罚款8.05万元）。

（朱忠孝）

2020年4月16日，浦城县卫生监督所联合教育局及疾病预防控制中心在实验小学开展浦城县民办幼儿园防控新冠肺炎知识培训　（县卫生监督所 供）

计划生育

【概况】 2020年，浦城县总人口437185人，出生人数2613人，其中政策内出生2449人，政策符合率93.72%，人口出生率为5.97‰，人口自然增长率-0.043‰，出生婴儿性别比119.4。加强出生人口监测预测，人口信息统计准确率为98%；完善配套政策措施，促进家庭发展，计划生育奖励兑现率达到100%。开展创优争先活动，广大育龄群众对计划生育工作满意率达到97%；依法行政、文明执法，无重大计划生育行政侵权恶性案件发生；全年依法受理群众来信来访15件，办结率100%。

【落实计生奖惩机制】 2020年，浦城县在干部晋升、评先评优方面严格执行“一票否决”，共审核个人3713人次，集体7个共计441人，共出具各类计划生育证明415份（其中：否决个人8人次），当年没有发现因计生审核不当造成群众上访事件。坚持把人口计生经费纳入县乡财政预算，确保计生事业费投入增幅高于财政经常性收入增幅。2020年计生事业费投入4367.35万元，其中财政预算计划生育奖励经费投入2979.44 万元，增幅 7.35%。

【计生奖励扶助】 2020年，浦城县及时兑现系列奖扶，当年共兑现系列奖扶31004人，发放资金2979.03万元；对农村独女户和二女结扎户考上公立大学实行补助奖励75人，兑现金额15万元；全县农村独生子女领证、二女结扎户享受新农合免缴费80474人；建立“双岗”联系人制度；开设就医绿色通道，为全县344户计生特殊家庭成员办理计生特殊家庭医疗服务证，凭证享受就医绿色通道相关服务；为511人开展家庭医生签约服务，建立特殊家庭成员健康档案，提供入户医疗卫生保健相关服务；落实农村独生子女、二女结扎户中考加分政策。2020年，为农村独生子255人、独生女99人、二女结扎户261人办理加分手续；组建“浦城县美好生活社会服务中心”，开展自愿服务活动，为全县计生特殊家庭提供心理辅导服务；开展“政府购买服务”，联合浦城孝心养老服务中心，由县财政出资每人每年240元，将城区87户特殊家庭纳入养老服务，并开通“12349”24小时服务热线。

【母婴设施建设】 2020年，浦城县组织县民政、教育、总工会、交通、文体旅等部门解决适龄儿童入园、入学需要；加大母婴设施建设力度，做好二级以上汽车站、二甲以上医院、AAAA级以上旅游景区、大型商业中心、企业等公共场所的母婴设施建设，全县应配置母婴设施场所7个，已建13个“妈妈小屋”，超额完成年度目标任务。建立医疗机构与养老机构合作机制，共有14个乡镇卫生院与当地养老机构签订合作协议，实现有入住养老机构签约全覆盖。

【流动人口计生服务管理】 2020年，浦城县建立健全流动人口“一盘棋”服务管理机制，促进流动人口健康素养和健康水平的提升。2020年，全县有流入人口9401人，其中育龄妇女1768人；流出人口73742人，其中育龄妇女18420人。全年新增流动人口23519人，共注销30911人。

（张 红）

【浦城县计划生育协会】 2020年，浦城县计划生育协会开展法援宣传活动2场，代理计生户法援案件4件，调解民事纠纷7起，为计生家庭挽回经济损失3.2万元。救助计生困难家庭173户，发放救助金14.32万元。按季度落实村级会长每人每月200元和小组长每人每月50元（城区每人每月100元）工作补贴，补贴款由银行转账并精确到人。

提升人员能力。县计划生育协会聘请专业师资力量对基层计生协会工作人员开展“特殊家庭心里慰藉”“儿童早期发展教育知识”“青春期健康教育知识”技能培训，全年培训乡级会长、秘书长38人，村级会长、秘书长608人，印制培训手册700余份。

计划生育基层群众自治工作。2020年创“六好”示范村（社区）151个，占村（社区）总数49.7%。“五好协会小组”934个，占总小组数总数80.03%以上。

重视志愿服务。全县现有计生协志愿者服务队321支，建立志愿者服务队成员电子信息档案，统一标志，同时将志愿者纳入到县、乡两级的学习培训体系。

宣传活动。县计划生育协会利用南平市计生协会“5·29”会员活动日系列活动在浦城县开展的有利契机。以优秀基层计生协会建设示范点——山桥村计生协会为依托，开展落实“落实六项重点任务、助力乡村振兴”专项图文展览。活动现场吸引3000余名群众参观，市计生协会专职副会长及10个县（市）计生协常务专职副会长到场指导。在2020年10月的“浦城县社会科学普及宣传周”活动中，县计生协采用发放宣传手册、健康咨询等方式着重宣传广大计生群众感兴趣的“儿童早期发展教育”“青春期健康教育”“生殖健康咨保健”等方面知识。并耐心向群众宣传优生优育、健康扶贫政策及知识，正确引导群众树立科学、健康、文明、进步的婚育观念和生活理念，向群众发放宣传手册600份、育儿宝典300本。利用“喜马拉雅”语音平台，在协会各基层组织、早教及青春健康教育示范点建设有声图书馆，让群众通过手机扫码收听就可以轻松获取有关知识。

生殖健康咨询服务。县计划生育协会与浦城县医院、浦城县妇幼保健院签订服务协议共同开展“蓝氧”治疗项目、“不孕症治疗”项目及育龄群众“两癌”筛查项目。由乡、村计生协调查摸底目标群众，县协会统筹安排，全年为230名患者提供“蓝氧”治疗、为8个不孕症患者家庭提供“不孕症治疗”，组织200名育龄妇女参加“两癌”筛查。

优生优育指导。县计划生育协会开展儿童早期发展教育，利用幸福时光儿童早教中心、御景贝乐儿童早教中心2个儿童早期发展教育示范基地早教师资资源开展“送教下乡”活动6场，亲子互动活动6场，受益群众1200余户。与县妇幼保健院共同建设儿童感统训练中心（协会出资20%，即3万元），为浦城县自闭症幼儿、智力残障幼儿筛查及康复治疗方面填补了空白。

青春健康教育项目。县计划生

育协会巩固原有浦城县第三中学、仙阳中学、光明小学、职业技术学校、河滨街道水南社区5处“青春健康教育示范基地”与家长学校、妇联建立家庭教育讲师团，开展活动25场，参与学生、家长达3000余人。并在浦城县第一中学投入3万元，建设“青春健康家长示范学校”。

“计划生育家庭帮扶”。县计划生育协会建立“一对一”对接帮扶档案，明确责任人198人。并为特殊家庭父母赠送意外伤害保险、住院看护保险共计490份，保金8.07万元，理赔31件，理赔金8.12万元，理赔率101%。并在莲塘镇莲花社区搭建实体工作平台，牵头邀请12名具有心理咨询及理疗专业资质的爱心人士组建“浦城县美好生活社工服务中心”，依托国家级“暖心家园”项目、省级“心理慰藉服务中心”项目长期为计生特殊家庭提供免费心理疏导服务，全年开展集体郊游活动2场，个案辅导32人次，心理疏导18人次，庆生会31场，帮助“特殊家庭”尽快恢复健康心理状态，走出阴霾。并由县财政出资按照240元每人每年的标准，将城区87户计生特殊家庭列为县孝心养老服务中心服务对象，实行每周至少一次电话问询及上门免费健康体检。

2020年5月29日，县计划生育协会在莲塘镇向10位计生困难家庭母亲发放幸福工程项目资金（县计划生育协会 供）

幸福工程项目。至2020年，浦城县投入幸福工程资金3237.8万元，其中2020年度投入幸福工程项目资金536万元，帮扶89户计生母亲家庭发展生产。在2020年幸福工程25周年系列活动中获得全国幸福工程组委会授予的“最美公益伙伴”荣誉称号，受助母亲吴祝妹被授予“创业之星”荣誉称号。

传统帮扶项目。至2020年11月30日，全县计生家庭意外伤害保险投保7506户，保金113.41万元，理赔315件，理赔金105.56万元，理赔率93.08%。2020年投入项目资金10.5万元，帮助1户独女、1户二女困难家庭新建房屋，3户计生困难家庭修缮危漏房屋。

“金秋助学”项目。县计划生育协会为87户计生家庭子女提供助学金22.8万元。同时，通过乡、村两级工作人员了解往年受助困难计生家庭子女的学习生活情况，做好后续跟踪帮扶工作。全年紧急救助计生困难家庭173户，发放救助金14.32万元。

流动人口服务及企业计生协会建设。县计划生育协会开展“健康大讲堂”活动3场、健康义诊活动4场，受益群众1100余人。2020年度投入资金3万元新建神州微光有限公司计生协、凯泰化工有限公司计生协，为300余名职工提供了职业病预防健康体检、生殖保健咨询服务。

（李李群）

社会生活

劳动就业管理

【概况】 2020年，浦城县新增城镇就业人员1072人，城镇下岗失业人员再就业428人，城镇就业困难对象实现再就业291人，新增农村劳动力转移就业4356人。开展“春潮行动”培训4471人，开展补贴性职业技能培训3950人，城镇失业登记率3.61%。提供660个岗位专项用于招聘高校毕业生。其中，全县新招募“三支一扶”高校毕业生12名，创新开发基层公共管理和社会服务岗位18个，50%的招聘岗位专门面向2020年应届毕业生，共582名高校毕业生到岗。

【就业服务】 2020年，浦城县人力资源和社会保障局（县人社局）着力“促用工”。成立企业用工服务领导小组，会同县工信局、财政局出台《关于应对新型冠状病毒肺炎疫情加强工业企业用工保障的意见》，助力企业复工复产。探索“互联网+”用工服务，全年线上线下共举办34场招聘会（其中网络招聘6场），共组织127家企业参加，提供岗位7876个，发布招聘信息2.8万余条，发放宣传资料2.1万份，达成意向人数5622人，成功就业5117人。12月，在全市创新推出线上网络直播招聘，43家企业在直播平台发布招聘岗位1607个，累计观看人数达到3.37万人次，获网友点赞1596次，线下向企业咨询638人。针对年初浦城县受疫情影响未能返岗的问题，开展农民工返岗复工“点对点”用工服务，派出专人专车24趟，把604名外省务工人员安全按时接到工作岗位。

着力“稳就业”。紧紧围绕高校毕业生、农民工、退役军人、就业困难人员等重点群体，强化精准帮扶。创新通过行政事业单位招聘、国有企业新增岗位、开发基层公共管理和社会服务岗位、挖掘见习岗位和增设公益性岗位等“十个一批”扩岗行动，千方百计促进高校毕业生就业，共计提供660个岗位专项用于招聘高校毕业生；协调公安部门、消防部门及4家县优质企业，为退役军人提供优质工作岗位70个。

着力“保民生”。紧扣“免、减、缓、返、补”五方面政策，全面落实阶段性减免企业社会保险费。扩大失业保险稳岗返还受益面，用好用足促进就业的吸纳补贴等政策，全县减免企业基本养老、失业、工伤保险费分别达1.02亿元、172万元、671万元，合计1.1亿元。发放245家企业7853人失业保险稳岗补贴226万元，对11家面临暂时性生产困难且有望恢复企业给予失业保险稳岗补贴111万元，发放稳就业奖补46万元，对15家企业945名员工给予返岗补贴36万元。针对失业人群，充分发挥失业保险兜底保障功能和价格临时补贴联动机制，为1171名失业人员发放失业金167万元，发放价格临时补贴871人次、失业补助金481人次46万元。

着力“促脱贫”。立足人社精准就业扶贫职能，助推决战脱贫攻坚。全县有就业意愿的2436人已全部实现就业，在劳动年龄段内有培训意愿1148人已全部至少参加过一次培训。累计为有就业意愿的贫困劳动力推送适配的岗位信息达1935个，先后设立开发扶贫车间25个（累计吸纳贫困户就业 290人），开展锥栗种植、食用菌种植、山茶加工、农村实用技术等精准扶贫技能培训211人，开发各类公益性岗位就业586人。

着力“抓技能”。全年新增技能人才121人。线上，通过完善“互联网+”培训模式，开展线上简易岗前技能培训1197人，发放补贴24

万元。线下，组织企业在岗职工开展岗位技能提升培训共379人；开展育婴员、保育员、中级茶艺师等各类培训294人；联合县直有关单位举办退役军人、残疾人、安全生产管理人员、创业致富带头人及特种作业培训共809人，与喜马拉雅合作开设“有声书主播”实训班培训，投入121万元用于设备添置。

【人才队伍建设】 2020年，浦城县开展“人才·南平校园行”紧缺人才专项招聘、强化“本土化、直通车”订单式培养医疗、教育、农林等系统委培生力度等举措，全县机关事业单位人才新增206人，其中公开招聘事业单位工作人员152名（教育系统招聘新任教师101名、卫计系统32名、其他事业单位19名），采取“面试＋考核”的形式通过“人才·南平校园行”引进紧缺学科专业教师28名、向社会公开招聘3名全日制硕士研究生。

【人才引进工作】 2020年，浦城县人力资源和社会保障局引进高层次A类人才1人，B类人才1人，C类人才3人，高层次人才创近五年新高，实现近年来A类B类人才“零的突破”；新增省、市工科类青年专业人才19人、储备人才17人、技能人才121人、专业技术人才569人，各类人才较去年同比增长约20%；经省人社厅实地考核综合评议，浦城县智创科技产业园、仙芝科技获评2018—2019年度专家服务基地建设优秀等次，绿康生化股份有限公司获评良好等次。

【优秀人才破格晋级】 2020年，浦城县用好县级工作满30年、乡镇工作满25年专业技术人员可不占岗位聘用初始等级、主管部门统筹调剂、专项岗位等政策，有效化解教育、卫生、林业等高岗紧缺遗留聘用问题。

【劳动关系管理】 2020年，浦城县规模以上企业劳动合同签订率达到96%，企业集体合同签订率达到95%。全年办理劳动人事争议案件66件，已立案处理62件，涉及劳动者66人，涉案金额315万元，结案率100%。

社会保障

【概况】 2020年，浦城县离退休人员16256人，比上年同期15487人增加769人，增长率4.97%。支出基本养老保险金44779万元，比上年同期41805万元增加2974万元，增幅7.11%。对企业退休职工调整待遇，月人均增加养老金134元；城乡居民养老保险基础养老金标准已完成第6次调整，提高至每人每月130元；机关事业养老保险经过5次待遇调整，月人均增加养老金190元。

【城乡居民养老保险】 2020年，浦城县全县城乡居民养老保险已参保人数为199052人，参保率为99.71%；60周岁以上领取待遇平均人数67718人，全年发放养老金1.1亿元，同比增长6.2%，人均社会养老金水平为每月135.19元，同比增长4.36%，社会发放率达100%。

【养老保险】 2020年，浦城县参加基本养老保险35766人，比上年同期35756人增加10人，增幅0.03%，完成任务数35500人的100.75%；离退休人员16256人，比上年同期15487人增加769人，增长率4.97%。

【工伤保险】 2020年，浦城参加工伤保险共38490人，比上年同期36997人增加1493人，增幅4.04%，完成任务数35500人的108.42%。

【基本养老保险基金收支】 2020年，浦城县征缴基本养老保险费12589

2020年10月27日，南平市民政局养老从业人员培训班在浦城县丹桂大酒店正式开班，来自浦城、松溪、政和三地的50余位养老从业人员参加培训
（县民政局 供）

万元，比上年同期23065万元减少10476万元，减幅45.42%。共支出基本养老保险金44779万元，比上年同期41805万元增加2974万元，增幅7.11%。

【机关事业单位社会保险】 2020年，浦城县有440家机关事业单位参保，参保人员7392人，离退休人员6156人，企业退休人员已全数转至企业社保。2020年养老保险费收入11752.21万元；职业年金收入3571.36万元；足额发放养老金32480.81万元（其中：机关事业人员养老金发放32433.28万元、企业制人员发放47.53万元）；养老金一次性返还支出698.44万元；支出职业年金357.05万元。

【被征地农民养老保障】 2020年，浦城县做好被征地农民社会保障措施落实审查工作，对所有符合条件的被征地农民做好身份登记，做到应保尽保，应发尽发。至12月底，已将9229人纳入浦城县被征地农民保障范畴，为全县2614名60周岁以上被征地农民发放养老保障金315.47万元，为221名被征地农民发放参加企业职工养老保险缴费补贴18.56万元。

【一次性丧葬补助金发放】2020年，浦城县养老金待遇人员死亡丧葬补助金共兑现2062人，发放504.75万元。

【灵活就业社保补贴政策】 通过微信公众号、电视台走字、宣传单等方式宣传灵活就业社保补贴政策，审核发放上年度就业困难人员灵活就业社保补贴1120人共407.47万元。

【扩大失业保险保障】 2020年，浦城县通过“浦城就业”微信公众号、宣传单等方式积极宣传失业保险保障扩围政策，按要求对领取失业保险期满仍未就业的失业人员、不符合领取失业保险金条件的参保失业人员、个人缴费且连续参保不满1年的失业农民工办理失业补助金（临时生活补助），截至12月审核发放失业补助金481人次共39.42万元。

【养老保险待遇落实】 2020年，浦城县提高城乡居民基本养老保险基础养老金最低标准，2020年4月按照新的最低标准每人每月123元发放到位，从2020年1月起补发，补发人数为65739人，补发金额达98.61万元。做好养老保险待遇发放工作，企业职工、城乡居民、机关事业养老保险待遇支出分别为37183万元、10343.98万元、30347.39万元，养老保险待遇社会发放率达100%。

（郁 晨）

人力资源管理

【概况】 2020年，浦城县参加城镇失业保险21037人，占目标任务19900人的105.71%，累计发放失业金1171人次共167.06万元，发放价格临时补贴871人次共6.33万元。管理大中专毕业生档案14518份，下岗职工档案4246份，为309名下岗职工办理退休手续。

【人力资源数据更新】 2020年，浦城县人力资源和社会保障局及时更新城乡人力资源数据库，确保信息数据真实有效。全县现有城乡劳动力21.53万人，其中农村劳动力19.04万人（在家务农5.42万人，亦工亦农1.77万人，转移就业7.39万人，外出经商4.46万人）；城镇劳动力2.56万人（其中：已就业2.50万人，未就业0.06万人）。

【职称制度改革】 2020年，浦城县进一步改进职称评价标准，突破职称评价限制，实行系统总量控制统筹调剂、专项岗位、符合条件人员申请不占岗位聘用等举措用活专技资源，目前累计办理不占岗位聘用人数达371人，（其中教育系统342人，卫生系统29人）。全县教育、卫生高级岗位遗留未聘人员已基本化解。积极开展各类人才申报评选工作，2020年共计成功申报享受国务院特殊津贴专家1名，确认省高层次A、B、C类人才5名，省、市工科类青年专业人才17名，人才储备17人，市级技能大师2人，高层次人才队伍建设取得突破性成效。

【职业培训补贴政策】 2020年，浦城县人力资源和社会保障局审核发放圣农（浦城）公司新员工线上简易岗前技能培训补贴1197人共23.94万元；审核发放正大生化、仙芝科技、仁宏医药等企业就业技能培训补贴363人共22.08万元；审核发放绿康生化、正大生化、永芳香料、铭塔玩具、欣鑫衣架、浦城大酒店等企业以工代训1304人共290万元；审核发放仁宏医药企业新型学徒制培训补贴50人共12.50万元（50%预拨部分）；审核发放浦城职业技术学校在校生职业技能鉴定补贴3.06万元。

医疗保障

【概况】 2020 年，浦城县城镇职工基本医疗保险参保 3.33 万人，全县城乡居民基本医疗保险参保人数达 35.1 万人。2020 年度全县城镇职工基本医疗保险当期基金收入 12119.08 万元（含生育险）。城乡居民基本医疗保险费每人 800 元（其中个人缴纳 250 元、财政补助 550 元）。2020 年，全县城乡居民基本医疗保险当期基金收入 28079.68 万元。

2020 年 7 月 29 日，县退役军人事务局组织南平东南眼科医院医护人员到仙阳镇为退伍军人军属、现役军属免费巡诊　（县退役军人事务局　供）

【“村村通”医保支付结算管理】 2020 年，浦城县 200 个村卫生所（含贫困村 70 个）均已开展医保结算服务，就诊 16056 人次，就诊总费用 31.99 万元，医保费用 30.95 万元，统筹基金支付 23.93 万元，医疗救助 59.66 元，第一道精准补助 2407.34 元，慈善救助 6.77 元。

【家庭医生服务管理】 2020 年，南平市医疗保障基金管理中心浦城管理部（医保浦城管理部）签约建档立卡贫困人口 9817 人，未签约 226 人（服刑 2 人、失踪失联 19 人、长期外出 127 人、迁出 2 人、死亡 76 人），同时由管理部发函督促县总医院及时将签约服务费拨付给分院村所，确保家庭医生签约服务费落实到位。

2020 年 8 月 18 日，南平市医疗保障基金管理中心浦城管理部组织干部职工开展业务大学习、提升业务经办能力

（南平市医疗保障基金管理中心浦城管理部　供）

【医保政策宣传】 2020 年，医保浦城管理部发放保扶贫政策折页 2.35 万份、海报 900 多份、日历 950 份至各定点医药机构、乡镇扶贫办以及行政村和村卫生所等进行张贴宣传，并分送到建档立卡户手中；利用“打击欺诈骗保，维护基金安全宣传月”活动，4 月 13—22 日对 27 家医院、45 家药店、30 多家村卫生所进行集中宣传，发放宣传小册 1600 多册，张贴宣传版画 300 多份，进一步规范医药机构服务行为，控制贫困人口医疗费用不合理增长。

【医保便民服务】 2020 年，医保浦城管理部及时发布便民服务措施公告，开通网上、电话和邮件办理医保业务渠道，实现“不见面办理”，疫情严峻期间电话办理业务 310 人次，邮件办理业务 120 件，减少因人员流动造成疫情传播的安全风险；明确疫情期间慢病处方用药量可延长至 3 个月的“长处方”报销政策，进一步满足高血压、糖尿病等慢病患者用药需求。

【老干部医疗管理】 2020年，浦城县支付离休、“5·12”老干部58人，支付医疗费用324.21万元；二乙伤残军人80人，支付医疗费用20.46万元。

【医保服务业务】 2020年，浦城县医院、中医院医保服务站办理转院转诊手续1865人次、特殊病种登记4215人次，外伤情况认定948人次，业务咨询16556人次、业务查询13548人次。2020年度医保浦城管理部办理城乡居民、职工转院转诊手续8510人次、特殊病种登记930人次，外伤情况认定672人次，业务咨询16580人次、业务查询12368人次。易地安置、退休、死亡、增减员合计3264人，转移接续209人；3月办理上年度重疾险受理259个单位，共计14172人；6月办理2020年度重疾险受理289个单位，共计15202人；下岗职工签协议1081人，收现金393.87万元，代扣1081人。

【医保监管】 2020年，医保浦城管理部为维护医疗保障基金安全运行，降低基金支出风险，防范骗取和套取医保基金，规范医药机构服务行为，确保合理用药、合理治疗、合理收费、合理检查，维护参保人员合法权益，对全县26家二级以下定点医疗机构及辖区内定点药店开展医保基金监管集中宣传月活动并进行医保基金专项稽核、日常稽核，发现并扣除定点医疗机构不合理收费221万元，要求定点医疗机构强化整改、举一反三，将检查发现问题进行彻底整改；对定点零售药店稽查存在问题，根据服务协议给予相应的扣分处理，并计入年终考核。

（王　婧）

社会救助

【脱贫攻坚低保兜底保障】 2020年，浦城县民政局开展未纳入低保的建档立卡贫困人口的专项排查，重点将危房户、重病、重残、独居老人、无劳动能力等人员作为排查对象，加强支出型对象低保，实行延保渐退机制。在疫情防控期间，对新增困难对象，简化程序，及时纳入低保。从7月起，下放城乡低保审批权限，简化程序由乡镇直接审核审批发放。2—12月累计新增低保676户1109人，其中建档立卡181户319人；特困30户31人，其中建档立卡13户13人。努力做到困难群众兜底保障“不漏一户、不落一人”。至12月，全县农村低保4677户7115人，发放资金2466.95万元，城市低保422户568人，251.61万元。

【特困人员供养】 2020年，浦城县民政局加强特困供养人员生活自理能力评估，健全特困人员救助供养制度，提高不能自理特困人员集中供养率。开展分散特困对象集中供养意愿摸排1177户1197人，至12月，不能自理特困人员集中供养率为88%，特困供养1957人，累计发放供养资金2386.87万元。

【临时救助】 2020年，浦城县民政局提升临时救助资金使用率，下拨临时救助储备金，健全乡镇（街道）社会救助“一门受理、协同办理”综合性服务窗口，规范受理、转办事项，确保困难群众“求助有门、受助及时”。防疫期间针对部分困难对象及低保和特困对象积极开展临时救助，截至12月底，临时救助2753户，救助资金493.95万元，其中建档立对象597户、937人，救助资金57.16万元；低保对象689户1401人，救助资金135.29万元；特困对象162户191人，救助资金14.29万元。

【流浪乞讨人员救助】 2020年，浦城县民政局全年站内站外共救助流浪乞讨人员101人次，护送返乡3人，亲属接领12人，落户安置集中供养5人，寻亲成功9人，发放食品285份、棉被等御寒物资110件。

【残疾人补贴落实】 2020年，浦城县民政局落实残疾人两项补贴发放和新增人员审批工作。2020年1—12月全县残疾人“两项补贴”享受人数8167人，发放资金857.88万元。其中，发放护理补贴4623人，资金534.46万元；发放困难生活补贴3544人，资金323.42万元。组织实施“福康工程”，为符合条件的受助对象免费配置康复辅具，机构工作人员到现场为残疾人进行康复指导训练。全县受益对象8人。

社会福利

【养老服务设施】 2020年，浦城县提高财政投入在农村幸福院中的比例并按要求配套养老服务机构床位运营补贴、居家养老服务中心及农村幸福院运营补贴。帮助困难老年人家庭改善居住条件和生活质量，提升居家养老品质，全县完成118户困难老年人家庭的适老化改造项目，投入资金11.8万元。新建60个农村幸福院，全部完成项目选址、申报、审批等工作，进入开工建设，部分进度快的幸福院完成主体建设及内部装修，相关设施配备完成并可投入使用。居家和社区养老服务改革试点项目开展顺利。其中莲塘镇莲花社区居家养老服务照料中心、南浦街道怡源社区日间照料中心示范点、上桥村农村留守老人关爱服务保障示范点已完成建设。新建富岭居家养老服务照料中心，完成投资 350 万元。推进乡镇（街道）敬老院转型升级，推动敬老院提质增效和公建民营深入发展，不断提高服务精准度和服务质量，着力盘活闲置资源，有效增加养老服务有效供给，最大限度满足了老人多层次、多样化的养老服务需求。全县 19 家公建养老机构完成 17 家公建民营，社会化运营率超过 80%。

【老年人福利政策】 2020 年，浦城县 80—99 周岁高龄老人补贴每人每月 50 元，全年发放 10219 人、金额 639.21 万元；百岁老人长寿营养补贴每人每月 300 元，2020 年发放 19 人、金额 5.76 万元；免费为老年人办理福建省老年人优待证 1075 份，其中绿证 290 份、红证 785 份。

【儿童保障】 2020 年，浦城县有孤儿 34 人，其中福利机构孤儿 9 人，社会散居孤儿 25 人。1—11 月发放社会散居孤儿每人每月 900 元，福利机构孤儿每人每月 1500 元；12 月发放社会散居孤儿每人每月 1400 元，福利机构孤儿每人每月 1800 元。全年累计发放金额 42.5 万元。实施新的“福彩圆梦．孤儿助学工程”项目。2020 年享受助学工程孤儿 7 人，按照每人每年 1 万元标准，全年发放金额 6.25 万元。在 19 个乡镇（街道）配备儿童督导员，304 个村（社区）配备儿童主任，建设一个留守儿童之家。对 4 类未满 18 周岁的事实无人抚养儿童参照孤儿补助标准予以保障。从 1 月开始对符合对象发放补助，坚持家庭保障和事实无人抚养儿童基本生活保障相统一，在享受低保或特困救助供养待遇之后根据人均救助水平进行重新计算，补差发放。全年发放事实无人抚养儿童补助资金 45.79 万元。全年办理孤儿收养登记 20 例。

社会事务管理

【行政审批制度改革】 2020 年，浦城县民政局贯彻优化营商环境的政策精神，梳理中介服务事项。做好电子证照的录入及电子证照系统的完善更新工作。做好两单平台的认领和更新工作。做好营商环境的优化工作，对行业协会商会进行清理，减轻企业负担，优化市场环境。

【社会组织登记管理】 2020 年，浦城县民政局严格按照《社会团体登记管理条例》及《民办非单位登记管理暂行条例》，指导社会组织登记工作，至 12 月，登记社会团体 23 家、民办非企业 6 家，变更登记社会组织共 15 家，注销登记 15 家。年底全县登记在册的社会组织 170 家，其中社会团体 115 家、民办非企业 55 家。对于符合成立条件的社会组织予以大力支持，积极促成公益类、助困类社会组织的成立登记，完善全县社会组织的类别，形成多元、丰富的社会组织体系。

【社会组织信用管理】 2020 年，浦城县民政局建立活动异常名录，对长期不参加年报及活动的社会组织予以信用信息网站的公开。对两年以上不参加年报，长期没有活动以及联络不上的僵尸协会进行摸底，建立名单，做好僵尸协会的撤销工作。2020 年度，应参报社会组织除去僵尸协会共 147 家，已参报社会组织包含注销 132 家，年报率达 90%。

（占雨涛）

殡葬管理

【推进殡葬改革】 2020 年，浦城县民政局为持续推进殡葬改革，深化移风易俗工作，第二公墓选址已定，现出可研性报告阶段。同意新建乡镇公益性公墓三个，分别是枫溪乡公益性公墓、古楼乡公益性公墓、濠村乡公益性公墓，已完成选址，现处于建设审批阶段。

【殡葬设施布局】 2020 年，浦城县民政局对现有殡葬设施存量用地进行整合，挖掘现有殡葬设施潜力，编制《浦城县殡葬设施布局专项规划》，现处于编制专项规划工作布点阶段。

【骨灰楼堂项目】 2020 年，浦城县民政局为防乱埋乱葬，大力推行节地生态安葬，积极推广骨灰楼堂项目，加大骨灰安葬设施供给，今年向上级民政部申报的 2 个村级骨灰楼堂项目已完成建设，县级骨灰楼堂进入选址阶段。

婚姻家庭

【婚姻登记】 2020 年，浦城县办理结婚登记1715对（涉外7对），离婚登记778对（无涉外），补领结婚证608对（涉外2对），补领离婚证45对，查档275份，出具婚姻状况证明127份（其中，出具给公证机关127份）。

【婚姻家庭纠纷调解】 2020年，浦城县调解373起离婚纠纷，有105对当事人通过调解取消或暂缓离婚登记，调解成功率达28.15%。

（张继志）

地名勘界

【地名普查档案整理】 2020年，浦城县民政局按照《第二次全国地名普查档案管理办法》文件标准，完成浦城县第二次全国地名普查档案整理及数字化项目的市级验收工作。

【平安边界创建工作】 2020年，浦城县民政局按照《南平市人民政府办公室关于2018—2022年省县乡三级行政区域界线联检工作计划安排的通知》精神以及下达的联检任务，完成浦城县与武夷山市行政区域界线1号、2号、3号、4号界桩联检工作。

（占雨涛）

民族事务

【概况】 2020年，浦城县有25个少数民族，有少数民族4800余人，大多为畲族，主要居住在6个民族聚居村，分别是富岭镇的圳边村、余塘村，古楼乡的坑口村、大洋村，永兴镇的肖家村，石陂镇的村溪村；散居的少数民族有苗族、回族、满族、高山族、壮族、侗族、黎族、水族、毛南族、瑶族、白族、土家族等。

【民族村文化建设】 2020年，浦城县富岭镇圳边村通过上级扶持建成带有畲族传统特色集市商品交流中心，形成带有畲族特色的传统赶圩，促进了经济发展，实现乡村振兴；浦城县畲族文化研究会在市、县民宗局的支持下和6个民族村和畲族群众的努力下，在富岭镇余塘村建设集民俗收藏、文化演艺、综合展示为一体的民俗文化馆；古楼乡坑口村、大洋村，富岭镇的圳边村、余塘村，永兴镇肖家村，石陂镇村溪村新建了畲族文化长廊，绘制历史、文化宣传内容，提升畲族文化建设；余塘村完成了民俗馆的二期工程建设；坑口村红色爱国基地及民俗馆开始动工。促进全县少数民族文化建设。

【民族村项目建设】 2020年，浦城县争取中央少数民族发展资金60万元、省级少数民族补助资金15万元、省社会事业发展基金6万元、市少数民族扶贫资金6万元，总计87万元，实施项目6个：石陂镇村溪村吊瓜子种植项目15万元，石陂镇村溪村少数民族文化宣传栏项目6万元，富岭镇余塘村现代化水冲式公厕项目15万元，古楼乡大洋村优质水稻育种项目40万元，富岭镇圳边村覆盆子基地扩种项目5万元，余塘村道观山村道硬化6万元。

【民族村精准扶贫】 2020年，浦城县6个县直机关单位与6个少数民族村进行对口帮扶，村财相对薄弱的富岭镇余塘村和永兴镇肖家村还得到市级单位的挂点帮扶。南平市公用事业局党支部给予5万元帮扶资金，使肖家村自来水饮用安全巩固提升工程得以顺利开展；挂点领导市委常委、宣传部部长张培栋安排帮扶修缮村级组织活动场所及购置LED及办公用品；南平市委党史和地方志研究室机关党支部2020年1月实地走访富岭镇余塘村，慰问3名困难群众，每户500元，给予余

2020年5月18日，浦城县民宗局组织召开全县宗教场所房屋安全整治工作会议

（县民宗局 供）

塘村挂钩帮扶资金 3 万元，挂点领导市委常委、组织部部长林旭阳多次对余塘村实地调研，出点子，谋规划，帮助余塘村发展自主产业，并帮扶村级组织活动场所修缮。

【民族村疫情防疫】 2020 年，浦城县 6 个少数民族村成立疫情防控工作领导小组，制订防控应急预案，全面落实防控措施。村干部深入防疫一线，登门入户，收集摸排，研究对策，传送信息，落实任务。按照“坚决不发生，确保不扩散”的目的，从每个村民做起，从每个家庭做起，村户联防，群防群治，做好防控措施的落实。上海山泉花卉市场公司董事长（浦城县畲族文化研究会名誉会长）钟彪云先生捐款 10 万元，购置药品、口罩、消毒水等物资给各个民族村，为抗疫工作献上了无私的爱心。

（陈惠华）

宗教事务

【概况】 2020 年，浦城县有 4 个宗教团体（浦城县佛教协会、道教协会、基督教协会、基督教三自爱国运动委员会），纳入管理的处所共 110 个，经登记的宗教活动场所有 63 个，其中：佛教寺院 31 个；道教宫观 21 个，均为正一派；基督教堂 10 个；天主教堂点（固定处所）1 个，因负责人常年在外，没有开展宗教活动；经登记的基督教临时聚会点 3 个；经登记的民间信仰场所 44 个。经备案的教职人员 53 人，其中，佛教 26 人（比丘 6 人、比丘尼 20 人），道教 22 人（道士 17 人、道姑 5 人），基督教牧师 5 人。

【宗教法律教育】 2020 年 6 月，浦城县民宗局先后召开宗教工作会议、佛教例会、道教例会、基督教“两会”例会等会议，以会代训学习宗教政策法律法规和习近平总书记关于宗教工作重要论述，进一步推进宗教活动场所“四进”工作，加强爱国主义教育和宗教事务条例的学习，逐条对照检查，引导全体信众学法、懂法、守法、用法，维护宗教场所和谐稳定。

【宗教界抗疫】 2020 年，浦城县充分发挥宗教工作三级网络作用，督促检查 200 多次，宗教活动场所全面落实“双暂停”规定。指导宗教活动场所落实各项防控措施，实行封闭管理，严禁非本场所人员进入。同时要求场所做好宗教教职人员和工作人员的自身防护，安排好学习、修行和生活，帮助解决防控工作中遇到的实际困难。疫情防控期间佛教场所共捐款 35760 元，道教场所捐款 23500 元，基督教“两会”场所捐款 103230 元。

【宗教活动场所安全管理】 2020 年，浦城县民宗局落实《南平市宗教活动场所消防安全标准化管理达标创建活动实施方案》文件要求，制定具体的达标创建方案，将九牧妈祖庙、水北云峰寺、城关基督教堂作为第一批达标创建对象，对场所进行电线、消防器材等设备的检查，开展现场消防演练，对场所内的房屋进行结构安全隐患排查及整改工作。11 月 23 日，浦城县宗教场所消防安全工作会议在富岭园音寺召开，特别邀请县消防救援大队参谋做消防知识培训。全县 19 个乡镇（街道）统战委员、全县各宗教团体、重点宗教场所负责人参加会议，进一步落实宗教活动场所消防安全监管责任，提升宗教活动场所消防安全管理能力，确保宗教领域的安全稳定。

【宗教“四进”工作】 2020 年，浦城县民宗局在天心寺、城关基督教堂等重点宗教活动场所开展“四进”（国旗进场所、法律法规进场所、传统文化进场所、社会主义核心价值观进场所）工作。积极发挥三级宗教网络作用，各级宗教干部积极参与宗教界开展的爱国主义教育、培育和践行社会主义核心价值观、中华传统文化学习教育等“四进”活动，确保“四进”活动全覆盖。

（陈惠华）

基层组织建设

【社区队伍建设】 2020 年，浦城县民政局多措并举强化社区工作人员队伍建设，公开招聘 18 名社区工作人员，将 16 名卫生监督员充实到城区 16 个社区，进一步增强社区服务力量。

【社区服务设施建设】 2020 年，浦城县改善社区服务场所，将原新华医院住院部 3 楼、4 楼 791.44 平方米的办公用房移交给河滨街道建设社区居民委员会使用；将兴华路 475 ～ 485 号（原浦城县再生利用公司用房，面积 800 平方米左右），调整给梦笔社区作为综合服务用房使用。

【共建共治片区长责任制】 2020 年，浦城县把人居环境整治、平安创建、疫情防控等工作纳入共建共治内容，实行共建单位上墙制度及片区长每月评分，季度通报，并通过召开党建引领社区治理暨文明县城创建推进会来落实相关文件精神及工作部署。其中《“三长”齐发力 社区更美丽》案例先后被闽北日报、福建法制报、福建电视台报道，最后入围民政部全国城乡社区疫情防控优秀案例评选获得网络投票评选阶段第8名。

【楼栋长工作法】 2020年，浦城县针对社区人员力量不足、服务能力不足及工作局限性等社区管理难点与痛点，积极探索“三长”工作法，进一步激发干部群众参与社区治理积极性，初步形成“党建引领、精准服务、齐抓共管”工作格局，打通服务群众“最后一米”，有效提升群众的获得感、安全感、幸福感，得到群众和社会认可。至12月底，浦城县楼栋（弄巷）长收集到社情民意538条，已办理531条，正在办理7条。

【社区志愿服务工作】 2020年，浦城县成立社区治理志愿服务队，累计开展志愿服务时数16786小时，出台《关于进一步培养居民群众社区意识的通知》《关于进一步提升党员志愿服务成效的通知》，培养社区居民的社区意识，提升社区民主自治水平，动员广大居民参与社区治理。成立社区心理健康志愿服务队，向辖区社区干部、居民群众开展心理健康知识普及宣传。

【村规民约社区居民公约修订】 2020年，浦城县民政局指导各乡镇（街道）村规民约（社区居民公约）修订和完善工作，全县286个村全部修订完成村规民约，每个乡镇设立2个村规民约示范村。18个社区居民公约修订完成。

【基层民主议事】 2020年，浦城县充分利用社区有综合服务设施，依托社区办公、活动、议事等场所，以及社区网站、社区幸福e站、“两微一端”等媒体平台，灵活运用“线上+线下”形式，畅通居民参与民主协商渠道，增强群众民主协商能力。全县18个社区线上线下民主议事厅已全部设立完成。

【扫黑除恶线索摸排】 充分利用局微信公众号、宣传海报等做好扫黑除恶宣传工作。严格执行“周报告”制度，加强对各乡镇摸排线索整理汇总。

（占雨涛）

浦城县社会科学联合会

【社科知识网络竞答活动】 2020年，浦城县社会科学联合会（县社科联）开展社科知识网络竞答活动。围绕普及“深入贯彻落实中共十九届四中全会精神——推进新时代新福建治理现代化网上有奖竞答活动”内容，组织发动全县广大干部群众积极参与第12期社科知识网络竞答活动，有效增强学习的针对性、实效性。全县参与答题人数10020人次，位居南平市十县（市）首位，取得良好的社会普及效果。

【论坛讲座】 2020年，县社科联举办讲座5期，涉及思想教育、社会服务、文化生活等方面知识，如“扣好人生第一粒扣子”“女性宫颈癌乳腺癌的健康讲座知识”“朱子其人其学其行”等专题，贴近时代、贴近基层、贴近生活，为广大干部群众进一步提高理论素质，提升文化涵养提供有益帮助。

【社科宣传普及周活动】 2020年，县社科联围绕“决胜全面小康·决战脱贫攻坚”活动主题，通过开展社科知识有奖问答、广场咨询、展板、挂图、宣传册（宣传单）、社科志愿活动等形式的社科普及活动，大造声势，形成氛围，扩大社科宣传普及的影响力、辐射力。

（徐 强）

浦城县老体协

【老年人活动场所设立】 2020年，县老体协充分利用城市公共资源，积极搭建形式多样的展示平台，在丹桂广场、安华广场、方志敏广场、仙楼山公园、南浦溪两侧的亲水慢道，以及各居民小区内部空旷地带作为老年人体育健身活动场所。各社区都有老年活动室，在社区居家养老服务站内设有棋牌室、阅览室、文化活动室，老干局院内设有书法室、棋牌室、乒乓球室、门球场、太极拳活动场所等相关的体育设施为社区老年人提供体育健身场所

【重阳节老年人系列健身活动】 2020年，县老体协组织开展丰富多彩的健身活动。2020年，重阳节适逢国庆71周年，县老体协开展五大项为主的系列活动，分别是：千人健身登山、九九医院义诊、慰问表演、秧歌表演、广场舞展示等。重阳节期间，县老体协全体人员会同舞蹈队辅导员欢聚吴山村，互相学艺话安康，大家面对面交流学习，

真诚互动，共商广场舞蹈技艺，共议强身健体话题，共祝夕阳未来更红；还有由舞蹈总队为主策划准备，在全县还精选 28 支老年人健身辅导站队伍参加万安乡万安村健身展示。

【创建康乐家园】 2020 年，县老体协创建老年人健身康乐家园 250 个。11 月，县老体协主席胡香玉带领工作人员一行六人，对全县 19 个乡镇、街道村级基层老年人健身康乐家园，开展现场检查指导工作。检查组认真对照 “六个有”，即有班子、有队伍、有载体、有平台、有经费、有制度的要求进行现场核实。富岭镇富官村、河滨街道李梅村、永兴镇银场村、濠村乡濠村、九牧镇富源村、山下乡柏山村；南浦街道怡源社区、和平村，管厝乡登俊村、水北街镇茅洲村、古楼乡中潭村、忠信镇渔沧村、临江镇余元等村，充分利用当地闲置的村小校舍、旧村部、宗祠为老年人打造健身、娱乐活动平台，尽力提供本村老有所乐场所和设施，不断满足老年朋友的获得感和幸福感。

（刘英林）

库区移民

【概况】 2020 年，浦城县库区移民总数为 7682 人，其中直补移民 4251 人，扶持到村移民 3431 人。库区移民主要分布在莲塘、仙阳、管厝、石陂、永兴 5 个乡镇、20 个行政村（场）、64 个自然村，列入后期扶持的大中型水库 5 座，即东风水库、龙岭下水库、东坑水库、旧馆水库和古田溪水库。

【移民项目建设】 2020 年，浦城县向上争取大中型水库后期扶持项目 6 个，资金 611.96 万元。其中生产开发类项目 1 个，资金 140 万元；环境整治类项目 2 个，资金 452.96 万元；社会事业类项目 1 个，资金 10 万元；培训项目 1 个，资金 4 万元；其他项目 1 个，资金 5 万元。

【精准帮扶】 2020 年 6 月，浦城县对 4251 名移民群众发放 2020 年度移民直补资金 255.06 万元；11 月，对因病、因残、因灾等 7 名困难移民发放补助金 7000 元。

【乡村基础设施建设】 2020 年，浦城县库区移民居住点建设路灯 138 盏、公厕 11 座、停车场 2 处 1500 平方米、休闲公园 2 处，完成农村机耕道 4.68 千米及村内道路硬化 6800 平方米，有效改善移民及连带影响人口的出行和生产交通问题。

（林　云）

乡镇 街道

南浦街道

【基本情况】 南浦街道办事处位于浦城县中部，系县政府所在地，辖仙楼、光明、幸福、梦笔、兴业、兴浦、怡源7个社区居委会和解放、跃进、民主、和平、里塘5个村委会，2005年12月31日撤镇建街。东与万安乡交界，南与河滨街道交界，西与莲塘镇交界，北与仙阳镇交界，街道区域面积14.46平方千米，位于北纬27° 54′～27° 57′，东经118° 31′～118° 33′之间，海拔283米，地貌为河谷盆地，年平均气温17.4℃，年平均日照1858.5小时，平均无霜期258天，年平均降水量1900毫米，属中亚热带季风湿润气候。辖区内学校有：浦城一中、浦城二中、实验小学、光明小学、民主小学、和平小学、梦笔学校、五里塘小学、实验幼儿园、成教中心、教师进修学校。南浦街道历史悠久、人杰地灵、名胜古迹众多，自西汉建元六年（前135年）西汉东越王馀善临水筑城之日始。历史上，东越王馀善在仙楼山建行宫。三国吴时，皇华山建有吴兴馆。南朝宋江淹曾任吴兴县令，独享“梦笔生花”“江郎才尽”传说，梦笔山成为历史文化名山。名胜古迹还有越山道院、南浦书院、仙楼凤池、皇华山、状元井、西山真夫子祠等。丹桂广场、浦城大酒店、桂都国际大酒店、丹桂山庄、仙楼山红色文化公园、南浦山庄森林公园、方志敏广场、真德秀广场等成为新的旅游和文化景观，龙头山公园、梦笔山主题公园正在建设中。

【疫情防控】 2020年，南浦街道办事处抓好疫情防控，筑牢安全底线。突出“早”字，搞好组织保障。街道全体干部职工提早结束假期，投入疫情防控工作，成立街道疫情防控领导小组，制定疫情防控实施方案，召开疫情防控部署推进会13次，严格落实各项疫情防控措施。突出“快”字，开展舆论宣传。在背街小巷、小区楼道张贴疫情防控告知书、防控信息、防控流程，并发放《新型冠状病毒感染肺炎防控知识手册》和《致群众的一封信》等宣传资料15000余份，悬挂宣传标语3990幅，LED电子显示屏76处，出动3辆宣传车流动宣传，组建宣传小分队20余支、党员志愿队13支，做好疫情防控各类宣传工作。突出“活”字，多措并举进行防控。针对城区居民生活集中、人员构成较为复杂的情况，街道把党员、物业人员、楼栋（街巷）长、小组长、志愿者充分调动起来，构建联防联控、群防群治防控体系，通过细致摸排、大数据分析和公安部门推送等措施，及时掌握中高风险及境外返浦人员动态，将群防群控、稳防稳控综合性防控措施落到实处。

【经济发展】 2020年，南浦街道完成“五个一批”谋划项目11个，全年规模工业企业工业总产值达3479万元，工业增加值达956万元，完成固定资产投资1.96亿元。

【重点项目用地征迁】 2020年，南浦街道涉及县重点项目用地征迁分别是喜马拉雅大学征迁、中医院二期建设征迁、浦城一中新校区道路建设征迁、322国道省级改造征迁、九秋安置地征迁、闽江防洪堤（六期）建设项目征迁、旭禾米业二期建设征地迁坟、闽欧铝业项目征迁等8个征迁项目。

【老旧小区改造】 2020年，南浦街道基础设施不断完善。街道对和平小区、贝林广场小区的老旧小区进行改造，项目总投资1119.25万元。

【污染防治】 2020年，南浦街道定期开展巡察，切实保护水源地保护区不受破坏，及时制止焚烧垃圾秸秆现象；以处理第二轮中央环保督察信访件为契机，对辖区内的15家石材加工企业进行分类安置处理；巩固畜禽养殖污染整治成效，严厉打击生猪复养，对辖区两家养鸭场进行清栏拆除。

【人居环境品质提升】 2020年，南浦街道以“摸精准”“清整洁”“摆整齐”“收到位”为目标，全面推进人居环境品质提升行动，2020年投入20.08万余元保洁费到人居环境整治中，街道组织考评组，对各村（社区）进行月评和季评，根本上扭转辖区内卫生环境状况较差的局面，增强群众幸福感。

【房屋安全隐患排查】 2020年，南浦街道开展房屋安全隐患排查。纵深推进房屋结构安全隐患大排查大整治“百日攻坚”专项行动工作，细化分解任务，明确时间节点，层层压实责任，全年排查房屋6050栋，发现隐患房屋21栋，其中一般安全隐患4栋、重大安全隐患17栋；整治销号19栋，其中一般安全隐患2栋、重大安全隐患17栋。

【安全生产】 2020年，南浦街道推动开展道路交通等7个方面安全生产专项整治，发现安全隐患15处，督促整改15处，2020年未发生安全事故，街道安全形势总体平稳。

【扫黑除恶摸排】 2020年，南浦街道召开扫黑除恶专题推进会4次，累计召开会议25次，进行行业摸排22起，另重点行业线索摸排2起，收到群众举报线索共4件、政法部门摸排线索1条、重点行业领域摸排线索1件、政法机关移送线索1条，村“两委”身份审查共44人，举办专题宣传活动共5场。

【信访工作】 2020年，南浦街道严格按照信访工作“三到位一处理”的要求化解信访问题，接访上访人员30批次36人次。办理自办件41件；在省信访系统办理71件，办结率达100%；“12345”南平便民服务平台办理信访件229件；南平随手拍及时办理127件。

【社会保障】 2020年，南浦街道评定出252户309人享受城乡低保、特困；为5名老人申报办理高龄补贴，为22位重度残疾人申报残疾人护理补贴、为25位残疾人申报残疾人困难生活补贴，为12名困难残疾人申报救助金2.2万元；给予17个家庭申请临时救助金2.19万元；办理农村奖扶66人，城镇居民奖扶164人，特别奖励扶助2人。

（余　易）

河滨街道

【基本情况】 河滨街道办事处在浦城县中部、县城南郊，东邻富岭镇，西接莲塘镇，西南与万安乡毗连，北部城区以五一三路（七星桥以北）与南浦镇相邻。位于北纬27°52′～27°55′、东经118°31′～118°35′之间，东西长12.5千米，南北宽5千米，面积21平方千米。紧依南浦溪。地貌以盆地、丘陵为主，地势平缓，河谷盆地有水南贩、下水南贩，面积229.26公顷。盆地最低海拔228米，山区最高海拔240米。山区的宝山村气温略低，气候四季分明，光照充足，雨量充沛，无霜期长，温和湿润。年均气温17.4℃，最冷的1月平均为6.4℃，最低气温零下3℃，最热的7月平均气温27.7℃，每年有几天最高温度可达37～38℃。

河滨街道境内有龙浦高速、省道302线等公路干线交会，距武夷山铁路、机场均75千米。固定电话、移动电话、互联网实现全境覆盖。河滨街道有居民10313户、31315人。河滨街道设有党支部25个，党员572人。有文化体育服务中心1个，文体服务站10个。图书室11个，藏书75600万余册。有音乐、美术、书法、摄影及文学创作队伍等，文体活动表演队伍1000余人。辖区内有中学1所、特殊学校1所、小学3所、幼儿园8所，日间照料中心1个，居家养老服务站4所，医疗保健机构2所。

河滨街道辖爱民、胜利、建设、水南、上新街、里铺6个社区居委会，北山排、宝山、李梅3个村委会和水南综合农场。河滨街道办事处驻水南路96号。

【疫情防控】 2020年，河滨街道党员自愿捐款支持防疫5.65万元。保持常态化防控宣传工作，利用宣传单、宣传栏、横幅、广播、流动音箱、每周六志愿服务活动、日常进村入户工作多方式、全方位进行宣传，让群众时刻保持警惕。

【项目建设】 2020年，河滨街道完成背街小巷道路改造项目10个，总投资621万元；完成元射片区130亩征地、完成城关高水高排项目4亩征地、完成上水南三角地块27户1714.48平方米征地、拆迁厂房

7000 平方米，扎实做好县重点项目的用地保障；完成固投入统项目 2 个，总投资 6712 万元。

【村财增收】 2020 年，河滨街道充分发挥村党支部在促进村财增收的龙头作用，通过盘活村集体资产、谋划项目、争取上级资金、吸引乡贤回乡投资等多种方式，实现村集体经济收入增长，2020 年各村集体经济收入均突破 10 万元。

【农业发展】 2020 年，河滨街道粮食播种面积 410.47 公顷，平均亩产 498 公斤，总产 3061 吨，亩产增加 11 公斤，总产增加 172 吨。通过调整种植结构，扩大优质高效农作物种植面积，推广种植甘薯 33.33 公顷，马铃薯 20 公顷，玉米 38.67 公顷，大豆 30 公顷，食用菌 20 万袋，新增果园 6.67 公顷，低改果园 20 公顷，并引进柑橘、桂花、猕猴桃等试种示范，提高土地种植的经济效益；街道现有商品蔬菜基地 80 公顷，拥有全县第一大蔬菜批发市场，年产蔬菜 1.2 万吨，推广示范种植优质无公害蔬菜 26.67 公顷；加强农技科学培训，开展集中培训 14 次，覆盖 600 余人次。

【扶贫攻坚】 2020 年，河滨街道有建档立卡贫困户 52 户 116 人，全部脱贫。全年发放省级专项扶贫资金 36000 元支持贫困户发展产业；发放 7000 元省上对口帮扶资金加强贫困户就业扶持；巩固提升“三保障”和饮水安全成果，整改“清零”易地扶贫搬迁工作，健全防止返贫监测和帮扶机制；落实干部挂钩帮扶责任，全面了解掌握贫困户生产生活情况，及时帮助解决贫困户生产生活问题。

【人居环境整治】 2020 年，河滨街道投入资金 100 余万元，用于人居环境整治。新建公厕 1 座，改造三格化粪池 25 户，2020 年完成普及率达 1000%；日垃圾处理量 20 吨，日产日清；拆除高速公路沿线搭盖彩钢棚、鸡鸭棚 10 余处，拆除乱围挡 50 余处，投入万元绿化裸露山体，高速公路沿线用地范围可绿化区域绿化覆盖率达 100%。

【房屋安全隐患排查】 2020 年，河滨街道紧紧围绕省、市、县关于房屋安全隐患大排查大整治工作的决策部署，共排查房屋 4685 栋，排查发现存在安全隐患房屋共 87 栋，其中，存在重大安全隐患房屋 38 栋，存在一般安全隐患房屋 49 栋，已整改到位 69 栋，整改中 18 栋。

【社会保障】 2020 年，河滨街道享受城乡低保 154 户，保障人口 409 人，保障金额 163.8 万元。向 30 户特困户发放特困救助金 38.3 万元；向 42 名临时救助人员发放救助金额 6.9 万元；向 426 名困难残疾人发放生活补贴 47.2 万元；救助低保、特困户子女 4 户，发放助学金 0.6 万元。

【新农村建设】 2020 年，河滨街道实行新农村节点改造，投资 60 万元新建李梅新农村文化广场，投资 47 万元改造北山排村聚贤广场，改造总面积达 1000 多平方米，为村民休闲娱乐创造良好条件；举办“打造美丽李梅·共建幸福家园”文艺会演、举办“迎中秋、庆国庆”职工趣味运动会，进一步丰富干群休闲娱乐活动。

【社区治理】 2020 年，河滨街道党工委、办事处积极探索，大胆实践，逐步形成共驻共建、互联互动、资源共享、管理有序的社区治理格局。

抓组织体系强堡垒。从优化党组织设置入手，建立以街道党工委为龙头、6 个社区大党委为主体、18 个网格（小区）党支部为堡垒、42 个楼栋（街巷）党小组为单元的四级党组织体系，筑牢党在社区的工作基础。

抓队伍建设强保障。2020 年，新聘用 35 周岁以下社区工作者 10 名，社区建立志愿者队伍 6 支 60 余人，并为志愿者们提供更多参与到社会服务的机会。

抓资源整合强功能。落实“机关联社区”、党员双报到制度，明确辖区单位在环境整治、文明创建、城市管理、服务群众等方面的职责和任务，辖区内 52 个机关单位参与社区共建，449 名机关党员干部到社区报到，参与社区管理服务。2020 年，组织各类志愿服务活动 170 余场，每周参与人数 110 余人，解决群众实实在在的问题 160 余个。

抓组织场所强服务。改善提升社区办公环境，规范化建设社区组织活动场所，在各社区推行“一站式”办公服务，为辖区居民提供更多优质服务，提高社区工作效率，进一步提高居民对社区工作者的认同感和社区归属。

（沈子荣）

莲塘镇

【基本情况】 莲塘镇位于浦城县境西部，地处北纬 27° 45′～27° 49′、东经 118° 23′～118° 32′平均海拔高度 250 米，东与县城一桥相连，南峙临江樟元山，北卧仙阳王柏山，西与永兴镇、古楼乡相接。全镇区域面积154.49平方千米，有耕地面积2.67万公顷，山场面积1.24万公顷。辖22个行政村、2个社区、144个自然村、244个村民小组，居民10074户、35469人，常住人口近6万人。设置2个社区大党委，1个党总支，38个党支部，其中农村（社区）党支部31个，镇直机关党支部6个，社会组织党支部1个。有1175名党员，其中农村党员955名。

【疫情防控】 2020年，莲塘镇全体党员干部积极响应镇党委的号召，镇村干部始终坚守在防疫第一线，自觉扛起党员责任。开展地毯式摸排、重点场所监管和多元化宣传，全面了解辖区范围内情况。对返浦人员建立档案，安排人员实时跟踪，尤其是对重点疫区、境外人员建立一户一档，切实做到居家隔离，全面做到早发现、早报告、早隔离、早治疗。抓好多部门联动，把好复工关；强化组织力量，狠抓落实八闽健康码。各党（总）支部共签署、张贴疫情防控党员责任牌856份、小组长责任牌387份、村民代表责任牌421份，党员自愿捐款1122人，捐款率100%，累计捐款16万余元。共张贴标语1123张，悬挂横幅234条，LED屏幕走字屏宣传20块，张贴《致全市市民一封信》1720张、发放户数8510户，发放《防护知识手册》450份，张贴肺炎科普挂图81张，出动宣传车辆1台、其他形式车辆5辆。

【项目建设】 2020年，莲塘镇新增“五个一批”项目8个，转开工2个项目，总投资2.23亿元。招商引资1家企业和4个项目，技术革新企业2家，8家规上企业完成工业总产值3.86亿元。有序推进征地拆迁。形成以镇党委、征迁组、党支部和党小组为支撑的上下联动机制，合力攻坚。党员带头宣传、解读征迁政策，消除顾虑。新城吕处坞片32.71公顷和九秋片区搬迁安置项目27.84公顷征地均全部结束。

【土地流转】 2020年，莲塘镇积极推进吕处坞、山桥等10个村的土地流转，已鉴证37份耕地流转合同，流转耕地260.54公顷。其中，涉及土地流转的经营业主16个，流出户数481户，流转地块169块，用以种植优质稻谷、绿色蔬菜，养殖稻花鱼等，促进土地适度规模经营，提高农业产业化经营水平。

【村集体经济发展】 2020年，莲塘镇积极探索可持续可复制的集体经济发展模式，全镇22个村实现村集体经济总收入443.36万元，平均每村完成经营收入20.15万元，22个村均完成村集体经济收入10万元以上。

【十里莲塘】 2020年，莲塘镇践行“绿水青山就是金山银山”的理念，紧密把握“三大创新”集成叠加，通过做水美、打品牌、盘活资源，持续打造十里莲塘田园综合体，建设浦城城市“后花园”。对接引进喜马拉雅科技有限公司，建设有声科普基地和有声阅读空间，6月2日上午，在莲塘镇山桥村晓禾农业游客接待中心举办浦城县有声科普“十里莲塘”示范基地启动仪式。完成景区内20多个农作物品种的“有声名片”。年内完成十里莲塘道路提升、停车场建设、立面改造、田园3D绘画、人居环境品质提升、谷满山桥红糖观光加工厂、休闲农场等项目建设，重点融合“四大经济”建设“七星拱月”和七星梦幻乐园，创新打造“十里莲塘夜经济”，多次作为夜经济典型示范点接受省、市领导视察，《闽北日报》《福建日报》等媒体记者先后到访并宣传报道。十里莲塘田园综合体于2020年作为全国“两山理论”实践与创新高峰论坛专家现场考察点，全年接待中央及省级观摩视察10次以上，市级及其他县（市）观摩视察30次以上，走出了一条富有特色的富民强村的路子，其典型经验先后在中央电视台、福建新闻频道、南平市电视台、《福建日报》等媒体上宣传报道，先后作为全省

图为浦城县“十里莲塘”田图综合体（生态产业化示范项目），摄于2020年7月22日 （莲塘镇政府 供）

及全市拉链检查点，推广复制“十里莲塘”的乡村振兴之路。

【社区治理】 2020年，莲塘镇举办莲花和兴莲2个社区大党委成立仪式并挂牌，并吸收11名辖区企事业单位党组织党员干部作为社区党委兼职委员。坚持“管理服务进网格，工作落实在支部”，积极探索建立“社区党委+小区党支部+楼栋党小组+楼栋（街巷）长和网格员”的四级“党建微网格”组织架构和党建工作新机制。2个社区共建立片区10个，聘请楼栋（街巷）长165名，持续深化“在职党员进社区”活动，257名在职党员到社区报到，积极参与摸排重点地区返乡人员和值班设卡中，扎实做好疫情防控和备耕复耕、复工复产。莲花社区创新实施“一化十联”工作机制，与共建单位构建“区域化党建”格局，进一步盘活各方资源，充分做到人力物力资源共享，有效解决疫情防控、文娱活动等工作中人手不足、社区资源紧缺等问题，发挥出“1+1大于2”的效果，将党建引领与社区自治、社区建设管理、公共服务相融合，逐步形成“多元合作”共建共治的社区治理新格局。莲花社区“一化十联”工作机制被确定为南平市机关联社区共建活动经验交流机制，入选省委组织部《近邻党建工作典型案例选编》。

【危房排查整治】 2020年，莲塘镇制定《房屋结构安全隐患大排查大整治“百日攻坚”专项行动方案》，全覆盖摸排，重点排查农村房屋是否存在地质灾害、工程质量安全隐患，对排查的危房统一设计危房警示宣传标语并逐户张贴。全年排查房屋10851栋，其中一般安全隐患69栋（已采取封房措施），重大隐患8栋（拆除5栋、封房3栋）。发放警示提醒标语300张，张贴举报电话宣传标语120张，发放宣传单10000张，横幅60条，提升村容村貌对拆旧翻新建房报批并挂建设监督牌68栋，累计投入资金约360万元。

【安全生产落实】 2020年，莲塘镇坚持安全第一、预防为主、综合治理的方针，把安全生产工作作为经济发展、社会稳定的一项大事来抓，围绕安全生产目标责任指标，加强组织领导，认真落实各项安全措施，扎实开展安全生产大检查大整治行动，切实消除事故隐患，安全生产形势持续稳定。组织排查整治组18个，检查单位和场所44家次，排查发现安全生产隐患48项，限期整改22家，已整改48项，整改率100%。

【防汛抗旱】 2020年，莲塘镇对辖区内4座水库和3座山塘以及相关的防汛工程，共开展安全生产工作巡查160余次，共组织巡查700余人次，对村级发出整改通知45次。开展防汛演练75次，参加人员1300余人，在各村共新建设紧急避灾点55个，做到对辖区内22个行政村的全覆盖，并配备好床铺、被褥、饮用水等基本生活物资。

【食品药品监管巡查】 2020年，莲塘镇组织29次食品药品安全宣传和61次食品安全巡查、检查活动，对集镇餐饮服务单位、食杂店等进行抽查，重点对三无产品、过期食品、卫生状况进行检查。针对现场发现的问题，责令相关单位立即整改落实并形成长效机制。2020年新增登记小餐饮经营单位33家，疫情期间取消宴席4462桌。

【人居环境优化】 2020年，莲塘镇22个行政村出动人员9600多人次，清理垃圾6800多车、塘沟污水110多处，整治乱堆乱放1300多处。新建公厕41座已投入使用。在疫情期间，对公共场所、公厕进行消毒200多处，镇村设置废弃口罩垃圾桶130个。

【民生工程】 2020年，莲塘镇完成10.6千米“四好农村路”建设、圣农工程悦乐中桥和下官线改造拓宽工程、莲塘镇乡道大中修及水毁工程、205国道沿线涉农支路改造工程、“7·9”洪灾下官线东山段水毁修复工程等项目验收。兴莲片区（一期）老旧小区改造项目投入3840.23万元，完成兴莲路和莲盛路部分路面的主体工程。

【精准扶贫】 2020年，莲塘镇有3个贫困村已出列，建档立卡贫困户285户517人（其中1户3人纳入库外管理）全面落实贫困户“两不愁三保障”和饮水安全。2020年动态调整减少5户21人，户内新增1人，脱贫1户3人。推荐22名贫困户公益性岗位就业，聘用14名建档立卡贫困户任村生态护路员（保洁员）。带动161户发展产业，共补助34.35万元；省上对口资金补助30户5.6万元；争取基础设施建设资金97万元，用于贫困村防洪堤、机耕道硬化和山桥村公厕等项目建设；产业项目资金10万元，用于桐源村、前源村发展集体产业。新增23户建档立卡贫困户参与产业扶贫保险。在校学生59人，通过党组织、团委等帮扶共补助10.79万元。

【社会保障】 2020年，莲塘镇城乡

居民基本养老保险新参保145人，全镇参保17970人。召开两场招聘会，共接待260人次，达成初步就业意向105人次。完成农村特困供养人员评定126户126人，农村低保评定385户479人，城市低保评定45户58人。

【综治维稳】 2020年，莲塘镇健全矛盾纠纷隐患排查机制，维护社会稳定。全镇排查矛盾纠纷169件，调处169件，调处率100%，调处案件涉及金额65.66万元。其中，镇调委会化解的疑难矛盾纠纷7件，一般纠纷38件。积极践行“枫桥经验”，切实做到小事不出村，大事不出镇，矛盾不上交。研判全镇信访维稳形势，接待信访人员46批57人次，受理信访件40件，签订息访息诉承诺书5份，未发生赴省非正常上访和集体访事件，确保了全国“两会”、“两山”高峰论坛等重点时段安全稳定。

（李 丹）

万安乡

【基本情况】 万安乡位于浦城县中部，位于北纬27° 52′～27° 59′、东经118° 11′～118° 23′在浦城县中县城东郊吴山山麓，乡机关驻地距县城2千米。北片东与富岭镇，南与河滨街道，西与南浦街道，北与仙阳镇、管厝乡相连；南片东与河滨街道、富岭镇，南与水北街镇，西与莲塘镇，北与河滨街道接壤。区域面积79.6平方千米，其中林地面积0.53万公顷、耕地面积0.16万公顷，辖10个建制村114 个村民小组，总人口17007人。全乡有党支部19个，党员640人。乡机关工作人员48人。全乡完成固定资产投资1.91亿元，占计划任务2.1亿元的91%。

【经济发展】 2020年，万安乡在县发改和科技局备案固定资产投资项目5.83亿元，入统项目9个，全年累计固定资产投资1.91亿元。引进圣农（浦城）发展有限公司的下属饲料厂一厂扩建项目（饲料二厂）和肉制品深加工扩建项目，总投资37647万元，完成投资7935万元；引进中圣生物科技（浦城）有限公司，总投资5015万元，建设酶解鸡肝粉深加工项目，完成投资3236万元；引进福建省梦香农业开发有限公司，投资5000万元，建设竹源香榧现代农业种植及康养基地建设项目；大力实施回归经济，引导乡贤返乡创业，与上海东阔实业有限公司达成签约意向，依托万安吴山水库，规划占地面积200公顷，建筑面积1.67公顷，打造王厝山桃花岛度假村，着力建设以康养旅游为主题的综合性基地项目。全年完成造林49.2公顷、森林抚育53.33公顷。发挥王元村香榧育苗基地作用，在竹源村实行林地流转近200公顷给福建梦香农业开发公司，一期种植香榧58公顷。

【脱贫攻坚】 2020年，万安乡发放中央扶贫资金50万元、省级财政补助资金13万元、市县两级财政配套补助资金2万元用于产业补助。落实“五个一百”示范带动工程。完成产业扶贫示范村1个（吴山村），培训7名创业致富带头人，选送12位创业农户参加实用技术培训。17名中、高职在校学生享受每人每年3000元的雨露计划教育补助资金5.1万元。全乡入学适龄儿童入学率达100%。贫困村基础设施大幅度完善，竹源村顺利完成脱贫任务，全乡3个贫困村先后脱贫，186户贫困户324人脱贫成果进一步巩固提升，先后多次顺利通过省、市、县脱贫考核验收。

【疫情防控】 2020年，万安乡召开疫情防控工作会5次，召开党政班子会议部署疫情防控工作19次。全乡干部职工和各村干部取消春节放假，各村党员、村民代表、志愿者积极参与，坚持值班值守，落实疫情防控工作各项措施。对于圣农食品园和浦潭工业园区等规模以上企业的返浦人员，按照县防控办的工作规程进行移送对接。同时，通过返乡人员调查问卷的方式，追根溯源，详细摸排返乡人员流动轨迹和密切接触人员，按照一人一档，完成登记造册。

【城乡建设】 2020年，万安乡积极融入“大城关”战略，完善乡村水电路基础设施建设，推动万安村自来水村级供水设施升级改造和“7•9”洪灾修复；城区自来水连接线正在建设中，工程量近500万元；落实投资530万元大游高标准农田建设113.33公顷、实施投资210多万元竹源村52公顷高标农田建设；大游、竹源、吴山等3个贫困村道路、农田水利等基础设施极大完善，顺利完成富湖、连墩、竹源、大游等4个村四好农村路建设、大游危桥改造工程和浦潭新元大桥（渡改桥）建设；有效推动连墩溪西大桥工程建设。

【环境整治】 2020年，万安乡成立农村人居环境整治工作领导小组，定期对乡域内环境卫生和沟、塘、河道漂浮物整治情况进行督促检查；充实各村环境卫生清理工作队伍，制定村级环境卫生整治工作方案。打造“干净整洁、文明有序”的农村卫生环境。制定“美丽庭院”“星级文明户”“小手牵大手”“巾帼志愿服务”“门前三包”等活动方案并全面实施，同时广泛发动群众参与，形成以群众为主体的工作机制，实现村庄环境卫生管理常态化。全面推行乡村两级“河长制”，制定实施方案，划定责任区域，坚持常抓不懈，着力打造“河畅、水清、岸绿、景美”的生态环境。深入开展美丽乡村建设，创建富湖村省级美丽乡村示范村，推广大游村乡村旅游，巩固村头、大游、吴山等美丽乡村建设成果，全力建设“产城景文”相融合的清新浦城“东大门”。

【安全生产】 2020年，万安乡进行安全生产大检查27次，发放安全隐患整改通知书6份。组织召开安全生产暨防灾减灾专题会议，对交通安全、企业生产安全、危化品安全、食品安全、校园周边环境、险村险段治理等进一步压实责任，并分别进行专项整治。特别是针对全年气候异常、极端天气频发的现状，全面落实防汛工作责任，严格汛期值班值守制度，完善乡村两级应急预案和应急预警体系，加强应急抢险队伍和灾害信息员队伍建设，贮备必备的防汛物资，发放预警设备，开展集中培训，全力做好防汛工作。

【民生保障】 2020年，万安乡把新农保、新农合、低保五保、粮食直补、农机补贴、科技下乡、助残抚恤、造福工程等各项强农惠农资金、信息服务落实到改善民生的工作实际中；对低保户做到应保尽保，城乡居民基本医疗保险和基本养老保险参保率分别达到96.9%和91.6%；做好文教卫生工作，巩固“双高普九成果”，让适龄儿童100%完成九年义务教育。加大对学校基础设施建设的投入，全面通过国家标准验收。

（李 想）

富岭镇

【基本情况】 富岭镇地处县东部，闽浙两省交界，俗称东乡。位于北纬27°47′～28°00′、东经118°31′～118°49′之间。镇政府驻地距县城15千米，东北与浙江省龙泉市交界，东南与松溪县相邻，西连万安乡，北邻管厝乡，西南与水北街镇相接，东西宽25.76千米，南北长24.78千米，面积394.66平方千米，林地面积3.28万公顷，森林覆盖率75.8%，其中毛竹0.344万公顷。全镇29个村（场），318个村民小组，4.2万人，下辖36个党支部，有党员1261人。2020年，富岭镇完成社会固定资产投资3.12亿元，完成规模以上工业产值3678.5万元，2020年全镇财政总收入1681.39万元。

富岭以文化昌明、人才荟萃而著称。在这块土地上，孕育出众多的显赫人物和杰出儿女。有尚书徐应龙和宰相徐清叟、副宰相徐荣叟父子，兵部尚书沈弘，工部尚书邓佐，史学家、诗人叶绍翁等载入史册。富岭风景名胜，不仅秀美使人青睐，更以其丰富的文化内涵引人入胜，尤以国家森林公园匡山为著。匡山拥有全县保存最完整面积最大的天然原生性森林，而且，明代开国元勋章溢、刘基、宋濂在此留下旷世佳作和遗存。

【疫情防控】 2020年，富岭镇成立了疫情防控工作领导小组和9个专项工作小组，严格落实村居“九到位”和“11个一律”，全面落实好属地防控责任。成立党员督导队伍29支240人。积极劝导停办各类公众聚集性活动和乡村民俗活动，取消聚餐酒席304场4322桌。坚持疫情防控和经济发展“双线”作战，积极帮助企业解决用工、资金、原材料、防护用品供应等需求。

【现代农业】 2020年，富岭镇坚持“创新、协调、绿色、开放、共享”发展理念，推进“中国好粮油”示范镇创建。新增粮食产能攻关示范片106.67公顷，推广工厂化育秧面积400公顷，推广优质稻种植面积866.67公顷，机收再生稻333.33公顷。推广农业“五新”技术，有效促进农业增产、农民增收。全面开展耕地抛荒撂荒整治，鼓励山垅田复耕，有199.87公顷基本农田已全部恢复粮食生产。

【招商引资】 2020年，富岭镇发挥镇商会作用，灵活运用产业链招商、以商招商等方式，为招商引资“牵线搭桥”。新引入项目2项，投资总额2.57亿元。深化“创新突破年”活动，全年实施技改项目4个，新建备案项目9个，持续推进阳光碳素技改扩产项目、盛源木材加工厂改扩建项目、乐檬体育用品制造项目等项目建设。

【全域旅游产业】 2020年，富岭镇的匡山景区项目一期基本建成，大水口无忧花谷景区二期、富松生态观光园二期、泽潭百草养生谷等项目加快建设。大水口村获评省“金牌旅游村”，并成为周边网红打卡点。山路村获评国家级传统村落，双同村获评省级传统村落。结合喜马拉雅有声小镇平台打造“听见富岭”专栏，打造研学旅游。成功举办灯光秀，乌饭节、东乡青年会等活动。

【脱贫攻坚推进】 2020年，富岭镇整合各类扶贫资金314.2万元，着力解决贫困村基础设施建设、贫困户产业发展及就地就业等多方面问题。树立“防止返贫”和“继续攻坚”同等重要的理念，加强对5个贫困村、435户691名建档立卡贫困人口进行动态监测，进一步压实脱贫攻坚责任。

【污染防治】 2020年，富岭镇完成造林绿化79.33公顷，封山育林166.67公顷。全面推行河长制，加大农业面源污染防治力度。做好“路长制”及“林长制”工作。以中央、省、市、县环保督察及“回头看”反馈问题整改为抓手，突出抓好秸秆禁烧、农村人居环境整治、散乱污企业治理等工作，配合浦城生态环境局取缔非法散乱污企业2家，确保问题整改全达标、问题不反弹、群众真满意。

【民生保障】 2020年，富岭镇完成6项民生工程，全年发放各类补贴719.49万元，享受补贴2118人。全面落实社会救助、优抚安置等政策，加强对茅洋敬老院管理，2020年底已入住五保老人12人。殡葬改革坚持常抓不懈，实现火化率100%。有序推进山路村、马家庄村公墓及骨灰楼堂新（扩）建。2020年农村合作医疗参合34132人，参保率达96.75%。城乡居民养老保险参保15256人，其中新增参保1851人，60周岁以上领取养老保险金7244人。

【社会事业发展】 2020年，富岭镇深入推进文明创城行动、文明大讨论、文明大家谈及“星级文明户”评选工作。广泛开展群众性精神文明活动，开设剪纸、古琴培训班、成立匡山女子诗社、开展文化科技卫生“三下乡”、举办“文明树新风·脱贫奔小康”文艺演出，进一步提升社会文明程度。全镇建成新时代文明实践站15个，举办志愿活动220场。持续推进义务教育优质均衡发展。顺利完成第七次全国人口普查。推荐就业成功人员52人，设置公益性岗位19个，积极做好就业和再就业工作。退役军人服务有效保障，完成年度征兵任务和民兵整组任务。

【社会治理加强】 2020年，富岭镇开展群众安全感满意度“双提升”工作，有力推进“平安富岭”建设。坚持强化信访稳控，实行信访包案制度。打好打赢扫黑除恶专项斗争收官战。做好“七五”普法终期验收工作。全年来信来访25次，信访总量较上年下降24%。处置各类矛盾纠纷200起，化解率100%。对全镇12名精神障碍患者和17名社区矫正对象建档立案，有力维护社会大局平安稳定。

（李朝辉）

2020年1月22日，“追逐梦想 聚力同行”东乡青年会在富岭镇圳边村顺利举办

（富岭镇政府 供）

水北街镇

【基本情况】 水北街镇地处县东南端，北纬27°36′～27°49′、东经118°27′～118°41′之间。2020年全镇完成规模工业总产值5700万元；规模工业企业税收456万元；社会固定资产投资完成3.05亿元，招商引资完成合同项目1.6亿元，农民人均可支配收入13560元。人民幸福感指数明显提升。

【疫情防控】 2020年，水北街镇全体镇村干部放弃春节假期全力投入疫情防控工作，24小时值班待命，镇村两级做到靠前指挥、及时行动，迅速在24个村的关键路口设置卡口，严格落实24小时值班制度。按照“镇不漏村、村不漏户、户不漏人”的要求，全镇领导干部、派出所干警、医务人员等深入一线，与各村劝导队对各村外来人员进行全面摸排，采取“实地走访+电话随访”等方式，逐村、逐户筛查登记，对全镇重点人员实施地毯式跟踪、网格化排查，逐一建立登记台账，翔实掌握底数和基本情况，定期测量体温，关注其身体健康状况，做到早发现、早报告、早处置。

【重点项目建设】 2020年，水北街镇全面完成集镇饮水巩固提升、“撤渡建桥”、洙溪“四好农村路”、集镇污水处理、浦城县生态司法教育实践基地、集镇沿街建筑立面改造、国道353美丽乡村精品线景观工程、黄碧村水土保持等重点项目建设；有序推进新增117个错车道建设工程、陈源等3个村圣农养鸡场、南浦溪自然湿地保护修复、亚行贷款福建农地资源可持续利用示范、九石渡旅游康养、南浦溪防洪堤等重点项目。

【产业发展】 2020年，水北街镇持续巩固水尾锥栗、新桥獭兔、洙溪石蛙鱼、武夷黑猪等特色种植养殖，着力推动规模化经营、产业化发展。有序推进“际岭村省级乡村振兴实绩突出村”、水北村香葱种植基地、桥亭蔬菜种植基地、水尾椎栗种植基地、陈源香榧基地、新桥乌龙山生态农业观光园“生态银行”先行试点等项目实施，大力发展特色品牌农业。

【招商引资】 2020年，水北街镇九石渡旅游康养项目国土空间规划已初步完成，上海、浙江等多家外地客商正与水北街镇洽谈项目开发事宜，并达成合作意向。

【精准扶贫推进】 2020年，水北街镇积极争取中央、省级扶贫资金76.9万元扶持建档立卡贫困户发展特色种养殖产业、就业扶贫等，助力贫困户复工复产，稳定增收脱贫致富。为受疫情影响无法外出务工或困难就业的贫困户提供和推荐就业岗位，推荐5名贫困户到三叶食品、原森木业等企业就业，32名贫困人口到云丰香葱合作社务工；为31名贫困人口安排保洁等公益性岗位。

【惠农政策】 2020年，水北街镇保障困难群众361户，发放低保救助金158.26万元、特困供养补助金159.04万元，临时救助困难群众113人，救助资金10.6万元。为7名残疾困难人员申请安居工程，向县人社部门争取新增6个公益性岗位保洁员名额，为困难群众提供棉衣135件，棉马甲124件，绒衣50件，被子25床。

【安全生产监管】 2020年，水北街镇开展道路安全、食品卫生安全和消防安全等宣传活动共16场次，发现安全隐患40处，均已整改到位。深入房屋隐患排查，全镇共排查房屋4857栋，发现重大安全隐患的危险房屋10栋，一般安全隐患房屋2栋，均已整治到位。

【人居环境改善】 2020年，水北街镇以蓬尾村为治理示范村，由镇主要领导带队，组织镇干部、党群工作者、村主干等106人，划分四片区域，重点整治“六乱”，实现网格化整治。发放纸质宣传单、张贴宣传标语共340余份，整治环境卫生问题52处。要求各村通过作比较、找差距，补短板、促整改，对存在问题建立台账，落实问题清单，明确整改时限，全面推进“全域无垃圾、整村推进村村过”专项治理工作。建立全域无垃圾整治“动员—实施—督导—跟踪—奖惩”的链式长效机制，成立4个专项交叉检查督导组，对全镇全域无垃圾整治情况进行专项督查，对查出的问题，明确责任区域、责任人，并督促抓好整改落实。

【矛盾纠纷排查化解】 2020年，水北街镇镇积极做好矛盾纠纷排查化解稳控工作，成功调解矛盾纠纷案件163件，其中，初信初访21件，已化解20件，化解率95.24%，有效维护辖区社会和谐稳定。

（徐杨俊）

临江镇

【基本情况】临江镇位于浦城县城西南部，位于北纬27°45′～27°52′、东经118°22′～118°30′。东北与莲塘镇、东南与水北街镇相邻，南和石陂镇毗连，西北与永兴镇接壤，西与山下乡相连，东西宽12.2千米，南北长10.8千米，镇境线长57.19千米。处于樟元山（北）与大湖岭（南）之间。临江镇镇域略呈菱形，总面积116.17平方千米，耕地面积2266.67公顷、林业用地7780公顷，森林覆盖率66%。境内四面环低山，中为河谷盆地，缀以缓丘。最高山峰为井栏村的金山坞，海拔803.8米。永兴溪（又名西溪）和山下溪分别从西北和西面入境，在隍山寺交汇，经临江街贯流东南，流向观前注入南浦溪。较大的河谷盆地有3块833公顷。海拔230米。属中亚热带季风湿润气候，年平均气温17.7℃，无霜期245天，年平均降雨量为1780.2毫米。

临江镇交通便利，为浦城县南部7个乡镇的交通枢纽。镇区距县城14公里，205国道贯穿镇域，县道825、826线途经11个村。2008年浦南高速公路竣工通车，在临江设互通口。临江镇至武夷东高铁站、武夷机场均在一小时交通圈，为大武夷旅游经济圈内，区位优势明显。

临江镇辖16个村民委员会（水东村、水西村、新街村、石壁村、上际村、七墩村、山后村、余元村、寨下村、井栏村、源尾村、铁炉村、锦城村、樟山村、高坑村、瓦铺村）、93个自然村、175个村民小组，全镇居民5747户、20185人。

【经济发展】 2020年，临江镇被浦城县委、县政府定位为工业重镇，规划有“锦城工业园区”“临江食品加工园区”“绿色产业园区”。总规划面积为2455600平方米（245.56公顷）。

2020年全镇共落实重点项目23个，总投资6.51亿元。全年工业项目总投资5.92亿元，完成规模工业产值4.62亿元，规模工业税收达1600万元，社会固定资产投资完成3.62亿元，绿色农业项目总投资2.78亿。

2020年底有规模企业13家，即乔宝（工艺）陶瓷、仁宏药业、顺发纸业、顺兴竹木、诚发竹木、云成石化、大盛薄膜、福能三爱富矿业、祥禾米业、鑫龙米业、祥达运输有限公司等企业和中华丹桂博览园、丹桂交易市场。

着力打造特色产业。临江镇持续稳定烟叶种植面积118.4公顷，发展水稻种植1966.67公顷，进一步推动上际村“生态银行”先行试点项目实施，深入推进“一村一品”又快又好发展（铁炉白莲、粉干和水东丹桂博览园等品牌建设），推动水稻、芋子、白莲、小龙虾等种植养殖规模化经营，产业化发展，加大对“浦城大米”的生产及推广力度。

【招商引资】 2020年，临江镇落实新引进投资项目3个，总投资3.62亿元。其中基础性设施项目浦城县临江镇上际村造福工程搬迁安置点项目8500万元，绿色农业项目2个（闽北粮食生产加工保障基地和融虞水产养殖基地），总投资2.78亿元。

【疫情防控】 2020年，临江镇第一时间成立新冠病毒感染的肺炎疫情防控工作领导小组，迅速召开防控工作紧急会议，制订防控工作方案和细化防控措施，创新“一二三”工作方法，迅速形成镇、村和多部门共同参与的联防联控体系，强力推进工作落实。

注重细节抓防控。严格落实“外防输入、内防扩散”要求，镇村两级先后设立卡口42个，先后开展返乡人员大摸排3次，摸排出各类重点对象4195人，并按要求落实好“四盯一”管理和建立“一人一档”台账。同时强化密集人员场所管控，在派出所等部门配合和各村共同努力下，先后取消各类酒席164场，暂停集镇圩场，农贸市场采取限制人流、入场测体温等方法，同时集镇和每个村都成立专项劝导队，每日巡查、劝导和疏散扎堆的群众。

全民动员共参与。全镇先后收到广大乡贤和党员干部群众捐款7.25万元和口罩14250个、耳温枪10把、消毒液40瓶、医用手套2000双，有效缓解一线工作人员防护物资紧缺问题。同时广大乡亲还自发到各个卡口慰问值班值守的镇

2020年1月26日，临江镇党群工作者全面摸排武汉返乡人员名单，建立“一人一档”（临江镇政府 供）

村两级干部。

复工复产抓经济。临江镇在坚决打赢打好疫情防控阻击战的同时，统筹推进经济社会发展各项工作，贯彻落实惠企业、促消费、稳就业等一系列政策措施，扎实有序推进烟叶种植、春耕备耕工作，辖区内32家企业顺利复工复产。

【社会事业】 2020年，临江镇落实教育优先发展，强化尊师重教，做好教育服务、平安校园建设及控辍保学等工作。做好医疗卫生工作，实现贫困户家庭医生签约全覆盖，进一步强化人口计生工作长效机制建设力度。

2020年全镇出生人口165人，政策符合率为92.12%。积极开展各类文化体育活动，建设现代化、数字化的图书馆，内设自助借取机和电子书浏览机，图书1500册。实施全民科学素质行动和“七五”普法宣传工作，开展法律法规宣传活动5次。

全镇享受低保待遇185户353人。临时救助21人，救助金额75300元；为252名重度残疾人办了护理补贴业务；农村合作医疗参保完成率达99%；发放救灾物资棉被94床、毛毯86床；帮助就业150多人次。基本完成土地确权颁证工作，切实维护农民利益。

【房屋隐患排查】 2020年，临江镇全面开展房屋安全隐患大排查大整治百日攻坚专项行动，排查房屋5056栋，发现重大危险房屋15栋，分类处置15栋（其中14栋拆除、1栋封房），发现一般危险房屋9栋，分类处置9栋（其中8栋拆除、1栋加固）。

【社会维稳】 2020年，临江镇排查矛盾纠纷135件，调处成功135件，调处成功率达100%。接待群众来信来访45件，初信初访22件，处理“12345”南平便民服务平台86件，南平随手拍26件。严格落实“党政同责、一岗双责、齐抓共管”的安全生产责任体系，强化道路交通、学校、企业等安全检查和隐患排查治理工作。2020年，全镇实现安全事故“零发生”。开展道路安全、食品卫生安全和消防安全等各类安全宣传进校园、进企业活动共13场次，深入开展安全宣传教育80余次，印发安全宣传单2700余份。

（陈惠英）

山下乡

【基本情况】 山下乡位于浦城县西南部北纬27°45′～27°53′、东经118°21′～118°34′。境内地势西北高，东南低，有千米以上山峰4座，其中以桃花井最高，海拔1064.7米。7支支流汇成山下溪，贯穿中部，由西向东流出境。在县西南部，东接临江镇，东南连石陂镇，西南界武夷山市，西邻枫溪乡，北通永兴镇，乡政府所在地距县城旅程38千米。辖区面积110.08平方千米，辖山下、小溪、王柏、源头、铁场、铁坑、水门、凹后、青山9个建制村、53个自然村、98个村民小组，总人口3222户、10741人，乡域面积为109.64平方千米，耕地面积1066.67公顷，山地面积10166.67公顷，是典型的山多田少山区乡；山下乡气候宜人，山水秀丽，属典型的中亚热带季风湿润气候。冬短夏长，静风多，温差大，雨季集中，年平均气温16.5℃，无霜期238天，年平均降雨量1755～2400毫米，年平均日照1785小时，平均海拔376米，适宜动植物生殖繁衍。山下素有“林海竹乡”美称，被誉为“生态氧吧”，是人们休闲避暑的首选之地。旅游资源丰富，先后发展铁场“情人谷”、源头“飞龙瀑布”、小溪村古树群等旅游项目，大力发展生态旅游产业。

【经济发展】 2020年，山下乡完成地区生产总值3.17亿元，增长4.96%；农林牧渔业产值1.376亿元，增长5.0%；全社会固定资产投资1.76亿元；农民人均可支配收入16366元，增长4.1%。山下乡策划且入统项目3个，总投资2.76亿元，完成固投入统1.69亿元。同时，策划争取上级资金1500余万元，加强山下乡基础设施建设。规模以上工业企业福建和顺矿业化工有限公司年产值近亿元，创税达1000余万元。农业产业稳步推进。着重抓好基本粮食种植。山下乡实施“水稻绿色高质高效”项目，推广农业机械插秧技术，加大种植技术指导，确保全乡粮食播种面积和产量均保持稳定，2020年种植水稻593.33公顷，发展“中浙优8号”等优质稻144.33公顷，建立粮食产能区340公顷、水稻高质高效示范片166.66公顷，推广水稻机插16.13公顷，全乡年产粮食达4200吨。持续发展特色种植业。积极引导和鼓励农民发展烤烟、食用菌、竹荪等特色产业，2020年种植食用菌（竹荪）34.27公顷、种植烟叶40多公顷，产值达200万元以上。笋干产业稳步发展。全年全乡产鲜笋约6000吨，制成笋干531吨，产值约达3200万元。同时，引进笋干加工企业一家，进一步推动山下笋干产业规模化发展。

2020年，山下乡引导村集体参与发展烤烟、浦城大米和油茶等农业产业，增加村集体收入。9个村完成村财增收300.74万元。其中，小溪、水门村财收入达70万元以上，铁坑村财达52.63万元；其余村财收入均达10万元以上。小溪村、源头村、铁场村被评为省级美丽乡村旅游特色村，另外源头村更是全国康养基地之一；凹后村在东部战区海军的挂钩帮扶下，正着力打造美丽乡村、水美乡村、乡村振兴“三位一体”示范村。有“情人谷”“源头飞龙瀑布”2处游客接待景点，年接待游客达2万人次。

【疫情防控】 2020年，山下乡一级响应期间，对9个村主要入口和集镇设立防疫劝导站12个。乡村干部实行24小时值班制，实时掌握辖区疫情动态。组织乡村干部入户全面摸排，建立台账，累计摸排梳理出有关地区返乡人员119人，摸排境外及港澳台护照信息1451人，并对有关地区返乡人员落实一户一档和做好隔离管控各项工作。累计劝阻取消酒席、酒宴69场820桌。

【项目建设】 2020年，山下乡策划且入统项目3个，总投资2.76亿元，完成固投入统1.6942亿元。同时，策划争取上级资金1500余万元，加强山下乡基础设施建设。先后投资200余万元全面完成山下乡集镇及老街外立面改造和县道867临江至山下公路两旁的绿化美化工作。争取项目资金300余万元，完善小溪新村防道路、水坝、绿化等基础设施，建设小溪新村笋竹产业园。投资550万元建设水利设施项目、高标农田项目和旧村复垦项目，进一步打好农业发展基础。加强集镇污水治理，投资175万元建设集镇污水处理厂及管网扩建项目。投资230万元建设洋村一桥（危桥项目）项目和下南溪北山仔桥项目（水毁重建项目）。山下乡前青线、山源线、山王线三条“四好农村路”建设项目全面完工。

【生态保护】 2020年，山下乡加强水环境治理，全面实施“河长制”，持续加强农村饮用水水源保护工作。2020年，乡级河长已开展巡河144次，巡查员开展巡河3240次，巡河中发现的问题已全部整改到位，为环境保护提供有力保障。

【美丽乡村建设】 2020年，山下乡先后投资200余万元全面完成山下乡集镇及老街外立面改造和县道867临江至山下公路两旁的绿化美化工作。争取项目资金300余万元，完善小溪新村防道路、水坝、绿化等基础设施，推进“河长制”和“万人保洁”工作，“门前三包”工作深入开展，坚持减存量、控增量，确保垃圾日产日清。

【环境整治】 2020年，山下乡新建水冲式公厕5个，拆除旱厕19个，完成农村户厕改造376户，标准化户厕普及率已达98%，清理生活垃圾、死角垃圾共1156吨，清理建筑垃圾及装修垃圾共70余吨，拆除乱搭乱建、破损广告牌133处，整治柴火杂物乱堆乱放927处，整治占道经营、乱摆摊等68处，村容村貌得到较大提升。

【脱贫攻坚】 2020年，山下乡补报新增建档贫困人口低保对象7户、19人，发放临时救助2户4000元；发放贫困户子女中高职补助（雨露计划）19人5.55万元；79名建档立卡贫困人口享受医疗保险报销累计50.09万元；为9名贫困户设立公益性岗位，其中到圣农工厂务工3人。同时，加大资金投入，修建饮水提升工程，完成农村建档立卡贫困人口饮水安全保障目标任务。全力推进产业扶贫，保证贫困户稳定脱贫，2020年，共发放中央财政专项扶贫发展资金5万元，惠及39户贫困户；利用省级产业扶贫12万元资金，惠及93户贫困户，资金主要扶持贫困户发展竹荪、毛竹抚育、笋干制作等方面，实现户均增收约5000元。补助各村2019年灾毁农田建设项目、防洪堤建设以及产业发展等项目资金共计165万元。

【社会事业】 2020年，山下乡全面落实低保、特困以及临时救助政策。全乡农村低保对象116户，保障人口205人。发放保障金额为40.72万余元，城市低保对象2户，保障人口2人，发放保障金0.92万元。纳入农村特困人员生活保障人员55人，发放保障金63.41万余元。申请临时救助共71户，发放救助金额17.76万元。落实高龄老人补贴及孤儿保障政策。全乡有80周岁以上高龄老人278人，按照每人每月50元标准享受高龄老人补贴。孤儿1人，事实无人抚养儿童2人，按每人每月900元标准发放生活保障金。

2020年，全乡出生65人，政策内出生60人，政策符合率92.31%。享受国家特扶对象1对，国家奖扶17人，县级奖扶对象40人。独生子女奖励2对。为一户特殊家庭争取到2000元助学金，帮助其圆梦大学。为2户家庭申请2000元扶助资金。2020年，全乡新农合参保率达98%，较2019年扩面370人。教育投入和助学方面。争取资金约120万元改善基础设施及仪器设备。持续推进“雪亮工程”建设。

2020年12月4日，石狮市锦尚镇红十字会一行到浦城县山下乡开展“访贫助学”捐赠活动（山下乡政府 供）

加强矛盾纠纷调处力度，2020年共排查矛盾纠纷33件，调处成功33件，矛盾调处率达100%。

【安全生产】 2020年，山下乡开展安全生产集中整治、安全生产专项整治、安全生产隐患集中大排查大整治、冬春火灾防控等重大任务和节假日专项检查，先后组织90余人次对辖区21家生产经营单位进行摸排检查，先后发现隐患问题40余处、限期整改8家、停业整改2家。统筹经费38万元，完成乡应急救援站、山下乡地震避灾点、王柏村避灾点、各自然村避灾点的建设。逢圩日、节假日、大型活动开展交通劝导，完成交通劝导5630余条，发现和劝导问题230余次。

（余婧婕）

枫溪乡

【基本情况】 枫溪位于北纬27 44′～ 27 51′、东经118°21′～118 32′之间。境内地势高，千米以上的山峰有25座，以武夷山脉延伸的大王山最高，海拔1552.5米。乡政府驻地枫溪，距县城45千米，海拔751米。溪流尽为小溪涧流，大部流入武夷山市境内北溪河。年均气温16.5℃，降雨量1255毫米，无霜期233天。枫溪乡为老区乡，地处县西部边境，东南与山下乡相连，东北与永兴镇相邻，西、西南、西北均与武夷山市接壤，境域面积55.63平方千米，辖枫溪、福禄、黄坛、池家、杜畲、岱后、胡推7个建制村、71个自然村、78个村民小组，总人口2172户、6997人。设8个党支部，党员231人。全乡森林覆盖率81%，林地面积4660多公顷，其中竹山面积近2660公顷，有“竹海”之称。养殖稻萍鱼66.67公顷，稻萍鱼成为枫溪一大特色美食食材。耕地686.67公顷，梯田错落有致，有“万亩梯田”之称。成功举办“开犁节”，吸引各地高校知名水彩画家到枫溪写生。平均海拔800米，夏天气候宜人，号称“18℃夏天”。境内有岱根瀑布、福禄梯田等美景，是武夷学院等高校写生实训基地。有浦城第一党支部旧址、中共崇安特支浦城岱后支部旧址，旧址修缮和红色文化陈列室建设完成，是全县党员教育基地。全乡财政总收入282.94万元，农民人均可支配收入16448元，完成固定资产投资2.8亿元。

【农业发展】 2020年，枫溪乡加大土地流转力度。鼓励村集体、有能力的农业合作社、家庭农场流转土地，全乡流转土地193.07公顷。枫溪乡有7个村及七大示范片、4个家庭农场，完成水稻播种面积366.67公顷（其中优质稻266.67公顷）；全乡抛荒田治理面积48.4公顷，通过引进企业建立育种基地；鼓励以村集体为单位成立水稻合作社；对部分抛荒田根据条件不同，选种其他粮食作物等方式多举措确保耕地抛荒复垦工作的有效推进。

大力发展高山蔬菜种植。主打品种西红柿24公顷、芋子14公顷、芭蕉芋10.67公顷、四季豆9.33公顷，发挥“名誉村主任”、省派村党支部第一书记的优势，与厦门市的邮政公司、厦门浦城商会、佳康食品有限公司、枋湖社区、坂尚社区建立“山海协作”关系，销售枫溪生产的农产品。

【“醉美画乡”建设】 “醉美画乡”是县委对枫溪乡发展目标的精准定位，乡政府充分利用这个发展平台，倾心为醉美画乡建设做好谋划。完成两个子项目，分别是投资600万元的岱后村省级传统村落提升改造项目，投资1660万元建设枫溪至岱后“四好农村路”。跟进落实南方传统古村落博物馆建设、“‘醉’美画乡”游客接待中心、停车场、枫溪旧卫生院改造成星级宾馆及利用民间资本打造民营民宿。

【人居环境整治】 2020年，枫溪乡召开全乡人居环境整治工作动员会和现场推进会，通过微信公众号，外出学习，宣传车、宣传标语，宣传倡议书发放等渠道开展多渠道、多层次、多角度的报道宣传。建立完善“一清一保一查”工作制度，督促农户商户落实“门前三包”责任制。落实中央、省、市关于“厕所革命”的重要部署，研究制定枫溪乡推进厕所革命实施方案，在全乡乡属辖区及村组实施农村无害化卫生厕所改造工程。2020年，5个村新建19座公共厕所。

【民生保障】 2020年，枫溪乡实行应保尽保，对重点对象进行每月摸排，全乡低保户127户、198人，每月发放低保金5.76万元；农村特困户41户41人，每月发放特困金3.66万元。全乡有重度护理人员64人，每月发补贴金额5640元，困难生活53人，每月发放补贴2800元。申报事实无人抚养儿童4人，孤儿1人。

【脱贫攻坚】 2020年，枫溪乡积极引导合作社、家庭农场带动46户贫困户发展种植高山稻、蔬菜、茶叶等高山农作物品种，引导13户贫困户养蜂。联系旭禾米业与贫困户签订帮扶收购协议，提高贫困户优质稻谷收购价。对全乡贫困户饮水水源地，引水口进行安全排查，并发放饮水安全卡，保障全乡所有贫困户饮水安全。通过“一村一品”建设，发展枫溪村稻鱼共生生态养殖，岱后村红色文化旅游与精品名宿建设，池家村高山蔬菜种植，胡推村与福建双海科技有限公司共同发展亲本繁育，精心培育浦香优1号优质稻，福禄村开发乡村康养、小隐福禄，杜畲村发展芭蕉芋种植、稻田鱼育种，黄坛村发展高端精品茶叶种植等项目帮助当地村民摆脱贫困增产增收。2020年，枫溪乡贫困户184户368人，6个贫困村实现全部脱贫，无一返贫户。

【社会稳定】 2020年，枫溪乡受理信访件13件，全部答复解决。未发生进京、赴省、到市的上访群众，未发生各类群体性社会事件。

2020年9月22日，枫溪乡开展第一届开镰节活动　（枫溪乡政府 供）

扫黑除恶工作有序开展。2020年共摸排2条线索，召开专题专项部署会议10次，开展9场宣传会议，发放5000余份宣传单，全覆盖入户开展扫黑除恶专项斗争宣传，悬挂宣传横幅12条，固定标语11幅，宣传车1辆，营造良好宣传氛围。

人民调解初具成效。2020年，枫溪乡综治办联合司法所共调解矛盾纠纷37起，其中简易6起，一般12起，疑难15起，重大4起，化解率达100%，人民调解员参与率达95%。

（邱绎炜）

永兴镇

【基本情况】 永兴镇地处浦城县西部，俗称西乡。位于北纬27°50′～28°01′、东经118°15′～118°26′。东靠莲塘镇，东南接临江镇，南连山下乡，西界枫溪乡及武夷山市，北连古楼乡。东西宽19千米，南北长20千米，面积209.58平方千米。武夷山脉从西入境。镇所在地永兴村距城关33千米，866县道贯穿境内直通武夷山。2020年，全镇下辖20个建制村和1个社区，177个自然村，共有228个村民小组，6990户，总人口24120人。

【农业发展】 2020年，永兴镇巩固以烟叶、优质水稻为主导产业，高效经济作物、特种养殖业、优势资源开发共同发展的格局。全镇优质稻种植1700公顷，产量1.53万吨；烟叶种植314公顷，产量625.3吨，产值1900余万元，实现创税370万元；竹荪、黑木耳等食用菌产业完成产值1600万元，新兴农业经济效益凸显。永兴庵后紫薯、银场虹垂山茶油、冠山炉铺苗木、肖家廉溪稻花鱼、虹垂山羊、炉铺青虾等“一村一品”特色产业规模进一步扩大，“下墩荸荠”“珠山蓝莓”品牌建设持续增效。

【重点项目建设】 2020年，永兴镇以全县“项目创新年”活动的开展为契机，加大招商引资，谋划全域旅游项目，进一步强化责任担当，提振攻坚气势，督推项目建设提升。围绕“五个一批”做深前期，新谋划项目8个计划投资4.3亿元，其中谋划“十四五”规划重点项目3个，福建农地资源可持续利用示范项目、和顺矿业废弃物回收利用和兴龙石材废弃物加工生产项目等，计划总投资约2.6亿元。15个在建重点建设项目，接续建设5个，新开工4个，竣工9个，投资9800余万元，占年度计划1.8亿元的54%。先后建设完成现代生态农牧业循环经济产业园、永平—银场防洪堤、珠塘水库应急除险加固、龙下村等4个贫困村饮水安全巩固提升、后洋村水土流失治理、连源等10个村2020年县级土地开发、Y055永虹线永兴至虹垂（虹垂段）和Y054永后线塘头至龙下段“四好”农村公路改建、银场村“三板桥”等水毁桥梁修复、Y080下竹线和Y145永岩线公路水毁修复等工程。同时永兴镇澄湖新村（I期）、永兴溪小流域综合整治、凯恒水产养殖基地、腾禾米业现代粮食产业基地、银场山水林田湖生态保护修复、Y054永后线龙下至后洋段“四好”农村公路改建和永后桥、龙下桥新建等工程项目有序推进。

【人居环境整治】 2020年，永兴镇结合疫情防控，深化“三清三整一健全”，深入开展爱国卫生运动、农村“一革命四行动”和房屋安全隐患大排查大整治“百日攻坚”专项行动，全力推进农村人居环境品质提升行动。先后实施集镇功能改造提升，推进澄湖路、兴平路“白改黑”项目，新增银场村为垃圾分类试点村，新建集镇和各村公厕9个、村级污水处理厂5个，完成户改厕757个，新增污水管网14.6公里、垃圾桶1300个，清理垃圾438处142吨、塘沟污水165处、河道垃圾及弃土弃渣104立方米，拆除乱建乱围临搭及破损广告牌2685处、旱厕413处、雨棚面招牌45处，残垣断壁5处52米、整治柴火杂物乱堆放2187处、乱贴乱画240处、农村裸房43户、破旧危房35户，规整各类杆线21根，打捞河漂垃圾280立方米、水葫芦2.2吨，村庄绿化植树553株。

2020年11月19日，永兴镇商会成立，与会人员合影 （永兴镇政府 供）

【平安建设】 2020年，永兴镇持续推进扫黑除恶专项斗争，开展社会治安排查和重点打击整治，全方位宣传扫黑除恶和平安建设，发放各类材料17700份，使用镇直各单位LED屏6个、标语和横幅220余条、微信公众号12篇。在平安浦城微信公众号推送“平安浦城守护者”文章2篇，其中入选“最美平安浦城守护者”1名。开展平安建设“三率”宣传表彰活动，评选出9名平安建设“三率”宣传优秀组织员和47名平安建设“三率”优秀宣传员。开展“七五”普法宣传行动，农村社会治理“1+3”社会管理模式和镇村两级调解平台建设得到进一步完善。抓好特殊人群管理工作，2020年在管精神病患者72人，14个首次确诊三级以上已申请以奖代补；细化落实社区5名戒毒（康复）人员管控措施，确保社会安定稳定。全面开展房屋安全隐患排查，共排查农房4625栋，35栋危房已分别采取封房、加固或拆除处理到位。紧抓安全生产不放松，先后组织开展春节、清明、“五一”国际劳动节、中秋、国庆等重大节前安全生产大检查和烟花爆竹专项整治督查，全年全镇安全生产工作稳步提升，未发生较大以上安全生产事故。

【社会保障落实】 2020年，永兴镇全面推行新型农村合作医疗，城乡居民医疗保险续缴率超99%，实现全镇全覆盖。城乡低保、特困人员保障更加精准有力，截至10月底，全镇累计发放低保户254户410人低保金109.55万元，五保户110人保障金103.84万元。扶残助残、临时救帮等惠民政策覆盖面进一步扩大，全年发放残疾人生活护理补贴270人39.52万元，临时救助款32人4.45万元。认真落实国家各项计生优惠政策，全年给予2234人发放计生各类补助资金187余万元。

【脱贫成果巩固】 2020年，永兴镇落实扶贫产业激励性项目工程及示范带动作用，以“保底、代管”灵芝等方式带动12户贫困户，公益岗位73个实现70位贫困人口就业，疫期助农产业补助231户30.03万元，小额信贷133户182.8万元，解决破旧房修漏21户。培训创业农户12户、贫困村致富带头人12人。投保产业扶贫保险82户，实现医疗保障综合保险864人全覆盖。对部分收入不稳定的42户75人贫困户进行全面提标，动态监测12户34人贫困重点对象及因疫期劳务受影响贫困户，通过强化帮扶责任、政策兜底、产业收益分红、公益岗位补贴等，切实保障脱贫成果。

【社会事业】 2020年，永兴镇在村级活动场所修缮、文化公园等基础设施建设下功夫。全镇中小学入学率100%，幼儿入学率98%，2020年永兴中学13名优秀学生考入县重点中学，45名学生进入高中校园学习。冠山、永平、炉铺等9个村和镇政府申报2018—2020年度市级文明村镇，银场、肖家、竹山等8个村申报县级文明村。进一步提升我镇农村老年人服务水平，实施镇级养老院公建民营，争取并实施庵后、下墩农村幸福院2座。全面推进产权制度改革，成立4个村的股份经济联合社和16个村经济联合社。紧抓不放卫计工作，全镇人口出生政策符合率93.67%。持续推进移风易俗，强化农村红白喜事操办的全过程管理监督，移风易俗工作取得较好的成效。

（杨家伟）

古楼乡

【基本情况】 古楼乡是老区乡，在县境西部，位于北纬 27° 55′～28° 08′、东经118° 14′～118° 24′之间，东邻仙阳镇，东北与九牧镇相连，南通永兴镇，东南与莲塘镇接壤，西界武夷山市，北界江西省广丰区，乡驻地距县城旅程55千米。境域面积206.82平方千米，耕地面积9079.58公顷，林地面17272.3公顷。辖前排、上云、叶山、石村、中潭、古楼、里山、坑口、大路、洋溪、大洋、岗里等12个行政村，81个自然村110个村民小组。2020年，全乡完成固定资产投资10917万元，全年完成产值1.09亿元，12个村共完成村财185.36万元。

【疫情防控】 2020年，古楼乡自接到防控部署以来，全面摸排，建立台账。利用村村响、宣传车、微信群等大范围、全天候循环播放，并张贴条幅、标语500余条。劝阻取消酒席、酒宴58场870桌。坚持乡村外来人口登记，大力推行、申领八闽健康码，推进疫情防控工作常态化。

【复工复产工作】 2020年，古楼乡对辖区内复工复产的企业严格把关，要求企业一要对办公、用餐、居住场所每日消毒清洁；加强员工健康监测，建立返岗员工健康卡制度；建立进出企业人员登记管理制度。全乡1家规模以上企业和18家规模以下企业全面复工。

【产业发展】 2020年，古楼乡积极吸引、推动各类项目落地：吴承洛故居修复及度量衡文化研学教育基地项目总投资1.36亿元；古楼乡田园综合体项目总投资1.88亿元已完成谋划筹备工作。完成项目入统的有：浦城县古楼竹制品有限公司技改项目总投资534万元；浦城县丰萱茶叶专业合作社新建茶厂及茶叶加工生产线总投资582万元；古楼乡溪边厂萤石矿平巷改坡道项目总投资1338万元；徐氏家具生产定制精加工项目总投资5794万元；福建具德生物质能源开发有限公司年产4000吨生物质炭项目总投资560万元。

【人居环境品质提升】 2020年，古楼乡新建水冲式公厕5个，拆除旱厕27个，完成农村户厕改造380户，清理生活垃圾、死角1532处（共190.2吨），清理建筑垃圾及装修垃圾30处（14.4吨），新建垃圾处理设施8个，拆除乱搭乱建、破损广告牌2006处，整治柴火杂物乱堆乱放3118处，整治占道经营、乱摆摊等38处，村容村貌得到较大提升。

【房屋安全隐患排查】 2020年，古楼乡排查房屋2946栋，排查出一般安全隐患8栋、重大安全隐患30栋，通过采取疏散、加固、拆除等措施，全部整改到位。

【脱贫攻坚工作】 2020年，古楼乡全年发放中央产业资金101.6万元、省级财政专项扶贫资金15.34万元、贫困村小型公益性生产生活设施项目资金45万元、贫困村集体经济补助资金15万元。

【河长制工作】 2020年，古楼乡加强农村饮用水水源保护工作，清“四乱”，加强水环境治理，全面实施“河长制”。全年，乡级河长开展巡河360次，巡查员开展巡河2550次，巡河中发现的问题全部整改到位。汛期前，对乡境内7个水库、2座山塘进行先期检查，摸排安全隐患并做好防汛抗汛演练；防汛期间，安排专人增加巡查力度，加强值班值守。

【安全生产】 2020年，古楼乡召开季度防范重特大安全生产事故工作会议以及多次安全生产工作相关会议，深化疫情防控、道路交通、消防、烟花爆竹、学校幼儿园、食品药品等安全专项的整治。全年督导检查154人次、检查单位场所35家，下发责令整改通知书33份、查出隐患42处，立即整改18处、限期整改24处。

【社会稳定工作】 2020年，古楼乡定期排查影响社会稳定的矛盾纠纷和群体性事件，随时掌握矛盾纠纷的动态和发展情况，特别是在各级“两会”期间，及时地做好调处化解工作，防止出现不合法不合规的上访、闹访等现象。古楼乡初信初访3件全部化解；调解矛盾纠纷10起。

（吴 狄）

2020年6月19日，县妇联工作人员及各乡镇妇联主席在古楼乡坑口村棋盘凹大捷遗址前合影 （古楼乡政府 供）

石陂镇

【基本情况】 石陂镇地处浦城县西南部，位于北纬27°36′～27°47′、东经118°10′～118°19′之间。205国道纵贯南北，浦南高速公路设有互通口1个，镇政府驻地距城关35千米，距建阳区75千米。东与水北街镇接壤，南与濠村乡毗邻，西与武夷山市五夫镇交界，北与临江镇、山下乡相连，是浦城县“南大门”。石陂镇自然条件优越，资源丰富。全镇耕地面积4297.86公顷，占浦城县总耕地面积九分之一，是县内最大的商品粮基地。山地面积2.07万公顷，森林覆盖率74.3%。石陂镇区域面积287.4平方千米，辖23个行政村、119个自然村、212个村民小组，全镇居民10529户、4.03万人，全镇设31个党支部，1034名党员。

【疫情防控】 2020年，石陂镇召开10余次包括视频会在内的相关会议。成立石陂镇新型冠状病毒感染的肺炎疫情防控工作领导小组。采取跨村联合防控，设卡劝导外来人员。采取流动宣传车、村村通广播、镇村干部入户宣传等方式，深入开展疫情防控宣传教育，要求村民做到不串门、不聚集、不扎堆、不打牌、不信谣、不传谣、不出门；在“石陂乡情”公众号、微信群、朋友圈等平台及时公布市、县、镇疫情防控最新信息。结合公安、交通、卫健等部门提供的大数据以及村内排查和群众的举报，迅速采取行动进行摸排。镇、卫生院、村、村医横向互动，与县指挥部上下联动，信息共享、资源共享，对重点人员实行医学隔离观察或居家隔离。动员全镇各级力量，全力保障疫情防控工作所需物资。对居家隔离人员实行“三盯一”责任制，每日最少两次随访，询问健康状况，并随时做好记录，帮助购置必需的日常生活用品。

【农村产权制度改革】 2020年，石陂镇开展农村综合改革，推动农村

“三权分置”，落实集体所有权，稳定农户承包权，放活土地经营权。同时进一步规范土地承包经营行为，采取有效措施促进农村土地流转，发挥农村土地最大化效益。全镇24个村（场）都在推动土地流转工作，完成土地流转1866.67公顷，通过土地流转，改善经营模式，发展规模和特色种养，形成产业集群，降低经营成本，解放农村劳动力，增加村集体和群众收入。同时为相关企业提供优质劳动力，实现村民、村集体、企业三家共赢。

【农业产业化】 2020年，石陂镇大力培育扶持农业龙头企业和种植大户。积极培育绿色和有机农产品，创建农业品牌，打造精品农业，发展农民专业合作社。同时引进专业化、规模化、现代化农业企业，拓宽村集体和村民的增收渠道，推动农村经济社会发展。2020年，全镇种植水稻3760公顷，各类蔬菜面积400公顷，莲子66.67公顷，竹荪面积41.13公顷，橘柚、脐橙40公顷，中药材39公顷，西瓜33.33公顷，吊瓜26.67公顷。

【人居环境整治】 2020年，石陂镇先后开展了市人居环境整治“百日大会战”及县人居环境整治“冬季攻坚战”。完成转运垃圾1万余立方米，整治大街小巷“五堆”5000余处。各村按户收缴每年每户60元的卫生费，实现卫生费收缴率100%。全面清理集镇内与村庄各类垃圾，消除卫生死角，解决了道路周边乱倒垃圾、乱泼污水、黑臭水体、污水横流等现象。发动干部群众3000余人，动用机械3000余台次，清除道路沿线“脏、乱、险、差”户外广告、“牛皮癣”和杂乱围挡21000余处。同时，在全面整治的基础上全镇24个村场根据各自实际制定切实可行的环境卫生长效运行机制，切实巩固整治的成果。

【基础设施建设】 2020年，石陂镇完成集镇国道两侧人行道建设、石陂集镇生态护岸（武术健身步道）建设、石陂派出所办公楼建设、七一中桥和小串大桥建设、农村“四好”公路建设项目、“双保大桥”建设项目、白鹅市场改造升级等项目建设。

【社会维稳工作】 2020年，石陂镇积极探索社会治理工作，将综治平安建设同扫黑除恶专项斗争有机结合，不断改进方式方法。通过大张旗鼓开展宣传，发放宣传材料3万余份、悬挂横幅标语1000余条、宣传画20余幅，在全镇范围内形成人人皆知、人人喊打的氛围。同时，进一步完善农村社会治理“1+3”模式，切实提升综合“三率”水平。2020年全镇共调处矛盾纠纷50余起，调解成功率100%，

（俞　敏）

濠村乡

【基本情况】 濠村乡位于浦城县南端，北纬27°31′～27°37′、东经118°22′～118°33′。全境地势东高西低，为丘陵地貌，最高海拔1045米（田洋岗），为县内主要用材林、经济林区之一。濠溪贯流乡境中部，汇入南浦溪，南浦溪在乡境西部流出县境，境内溪口村南浦溪出境处海拔164米。盆地镶嵌于山峦河谷之间，以濠村畈为最大，面积121公顷。年均气温17.8℃，平均年降水量1900毫米。属省定“革命老区乡”，地处浦城县南端，距城关60千米，属三县（市）结合部，东与松溪县为邻，南与建阳区接壤，西北接石陂镇，北连水北街镇，境域面积127.74平方千米。辖7个建制村，其中濠村村、樟源村、北坑村、后濠村为老区基点村。有39个自然村、68个村民小组，居民2437户8594人。

【疫情防控】 2020年，濠村乡成立新型冠状病毒感染的肺炎防控工作领导小组和疫情防控指挥部，把精力、人力、物力聚焦到疫情防控工作中来，严格落实乡、村主要领导负总责，各单位分工负责的防控工作职责。在全乡张贴通告和宣传标语、科普知识863条，张贴标语2653条，悬挂横幅213条，LED显示屏11块，乡领导、干部深入各村入户宣传发放《致广大村民的一封信》6370份。

推广落实八闽健康码的领用，春节期间安排干部职工进行24小时值班，乡、村共设置交通卡口10个，劝导人员流动和实施体温检测，对进入辖区人员进行详细摸排、登记，筛查出重点地区返乡人员及时上报管理，做到外防输入、内防扩散。

【经济发展】 2020年，濠村乡农业总产值达6270万元，增长5.5%；工业总产值达4560万元，增长3.8%；全社会固定资产投资金额达7303.6万元；社会商品零售总额达1733万元，同比下降2.6%。农村居民人均可支配收入15000元，增长9.3%。

【项目建设】 2020年，濠村乡完成投资2180万元的集镇所在地生活污水处理厂及配套管网建设项目第一期建设任务；完成投资760万元的集镇

所在地自来水提升改造及附属工程建设项目；完成投资450万元，全长2.62千米，宽6.5米的蒋溪口至毛垅“四好农村路”工程；完成投资50万元的集镇主街道濠中路提升改造建设；完成投资120万元的后濠村顷前自然村2.3千米的道路硬化项目；完成投资450万元，全长9.368千米，路宽为4.5米的“花濠线”濠村乡北坑村至松溪县花桥乡公路提升改造工程；完成投资850万元濠村溪水土保持国家重点项目；完成投资760万元樟源村“四好农村路”建设项目；濠村乡灌罐片区配套与节水改造工程投资182.89万元，项目完成；后濠村28万元饮水工程、仑下村29万元饮水工程完成；打造“一乡一品”，发展绿色旅游。濠村乡深挖当地生态资源，以古银杏群为依托，与福建农业生物科技有限公司合作，打造药用银杏与特色中草药种植基地，合理开发利用绿色资源，有效地衍生现代绿色农业产业链。

【绿色发展】 2020年，濠村乡种植优质稻示范片面积74.67公顷，年底增收30万元；种植竹荪面积68公顷，增收1240万元。全年组织机器育秧现场培训会4次，有103人次参加技术培训。分别对7个村级防疫员进行培训。全乡春、秋季集中防疫，共免疫禽流感12.34万羽（其中鸡95300羽、鸭27010羽、鹅610羽），口蹄疫牛71头、羊630头、羊小反刍兽疫630头，完成3个强制免疫计划。鸡新城疫95300羽，禽流感、口蹄疫、羊小反刍兽疫、鸡新城疫应免疫密度分别达到100%，全面完成全年免疫计划。探索“金土地生态银行”试点工作，将生态优势、资源优势转化为经济优势、产业优势，加快把绿水青山转化为金山银山，对条件成熟的抛荒地进行农村土地经营权流转拍卖，达到资源整合，资源增值，解决濠村乡耕地抛荒现象，吸引企业的投资，促进村民富裕，推动高质量发展、绿色发展、赶超发展，最终实现乡村振兴。

【人居环境改善】 2020年，濠村乡财政专项用于村庄清洁行动资金75万元，清理农村生活垃圾1248吨，清理村内水塘34口，清理村内沟渠90千米，开展进村入户宣传教育62场次，清理小广告、杂乱围挡169处，清理僵尸车5辆，发放宣传资料6000份，张贴宣传标语89条，发动农民群众投工投劳700人次，新建冲水式卫生公厕38座。

【“河长制”工作】 2020年，濠村乡建立区域与流域相结合的以乡、村二级“河长”为主要内容的“河长制”组织体系，建立河道档案，制作8个公示牌进行公示，接受群众监督；推行乡村干部巡河制度，定期督查巡河制度落实情况，并纳入村级年终考评，确保河道“水清、河畅、岸绿、景美”的长效保洁管理机制落到实处。

【民生福祉增强】 2020年，濠村乡落实低保户131户186人，发放保障金额为66.15万元，特困供养人员45户50人，发放保障金额64.57万元，纳入城市低保1户1人，发放保障金额0.39万元。7月1日，濠村乡人民政府与松溪县宁养养老服务有限公司签订濠村乡敬老院“公建民营”养老服务经营权合同，濠村乡敬老院建筑面积700平方米，拥有20个房间40张床位，配有娱乐室、棋牌室、医务室、餐厅和厨房以及会客厅，做到医养结合，让院内老人住得安心吃得放心。在溪口、濠村、樟源、后濠四个村新建四所幸福院，配齐用于服务老年人的文化、娱乐、休闲、体育等设施设备，通过验收；新建濠村乡中心小学，建筑总面积3489.07平方米，占地面积737.99平方米，总投资958万元，项目正在施工阶段。

【脱贫攻坚】 2020年，濠村乡有建档立卡贫困户247户485人，其中国定139户333人，省定12户19人，

2020年12月5日，濠村乡举办三生有“杏”·相约濠村2020年濠村乡银杏文化节
（濠村乡政府 供）

低保户 56 户 88 人，五保户 40 户 45 人。一般贫困户 55 户 229 人。2020 年，全乡共收到财政专项扶贫资金 144.25 万元。

【矛盾纠纷化解】 2020 年，濠村乡由乡综治办牵头，每月组织挂点领导和包村干部结合乡中心工作进村入户宣传调研，摸排矛盾纠纷，征求村民对平安建设的意见和建议，询问村民在生产、生活中遇到的困难，变群众上访为干部下访，根据调研结果提出有针对性的整改措施。全乡共排查出矛盾纠纷 58 例，成功调解 58 例，调解成功率达 100%，切实维护全乡社会稳定。

（章荣英）

仙阳镇

【基本情况】仙阳镇地处浦城县北，位于北纬 27° 57′～28° 07′、东经 118° 22′～118° 36′。镇政府所在地距县城 15 千米，东连管厝乡，西接古楼乡，南邻莲塘镇，北接九牧镇，东北与忠信镇接壤，东南与南浦街道、万安乡相邻，东西长 22.5 千米，南北宽 20 千米，辖区疆域面积 239.56 平方千米，耕地面积 3066.67 公顷，林地面积 1.6 万公顷。全镇下辖 23 个行政村、1 个社区居委会（荣华社区）、235 个村民小组，总人口 3.8 万人。2020 年全镇财政总收入 2385.32 万元，规模以上工业产值 1 亿元，增加值 2493 万元；固定资产投资 4.5 亿元；集镇人口聚集达到 2 万人，城镇居民人均可支配收入和农民人均可支配收入分别达到 3.3 万元和 1.6 万元。

【疫情防控】 2020 年，仙阳镇面对疫情，采取"镇村干部、网格员、公安民警、医护人员"四位一体方式，通过上门走访、电话了解、大数据比对，逐户开展拉网式排查，严密设防紧盯"风险源"。实现对各类外来人员情况早掌握、全掌握。疫情防控一线设立 23 个临时党支部，成立党员志愿突击队，全镇党员 1361 人疫情防控捐款 21.63 万元。加强宣传力度，集镇、行政村所在地 LED 屏幕不间断滚动播放，在学校、农贸市场、村头巷尾、卫生服务场所等人流密集区域悬挂横幅标语、张贴新型冠状病毒防疫高清户外背胶海报，全镇张贴标语 4280 条，悬挂横幅 180 条，发放《致广大村民的一封信》等宣传资料 2 万余份。在坚决打赢疫情防控阻击战的同时统筹推进经济社会发展各项工作，迅速出台惠企业、促消费、稳就业等一系列措施，不误春耕农时，为确保企业安全复工复产，建立"一厂一档"，密切关注各企业复工时间及疫情防控准备工作，成立以镇长为组长的推进企业和项目复工复产工作组，下设六个小组，保障企业生产复工，及时了解企业复工困难和问题，并为企业提供口罩、消毒水等物质，帮助企业解决防疫物资紧缺问题，努力把疫情带来的不利影响降到最低，复工复产复学等工作有力有序开展。

【重点项目】 2020 年，仙阳镇推进农业产业强镇建设，用好农业产业强镇示范建设项目资金，引进福建闽越山水米业有限公司，落地阳墩村，发展优质稻种植加工观光旅游三产联动产业链基地项目。建成全县首个国道服务区——205 国道服务区项目，完成西山故居提升工程、农贸市场修缮、集镇供水管网升级改造等惠民工程建设。推进中石化森美石油公司仙阳加油站整体搬迁项目、仙阳镇早田村田园综合体项目、猫耳山省级遗址公园、杂交构树种养结合观光基地及生物蛋白饲料加工项目等项目建设。

【产业发展】 2020 年，仙阳镇依托"浦城大米"品牌优势，持续深化农业供给侧结构性改革，全生态种植，走绿色兴稻、质量兴米、品牌

2020 年 1 月 26 日，仙阳镇召开新型冠状病毒感染肺炎疫情防控工作部署会

（仙阳镇政府 供）

兴镇之路，打造“五色米”特色小镇。成功举办“好山好水好大米庆丰收”活动，推介高洋村与省建材协会定向大米订购签约，力促省农科院合作的米业产业研究院落户仙阳。打造康养旅游产业，发展柏山传统古村落旅游村、樱园休闲山庄、亚热带竹博园等康养项目。创新成立全县首个镇投公司——浦城县仙阳投资开发有限公司。全力破解耕地抛荒难题。积极争取耕地抛荒基础设施建设政策资金，多方采取措施，鼓励农户、经济组织、专业合作社等进行复耕复种，全镇农田实施药稻轮作、烟稻轮作、菜稻轮作、稻油轮作等多种轮作模式，冬闲田空置率低于20%，解决全镇耕地抛荒面积360公顷。完成320公顷高标准农田建设，确保粮食产量稳定。

【脱贫攻坚】 2020年，仙阳镇建档立卡贫困户430户705人达到“两不愁三保障一达标”要求，全部精准脱贫退出，仙阳镇建档立卡贫困村4个，全部脱贫出列，高质量完成脱贫攻坚收官任务。

【平安建设】 2020年，仙阳镇召开6次安全生产工作联席会，开展84安全生产大检查活动，下发安全隐患整改通知书35份，全部完成整改。深入开展安全教育活动，全面开展安全生产各项宣传活动，设立安全生产宣传咨询点，悬挂安全生产宣传条幅159条，出动安全生产宣传车辆57车次，发放安全生产宣传资料，职工职业健康卫生权利和职业病防治宣传画、消防安全知识宣传单、交通安全知识宣传单等3000余份。持续推进平安仙阳建设，做好“两会”信访工作，推进平安“三率”宣传，抓实“雪亮”工程建设，保障全镇视频监控正常运行。

【人居环境整治】 2020年，仙阳镇清理垃圾800多吨，新增垃圾桶200余个，全镇实行垃圾简易分类投放、处理收集的模式，在早田村和巽源村实施垃圾分类试点。清理塘沟污水20多处，清理破损广告牌20余处、小广告（牛皮癣）300多处、杂乱围挡100处，拆除乱搭乱建100处，拆除旱厕7处。清理断壁残垣6处，计138米。开展房屋结构安全隐患大排查大整治“百日攻坚”专项行动，全镇排查农房9750栋，处置重大安全隐患房屋45处。完成“厕所革命”任务，农村无害化户厕新建改造712户，每户受上级补贴1500元。集镇区新建水冲公厕1座，各村新建、改建水冲式公厕45座，改善农村人居环境。办理农村建房审批68户，拆除违建8处，裸房整治165户，调解村民建房纠纷5起。在高速沿线开展整治，拆除废旧工棚5000平方米，整治铁皮房乱搭盖18处。完成三源村美丽乡村建设和柏山村传统古村落建设，有序推进集镇农贸市场的改建工程建设。彻底整治完成汉阳北路长期“占街为市”问题，修整启用仙阳旧农贸市场，引导沿街摊贩进入市场规范经营。

【社会事业】 2020年，仙阳全镇纳入农村低收入保障户有251户，保障人口410人，年度累计发放低收入保障金105万元；纳入农村特困人员257户，保障人口264人，发放特困人员保障金263万元。完成4个村级幸福院主题建设项目。硬化2条共长3.4千米村道，投入27万元，硬化山际至银墩长0.7千米、宽3.5米道路，工程造价27万元；投资120万元硬化高洋村毛墩至庵下长2.7千米、宽3.5米道路。投资118万元修复渔梁小碧两处公路水毁塌方及一处边坡防护工程。对仙选公路万年桥至下洋段公路两边进行景观绿化，长1千米，绿化面积0.8万平方米，并增设路灯30盏。投资113.5万元对全镇路面未达6.5米的公路全部进行每千米增设2个错车道，共17条线路152个。做好困难群众的大病临时救助工作，通过县、镇紧急临时救助程序共救助50人，累计发放救助金15万元。

（余吕玮）

管厝乡

【基本情况】 管厝乡地处浦城县境东北部，位于北纬 27°51′～28°08′、东经118°32′～ 118°44′之间。曾称“小北”，老区乡。全境东北高、西南低，东界浙江省龙泉市，南邻富岭镇、万安乡，西接仙阳镇，北靠忠信镇。境域面积228.2平方千米。辖高源、口窑、官田、溪南、水坪、流源、里林、上村、管厝、登俊、党溪、河源、岩步、叶坞、榆双、庆元、流村、楮林、珠墩19个建制村、195个村民小组。2020年，全乡地区生产总值达3.14亿元，财政总收入684.6万元，完成社会固定资产投资1.5亿元。

【疫情防控】 2020年，管厝乡成立疫情防控工作领导小组，多次召开工作会议专题研究部署全乡疫情防控工作，通过拉网式排查、网格化管理，精准识别管控全乡在家村民3539户11861人，确保对中、高风险地区返乡人员及重点人群监管到位。充分利用宣传车、广播、微信等线上线下多种渠道，积极营造群防群控的良好社会氛围，共张贴宣传标语1055份、悬挂横幅133条，发放各类宣传资料13000余份，劝阻寿宴、喜宴103场1433桌。及时设立管厝卫生院核酸采样点、留观室、预检分诊处等，推进重点人群"应检尽检"，疫情发生以来，全乡未出现一例确诊或疑似病例，有力保障了广大人民群众生命安全和身体健康。

【深化改革】 2020年，管厝乡开展村集体产权制度改革，完成6个村村集体经营性资产股份制改革工作，成立股份经济联合社13个，完成土地流转鉴证面积660公顷。深入推进"生态银行"建设，完成农村土地预流转33.33公顷。有序实施乡镇"两中心一大队"事业单位改革，全乡29名事业干部完成定岗。持续深化"放管服"改革，完成管厝乡便民服务中心建设并投入使用，制定出台《便民服务中心工作制度》，全年办理便民服务2067件。

【项目建设】 2020年，管厝乡谋划实施农业、水利、交通、社会事业等方面重点项目45个，其中续建项目8个、新建项目29个、谋划项目6个，总投资0.95亿元。完成县级土地开发、高标准农田、馒头山坝水毁修复、叶坞小桥、高路防洪堤、芭蕉芋观光基地基础设施等项目建设。官田小溪流域综合整治、村头—里林"四好农村路"、官田仁力桥、上村中桥等重点项目建设按时推进。

【绿色农业】 2020年，管厝乡创建粮食产能区16个，高质高效示范片13.33公顷；在一类耕地种植优质稻446.67公顷，辐射带动全乡2133.33公顷水稻生产。建设乡级油菜示范片3个26.67公顷，推广冬种油菜266.67公顷。种植烤烟144公顷，玉米193.33公顷，种植芋子26.67公顷。全乡实施农作物秸秆还田约1133.33公顷，秸秆还田率达96%以上。农药化肥减量年度减量达2%以上。

2020年1月6日，南平市计生协会会长周继红（右三）、浦城县委宣传部部长吴晓琴（左二）、县计生协会会长胡利孙等一行人，到管厝乡给计生困难家庭送上节日慰问金和新年祝福 （管厝乡政府 供）

【脱贫成果】 2020年，管厝乡建立健全防止返贫监测和帮扶长效机制，全面落实贫困人口"三保障"及饮水安全保障，持续落实"五个一百"示范带动工程，推进造福工程易地扶贫搬迁9户33人，拨付公益岗位、贫困村基础设施建设、产业发展、就业扶贫等各类扶贫专项资金364.8万元，实现全乡257户397人贫困户稳定脱贫，脱贫率达100%。

【人居环境改善】 2020年，管厝乡开展农村人居环境品质提升行动，完善"村担主责、门前三包、整片推进、定期考核"的农村人居环境综合治理长效机制，有序推进路、河、生态"三长合一"巡查改革，完成农村户厕无害化改造750户，新建村庄公厕2座、环保公厕3座，清理垃圾死角、整治柴火杂物乱堆放、占道经营等1283处，拆除乱搭乱建乱围临搭及破损广告牌等5070处。2020年成功申报国家级卫生乡镇，举办"武夷山水"浦城县"铭塔杯"郊野钓鱼大赛，吸引游客近万人。

【民生建设】 2020年，管厝乡落实各项惠民政策，发放低保资金、特困人员补助、困难残疾人生活救助和临时救助金等37.28万元；做好全民参保工作，全年城乡居民养老保险参保率达90%，新农合缴交率达97%；加快推进"健共体"建设，实现全乡医保"村村通"，完成公建民营养老机构1家，新建农村幸福院2个；投资40万元完成管厝学校墙面粉刷升级改造。

【社会稳定】 2020年，管厝乡扎实开展安全生产专项整治三年行动、各行业领域安全隐患大排查大整治，发现安全隐患23处并整改到位，完成房屋结构安全排查4340栋，通过封房、拆除等措施整治整改存在安全隐患房屋61栋，全年未发生安全生产责任事故。围绕“六清”行动，推进扫黑除恶专项斗争，不断健全基层矛盾纠纷排查化解机制，做好排查稳控工作。全年有效处理信访案件10件，化解矛盾纠纷123起。

（巫哲瑾）

忠信镇

【基本情况】 忠信镇位于浦城县东北部，北纬28° 05′～28° 19′、东经118° 31′～118° 48′。曾称“大北”。东、东北部地势全县最高，有千米以上的山峰124座，全县最高峰营盘尖海拔1664米。北部柘岭为南浦溪发源地。境内中、西、南部较低，平均海拔380米，最低海拔290米。南浦溪沿西南方向流出镇境，境内流程56千米，流域河谷盆地较大的3块总面积632.5公顷，际溪、毛洋、坑尾三溪流入浙江境内。年降水量在1800～2400毫米，平均气温17.2℃，日照时间1874小时，无霜期245天。忠信镇处于浦城县境东北的闽、浙两省4个县结合部，东邻浙江省遂昌县的柘岱口乡、龙泉市住龙镇，南接县内管厝乡，西南和仙阳镇为邻，西与九牧镇接壤，西北毗连官路乡，北界浙江省江山市的张村乡。忠信镇是国家级生态乡镇，省级三江源水利风景区，林地面积3.79万公顷，生态林2.26万公顷，森林覆盖率84.5%，耕地面积2587公顷。全镇区域面积430.76平方千米，为全县面积最大的乡镇。辖23个建制村、261个村民小组，人口29893人。党支部30个，党员1104名。

【经济发展】 2020年，忠信镇实现财政收入782万元，生产总值突破3.30亿元，全镇农业总播种面积4520公顷，农民人均可支配收入17149元。农业总产值3.06亿元，较上年增长10.9%。农民人均可支配收入17149元，较上年增长7.8%；规模工业总产值完成1.29亿元，固定资产投资完成3亿元。

【疫情防控】 2020年，忠信镇自新型冠状病毒感染的肺炎疫情发生，成立疫情防控工作领导小组，严格落实责任，认真落实24小时值班制，联防联控、群防群治，认真落细落实疫情防控措施。发动群众自发建立村级网格，联合派出所、卫生院等单位强化排查举措，取消春节社火、庙会等大型集会活动；关闭宗教、娱乐场所，停办婚丧嫁娶家宴；在各村入村路口、农贸市场入口对外来人员车辆进行翔实登记，劝离走亲串户群众，严禁外省市县人员车辆入内；每天在辖区各公共场所、人员密集地实行严格消毒。同时在各村张贴南平市应对新型冠状病毒感染的肺炎疫情工作指挥部公告及防控新型冠状病毒感染健康教育指南各3000份、印制发放宣传彩页5000多份、电子屏滚动播放23块、录制宣传音频5条，利用各村广播循环播放，配备保洁车宣传小喇叭巡回播放，广泛宣传疫情防控措施，告知群众自觉做好个人防疫工作。

【农业生产推进】 2020年，忠信镇粮食总播种面积2906.67公顷，其中耕地面积2686.67公顷、旱地220公顷。落实中稻播种面积1666.67公顷、油菜种植面积566.67公顷、种植烟叶面积166.67公顷、槟榔芋面积133.33公顷、玉米种植面积33.33公顷、马铃薯40公顷、甘薯66.67公顷、大豆100公顷，晚稻播种面积100公顷、秋玉米66.67公顷。落实制种面积700公顷，占全县制种面积三分之一，为确保全县粮食产能安全和发展浦城大米产业提供有力支撑。

2020年3月20日，县委常委、统战部长郭锋（右二）一行到忠信镇实地调研回归经济发展情况 （忠信镇政府 供）

【脱贫攻坚】 2020年，忠信镇有建档立卡贫困户485户946人，严格按照“两不愁三保障”和饮水安全要求，加强扶贫资金统筹管理，因地制宜推进产业扶贫，巩固脱贫攻坚成果。全年发放专项扶贫资金18批次，304.76万元。利用扶贫专项资金就地就近安排生态环保员等公益性岗位36人，支持企业吸纳贫困人口就业8人。14名建档立卡贫困户参加种植养殖技术培训，同时选派10名致富带头人参加贫困村致富带头人培训，多方面提升创业致富带动能力，更好地帮助贫困人口参与产业发展，实现稳定增收脱贫。

【乡村振兴发展】 2020年，忠信镇23个村完成10万以上的村财收入，合计351.61万元，其中8个村完成15万元以上村财增收任务。充分发挥新型农业经营主体优势，深度挖掘生态银行发展潜力，整合零散耕地、林地、房屋等资源，流转面积近1330公顷，其中流转合作社等经营主体面积约513.33公顷，零散流转面积733.33公顷，围绕上同村省级乡村振兴试点村建设，投入600余万元大力推进产业发展、土地流转、人居环境治理等方面工作，以“理学研学地、生态水美村”为主线，投入1064万元征收詹氏古民居7200余平方米，并完成保护性修缮。通过新建、改善旅游基础设施建设，引导乡贤回归打造采摘、莲鱼共生产业，发展“农家采摘+观光旅游”产业模式为导向，将上同村建设成弘扬朱子理学文化村和生态宜居村。2020年，上同村村财增收16万元，较上年增加66%，接待旅游人次3000人次左右，较上年增加一倍左右。

【人居环境整治】 2020年，忠信镇拆除乱搭乱建乱围临搭及破损广告牌570处，整治乱堆放867处，拆除雨棚、店面招牌83处，拆除旱厕20处，完成户厕无害化改造779户。际洋村、上同村“爱心公益超市”持续运营，2020年共收集可回收垃圾2.766吨，有害垃圾0.176吨，不可回收垃圾459.1吨。发现解决各类生态环境问题15起，上级环保督查问题8个已整改到位，中央环保督查问题4个均已整改销号。镇村共巡河7195人次，发现问题618个，处理问题618个，拆除涉河违章建筑600平方米，制止非法采砂3起，非法电鱼7起，没收非法电鱼工具7套，没收鱼笼9个、渔网1500余米。

【平安建设推进】 2020年，忠信镇排查各类纠纷160起，成功调处159起，调解成功率99%，有效促进社会秩序的稳定。到镇上访登记的14人，已化解5人；来信、来访省网系统11人，初件6件，重件5件，均已按要求回复；12345便民服务平台来信67件，已按要求回复。开展青少年普法教育活动四次，受教育人数达3000多人次，利用法制宣传日活动发放宣传资料5000余份，解答法律咨询400余人次，使人民群众依法维权的行为和依法办事的意识普遍得到增强。

【民生福祉增进】 2020年，忠信镇其中集镇惠民建设项目共19项，持续改善道路、交通、水利等项目实施，总投资7513.3万元，村级惠民建设项目共27项，总计700.5万元。全镇有624户864人享受最低生活保障保，低保户享受低保金220万余元；有186人列入五保，享受五保供养金186万余元。不断加强残疾人事业，2020年领取困难残疾人生活补贴334人，发放困难残疾人生活补助32万余元。

【安全生产隐患排查】 2020年，忠信镇扎实开展常态化安全生产检查活动，全年开展各项检查60次，检查单位共计30家，整改隐患16条，加强重点行业和领域的安全专项整治和隐患排查治理工作，着力建立安全生产长效机制，严防各类事故发生。对23个行政村6362栋房屋进行排查，完成率100%，发现重大危险房屋4栋，均已拆除，一般危险房屋36户，其中拆除28户、封房8户，完成整治比例100%。

（李沛翔）

九牧镇

【基本情况】 九牧镇位于浦城县西北部，地处闽、浙、赣3省交界，位于北纬28°05′～28°12′、东经118°22′～118°32′之间。205国道贯穿全境，素有“入闽第一镇”之称。镇域面积151.23平方千米，辖11个村、95个村民小组、1.35万人。全镇耕地面积1266.67公顷、林地面积1.32万公顷、森林覆盖率达82.84%，是个典型的山多田少山区镇。

【疫情防控】 2020年，九牧镇迅速成立疫情防控工作领导小组，组建人员专班，制定疫情防控方案和应急预案，组织镇村干部，发动镇直单位和广大群众，齐心协力，打响疫情防控阻击战、保卫战。镇疫情防控领导小组及时调整防控等级和策略，制订常态化和应对秋冬季疫情防控方案，补充增设信息协调组、流调排查组、防疫消毒组等工作专班，压实镇村疫情防控责任。全镇建档管控返乡、境外回国、发热门诊看病、购药人员1673人，核查持有护照，港澳通行证人员1856人，发放疫情防控宣传材料6150份，拉设横幅78条，粘贴防控标语2000余份，收到捐款33.03万元，口罩4.66万个。全镇未发生一起新冠肺炎疫情输入或确诊感染病例，未发生一起重点疫区返乡、境外回国人员脱管漏管事件，较好地保障九牧人民群众的身体健康和生命安全。

【复工复产】 2020年，九牧镇成立了复工复产工作小组，在做好常态化疫情防控的基础上，指导合作社、家庭农场、农户抢抓时节春耕播种，指导企业做好防疫，有序复工。全镇经济发展各项指标正在加速恢复，至第三季度，全镇共完成固定资产投资1.59亿元，规模以上工业总产值达0.82亿元，基本与上年同期持平。全镇流转土地406.35公顷，同比上年第三季度增长40.85%。集镇餐馆、酒店、菜市场、食杂店全面恢复营业，物流快递行业正常经营，各类物资保障供应充足。各村村财收入年均达到10万元以上。

【工业优化】 2020年，九牧镇产业升级步伐加快。福建省浦城县碧洋春酒业有限公司投资600万元对生产线进行技术升级；浦城县利剑竹制品厂经营恢复正常，上半年受疫情影响积压的集装箱板全部售出，新上复合环保型车船竹板生产线开始投产。

【农业提质增效】 2020年，九牧镇整合了全镇4个贫困村产业扶贫资金共计155万元，采取公司+村委会+贫困户的联结机制，在杉坊村隧道口弃土场位置新建了农产品加工产业园，引导全镇特色农产品产业走上了精深加工、品牌化、认证化的快车道，将极大提高全镇特色农特产品的附加值和市场竞争力。两个厂房建设完工，大米精加工生产线即将投入使用。

【乡村旅游发展】 2020年，九牧镇重视统筹谋划全镇乡村旅游布局，坚持以点带面，串点成线的发展思路，不断完善吃住游娱元素构造。支持洋墩“乾坤果蔬葡萄园”、黄毕“薏花园”、杉坊“春满园”建设，形成了一定规模的农业观光采摘园，重视加大对文化资源的保护与开发，在投资240万元打造了郭风纪念馆及松坊客栈民宿，推介九牧九大碗菜系的基础上，又投资15万元对进出松坊客栈道路进行了拓宽。

【民生项目建设】 2020年，九牧镇谋划实施项目35个，涉及民生基础设施类项目8个，涵盖了道路、桥梁、亲水漫道、路灯、自来水改造、雨披、敬老院，公墓等。其中，国家水土保持项目——九牧溪亲水漫道工程，总投资856.97万元，该项目在施工；12月底一期工程马金桥至龙后桥路段将完工。

【脱贫攻坚】 2020年，九牧镇对212户425人贫困户情况开展再次核查，对存在问题进行及时整改，为18户贫困户进行旧房修缮，为24名贫困户提供公益性岗位，对212户贫困户饮水安全进行100%排查，100%整改，100%保障安全。为全面迎接省市验收做好准备。

【人居环境提升】 2020年，九牧镇重点开展“一革命四行动”等专项行动，并将人居环境整治和爱卫运动、房屋安全隐患大排查大整治“百日攻坚”专项行动相结合。完成了集镇兴业街和吴墩村店面外溢拆除和改造。对全镇排查发现的8处安全隐患房屋进行拆除或加固。对1616户农村户厕进行无害化改造，改造率达99.63%，完成5座公厕的新建改造，较好地提升全镇人居环

2020年11月18日，九牧镇召开2020年下半年平安建设“三率”提升工作动员部署会 （九牧镇政府 供）

境品质。

【乡村振兴推进】 2020年，九牧镇践行绿色青山就是金山银山的理念，坚持在保护中推动“两山”转化，有序推进乡村振兴战略实施，推进生态银行试点工作，发挥自然资源优势，重点打造县级乡村示范村吴墩村，围绕乡村振兴二十字方针，深入吴墩村进行专题调研，制作吴墩村专题微信宣传页面，加大对外宣传推广，提高吴墩村知名度。在黄毕洋三个村进行整村资本化运作，进一步摸清资源家底，推行资源预留转，对三变改革进行有益探索。

【社会稳定】 2020年，九牧镇重视深化平安九牧创建工作，与各村签订了综治平安建设责任状，形成纵向到底、横向到边、各部门齐抓共管，平安建设人人参与，人人共建的良好局面。做好常规综治工作，注重机制建设，制定了九牧镇平安建设（综治工作）考评制度，加强了村级综治协管队伍的建设，持续推进“雪亮工程”，在各村主要路口，人员密集场所加装监控探头，针对兴业街占道经营、车辆乱停放等突出问题，开展了重点整治，进行了“四无”村创建，加强队伍建设，筑牢了农村基层防线。

（黄增豪）

盘亭乡

【基本情况】 盘亭乡地处县西北端，闽浙赣三省结合部，位于北纬28°10′～28°18′、东经118°18′～118°29′。南部、西南部地势较高，千米以上高山有2座，其中老鼠岗海拔1146.8米。西北部、中部一带为山间盆地，地势较低，北部秀里村河谷底海拔163米，为全县海拔较低点。盘亭溪自东向西流经境内，汇入江西省信江。境内多年年均气温17.2℃，无霜期235天，年均降水量1986.9毫米。东北与浙江省江山市廿八都镇相邻，北部与江西省广丰区十都乡、桐贩镇相接，西南部与广丰区岭底乡相傍。境北端的三省亭是闽、浙、赣三省交界点。乡政府驻地盘江，海拔206米，距城关50千米，距江西省上饶市65千米，距浙江省江山市78千米。辖14个建制村，有居民5857户、17859人，其中常住人口11072人、外出人口6787人。全乡区域面积114.8平方千米，其中，耕地面积933公顷，林地9207公顷，生态林2560公顷，森林覆盖率73.7%。境内205国道长6千米、县道长10.4千米、乡道总长29.95千米，硬化率100%。

【经济发展】 2020年，盘亭乡生产总值达3.35亿元，比上年增长1.8%；固定资产投资达1.3亿元，比上年增长8.3%，农民年人均可支配收入达到16758元，增长2.1%，完成村财增收265.86万元，其中7个村完成增收15万元以上。

【疫情防控】 2020年，盘亭乡开展秋冬疫情常态化防控，按照“外防输入、内防反弹”要求，落实压实各村、各部门疫情防控职责，成立乡、村疫情防控领导小组，并建立闽浙赣三省边界疫情防控联防联控机制，紧绷疫情防控这根弦，切实做好秋冬疫情常态化防控工作；重点地区返乡11人，均无发现确诊病例或无症状感染者；同时加大宣传力度，向群众普及疫情防控知识，营造群防群控的良好宣传氛围。

【项目建设】 2020年，盘亭乡加快农业产能提升项目建设，完成柳墩、南山等村的8千米机耕道和北山村漫水桥建设；至10月底，完成乡道公路养护29.95千米，在全县农村公路App巡查考评中取得第3名；投资120万元，完成南山、上黄处等9个村的道路安全防护提升项目，安装波形护栏5.7千米，完成东峰危桥改造验收；投资100万元，新建集镇1.5千米污水配套管网，进一步解决小弄小巷污水排放的问题；投资90万元，集镇和秀里片区饮用水进行改造提升。

【绿色产业发展】 2020年，盘亭乡高度重视发展绿色产业和绿色经济，深入贯彻绿色发展理念，坚持可持续发展战略，推动绿色经济高质量发展。

雾耕农业科技示范园。盘亭乡引进该项目规划用地面积133.33公顷，分为现代设施农业基地及配套综合服务区，项目总投资8亿元，将建设一个集务耕农业高新技术展示、工厂化务耕农业生产、绿色果蔬供应、食品安全溯源、生态农业观光旅游等功能于一体的现代设施农业示范园区；该公司项目前期费用已筹措到位，已和村民达成土地流转意向27户3.81公顷，达成坟墓迁移意向52座；项目建成后，将为浦城及周边城市提供优质的绿色、有机果蔬。

发展灵芝种植产业。盘亭乡以“生态银行”工作为抓手，以土地流转为切入点，结合浮盖山旅游开发，成功引进盘亭乡贤、浦城上海商会会长祝应洪成立“福建浦芝韵生物科技有限公司”，在柳墩村新建浮盖山灵芝种植博览园，计划投资 1.061 亿元，完成投资 3000 万元，项目规划用地面积共 35 公顷，整体布局为“一院、五区”，项目年产灵芝 30 吨、灵芝孢子粉 20 吨、灵芝盆景上万株；建设标准化钢结构大棚 1.33 公顷，竹棚 3.33 公顷，种植面积达 4.93 公顷，完成剩余的 9.33 公顷土地平整，产品生产区 0.67 公顷完成建设，1.2 千米，3.5 米宽的道路完成硬化，道路两旁已种植树木绿化。

特色农产品种植。盘亭乡大力扶持种植养殖专业大户 30 余个，组建农民专业合作社 25 个，如浦城县桐家坂茭白种植专业合作社，种植面积已达 33.33 公顷，其中高标准搭建大棚面积 2.67 公顷，亩产可增收 8000 元以上；在棠岭、刘田实现土地流转 16.67 公顷种植槟榔芋，预计可增收 110 余万元；加大与浦城广东商会对接力度，在均溪、秀里流转山田地 33.33 公顷，已完成葛根种植 6.67 公顷，每亩收益约 2 万元。

【人居环境提升】 2020 年，盘亭乡从深从严从细出发，开展人居环境整治，全乡清理生活垃圾、死角 1712 处；清理建筑垃圾 501 处；拆除乱搭乱建乱围临搭及破损广告牌 811 处；整治杂物乱堆放 2400 处；整治乱贴乱画及规整各类杆线 870 处；村庄绿化植树 800 株，完成乡村风景林建设 0.67 公顷，森林抚育完成 100 公顷。将“厕所革命”列入为民办实事项目，完成 24 座水冲式公厕建设和剩余 62 户户厕改造，卫生户厕普及率达 98.41%；全面打击两违工作，共拆除违建 11 户，建筑面积达 3217 平方米；全面推进村庄规划管理，完成 5 个行政村的村庄规划，强化建筑风貌、建筑质量管控，引导村民合理有序建房，落实用地保障，农村宅基地和集体建设用地登记发证率达到 92%；推进既有农房整治，超额完成既有农房（裸房）整治任务。

【打造历史文化长廊】 盘亭乡历史悠久，人才辈出，文化底蕴深厚，在革命战争年代，为了革命的胜利付出了不懈的奋斗和英勇的牺牲，在文化传承中，应铭记历史，继往开来。

助力三贤文化研究中心建设。盘亭乡秀里村在北宋时期便有“一门五进士、兄弟两宰辅”的人文历史，乡、村两级多方筹集资金对吴氏宗祠进行修复，投入 10 万元进一步完善修缮，并深入挖掘其文化底蕴，打造好文化长廊第一站。

挖掘红色文化。盘亭乡为进一步传承保护红色文化，新建中共广浦县委革命历史纪念馆、均溪村红军战士陵园和红军战士陈列馆等红色基地，向上级争取将西关乡苏维埃政府旧址、垅冲坞苏维埃政府旧址列入第九批县级文物保护单位，并对西关乡苏维埃政府旧址进行保护修缮，打造一条独具特色的红色文化旅游路线。

推进仙霞古道修复。仙霞古道是海上丝绸之路陆上连接线，乡、村两级通过整合旅游扶贫、一事一议等项目对仙霞古道 2.5 千米进行修复，并修建凉亭和停车场等附属设施，为古道赋予了新的生命力。

【脱贫攻坚】 2020 年，盘亭乡完成易地扶贫搬迁 23 户 51 人的清零工作，健全防止返贫监测机制，确保达到“两不愁三保障”目标；全乡建档立卡贫困户 252 户 454 人，实现全乡贫困人口全部脱贫，4 个贫困村脱贫摘帽；大力发展产业扶贫，全年下达产业扶贫资金 172 万元，下达省级扶贫资金 18 万元为 139 户贫困户发展种养殖产业提供补助。

【民生改善】 2020 年，盘亭乡做好第七次全国人口普查工作，完成第一阶段户主底册摸底工作，在入户调查中；提高老年人养老服务，2020 年新增建设肖军、东峰 2 个村幸福院；全乡教学条件明显改善，盘亭中学综合教学楼和操场塑胶跑道及其附属工程投入使用；坚持计

图为盘亭乡浮盖山灵芝产业孵化园，摄于 2020 年 9 月 10 日

（盘亭乡政府 供）

划生育基本国策，深入实施全面二孩政策。至9月底，全乡出生人口91人，政策符合率87%，计生意外保险260户；扎实推进城镇社会养老保险工作，力争参保率达95%以上；结合人居环境整治工作，开展志愿服务活动23次，入户活动55次。

【矛盾纠纷化解】 2020年，盘亭乡化解矛盾纠纷，建立健全疫情期间矛盾纠纷排查调处机制，全乡共排查出矛盾纠纷79例，其中与疫情相关的矛盾纠纷19例，成功调解79例，建议通过法律程序维权1例，切实维护了全乡社会稳定。

【浮盖山项目建设】 盘亭乡将浮盖山旅游开发为作为核心点，积极做好旅游和康养这篇文章。2020年，浮盖山旅游景区建设项目一期总投资1.78亿元，采用EPCO模式运作，由4家公司组建联体合作推进，将重点打造踏花归家、灵龟祈福等10个旅游看点，建设包括综合服务片区、田园游乐片区、文化体验片区等五大块，打造集旅游观光、休闲娱乐、文化体验、科普宣传于一体的综合性旅游景观场所。对标对点打造诗意山水田园旅游目的地，突出特色优势，整合资源，推进全县旅游项目建设。首开区一期工程已完成征地4.96公顷，流转土地73.33公顷，浮盖山4.2千米长的景区电瓶车道路已开通，电瓶车道两旁栽四季桂近2千米；宽2米、长7.7千米的步游道已完成硬化；游客中心至龟山人工栈道完成60%，建筑面积996平方米的游客服务中心正在内部装修；占地面积13705平方米的停车坪、景观防洪堤及生态挡土墙等，正按照预期目标任务有序推进；景区进场道路征地和柳墩村房屋收储工作全面开展，保障景区建设按时序进度进行。

【吴氏三贤文化研究中心】 2020年，盘亭乡秀里吴氏三贤文化研究中心设在吴氏宗祠，设有祭祀三贤的塑像和学堂、提供休息的堂屋。建设吴氏三贤文化研究中心，挖掘和传承吴氏优秀传统文化，将吴氏三贤文化与现代文明有机融合，传承好、开发好、打造好，让它成为盘亭文化产业的一张独特名片，为打造“一日游三省”的闽浙赣边界特色旅游小镇做出贡献。2020年，投入10万元修缮，深入挖掘其文化底蕴，打造好文化长廊第一站。

（李　清　罗巨喜）

官路乡

【基本情况】 官路乡，因宋时开通古驿道而得名。地处福建“北大门”——浦城县北面，介于北纬28°11′～28°17′、东经118°29′～118°36′之间。位于闽浙结合部，是浦南高速入闽第一乡。方圆10千米，状如椭圆，东临平水王，西至浮盖山，东、南分别与忠信镇、九牧镇接壤，西、北分别与本县盘亭乡、浙江江山廿八都镇相连。境内有省级著名风景区浮盖山、“国内罕见、华东最大”的岩山花岗岩垒石洞群、保存完整的毕岭古驿道。官路溪与姚宅溪是长江源头之一，分别由东向西经江西广丰流入信江至鄱阳湖汇注长江。素有“江浙东南，三省通衢”之称。浦南高速公路南北纵向穿区而过10千米，并设有小互通1个。官路山多林密，气候宜人，物产丰富。全乡山地面积1万公顷，其中有林地2533公顷（竹山1733公顷，油茶800公顷），耕地1200公顷。官路山慧米、红辣椒、山茶油、鲜竹笋四大特色农产品品质独特而享誉省内外。建有国家级薏米生态种植示范基地200公顷，是国家地理标志保护产品——浦城慧米的核心产区。距县城旅程53公里（高速38公里），辖区面积101.35平方千米，全乡有10个建制村、111个村民小组，居民3448户、11395人。2020年农民人均可支配收入15900元。

【特色农业发展】 2020年，官路乡薏米种植面积为140.2公顷，其中浦薏六号良种繁育基地33.33公顷，浦薏六号品种展示示范基地6.87公顷，标准化示范基地100公顷。发展中浙优8号等优质稻160公顷，建立粮食产能区313.33公顷，推广水稻机插面积23.33公顷，水稻高质高效示范片13.33公顷，落实杂交水稻制种面积73.33公顷。全乡薏米总产量约1550吨，总产值1910万元。

【项目建设】 2020年，官路乡策划项目11个，招商意向项目3个，实施“回归招商”，成功引进闽龙竹木制品落地荣华山产业组团。深入推进集镇综合整治，完成乡总体规划和集镇环境综合整治规划编制，建成运营乡污水处理厂、垃圾转运站、仙霞新村文化广场，基本建成人行道建设、路灯安装等项目，集镇饮水安全巩固提升、官路街主干道改造提升工程加快推进。加强农村基础设施建设，官毛线Y049官路至毛处路一期路面工程建成通车，“四好农村路”官王线王村段、高门段建成通车。官路乡中心幼儿园建成。

【人居环境改善】2020年，官路乡共拆除乱搭乱建乱围临搭及破损广告牌129处，整治占道经营、店面外溢、乱摆摊259处，乱堆乱放212处，清理破旧广告、“牛皮癣”（小广告）51处，建立以“户分类，村收集，乡转运，县处理”的垃圾处理模式。完善农村人居环境整治工作长效机制，落实“门前三包”制度，深入开展巾帼志愿、小手拉大手、美丽庭院、星级文明示范户评选活动，人居环境品质不断提升。

【疫情防控】2020年，官路乡召开专题会议部署安排疫情防控工作，迅速成立乡疫情防控小组，制定下发《官路乡新冠肺炎疫情防控应急预案》，建立高效的指挥协调体系，确保联防联控机制迅速运转。对外地返乡人员实施网格化、地毯式管理，实行包村责任制。通过悬挂横幅、张贴宣传标语、流动宣传车、村村响广播、微信公众号、入户发放《致全市市民一封信》、科普知识、市民应知应会知识和LED屏播放防控标语等多种形式，有针对性地开展防控知识宣传，引导公众规范防控行为，全乡悬挂横幅68条，张贴标语1825条，发放防护知识小册子2100份，健康防护手册3300份。各村组建由党员、预备党员、入党积极分子、村民小组长及返乡工作人员、大学生等参加的阻击疫情护村联防志愿队，在宣传、劝导、监督、卡口值班等方面发挥重要作用。

【精准扶贫】2020年，官路乡有建档立卡贫困户173户300人，其中国定144户235人、省定29户65人。所有贫困户均有发展收益型产业，其中薏米种植49户、毛竹抚育95户、水稻种植26户、香榧种植109户、合作社带动槟榔芋种植12户、油茶和茶叶种植35户，羊养殖2户、鸡鸭养殖2户、鱼养殖2户、土蜂养殖28户、竹制品加工1户、投资光伏产业31户，50%以上贫困户发展多项产业。

【社会事业】2020年，官路乡完善社会保障体系，为60周岁及以上无退休金老人发放养老金，年满80周岁的老人享受高龄补贴。坚持教育优先发展，适龄儿童入学率保持在100%，初中年保留率达98%以上。坚持计划生育基本国策，完善服务管理，全乡共出生69人，无政策外四孩及以上出生，出生人口政策符合率为97%。建立建档立卡扶贫人员服务体系，设置公益性岗位9个。科学指挥防汛抗灾工作，加强地灾点、高陡边坡、低洼地带、公路、桥梁等重点部位巡查排查，确保零伤亡。完善社会治安防控体系，推进“七五”普法工作，开展扫黑除恶专项行动，落实网上受理信访制度，依法依规开展信访、调解等工作。严格落实安全生产“党政同责、一岗双责”，强化道路交通、消防、食品等重点领域安全整治，开展各领域各行业安全生产大排查，共排查发现隐患42项，已完成整改隐患42项。强化重点行业领域整治，做到举一反三，进一步压实安全生产责任，全乡未发生较大以上安全问题。

（曾心屿）

2020年11月3日，浦城县邀请到衢州职业技术学院副教授罗方赞与衢州吉峰农业机械有限公司工程师程胜，前往浦城县官路乡薏米种植基地现场考察精准对接技术服务

（官路乡政府 供）

荣 誉

先进集体

2020 年获全国“巾帼文明岗”

国家税务总局浦城县税务局第一分局

福建武夷交通运输股份有限公司浦城汽车站售票班组

2020 年获省委省宣传部“全省宣传系统先进集体称号”

浦城县委宣传部

2020 年获福建省“工人先锋号”

国网福建浦城县供电有限公司九秋运维站

2020 年获福建省“模范职工之家”

福建武夷交通运输有限公司浦城分公司工会委员会

2020 年获福建省“模范职工小家”

浦城正大生化有限公司人力资源部工会小组

2020 年获福建省“抗疫最美家庭”

周　俊　蒋玲燕家庭

2020 年获南平市“五一劳动奖状”

福建仁宏医药化工有限公司

2020 年获南平市“职工疗休养示范基地”

浦城县桂都国际大酒店

2020 年获南平市“五四红旗团委”

共青团浦城县第一中学委员会

2020 年获南平市“五四红旗团（总）支部”

共青团浦城县莲塘镇镇直机关支部委员会

共青团浦城县医院支部委员会

2020 年获第八届南平市“青年五四奖章”

浦城县消防救援大队

浦城县新的社会阶层人士联谊会

2020 年获南平市“抗疫最美家庭”

彭桂珍、张国荣家庭　曹　彬、黄海茜家庭

朱　丽、陈一波家庭　张　璐、汤吉洪家庭

孙智鹏、苏　超家庭　苏娟娟、陈方旭家庭

刘红霞、江瑞章家庭

2020 年获南平市“最美家庭”

曹锦红、曹子平家庭　杨贵昌、敖文琴家庭

陈思路、刘有限家庭　仇峻青、张丽红家庭

柯让林、雷春菊家庭　柯雪峰、陈晓红家庭

梁洪昌、彭喜贞家庭　林文剑、李丽华家庭

潘文秀、周国华家庭　王海荣、魏儒芝家庭

张圭文、王培洪家庭　吴恭文、黄淑红家庭

李期飞、江瑞凤家庭　叶丁泉、伊宏芝家庭

叶连生、陈水秀家庭　余秀红、包青俭家庭

张振松、徐丽娟家庭　庄遥庭、林建红家庭

2020年获南平市“五好家庭”

陈　韬、徐晓丽家庭　　何周超、祖灵莉家庭
金国清、陈方美家庭　　黎　勇、魏晓燕家庭
钮红兵、陈雪梅家庭　　徐香孙、李华萍家庭
周国彪、叶秀平家庭　　周时兴、楼　玮家庭

先进个人

2020年获福建省“五一劳动奖章”

李　晔　仙芝科技（福建）股份有限公司

2020年获福建省百万职工“五小”创新

陈晓斌　绿康生化股份有限公司
真道明　福建鑫隆达竹木科技有限公司
钟志强　福建省依新汽车用品有限公司
马华红　光隶新能源（南平）科技有限公司
李启云　浦城正大生化有限公司

2020年获福建省“十佳共青团干部”

巫哲瑾　浦城县管厝乡团委书记

2020年获南平市“五一劳动奖章”

许青松　大中石油集团有限公司董事长
陈添凤（女）　福建锐信合成革有限公司质检员
汪夜印　县森林防火办副主任
章　鼎　桂都国际大酒店烹饪技师
张林兴　永兴镇水利工作站
游鸿斌　旭禾米业有限公司
龚少秋　财政局股长
李旭伟　国网福建浦城县供电公司运检部主任

2020年获第七届南平市“道德模范”

黄冬孙（助人为乐类）　浦城县林业局养路道班退休职工

2020年获第八届南平市“青年五四奖章”

丁炎坤　浦城县医院康复科主治医师
叶湘彬　浦城县富岭镇圳边村基层党群工作者
张烁平　浦城县枫溪学校二级教师
郑志友　浦城县公安局永兴派出所副所长、四级警长
廖虹晔　浦城县第二中学一级教师
聂　锐　南平市锐洁有害生物防治有限公司总经理（浦城）

2020年获南平市“身边好人”

夏奎红（见义勇为）　浦城县肉联厂下岗职工
吴凤娟（诚实守信）　浦城县尚诚电子商务有限公司总经理
叶　红（敬业奉献）　浦城县赣剧艺术传承发展中心艺术总监
王守许（孝老爱亲）　富岭镇上桥村村民

2020年获南平市“优秀共青团员”

叶芳铭　浦城县管厝乡人民政府欠发达地区大学生志愿者
叶盛盛　浦城县三中学生会主席
李昕洋　浦城县水北街镇际岭村基层党群工作者

2020年获南平市“优秀共青团干部”

余　易　浦城县南浦街道团工委书记、党政办副主任
周晨伟　福建省大学生志愿服务欠发达计划志愿者，共青团浦城县县直机关第一支部委员会书记
黄仁武　福建省浦城县第二中学团委书记、年段长

政府工作报告
2021 年 1 月 13 日在浦城县第十七届人民代表大会第五次会议上

浦城县人民政府县长 沈晓文

各位代表：

现在，我代表浦城县人民政府，向大会报告政府工作，请予审议，并请县政协委员和各位列席人员提出意见。

一、2020 年工作和“十三五”期间发展回顾

2020 年是极不寻常的一年。这一年，我们经历了新中国成立以来发生的传播速度最快、感染范围最广、防控难度最大的新冠肺炎疫情。在市委市政府和县委的正确领导下，县政府以习近平新时代中国特色社会主义思想为指导，全面贯彻党的十九大和十九届二中、三中、四中、五中全会精神，坚持稳中求进工作总基调，扎实做好“六稳”“六保”工作，统筹常态化疫情防控和经济社会发展，扎实开展突破“难、硬、重、新”工作行动和“创新突破年”活动，凝心聚力全方位推动绿色高质量发展超越，各项工作取得了新的进展。全县地区生产总值 175.54 亿元，比上年增长 4.2 %（下同）；一般公共预算总收入 9.69 亿元，下降 3.3%；地方一般公共预算收入 6.8 亿元，增长 0.1%；全社会固定资产投资增长 9.7%；农林牧渔总产值增长 7%；社会消费品零售总额下降 6.6%；城镇居民人均可支配收入 34340 元，增长 3.5%；农村居民人均可支配收入 17048 元，增长 7.2%；完成年度节能减排降碳任务。一年来的主要工作和成效有：

（一）积极应对困难，统筹疫情防控和经济发展

面对突如其来的新冠肺炎疫情，我们坚定以习近平总书记重要讲话和重要指示批示精神为指导，坚持人民至上、生命至上，按照“坚定信心、同舟共济、科学防治、精准施策”总要求，抓实抓细各项防控工作。疫情初期，在辖区高速口、国道省界等重要节点设置管制检查卡点 13 个，实行 24 小时不间断值守排查检测，利用大数据摸排境外、省外入浦人员 4 万多人次，严防疫情输入扩散，为福建守好“北大门”。县财政拨付 5103 万元保障疫情防控经费，新建负压病房，购置负压救护车，建成 3 家核酸检测实验室，设立集中医学观察点。健全“四早”防控工作机制，实行疫情防控网格化服务管理，组织 1511 名机关干部下沉社区，在城区聘任 622 名片区长、楼栋长、弄巷长开展防控工作，《“三长”齐发力，社区更美丽》获选全国城乡疫情防控优秀案例。截至目前，全县累计报告确诊病例 2 例，于 2020 年 2 月 22 日实现在院治疗确诊和疑似病例双“清零”。

在抓好疫情防控的前提下，科学有序推进复工复产、复市复业，全县规上工业企业在 3 月份全部复工复产。强化政策支持，出台《应对新型冠状病毒感染肺炎，支持企业开复工建设的实施办法》等优惠政策，全年减税降费 1.51 亿元。加大金融支持，为 35 家企业提供 9790 万元工业产业基金贷款，为 61 家科技型初创小微经济实

体提供无抵押担保贷款1865万元，阶段性减免企业基本养老保险费、失业保险费、工伤保险费1.03亿元，减免中小微企业和个体工商户房租452.65万元。落实奖补政策，帮助23家企业争取各类补助资金481.28万元。开展疫情期间农民工返岗复工“点对点”用工服务，给予15家企业1163名员工返岗补贴41.68万元。线上线下齐发力加速消费回暖，组织210家企业参加“全闽乐购”活动，开展直播带货助销农产品，其中“县长直播带货”2小时成交量达150余万元。全力以赴抓项目稳投资，积极向上争取债券资金11.66亿元，新增“五个一批”项目124个，总投资123.37亿元。全年项目开工139个，竣工43个，34项省市重点项目完成投资46.26亿元，115项县级重点项目完成投资53.96亿元。深化“一把手”招商，灵活运用产业链招商、以商招商等方式，全年新引进总投资超5000万元的招商引资合同项目48项，投资总额81.14亿元。

（二）着力转型升级，产业质效不断提升

现代绿色农业提效。认真落实粮食安全首长责任制，全面开展耕地抛荒撂荒整治，粮食播种面积49.51万亩、总产21.45万吨。积极打造“中国好粮油”示范县，新增产能区34个2.5万亩，完成高标准农田建设4.54万亩，成功创建20.27万亩全国绿色食品原料（水稻）标准化生产基地，浦城大米现代农业产业园列入省级十大现代产业园。扩大特色种植，落实薏米3.1万亩、灵芝0.18万亩、油茶13.5万亩、竹荪0.8万亩，利用冬闲田种植元胡、浙贝母等中药材0.6万亩，成功举办闽产中药高质量发展高峰论坛暨国家重点研发项目推进会。实施畜禽产业提升工程，圣农总投资1.2亿元的4个种鸡场基本建成，食品七厂建成投产。选派科技特派员服务团38个、科技特派员144名，培育利益共同体29家，实现科技特派员村村全覆盖。工业企业提质。浦潭生物专业园被评为省绿色园区和省级循环化绿色改造园区，日供水8000吨自来水厂、日处理6000吨污水处理厂投入使用，绿康生化扩建、蒙正生物续建等项目有序推进。全年实施市级技改项目15个，完成投资8.68亿元，新认定国家级高新技术企业5家。圣新能源荣获省级工业和信息化龙头企业称号，小密酒业获评省级工业旅游示范基地，仁宏医药、鑫隆达竹木被认定为福建省“专精特新”中小企业，荣华山现代物流园被认定为省级示范物流园区。全域旅游提速。成功入选福建省首批全域生态旅游示范县。匡山景区项目一期建成并招商运营，浮盖山景区、梦笔文化公园等项目加快建设，党溪、源头、际岭获评“全国森林康养示范基地”，大水口村获评省“金牌旅游村”并成为周边网红打卡地。结合全国首个“喜马拉雅有声城市”项目，打造研学旅游，通过抖音等平台加大旅游推介力度。推动水美经济与文旅、康养深度融合，马莲河景观提升工程加快推进，“十里莲塘”夜游项目开业，登俊水上休闲观光产业园入选省级“水乡渔村”休闲渔业示范基地，成功举办“铭塔杯”全国郊野钓鱼比赛、宜和佳苑杯中国电动冲浪公开赛等活动。发展“夜间经济”，建成美食街等4个特色街区。品牌建设提升。编制《浦城县品牌强县发展战略规划》（2021—2025），19家企业9个产品入选“武夷山水”品牌，发布品牌数量564个。“浦城薏米”跻身全国地理标志产品区域品牌第64名，薏米精准扶贫广告在央视播出。成功举办“浦城大米”品牌发布周年研讨会，“浦城大米”获评国家地理标志证明商标、年度生态保护奖、2020国际大米品牌“十大潜力奖”。

（三）推进改革开放，发展活力持续释放

完成32个县直部门“三定”工作，稳妥推进乡镇（街道）机构改革。开展优化营商环境“大学习大讨论”活动，出台《深化“放管服”改革优化营商环境二十五条措施》，“一趟不用跑”和“最多跑一趟”事项占总事项的98.46%，工程建设项目审批从120个工作日压减至85个工作日。创新推出“我要开便利店”等23个“一件事”窗口集成服务，审批时限平均提速20%以上。完成第三次全国国土调查，有序推进国土空间规划编制和数字浦城地理空间框架建设。充分运用“线上广交会”、环球资源外贸平台，帮助企业线上拓展国际市场，全年预计完成外贸进出口5.6亿元。深化浦台交流，成功举办海峡两岸章氏文化交流活动，增进两岸同胞的亲情和福祉。探索推行“金土地生态银行”，建立自然资源交易平台，首批834亩农村土地承包经营权成功竞拍。注重水库长效管护，大力推进农村供水管理规范化建设，成功入选全国首批深化小型水库管理体制改革样板县，永兴下墩水厂上榜全国100座示范水厂。

（四）突出精准施策，三大攻坚战进展明显

坚决打好脱贫攻坚收官战。依托产业扶贫“五个一百”示范带动工程，发展浦城大米、灵芝、薏米、中药材等扶贫产业，新增发放小额信贷152.88万元，投资1800万发展灵芝产业扶贫项目，累计带动4100余户贫困户增收。落实就业扶贫，结合“春风行动”等专项行动，帮助全县2436名有就业意愿的贫困劳动力全部实现就业，4510户贫困户各有一项产业或就业增收项目。全面落实贫困人口“三保障”及饮水安全保障，加派科级干部对207户515个五类贫困重点对象进行帮扶，对70个贫困村、5066户贫困户实施动态监测，全力防止返贫致贫。坚决打好污染防治攻坚战。有序推进国家储备林质量精准提升工程，赎买重点生态区位商品林1071亩，完成造林绿化1.94万亩，封山育林3.3万亩。完成荣华山组团10家企业喷淋回收塔升级改造。全年空气质量优良达标比例达100%。全面落实河湖长制，加快推进农村面源污染治理和畜禽粪污资源化利用，马莲河小流域水质提升工程建成运行，县级集中式饮用水水质达标率达100%。完成全县耕地土壤环境质量类别划定并建立分类清单，推进受污染耕地安全利用工作。积极配合省市开展“三线一单”编制工作。加强环境监督管理，查处违法案件29件，取缔非法散乱污企业8家。坚决防范重大风险。扎实开展非法集资、中小银行集中取款等各项金融风险防范活动，持续深化政银企联动协作，加大银行不良贷款处置力度，不良贷款率降至1.9%。地方政府债务余额控制在核定的债务限额范围内。

（五）统筹城乡建设，人居环境不断改善

推进新城建设与老城区改造，城西练夫人广场基本建成，铂悦花园等一批商住项目顺利交房，“五馆一中心”、工人文化宫、阳光建材城等项目加快推进，南启动区吕处坞路北段等5条道路开工建设；开展安华小区、和平小区等老旧小区改造，完成上水南安置房、大众影院棚户区改造和闽运安置房等项目主体工程建设，仙楼山公共停车场投入使用。全面落实农村公路“路长制”，拓宽改造“四好农村路”33条142公里，建设客运站点4个，完成危桥改造10座，云峰大桥、茅洲大桥、九石渡大桥和双保大桥4个撤渡建桥项目建成通车。全长18.219公里的205国道余乐至仙阳段一级道路提级改造工程春节前可全线通车。有序推进上浦高速公路前期工作，温武吉铁路开展预可研，通航机场完成选址待军方核准，成功举办2020年通航产业发展论坛。以城乡人居环境整治百日大会战和大战60天“全域无垃圾”等专项行动为抓手，全力推进“一革命四行动”，推动全域环境整治常态化、长效化。完成无害化卫生户厕改造6656户，城市智慧环卫投入运行。深化“两违”治理，拆除违法建筑26.79万平方米。完成王家洲水库大坝主体建设，南浦灌区续建配套与节水改造工程开工。枫溪乡岱后村、仙阳镇柏山村两个省级传统村落保护提升项目建设完成。

（六）坚持共建共享，民生事业加快发展

民生支出占地方一般公共预算支出的82.56%，27项为民办实事项目基本完成。积极落实就业扶持政策，新增城镇就业人员789人，下岗失业人员再就业342人，新增农村劳动力转移就业3893人。教育事业均衡发展，获评南平市政府教育工作优秀县，学前教育公办园在园学生提升到51.4%，创建省级义务教育管理标准化学校14所，高考本科上线率71%居全市第3，临江中学新校区投入使用，浦城一中新校区进入装修阶段，新华小学、实验幼儿园新园区、荣华实验高中等项目加快建设。健康事业快速发展，总医院运行机制不断完善，健康体检中心大楼、第三医院精神卫生医养综合楼进入装修阶段，188个建制村完成标准化卫生所建设并纳入医保定点协议管理。加快推进养老设施建设，完成60所农村幸福院和临江镇农村区域性养老服务中心、富岭社区居家养老服务照料中心建设，改造提升莲花社区、怡源社区日间照料中心，启动时间银行项目。文体事业协调发展，县广播电视台获评全国新闻出版广播影视系统先进集体，7处城市书屋建成并向市民开放，新城全民健身中心加快建设，参加市运会获得35枚金牌、38枚银牌、43.5枚铜牌，青少部田径项目取得团体第一成绩。广泛开展群众性精神文明创建活动，新获评全国文明村、文明家庭、未成年人思想道德建设先进工作者各1个。第七次全国人口普查现场登记工作全面完成。积极探索社区治理“浦城模式”，打通服务群众的“最后一米”。对标“六清”行动要求，打好“扫黑除恶”专项斗争收官战役。推进“雪亮工程”和综治中心“一站式”服务建设，新建、替换视频监控1080路，实现城乡主要路口、重点部位视频监控无盲区。启动全国自然灾害综合风险普查试点工作，完成7个乡镇应急救援站建设，配强应急救援力量。扎实开展房屋安全隐患大排查大整治，安全生产形势平稳向好，防汛救灾工作机制更加健全。

（七）勇于担当作为，政府效能显著提高

持续巩固“不忘初心、牢记使命”主题教育成果，深入学习《习近平谈治国理政》第三卷和《习近平在福建》系列采访实录，坚持党的全面领导，坚定理想信念，牢记为民宗旨。“12345”便民服务平台共办结群众反映事项3389件，群众满意率99.8%。自觉接受人大的法律监督和政协的民主监督，办结116件人大代表建议和99件政协委员提案，“双联”工作机制实现制度化、常态化。深入推进法治浦城建设，3000多名公职人员参加统一学法考试，高质量完成“七五”普法验收工作。强化财政绩效管理，加大审计监督力度，压缩“三公”经费326.79万元，同比减少29.79%，获得财政管理绩效综合评价全国第139名。认真落实全面从严治党和意识形态工作主体责任，持之以恒整治“四风”问题，大力整治形式主义和官僚主义，完善激励约束、容错纠错机制，让干部把更多时间和精力放在干事创业上，打造忠诚、干净、担当的高素质干部队伍。

此外，全力支持国防建设，军政、军民融合发展成效显著，民族宗教、人民防空、退役军人工作扎实推进，外事侨务、信访维稳、气象防震、老区建设、档案方志、工会、科协、老龄、青少年、妇女儿童、残疾人、红十字等各项事业健康发展。

2020年各项工作的完成，标志着“十三五”顺利收官。过去的五年，面对经济下行压力和改革发展的繁重任务，我们积极应对挑战，奋力攻坚克难，着力为民惠民，积极融入国家生态文明试验区建设，在绿色高质量发展的道路上迈出了坚实步伐。全县地区生产总值年均增长7.4%，全社会固定资产投资年均增长12.5%，一般公共预算总收入在2019年首次突破10亿元，先后荣获“中华诗词之乡”、国家级“森林康养最佳目的地”等称号。

五年来，我县产业结构持续优化。三次产业结构由26：39：35调整为21：36：43。农业向特色化、专业化、品牌化发展，年粮食种植面积和产量均位于全省前列，培育市级以上农业产业化龙头企业22家、省级以上农民专业合作示范社15家，建成圣农肉鸡全产业链，大米、灵芝品牌影响力持续上升。工业集聚集群发展，浦潭生物专业园基础设施不断完善，蒙正生物、永芳香料等生物龙头企业陆续入驻，逐步培育百亿生物产业集群；新增国家高新技术企业5家、省级以上高新技术企业13家、科技小巨人领军企业15家；年产值超亿元的企业增至37家（其中县本级12家），纳税1000万元及以上工业企业由2家增加到11家；绿康生化、圣新能源分别在主板、新三板上市，改变我县没有上市公司的历史。全域生态旅游蓬勃发展，全力打造“清新福建·诗画浦城”旅游品牌，中国包酒文化博览园获评国家4A级旅游景区，际岭绿乐园、乌龙山农业观光园、十里莲塘等获评国家3A级旅游景区。

五年来，我县城乡颜值大幅提升。新城建设日新月异，路网、管网基本成形，学校、公园、体育场馆等公共服务设施加快建设。城西迎宾大道、龙浦高速浦城南互通连接线完成改造，丹桂城市广场、“水美城市”南浦溪示范段等建成使用，城市形象进一步提升。新建改造城市道路54.5公里、绿道74.2公里、供水管网50.2公里、燃气管道43公里、公厕29座，新增城市停车泊位950个。深入开展城乡人居环境整治三年行动，全面推进96个美丽乡村和26个省市县三级乡村振兴示范村建设工作。成功创建省级森林县城、园林县城，全县森林覆盖率提高至76.81%。顺利完成村庄规划编制和农村地籍与房屋调查确权工作。工业危废集中处置、15个乡镇污水处理厂等一批重点环保项目建成并运营，完成第一轮中央环保督察反馈问题整改，党政领导生态环境保护目标责任制考评连续三年获评优秀。交通建设投入达20.8亿元，高速公路总里程增加到123.9公里，国道增加到196.9公里，县道提级改造5条65.6公里，农村公路通车总里程2367.7公里，撤渡建桥4座，内外交通日益便捷。

五年来，我县发展活力更加凸显。基本完成县乡两级党政机构和部分事业单位改革，体制机制更加顺畅。深入实施创新驱动发展战略，全社会研究与试验发展经费投入累计达9.71亿元，年均增长超47.2个百分点。科特派服务不断加强，建设46个科特派工作站、224个科特派示范基地，设立科技创新风险基金，助力科技型初创小微企业创业发展，推广“五新”技术1000余项。全省首家县级科技大市场挂牌运营，获评“国家级专家服务基地”和省级技术转移机构。入选国家知识产权强县工程，每万人口发明专利拥有量从1.21件提高到3.07件。深化“放管服”改革，县级行政许可、公共服务事项分别减少至278项、247项，县级审批服务事项网上可办率达98.46%，其中“一趟不用跑”占比75.67%。城建、交建等国有公司组建运营。开展国有自然资源资产管理体制改革试点，取得“五个一”试点成果，为全省国有自然资源资产管理体制改革提供重要参考经验。大力实施“回归工程”，引进回归项目85个，总投资76.89亿元。

五年来，我县社会事业长足进步。成功创建全国义务教育发展基本均衡县，31所学校入选省级“义务教育管理标准化学校”，浦城一中通过省一级达标校复查，职业技术学校被认定为省规范化中等职业学校，新改扩建36个中小学、幼儿园项目，新招录教师681人。养老设施不断完善，县社会福利中心建成并投入使用，新建农村幸福院201所、日间照料中心7个、农村区域性养老服务中心1个，改造提升乡镇敬老院18所。建立覆盖城乡的基本医疗卫生制度，居民主要健康指标保持在全省前列，完成县中医医院、妇幼保健院整体搬迁，引进1.5T超导核磁共振等先进医疗设备332台（套）。成功举办首届旅游产业发展大会、两届丹桂文化艺术节。猫耳山遗址公园入选省级遗址公园名单，云峰寺大殿、上同古民居等文物古建筑完成修缮。新增省级文物保护单位4处、非遗项目1个、非遗传承人1名。体育事业蓬勃发展，全民健身运动丰富多彩。

五年来，我县人民生活水平显著提高。高质量打好精准脱贫攻坚战，5066户建档立卡贫困户9675人全部脱贫，70个贫困村全部出列，2018年度实现扶贫开发工作重点县“摘帽”。本级财政民生支出达122亿元，占财政支出八成以上。城乡居民基本医疗保险实现全覆盖，基本养老金标准连续提升，低保标准提高到7152元。办好为民实事130项。实现城镇新增就业7790人，新增农村劳动力转移就业29384人。城镇居民、农村居民人均可支配收入分别增长9664元、5973元。安全生产、“平安浦城”建设扎实推进，扫黑除恶专项斗争成效显著，刑事案件立案数逐年下降，社会更加安定和谐。

各位代表！这些成绩的取得，是习近平新时代中国特色社会主义思想科学指引的结果，是上级党委政府和县委正确领导的结果，是全县人民共同奋斗、社会各界大力支持的结果。在此，我谨代表县人民政府，向全县人民，向人大代表、政协委员，向各民主党派、工商联、人民团体、离退休老同志和社会各界人士，向省市驻浦单位和驻浦部队、武警官兵、公安政法干警、消防救援队伍指战员，向关心支持浦城发展的海外侨胞、旅外乡亲，表示衷心的感谢！

在总结成绩的同时，我们也清醒地看到发展中还存在不少困难和问题，主要是：受疫情影响，部分企业生产经营困难，稳定经济增长面临更大压力；农业现代化水平偏低，缺少带动性强的产业大项目和龙头企业，自主创新能力不强，经济总量仍然偏小，高质量发展的支撑体系还不够牢固；交通条件、城乡基础设施不够完善，教育、医疗、养老等民生事业与广大群众的期盼仍有差距；文化、生态资源优势尚未充分挖掘转化；营商环境对标先进地区还有待提升；干部干事创业精气神、开拓创新能力还需进一步增强。对此，我们将高度重视，在今后工作中采取更加有力措施加以解决。

二、“十四五”发展暨2021年工作安排

各位代表，“十四五”时期是我国全面建成小康社会、实现第一个百年奋斗目标之后，乘势而上开启全面建设社会主义现代化国家新征程、向第二个百年奋斗目标进军的第一个五年。根据《浦城县国民经济和社会发展第十四个五年规划和二〇三五年远景目标纲要（草案）》，明确了今后一段时期我县经济社会发展的指导思想、目标任务和政策措施。

“十四五”时期我县国民经济和社会发展的指导思想是：高举中国特色社会主义伟大旗帜，深入贯彻党的十九大和十九届二中、三中、四中、五中全会精神，坚持以马克思列宁主义、毛泽东思想、邓小平理论、“三个代表”重要思想、科学发展观、习近平新时代中国特色社会主义思想为指导，全面贯彻党的基本理论、基本路线、基本方略，紧紧围绕统筹推进“五位一体”总体布局和协调推进“四个全面”战略布局，坚定不移贯彻创新、协调、绿色、开放、共享的新发展理念，坚持稳中求进的工作总基调，以全方位推动绿色高质量发展超越为主题，以深化供给侧结构性改革为主线，以改革创新为根本动力，以满足人民日益增长的美好生活需要为根本目的，围绕建设“健康养生目的地”的总体定位，统筹发展和安全，加快建设现代化绿色经济体系，推进县域治理体系和治理能力现代化，实现经济行稳致远、社会安定和谐，为全面推进社会主义现代化建设开好局、起好步。

“十四五”时期我县国民经济和社会发展的主要目标是：锚定二〇三五年远景目标，统筹考虑我县发展基础、优势和特色，建设绿色高水平发展创新型城市，着力打造经济持续发展、产业结构明显优化、治理体系更加完善、人民生活更为宽裕的“健康养生目的地”。

综合经济实力迈上新台阶。克服疫情影响，保持经济持续健康稳定增长，增速高于全市平均水平，力争“十四五”期末地区生产总值达到265亿元，年均增长6.5%左右。加快新旧动能转换，先进制造业和现代服务业贡献率进一步提升，新业态不断成长，打造现代绿色农业和食品加工、生物产业、轻工轻纺三个百亿级产业集群，发展质量和效益明显提高。

城乡协调发展形成新格局。落实“多规合一”，持续推进城乡空间结构、经济结构、基础设施、公共服务和生态环境的深度融合，市政和公共服务设施更加完善，新型城镇化建设全面加速，高起点高标准推进新城梦笔片区和南启动区、九秋片区建设，“城市客厅”建设加快推进，更高质量推进城乡协调发展。

生态环境治理形成新优势。县域国土空间体系更加健全，绿色生产生活方式加快形成，生态系统格局保持整体稳定，生态环境承载能力逐步改善与提高，城乡生态环境更加优美宜居。持续加大生态环境资源保护力度，打好污染防治攻坚战。

民生社会保障取得新成就。实现更加充分更高质量就业，居民收入持续较快增长，中等收入群体扩大，教育、医疗、文化、养老、城乡基础设施等领域短板明显改善，

基本公共服务均等化水平稳步提高，脱贫成果巩固拓展，乡村振兴战略全面推进。

深化改革开放取得新突破。深化供给侧结构性改革，深化“互联网 + 放管服”改革，深入开展有利于创新发展的体制机制改革，切实优化营商环境。全面对接闽东北协同发展区等区域经济协作平台，深化山海协作机制，加强同邻接省份地市的全方位交流，充分发挥优势推动浦台融合。

社会文明发展取得新进步。社会主义核心价值观深入人心，人民思想道德素质、科学文化素质和身心健康素质明显提高，公共文化服务体系更加健全，人民精神文化生活日益丰富，文化影响力和软实力明显增强，社会文明程度显著提升。

社会治理现代化取得新进展。社会主义民主政治更加健全，不断改进和完善社会治理实践，政府决策能力、管理能力和服务能力有效提升，县域综合治理体系建设稳步推进，基层治理能力和现代化水平进一步提升，努力使人民群众的获得感和幸福感更加充实、更有保障、更可持续。

各位代表，2021 年是“十四五”规划开局之年，做好今年的工作，为我们进入新发展阶段开好局、起好步至关重要。今年全县经济社会发展的主要预期目标是：地区生产总值增长 7.5%；一般公共预算总收入增长 4%，地方一般公共预算收入增长 4%；全社会固定资产投资增长 8%；农林牧渔总产值增长 4%；规模以上工业增加值增长 8%；社会消费品零售总额增长 8%；外贸出口增长 3%，实际利用外资（验资口径）1500 万元人民币以上；城镇居民人均可支配收入增长 6.4%，农村居民人均可支配收入增长 8%；完成年度节能减排降碳任务。为实现上述预期目标，重点抓好以下五个方面工作：

（一）做强实体经济，培育经济发展新优势

注重工业经济提质增量。加快推进工业园区标准化建设，扩大浦潭生物专业园规模，全力做好锦城新材料工业园规划等前期工作。着重培育圣农发展、圣农食品、闽瓯铝业、菩尔新材料、铭塔玩具、蒙正生物、永芳香料等 7 家省级新增长点企业，推进绿康、蒙正专业园 2 个省级战略性新兴产业重点项目。进一步延伸生物制药产业链条，热电联产、绿康活性杆菌肽系列产品生产线及技术中心、正大人用药盐酸金霉素等项目建成投产。铭塔玩具完成 DIY 手工益智玩具生产线建设并加快上市步伐，争取闽瓯铝业产业园落地建设，规模工业企业完成产值 96 亿元以上。

注重康养旅游强基扩面。围绕全域旅游核心，着力打造中药康养调理游、研学旅游、红色回忆主题游、体育休闲游、闽越农耕文化体验游等五大“康养旅游”业态。充分利用浦城丰富的中药材资源和优越的气候地理等自然优势，加大中医药产业研发力度，推动仙芝科技国际交流中心开工建设。匡山景区一期、旅游集散服务中心正式投入运营，浮盖山景区一期建成开园，加快建设“醉美画乡”写生基地。持续推进乡村旅游特色村、A 级旅行社、星级酒店等创建工作，大水口旅游度假区、樱园农业休闲农庄、仙楼山红色文化森林公园等争创 3A 级旅游景区。

注重第三产业壮大规模。深挖消费潜力，结合“全闽乐购”组织开展大型展销促销活动，做活做优“夜间经济”，带动住宿、餐饮等行业进一步恢复增长，力争新发展限上企业 6 家。鼓励企业利用线上渠道开拓国际市场，扩大圣农食品、蒙正生物、孔德农业出口规模。以国家电子商务进农村综合示范县建设为契机，完成电商仓储物流中心建设，大力发展农村电子商务，培育一批电商经营主体，拓宽农产品销路。加快推动喜马拉雅主播经济产业发展，积极推进有声主播培训、喜马拉雅大学城、电商特色街区等项目。加快推进荣华山物流园和乡镇综合运输服务站建设，引导设立村级物流服务网点，完善县乡村三级物流网络。

注重企业帮扶实效。着力构建亲清政商关系，完善县领导挂点企业、局长帮扶企业、机关联系企业工作机制，用好“政企直通车”平台，“一企一策”帮助企业解决难题、推进发展。加强政银企合作，强化对企业的金融支持，发挥“振兴贷”、创业担保贷款作用，着力解决企业融资困难。巩固和拓展减税降费成果。建立产业链链长制，重点围绕生物产业、食品加工、氟新材料、竹木加工等行业，做好“强链、补链、延链”文章。大力促进企业绿色、循环发展，降低工业能耗。督促落实企业安全生产主体责任，保障企业正常生产和职工生命安全。

（二）聚力乡村振兴，争创农业农村新亮点

把产业兴旺作为乡村振兴的重要支撑。落实粮食安全首长责任制，坚持“藏粮于地、藏粮于技”，实行最严格耕地保护，全年粮食总产量实现 21.5 万吨。积极推进总投资 2.83 亿元的亚行贷款农地资源可持续利用示范项目，加强适种水稻品种开发，争创国家级制种县，研发更多的大米康养产品。推广“稻 +N”模式，利用冬闲田种植元胡、浙贝母等中药材 1 万亩以上，改造有机茶园 3000 亩。鼓励发展农产品精深加工，大力培育一批竹产品“专精特新”的骨干企业；围绕圣农（浦城）“产值100个亿，税收1个亿、就业1万人”的目标，启动白羽肉鸡产业链二期项目建设，圣农食品八厂建成投产，加快打造圣农全产业链模式。促进一二三产业融合发展，创新发展订单农业，鼓励农产品产销合作，丰富科普农业、乡村旅游及民俗采风等休闲农业业态。深化科特派工作机制，加快培育一批专业大户、农民专业合作社、家庭农场等新型农业经营主体，推动“技术创新研究院”“米业产业研究院”等科技平台建设，促进科技成果快速转化。持续抓好我县名、特、优农产品地理标志证明商标申注和“浦城大米”地理标志保护产品申报，发挥县食品检验检测中心作用，完善农产品质量安全可追溯体系建设，新增优质农产品标准化生产示范基地3家以上。

把巩固脱贫作为乡村振兴的重要基础。推进巩固拓展脱贫攻坚成果与乡村振兴有效衔接，严格落实“四个不摘”要求，巩固提升“两不愁三保障”水平。探索建立农村低收入人口长效帮扶机制，加强社会救助兜底保障工作，坚决防止返贫和新增贫困。持续发展壮大扶贫产业，建成灵芝扶贫车间6000平方米并扩大菌包培养150万筒，辐射带动贫困户就业增收。加大对脱贫人口职业技能培训力度，帮助有务工需求的贫困户就近就地解决就业，增强贫困群众自身发展能力。

把基础设施建设作为乡村振兴的重要抓手。持续推行农村公路“路长制”，加快“四好农村路”建设，完成30公里农村公路安保工程。加快农村电网升级改造，新建及改造10KV线路86公里、低压线路53公里。坚持以“一革命四行动”为抓手，扎实推进农村人居环境整治，常态化推进“全域无垃圾”行动，加大乡村公厕新建改造和裸房整治工作力度。以11个省级乡村振兴试点村为重点，优化村庄布局，推进乡村振兴示范带建设提质拓面。因地制宜打造特色乡镇，立足当地资源优势，明确发展重点，构建“一乡一品”发展格局。全面提升村级文体服务中心功能，持续推进“三下乡”活动，增加农村公共文化体育服务供给。

把治理有效作为乡村振兴的重要保障。坚持党建引领，深化“六要”群众工作法，鼓励群众参与村居治理，激发基层群众自治活力。加强和创新社会治理，成立县级社工服务中心站和乡镇（街道）社会工作站，配备社会工作专业人才，为困难群众和特殊群体提供更多社会工作服务。扎实开展移风易俗行动，提升乡风文明。完善村规民约，发挥“一村一法律顾问”作用，满足群众的法律服务需求，加快构建乡村善治新格局。深化“名誉村主任”机制，发挥乡贤“智囊团”作用。用好农村集体产权制度改革成果，盘活农房、山林、田地等闲置资源，发展民宿、乡村旅游、养生养老、文化创意、农村电商等多种业态，做大做强村集体经济。统筹抓好基层政权建设，完成村级组织换届选举工作，选优配强村级干部队伍，注重在致富能手、退役军人、大中专院校毕业生和返乡创业青年中储备和培养村级后备力量，形成“领头雁”效应。

（三）抢抓发展机遇，构建高质量发展新格局

更大决心推进重点领域改革。持续深化国资国企改革，加快完善现代企业制度，推动国有资产做大做强。积极稳妥推进乡镇（街道）机构改革。探索建立方便、快捷、优惠的融资担保机制，吸引金融信贷资金注入“生态银行”试点领域。总结提升“十里莲塘”田园综合体创新做法，探索河道清淤资源开发、土地及民房预流转等方式，打造一批“三大创新”融合示范项目。推进国家森林康养基地建设，健全国家自然资源资产管理体制，深化小型水库管理体制改革示范县工作。

更高标准优化营商环境。落实《深化“放管服”改革优化营商环境二十五措施》，对标先进地区开展营商环境提升行动，切实帮助企业解决难点、堵点、痛点。进一步调整优化县、乡两级权责清单和公共服务清单，完善行政权力中介服务清单，精简行政许可事项。继续推出“一件事”套餐25个以上，实现不动产抵押登记全程网办，企业开办时间压缩至1个工作日以内。积极推动有条件的服务事项入驻“e政务”自助机，打造“15分钟便民利企服务圈”，为群众提供24小时不打烊的自助服务。扎实推进商事制度改革，有序推进“证照分离”改革全覆盖，加快完善“双随机、一公开”监管机制，突出抓好食品、药品、特种设备和重点工业产品质量安全监管。完成县行政服务中心搬迁工作。

更宽领域拓展开放合作。发挥浦城对接长三角一体化发展的“桥头堡”作用，以及福建打通沿海和内陆开放合作的战略通道区位优势，进一步加大与上饶、衢州、丽水等省际城市协同发展。全面融入武夷新区“1小时经济圈”，强化康养、旅游、现代绿色农业和生物等产业同武夷新区的深度对接，推动优势互补，做好协同发展文章。深化与厦门湖里区山海协作对口帮扶，抓好浦潭共建产业园建设，多渠道、多形式吸引企业到浦城投资兴业，确保投资企业数、实际投资额持续增长。推进浦台融合发展，加强与台湾文化旅游业、现代农业等产业深度对接，传承和发扬宗亲文化，增进两岸同胞心灵

契合。

更强力度推进项目攻坚。抓实“五个一批”项目，持续开展四套班子领导挂点重大项目活动，确保100余项省、市、县重点建设项目全年计划完成投资66亿元以上。瞄准国家和省市投资政策导向，聚焦产业转型、基础设施、生态文明、乡村振兴等重点领域，结合县情谋划一批打基础、利全局、管长远的项目。围绕生物、氟新材料等重点产业，推进招商精准化，吸引关联企业生态化聚集，在引进产业链关键环节、核心企业上实现重大突破。深入实施“回归工程”，充分发挥县乡本地商会和异地商会作用，主攻长三角等重点区域招商，力争全年完成总投资超5000万元招商引资合同项目30个以上，总投资超45亿元。

（四）厚植生态优势，打造宜居宜业新环境

护好生态增颜值。践行“绿水青山就是金山银山”的理念，主动融入国家生态文明试验区建设，扎实推进中央和省级环保督察反馈问题整改，完成生态环境综合行政执法队伍建设，坚持像保护眼睛一样保护生态环境。坚决打好蓝天、碧水、净土保卫战，推进大气污染防治，巩固小流域治理和畜禽养殖污染治理成果，抓好土壤污染风险防控，力争全县空气质量优良天数比例保持在99.7%以上，河流交接断面、小流域水质全部稳定达到或优于III类水标准，县城集中式饮用水源水质达标率保持100%。继续推进国家储备林质量精准提升工程，购买重点生态区位内商品林1000亩，植树造林14780亩。切实加强松材线虫病防控工作，实施松林改造提升行动。推进西岩山林下旅游项目和樟元山森林公园建设，争创国家森林城市。全面落实河湖长制，启动城区高水高排工程建设，持续抓好闽江流域山水林田湖草生态保护修复。

美化城市提品质。坚持规划引领，加快梦笔文化公园、新城全民健身中心等公共设施项目建设，续建会窑路南段、南一路、西岩山路等道路及管线工程，大剧院、博物馆、文化馆、美术馆力争年内投入使用。有序推进印象梦笔、阳光建材城等一批商住小区开发，力促艾亚兰大酒店开工建设，让新城既有“城”的形态又有“市”的繁荣。积极推进兴莲片区、兴浦东片区等老旧小区改造，完成上水南安置小区一期、大众棚户区改造、闽运安置房项目建设，加快推进水南商业综合体、交椅湾公共租赁房及上水南安置房二期工程建设，加大力度推进城区既有住宅加装电梯。实施兴浦路等城市道路改造，新建改造城市道路11公里，绿道12公里，雨水、污水、供水、燃气等各类管网44公里，新增城市停车泊位180个，完成生活垃圾焚烧发电厂、城区管道燃气LNG气化站建设。完成仙楼山慢行道二期工程等城市景观工程的建设。

完善设施强基础。拓宽改建G322国道莲塘余乐至万安吴山下段 6.8公里，力争上浦高速、通用航空机场动工建设，积极推进浦松高速前期工作，全力争取温武吉铁路在“十四五”前期尽早开工。加快“新型智慧城市”一期项目建设，提升荣华山组团园区智慧化发展水平，拓展互联网、通信、广电等基础网络，新建5G基站100个。启动城乡供水一体化项目建设，提升供水服务水平，解决农村饮水安全问题。投资7500万元，新建荣华、梦笔110kV变电站等供电设施。

（五）践行初心使命，提升为民服务新水准

抓好常态化疫情防控。时刻绷紧疫情防控这根弦，全面落实“外防输入、内防反弹”的总体防控策略。坚持“人物同防”“多病共防”，对入境人员和重点地区来浦人员实行闭环管理，精准防控无症状感染者、密切接触者等重点人群，并适时认真开展大排查、回头看，全面查找健康管理的漏洞和风险隐患。强化进口冷链食品防控管理，提高精准检测检验能力。着力补齐公共卫生领域短板，完成县医院应急医疗用房改造工程。巩固和加强联防联控机制，宣传发动市民做好常态化自我防护，做好疫苗接种工作，切实巩固疫情防控成果。

做好让人民暖心的事。持续选准落实为民办实事项目。大力优化财政支出结构，确保基本民生支出只增不减。把稳就业摆在更加突出位置，落实失业保险稳岗补贴和困难企业稳岗补贴返还政策，力争全年新增城镇就业1070人、农村劳动力转移就业3893人。着力整治拖欠农民工工资行为，积极构建和谐劳动关系。加快养老服务事业发展，推进县光荣院、乡镇农村区域性养老服务中心和“长者食堂”建设，开展农村居家养老服务试点，规范201所农村幸福院运营。启动县第二公墓建设。完善覆盖全民的社会保障体系。坚持“房住不炒”原则，进一步完善长效管理调控机制，新建商品房预售18万平方米，建设筹集各类政策性住房239套，促进房地产市场平稳健康发展。

做好让人民舒心的事。办好人民满意教育，落实立德树人根本任务，加大教育投入，推进义务教育均衡发展和城乡一体化，加快推进新城学校、新城幼儿园和实验幼儿园新园区建设，高规格办好浦城一中百年校庆并启用总投资4.5亿元的新校区，新建临江中心幼儿园、山下中学学生宿舍楼。深化医药卫生体制改革，落实健康中国行动，补齐医疗卫生事业发展短板，深入推进医养结合，加大公共卫生人才引进、储备、培养力度，健康体检中心投入运营。深入挖掘朱子文化、红色文化、剪纸文化、丹桂文化、诗词文化等特色文化，精心编排《梦笔生花的地方》舞台情景剧，讲好浦城故事。积极推进猫耳山遗址公园申报国家级遗址公园工作，加强土墩墓群保护工作。积极筹备并组织参加第十七届省运会，广泛开展群众性体育活动，推动全民健康和体育产业高质量发展。

做好让人民安心的事。培育和践行社会主义核心价值观，深化“争创文明城，争做文明人”“大讨论”活动，全面提升市民素质和社会文明程度。巩固扫黑除恶专项斗争成果，持续推进“六清”行动。深化大数据智能化应用，加强禁毒宣传，依法严厉打击毒品犯罪、黑恶势力、电信网络诈骗等各类违法犯罪行为。传承和弘扬“枫桥经验”，健全预防化解矛盾纠纷体系，提升综治“三率”水平。严把食品药品安全关，持续治理“餐桌污染”，确保人民群众“舌尖上的安全”。深入实施安全生产专项整治三年行动，压紧压实安全生产责任，健全突发事件应急处置机制，坚决遏制较大及以上生产安全事故发生。发扬双拥共建优良传统，做好退役军人安置、服务和保障工作，积极争创第三轮省级双拥模范城。支持工会、共青团、妇联等人民团体发挥更大作用，扎实做好统计、保密、科普、气象、人防、老区建设等工作。

三、打造对党忠诚、人民满意的政府

各位代表，站在“十四五”新的历史起点，实现浦城新一轮跨越发展奋斗目标，必须切实加强政府自身建设，全面提高行政管理能力和服务经济社会发展水平。

突出政治引领，打造担当型政府。坚持把党的政治建设摆在首位，持续深入学习习近平新时代中国特色社会主义思想，牢固树立“四个意识”，坚定“四个自信”，坚决做到“两个维护”。严守政治纪律和政治规矩，切实提高落实力、执行力，以实际行动确保上级党委政府和县委各项决策部署落地见效。

始终勤政为民，打造服务型政府。坚持以人民为中心的根本立场，牢记政府前面“人民”二字，着力解决人民群众关心关注的热点难点问题，使政府服务更贴心，让群众办事更省心。着力锤炼“七种能力”，提升干部服务群众的能力水平。树立“今天再晚也是早，明天再早也是晚”的效率意识，健全完善一线工作法，落实正向激励和容错纠错机制，以“钉钉子”精神把各项工作落细落实落到位。

坚持依法行政，打造法治型政府。发挥法治固根本、稳预期、利长远的保障作用，着力构建职责明确、依法行政的政府治理体系。全面推行行政执法“三项制度”，严格规范公正文明执法。自觉接受县人大及其常委会的法律监督、工作监督和县政协的民主监督，强化政府与“两院”良性互动，增强工作合力。启动“八五”普法，抓好《民法典》宣传贯彻落实。

加强作风建设，打造廉洁型政府。履行全面从严治党主体责任，严格落实“中央八项规定”及其实施细则精神和福建省实施办法，驰而不息纠正“四风”。发扬艰苦奋斗、勤俭节约精神，严控“三公”经费和一般性支出，用政府过紧日子换取市场主体和老百姓过好日子。强化审计监督，紧盯政府采购、扶贫、救助等重点领域的民生资金管理使用，坚决整治群众身边的不正之风和腐败问题。

各位代表，新时代呼唤新担当，新征程需要新作为。让我们更加紧密地团结在以习近平同志为核心的党中央周围，高举习近平新时代中国特色社会主义思想伟大旗帜，在中共浦城县委的坚强领导下，紧紧依靠和团结全县人民，不忘初心、牢记使命，抢抓机遇，开拓创新，确保“十四五”开好局、起好步，以优异成绩庆祝中国共产党成立100周年！

县第十七届人民代表大会第五次会议《政府工作报告》有关名词解释或缩略语注释

“六稳”：即稳就业、稳金融、稳外贸、稳外资、稳投资、稳预期。

“六保”：即保居民就业、保基本民生、保市场主体、保粮食能源安全、保产业链供应链稳定、保基层运转。

“四早”防控工作机制：即早发现、早报告、早隔离、早治疗。

“专精特新”：指促进中小企业走专业化、精细化、特色化、新颖化发展之路。

“五个一百”示范带动工程：指建设100个产业扶贫示范村、培育100家扶贫龙头企业、提升100家扶贫产业合作社（家庭农场、林场）、发展100名致富带头人、创建100家农产品品牌。

“三线一单”：指生态保护红线、环境质量底线、资源利用上线和生态环境准入清单。

“一革命四行动”：即农村“厕所革命”、农村垃圾治理行动、农村污水治理行动、农房整治行动、村容村貌提升行动。

日间照料中心：指为社区内生活不能完全自理、日常生活需要一定照料的半失能老年人提供膳食供应、个人照顾、保健康复、休闲娱乐等日间托养服务的设施。

时间银行：指由低龄老年人为高龄老年人提供非专业性的养老服务，按照一定的规则记录服务提供者的服务时间，储入其“时间银行”个人账户，将来可兑换相同时长的服务。

“六清”行动：即线索清仓、逃犯清零、案件清结、伞网清除、黑财清底、行业清源。

“雪亮工程”：指一项群众性治安防控工程，以“全域覆盖、全网共享、全时可用、全程可控”为总目标，以公共安全视频监控建设和联网应用为重点，实现治安防控无死角。

“五新”技术：即新经济、新服务、新能源、新材料、新农业。

“五个一”试点成果：制定国有自然资源一套表、编制一张图、实现一本证、搭建一个平台、提交一些解决方法。

“政企直通车”：由省政府办公厅主管，开辟直达省长的快速通道，企业可通过政企直通车咨询政策、反映问题、提出建议、表达诉求。

“四个不摘”：指摘帽不摘责任、摘帽不摘政策、摘帽不摘帮扶、摘帽不摘监管。

“双随机一公开”：在监管过程中随机抽取检查对象，随机选派执法检查人员，抽查情况及查处结果及时向社会公开。“双随机、一公开”是国务院办公厅于2015年8月发布的《国务院办公厅关于推广随机抽查规范事中事后监管的通知》中要求在全国全面推行的一种监管模式。

“长者饭堂”：指政府通过补助方式，选定为老年人提供助餐配餐服务的场所。

“七种能力”：指提高政治能力、调查研究能力、科学决策能力、改革攻坚能力、应急处突能力、群众工作能力、抓落实能力。

行政执法“三项制度”：行政执法公示制度、执法全过程记录制度、重大执法决定法制审核制度。

组织机构及负责人名单

中共浦城县委

书　记：周永和

副书记：沈晓文

　　　　黄旭晖（二级调研员）

常　委：吴晓琴（女）、郑　辉、郭　锋、范吉朝、余丽芳（女）、刘洪斌、杨文龙、朱华洪

浦城县人大常委会

主　任：吴　斌

副主任：周裕明（二级调研员）、杨先招（女）、冯金亮、李金孙

浦城县人民政府

县　长：沈晓文
副县长：张书婵、何秀菊（女）、
　　林文龙、裴挥军、
　　陈　凌、郑建新、
　　赖传铭

浦城县政协

主　席：张建斌
副主席：刘　军、洪永明、
　　孟世芬（女）

中共浦城县纪律检查委员会 浦城县监察委员会

书　记（主　任）：郑　辉（兼）
副书记（副主任）：危志荣
　（四级调研员）、余彩富

浦城县委巡察工作 领导小组办公室

主　任：刘有清
副主任：付让兴、陈彩珍（女）

浦城县人民法院

院　长：刘尔华
副院长：张先群、季文爵、
　　林晓华

浦城县人民检察院

检察长：林　建
副检察长：姚隆琦、金丽军

中共浦城县委综合部门

浦城县委办公室
主　任：傅学军
副主任：王　飕（正科长级）、
　　林　霞、余凌云
纪检组组长：周维平
　　（二级主任科员）
机要局局长：张定贵
　　（二级主任科员）

浦城县委台港澳工作办公室
主　　任：王光兴

浦城县委组织部
部　长：余丽芳（女）
副部长：季文武（常务）、
　　吴显国、廖嘉松
纪检组组长：叶爱群（女）
　　（正科级纪检员）

浦城县委宣传部
部　长：吴晓琴（女）
副部长：沈小明（常务）、
　　王树瑜、雷　影
纪检组组长：曾建国

浦城县委统战部
部　长：郭　锋
副部长：章秀华（常务）、
　　罗前芬（女）

浦城县委政法委
书　记：杨文龙
副书记：张尚武（常务）、
　　姚彪华

浦城县委机构编制委员会办公室
主　任：陈金美（女）

浦城县委县直机关工作委员会
书　记：余丽芳（女）（兼）
副书记：黄紫英（女）（常务）

浦城县委老干部局
局　长：吕学贵（兼）

浦城县委党校
校　长：余丽芳（女）（兼）
副校长：陈文斌（常务）

浦城县委精神文明建设办公室
主　任：张文霞（女）

浦城县档案局
局　长：陈荣孙

浦城县委党史和地方志研究室
主　任：涂治华

浦城县人大常委会机关

浦城县人大常委会办公室
主　任：魏福孙

浦城县人大常委会农村经济委员会
主　任：林　红（女）
副主任：廖学平（正科长级）

浦城县人大常委会教育科学文化卫生委员会
主　任：叶烈聪

浦城县人大常委会人事代表联络委员会
主　任：沈丹红

浦城县人大常委会监察和司法委员会
主　任：季武平

浦城县人大常委会财政经济委员会
主　任：俞雪彪

浦城县人大常委会城建环保委员会
主　任：熊晓阳

浦城县人大常委会人大信访局
局　长：季良顺

浦城县人大常委会社会建设委员会
副主任：张贤明（正科长级、专职）

浦城县纪委监委驻县人大常委会机关纪检监察组
组　长：袁爱荪

浦城县政府机关

浦城县政府办公室
书记、主任：徐学荣

浦城县发展改革和科技局
书记、局长：林泽华

浦城县工业和信息化局
书记、局长：徐献麟

浦城县卫生健康局
书记、局长：黄坤平

浦城县教育局
书记、局长：季　兴

浦城县公安局
局　长：张书婢（兼）
政　委：陈金灿

浦城县民政局
书记、局长：陈大兴

浦城县司法局
书记、局长：周建平

浦城县财政局
书记、局长：高德雄

浦城县人力资源和社会保障局
书记、局长：季敏玲

浦城县自然资源局
书记、局长：陈小武

浦城县住房和城乡建设局
书记、局长：朱忠勇

浦城县交通运输局
书记、局长：蒋建斌

浦城县农业农村局
书记、局长：张　旭

浦城县林业局
书记、局长：范丽标

浦城县水利局
书记、局长：徐则雄

浦城县文化体育和旅游局
书　记：周勤孙
局　长：李雪晶

浦城县商务局
书记、局长：马丽红（女）

浦城县审计局
书记、局长：黄建武

浦城县应急管理局
书记、局长：张青生

浦城县市场监督管理局
书记、局长：王桂孙

浦城县统计局
书记、局长：周新水

浦城县城市管理局
书记、局长：余爱国

浦城县退役军人事务局
书记、局长：聂崇清

浦城县政府信访局
书记、局长：李　核

浦城县行政服务中心管理委员会
主任：杨晓华（女）

浦城县供销社合作联合社
书记、主任：方诗东

福建浦城工业园区管委会
书记、主任：周少峰

融媒体中心
主　任：王树瑜

浦城县政协机关

浦城县政协办公室
主任兼秘书长：蔡明霞（女）

浦城县政协提案委
主　任：朱素春

浦城县政协教科卫体委
主　任：吴成华

浦城县政协经科委
主　任：宋少林

浦城县政协社会法制和民宗委
主　任：梁春庭

浦城县政协农业和农村委
主　任：周晓冬

浦城县政协文化文史和学习委
主　任：洪武荣

浦城县纪委监委驻县政协机关纪检监察组
组　长：黄富孙

群　团

浦城县工商联
主席：齐　飞

浦城县总工会
主　席：刘洪斌（兼）
副主席：黄明富（常务）

共青团浦城县委员会
书　记：刘启女（女）

浦城县妇女联合会
主　席：庄翠微（女）

浦城县科学技术协会
主　席：刘金玉（女）

浦城县社会科学界联合会
主　席：严桂方

浦城县文联
主　席：王大新

浦城县残疾人联合会
理事长：叶松青

浦城县归国华侨联合会
主　席：黄建宁

浦城县计生协会
副会长：黄德照（常务）

浦城县贸促会（国际商会）
会　长：张振瑞

乡　镇（街　道）

南浦街道
党工委书记：余向东
办事处主任：季　勇
人大工委主任：黄龙翟

河滨街道党工委
党工委书记：陈江宇
办事处主任：徐春福
人大工委主任：朱庚清

仙阳镇
党委书记：吴永宏
政府镇长：陈　武
人大主席：汪志湧

忠信镇
党委书记：艾忠全
政府镇长：陈小红（女）
人大主席：刘国华

富岭镇
党委书记：徐绍兵
政府镇长：陈富孙
人大主席：朱英坤

石陂镇
党委书记：曹华亮
政府镇长：李建孙
人大主席：叶张菁

莲塘镇
党委书记：傅礼辉
政府镇长：祝正军
人大主席：李子洪

水北街镇
党委书记：杨春雄
政府镇长：叶学武
人大主席：罗祖文

万安乡
党委书记：刘晓斌
政府乡长：吕荣贵
人大主席：占国良

永兴镇
党委书记：翁和平
政府镇长：刘用煌
人大主席：唐建华

临江镇
党委书记：杜宏沪
政府镇长：罗友兴
人大主席：林景清

九牧镇
党委书记：李国忠
政府镇长：巫先洪
人大主席：苏春林

管厝乡
党委书记：韩　钢
政府乡长：吴小龙
人大主席：赖有才

古楼乡
党委书记：孙杰
政府乡长：陈联军
人大主席：陈庭弟

盘亭乡
党委书记：罗建斌
政府乡长：曹晖
人大主席：王清富

官路乡
党委书记：王朝晖
政府乡长：兰章平
人大主席：杨培聪

山下乡
党委书记：李盛美
政府乡长：刘忠云
人大主席：朱玉（女）

濠村乡
党委书记：李裕玖
政府乡长：伍丽颖（女）
人大主席：谢友明

枫溪乡
党委书记：曹子强
政府乡长：余向晖
人大主席：叶建明

2020 年浦城县国民经济和社会发展统计公报

一、综合

经初步核算，2020 年浦城县地区生产总值（GDP）1755481 万元，按可比价格计算，增长 4.2%。其中，第一产业增加值 397241 万元，增长 7.0%；第二产业增加值 584921 万元，增长 2.8%；第三产业增加值 773219 万元，增长 3.7%。第一产业增加值占地区生产总值的比重为 22.6%，第二产业增加值比重为 33.3%，第三产业增加值比重为 44.0%。

二、农业

全年农林牧渔服务业总产值 743977 万元，比增 6.9%，其中农业、林业、牧业、渔业和服务业产值分别为 170080 万元、52088 万元、477071 万元、16692 万元、28046 万元，分别增长 2.9%、1.4%、9.7%、1.4%、4.5%。

全年农作物播种面积 644803 亩，粮食作物播种面积 476239 亩，其中水稻播种面积 424594 亩；烟叶种植面积 21137 亩，油料种植面积 21642 亩，蔬菜种植面积 92566 亩。粮食总产量 210282 吨，增长 2.16%，其中水稻产量 198260 吨，增长 1.56%；烟叶 3008 吨，增长 5%，油料产量 1465 吨，增长 2.59%，蔬菜产量 92766 吨，增长 1.94%，水果产量 1833 吨，增长 6.6%。

更新造林面积 16895 亩。全部木材产量 196819 立方米，商品材产量 94560 立方米。主要林产品产量油桐籽 345 吨，增长 -1.99%，油茶籽 2553 吨，增长 0.43%，竹笋干 2818 吨，增长 2.3%，板栗 5298 吨，增长 10.15%，松脂 79 吨，增长 -3.66%。

肉蛋奶总产量 266647.27 吨。肉类总产量 236822.34 吨，增长 7.7%，其中猪肉 11760.43 吨，增长 42.26%，牛肉 166.1 吨，增长 -4.5%，羊肉 154.92 吨，增长 -3.78%，禽肉 224547.12 吨，增长 6.48%。禽蛋 19558.93 吨，增长 7.5%，奶类 10266 吨，增长 70%。

三、工业和建筑业

全年实现工业增加值增长 -0.1%，其中，规模以上工业增加值增长 -2.7%。

规模以上工业实现产品销售产值 157.62 亿元，增长 -13.3%，营业务收入 131.31 亿元，增长 -27.5%。工业经济效益综合指数 297.76。

全社会用电量 99990 万千瓦时，增长 0.2%，其中工业用电量 59465 万千瓦时，增长 -4.7%。

2020 年全县建筑业企业完成增加值 142283 万元；房屋竣工面积 228117 平方米，增长 65.3%；商品房销售面积 205196 平方米，增长 6.7%。

四、固定资产投资

固定资产投资增长 7.0%，其中，5000 万以上项目投资增长 29.9%；500 至 5000 万项目投资下降 -62.6%；房地产开发投资增长 23.7%。

五、内外贸易

全年社会消费品零售总额 41.57 亿元，增长 -6.6%。外贸方面，全县实际利用外资验资口径 1015 万元；外贸出口总值 4.92 亿元。

六、交通、邮电和旅游

全县交通运输、仓储和邮政业实现增加值 9.58 亿元，增长 4.8%。

年末全县公路总里程为 2664.932 公里，其中高速线路 123.885 公里、国道 192.898 公里、县道 250.024 公里、乡村线路 2098.125 公里；其中水泥路面 1895.654 公里，黑色路面 123.89 公里。通车的行政村共有 285 个。

全年完成邮政业务总量 8266.19 万元，增长 8.0%。

七、财税、金融和保险业

全县公共财政收入为 96915 万元，增长 -3.3%，其中地方公共收入 67973 万元，增长 0.1%；财政总支出为 336841 万元，增长 1.1%；税性收入占地方一般预算收入比重为 58.32%。

全县金融机构人民币存款余额 2085431 万元，增长

11.0%。人民币贷款余额1041287万元，增长23.3%，其中：短期贷款余额351606万元，增长13.0%，中长期贷款余额653890万元，增长28.9%。

八、教育

全年全县共有学校112所，其中中等职业学校1所，九年一贯制学校5所， 完全中学3所，高级中学1所，初级中学13所，小学62所，特殊教育学校1所，幼儿园54所，附设幼儿班34个。中等职业学校招生296人，在校生847人，毕业生230人；普通高中招生1998人，在校生5847人，毕业生1752人；初中招生4580人，在校生13708人，毕业生4886人；普通小学招生2542人，在校生19069人，毕业生4149人；全县各级特殊教育学校1所，在校生450人。

九、文化、卫生和体育

全县年末共有各类艺术表演团体2个，公共图书馆1个，年末藏书达33.92万部，文化馆1个，文化站 19个。

年末共有体育场1个，乒乓球房2个，游泳池1个，有固定看台灯光球场2个。人员方面，共有专职教练员2名，国家级裁判1名，国家二级运动员10名，国家一级运动员3名。

年末共有各类卫生机构29个，各类医院26个，预防保健机构2 个。年末共有卫生机构床位1744张，病床利用率达53.36%。

十、人口、人民生活和社会保障

全县年末户籍总人口422365人，其中城镇人口98634人，占总人口的23.4%，农村人口323731人，占总人口的76.6%。全年全县出生人口2909人；死亡人口3084人。

农村居民人均可支配收入17048元，增长7.2%；农民人均生活消费支出11858元，增长0.8%。城镇居民人均可支配收入34340元，增长3.5%；城镇居民人均消费支出20345元，增长-1.4%。

浦城美食

【“木樨园”品牌产品】 宋代，浦城人物鼎盛，京中浦城士大夫甚多，把宫廷盛行的糖浸、蜜浸食品传入浦城。浦城人根据地方资源特色，制作出木樨茶、杨梅干、金橘子、李子干等蜜浸果品。浦城有以蜜浸为嫁妆的习俗。清道光年间的文学家、楹联学家长乐人梁恭辰（梁章钜的第三个儿子，在浦城出生）在《北东园笔录续编》中记载：“浦俗嫁女必用蜜浸果品，以多为贵，至少亦须数百瓶。此物无买处，须自家配制，又极费事。嫁期数月以前，即须备办。殚日夜之勤，穷工极巧，天时人工，一不相凑，色味便差。婿家往往以蜜浸之精粗，卜来妇之吉祥与否。”“今浦城大小燕集，以及新正款客、新宾登门，无不需此。”此习俗一直延至民国期间。其中称为“乾粮”，就是将蜜浸的果品雕花，蜜浸后取出晒干。民国6年（1917年）的《浦城县志》稿是这样记叙的：“又一种名乾粮，以橙、柚之小而嫩者切片，雕之人物、花卉、翎毛，彩样百出，用糖浸曝干，染以五色。新嫁娘借以娱宾，宾得之欣然有喜色也。”浦城长期以来，蜜饯生产工技为母传女，婆教媳，在家族生产自用。

1984年8月，浦城县硫黄厂投资19万元，建立国营浦城县营养食品厂。罐头食品1988年9月与澳大利亚澳华私人有限公司达成协议，在浦城创立首家中外合资企业——浦城县澳华营养食品有限公司。主要产品有强化薏米珠、糖水蜜橘、桂花薏米精、糖水薏米等。其中强化薏米珠、桂花薏米精为1988年全国创新产品。

1989年，浦城县澳华营养食品有限公司开设金橘桂花生产线生产丹桂蜜饯，首次以工业化生产代替手工制作。1992年12月，此产品经省经济委员会认定为“省第一类新产品，其水平为国内首创”。2004年，公司改制为县木樨园营养食品有限公司，生产的丹桂蜜饯系列产品获得QS认证。2005年生产能力达到2000吨，产品出口至日本、新加坡等国家。

2018年，木樨园公司扩大生产规模，注册资本增资到1000万元，企业名称变更为福建木樨园营养食品有限公司。2020年，公司专业生产、加工“木樨园”品牌的浦城桂花（茶）、干制桂花（茶）、浦城金橘（茶）、浦城薏米、桂花酸枣（薏米、金橘）糕、薏米Q面、桂花七珍梅、九制柰梅等特色产品。公司建有完善的可追溯体系及“无公害食品”标准化桂花、薏米种植基地107公顷，是省级农业产业化、林业产业化重点龙头企业。获准使用浦城薏米、浦城桂花地理标志保护产品专用标志。“木樨园”牌获得 “福建名牌产品”“福建省著名商标”称号。浦城桂花获得第八届海峡林博会“金奖”认证，加工工艺被列为福建省非物质文化遗产保护名录。通过 ISO 9001 质量管理体系认证，获得“国家安全生产标准化三级证书”。“木樨园”浦城桂花 2013—2020 年先后三次获得绿色食品首次及续展认证，2018 年企业产品首批入选南平市政府区域品牌“武夷山水”，2020 年“木樨园”浦城薏米也获得“绿色食品”认证。

【恒承源土鸡】 浦城县恒承源生态养殖有限公司是一家集养殖、销售、宰杀、精炖、配送为一体的农家发展型禽业企业，拥有养殖基地 3 处，主打品种土鸡常年放养丛林山地，主要喂食五谷杂粮，自行觅食虫、草，达到 1 年龄以上的成品鸡方予销售。土鸡手工宰杀，采用本地传统烹煮法，泥锅加炭火精炖，确保其营养成分不流失，味道更鲜美。慢炖 3 小时后即行配送，外省配送采用食材真空包装、专用的保鲜箱加食物冰袋，在 48 小时内保证新鲜程度。

公司兼用与农户共赢模式进行合作，农民按照公司技术规范养殖，达到标准后回收。在家乡建设综合养殖场，饲养土鸡 7000 多只。

神仙鸭汤

【柒斗金包酒】 明万历《浦城县志》记载，浦城包酒色似琥珀，其味醇浓，俗名“七倒金”。清梁章钜赞浦城包酒色香味兼之，若贮至十年，“恐海内外之佳酿无能出其右者矣”。深受当时文人墨客及达官贵人的青睐。

福建省柒斗金酒业酿造有限公司产品柒斗金红曲养生酒以红曲糯米酒为基酒，添加谷烧和人参、枸杞、当归、丁香等八味名贵药材二次发酵酿制而成，酒品“不加糖而味甘，不着色而琥珀，不调香而芬芳”。富含多种氨基酸和维生素。

浦城闽派古琴

浦城是闽派古琴的发祥地。浦城祝风喈（1810—1864）字桐君，创立了闽派古琴，为中国古琴艺术增加了一门极具感染力的流派，与古琴浙派、苏派、川派称为四大流派。祝桐君家传秘谱 6 首，1962 年由北京古琴研究会编纂，人民音乐出版社出版的《古琴曲集》（《风云际会》除外），5 首均释成正谱。2005 年，闽派古琴被列入“福建省非物质文化遗产名录”。

浦城县积极开展闽派古琴的传承与发展。成立了“闽派古琴培训基地”、“浦城县闽派古琴协会”、“浦城县闽派古琴研习所”。县政府还拨出专款，重新出版了闽派古琴古籍《与古斋琴谱》、《琴学入门》。

在浦城县梦笔文化街 6-7 号店面开设“浦城闽派古琴”培训展示厅，打造集古琴技能学习培训、古琴底蕴宣传展示、古琴文化观赏体验、古琴产品生产销售为一体的闽派古琴文化大观园，是浦城县对外展示地方文化特色的又一重要窗口。依托“浦城县赣剧艺术传承发展中心”、“浦城县闽派古琴协会”，致力于推进闽派古琴技艺传承，开展古琴技艺公益培训和公益展演，举办古琴雅集惠民活动。每年在赣剧传承中心开设闽派古琴演奏培训班，免费授课；每年开设暑期公益培训班 5-10 期，并不定时的对外开设成人、儿童公益培训班 10-20 期，至今培训学员数千人，现有闽派古琴——市级传承人 3 人，县级传承人 7 人；闽派古琴制作——县级传承人 3 人。还赴武夷学院、浦城县大水口村等地授课，传承浦城闽派古琴这项古老技艺。此外，还建立中小学教学课外兴趣活动，把古琴弹奏技艺纳入传承传统技法。2019 年与浦城县第二中学出版了《闽派古琴》音乐校本教材、《闽派古琴之祖源—浦城派》及《浦城闽派古琴》画册。组织古琴弹奏人员赴福州、厦门、北京等地学习，并积极参加古琴演奏技艺学术交流与理论研究，提高琴手的操琴技艺和理论水平。2020 年 7 月，在“浦城县闽派古琴”展示厅挂牌成立浦城县新时代文明实践“非遗传承”志愿服务培训基地，对接浦城县古琴非遗传承人，策划“非遗大讲堂”，将优秀传统文化与公益活动相结合、与青

少年研学旅行相结合、与节庆节目展演相结合，做到宣传群众、教育群众、关心群众、服务群众。

“第二批非物质文化遗产”保护项目“浦城闽派古琴代表传承人”——吴燕琳（师承古琴大师李禹贤）出生于艺术世家，自幼便随父学习各种乐器演奏，1982 年考入福建省艺术学校琵琶专业学习，毕业后先后在政和、浦城剧团任演奏员，2011 年加入中国古琴协会；2012 年被县文体局任命为浦城县闽派古琴培训基地主任，2012 年被授予中国（深圳）国际文化产业博览交易会“文化大使”；2013 年 11 月被选为省音乐家协会古琴专业委员会副会长，2013 年 10 月开始，任浦城县闽派古琴协会会长；2014 年出版了论文《闽派古琴——中国文化的杰出代表》；2015 年出版了论文《闽派古琴——中国文化的重要符号》，作品《古琴》获得第八届海峡两岸（厦门）文化产业博览交易会中华工艺优秀作品银奖；作品《洛象》获得第八届第九届海峡两岸（厦门）文化产业博览交易会中华工艺优秀作品银奖。

浦城闽派古琴代表传承人”——吴燕琳开设闽派古琴演奏培训班，为更好传播古琴文化，每年持续开展非遗进校园、进乡村等活动；开展对外交流、系列展演等活动及参加市县的各大重要演出活动；通过免费办班教学、公益培训、对外交流、展演等方式，让更多人了解闽派古琴，了解浦城的传统文化，为发掘浦城闽派古琴这项古老技艺努力传承。

浦城县老年书画印作品

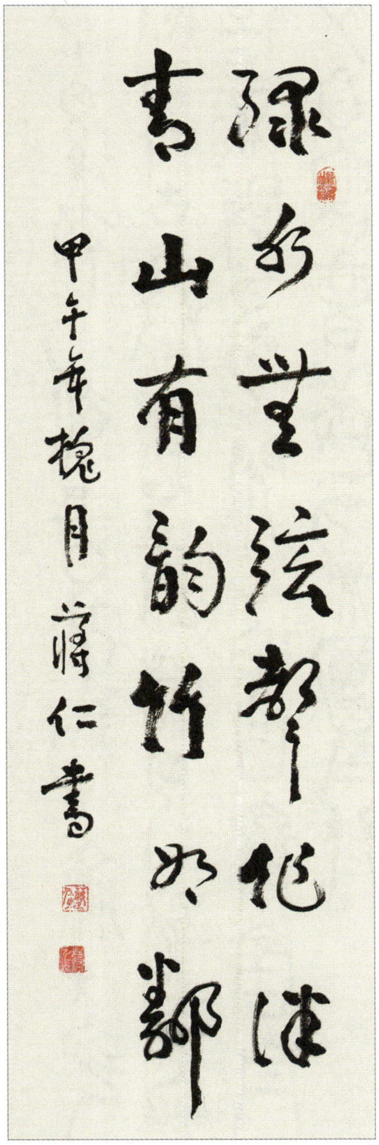

蒋仁作品

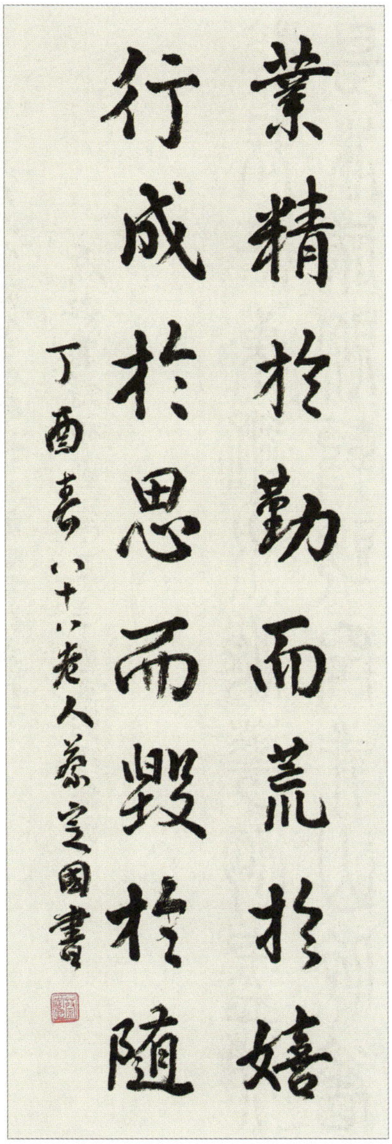

蔡定国作品

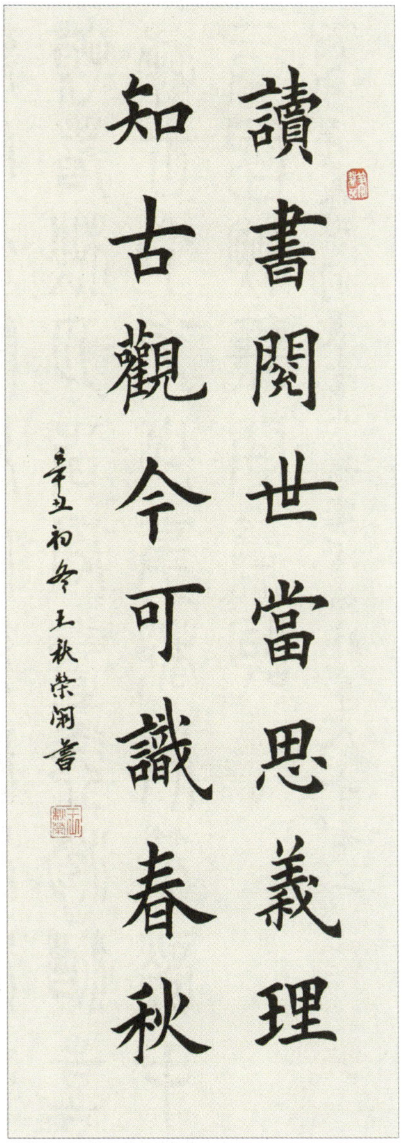

王秋荣作品

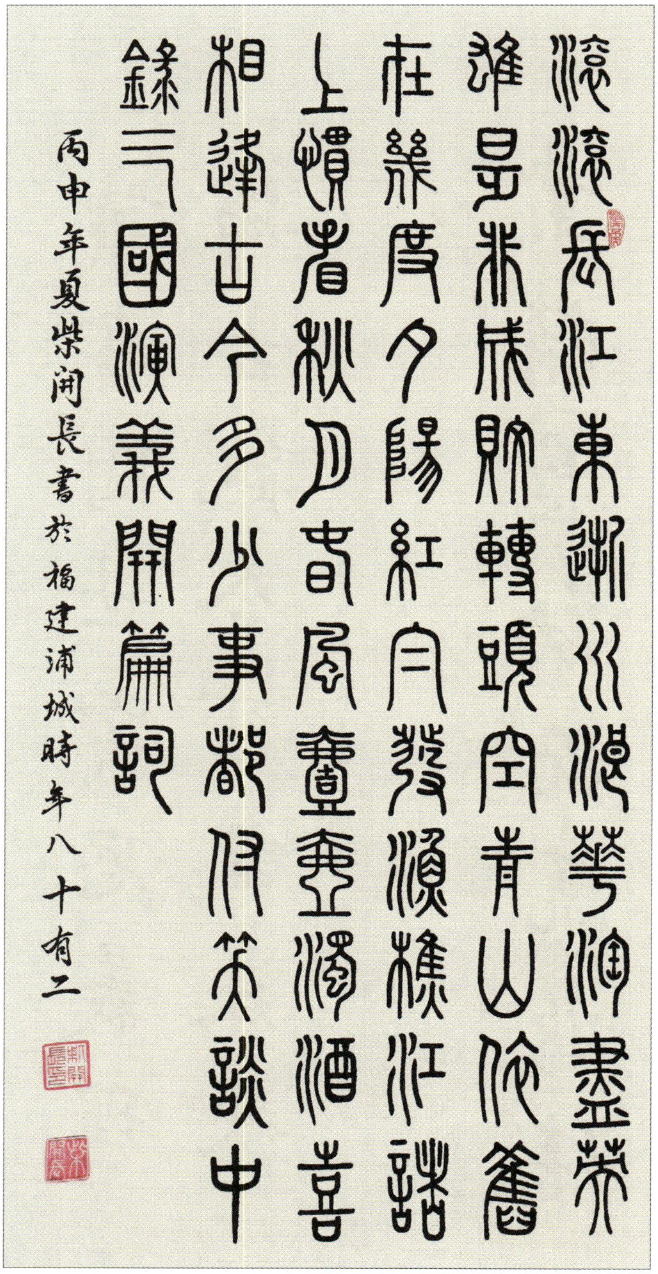

柴开长作品

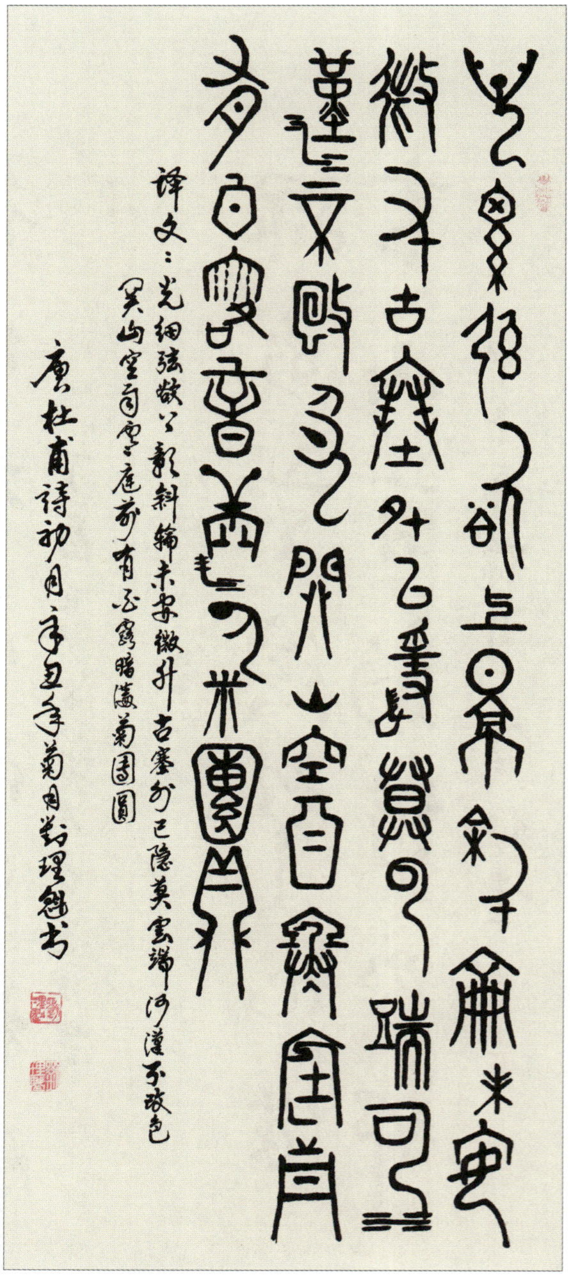

刘理魁作品

安仁作品

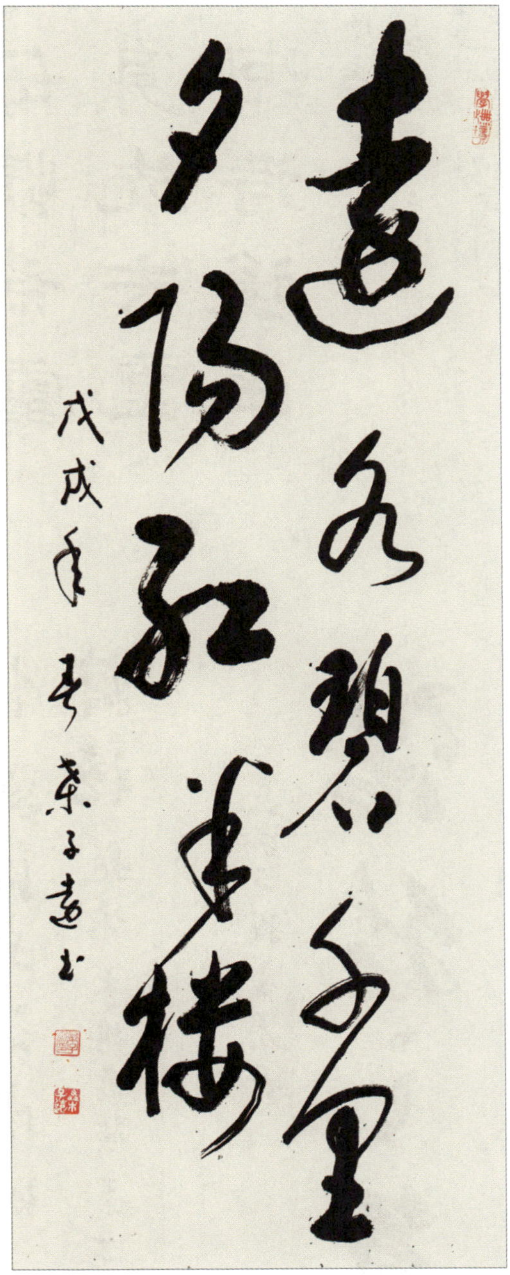

桑子远作品

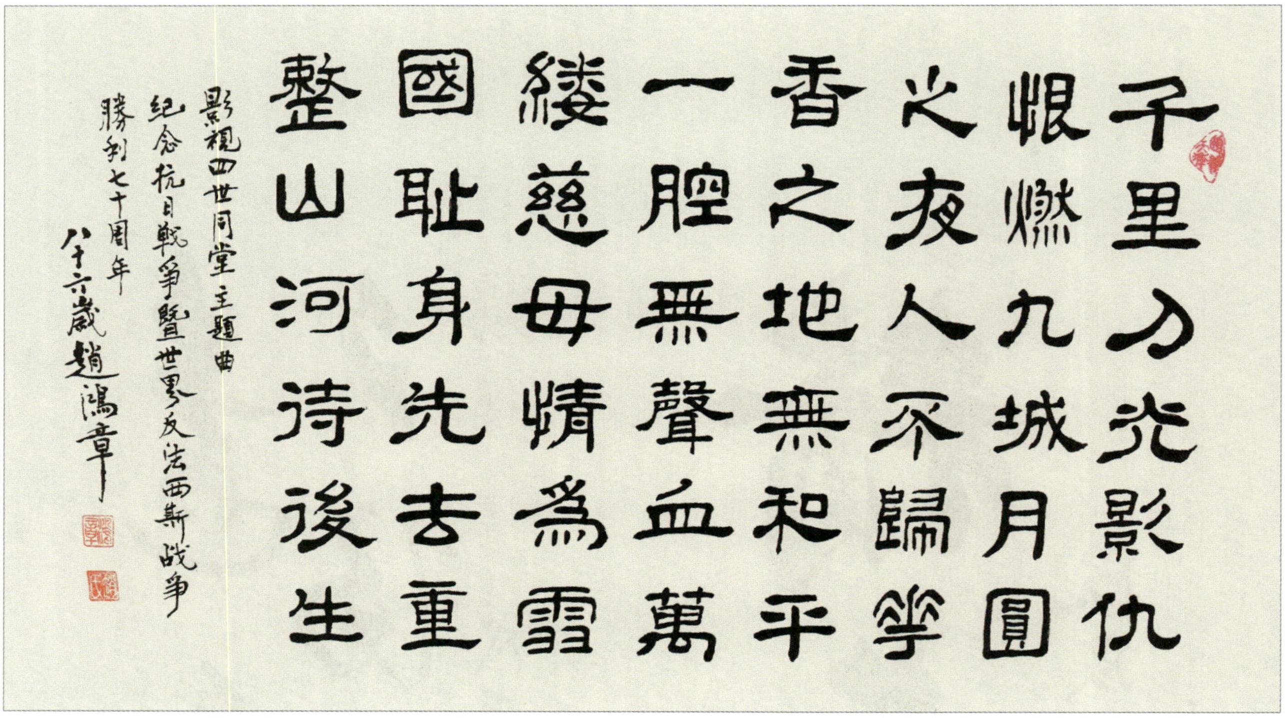

赵鸿章作品

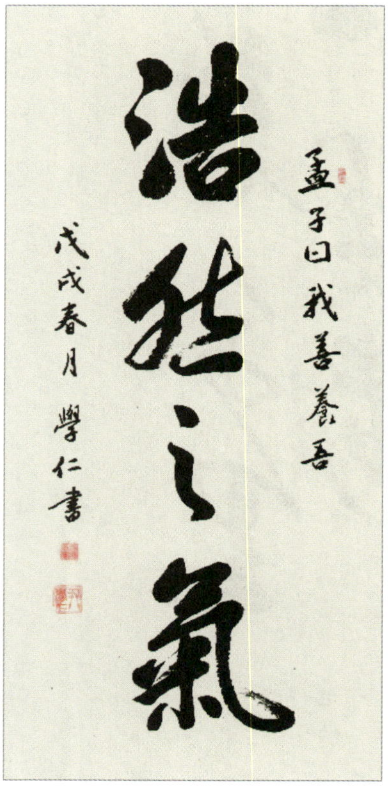

尹学仁作品

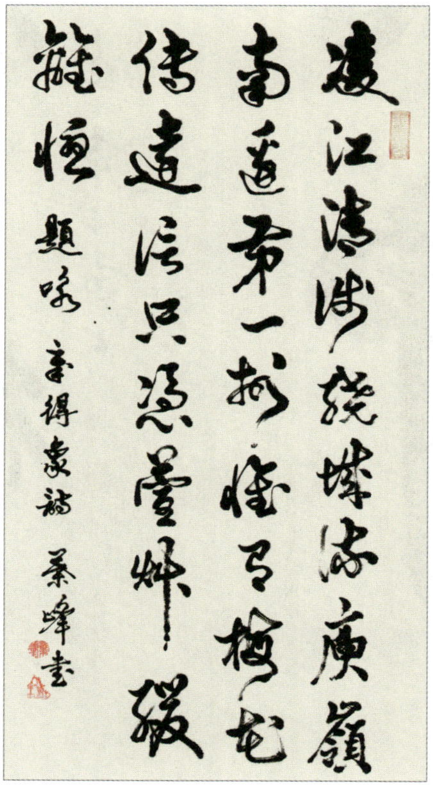

叶峰作品

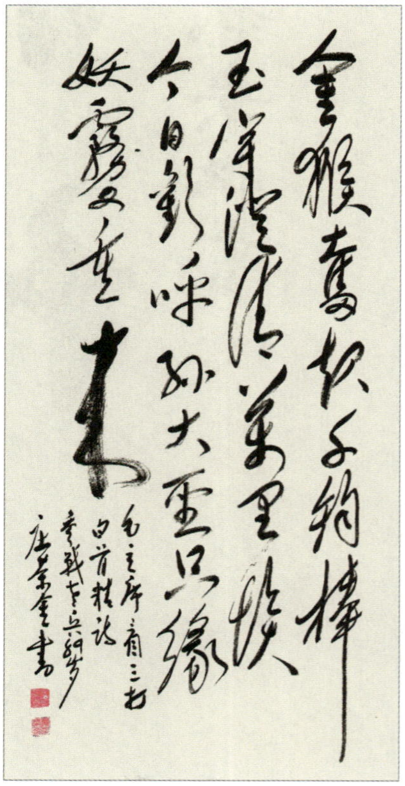

庄荣金作品

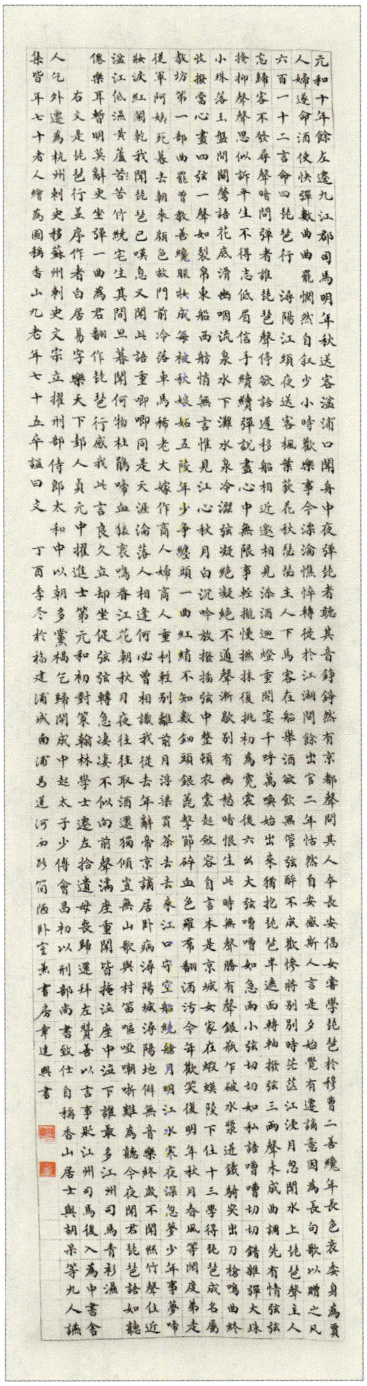

章达兴作品

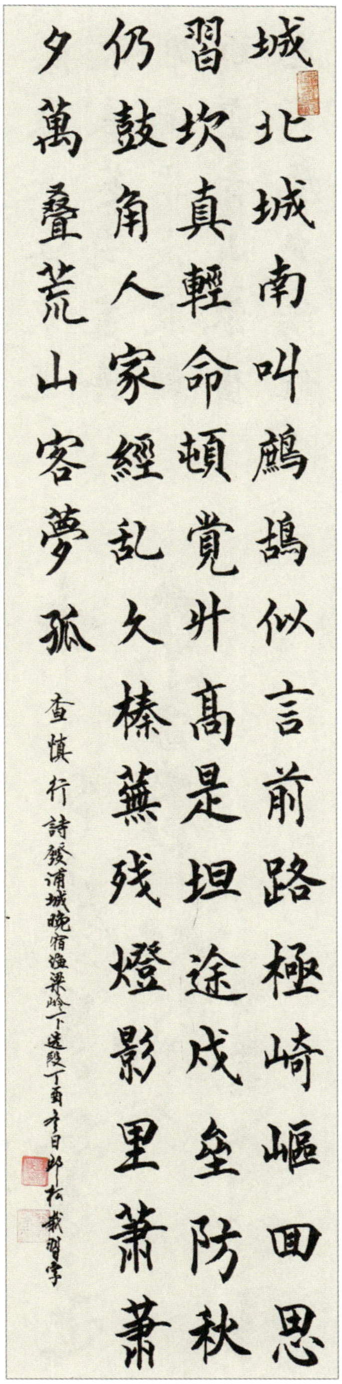

邱松载作品

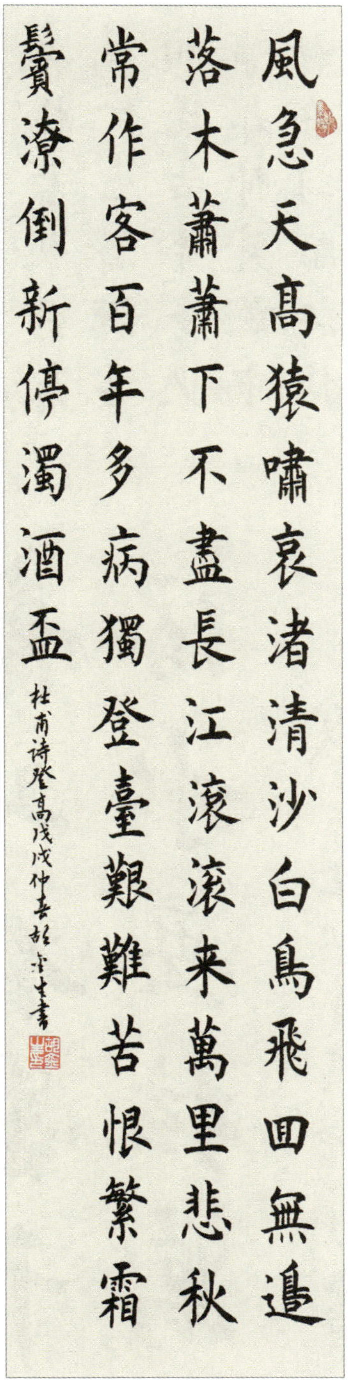

胡金生作品

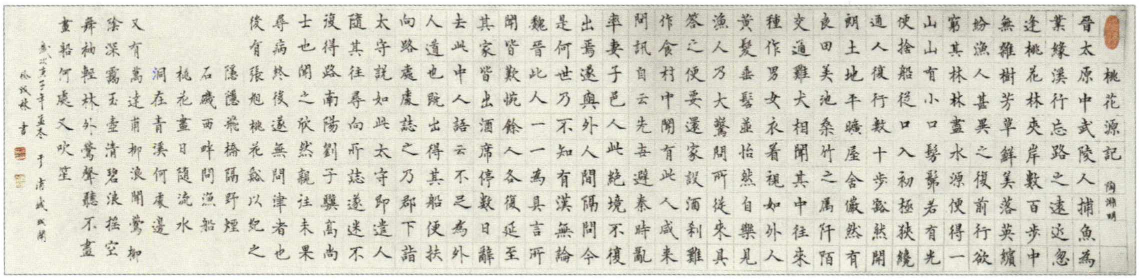

徐成林作品

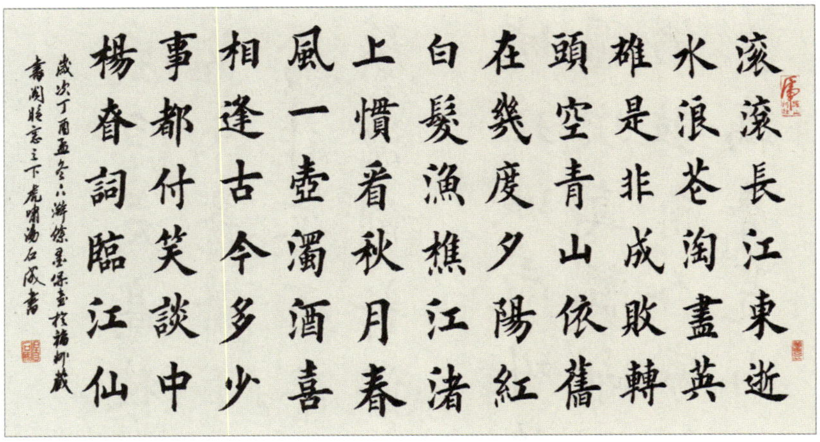

汤石成作品

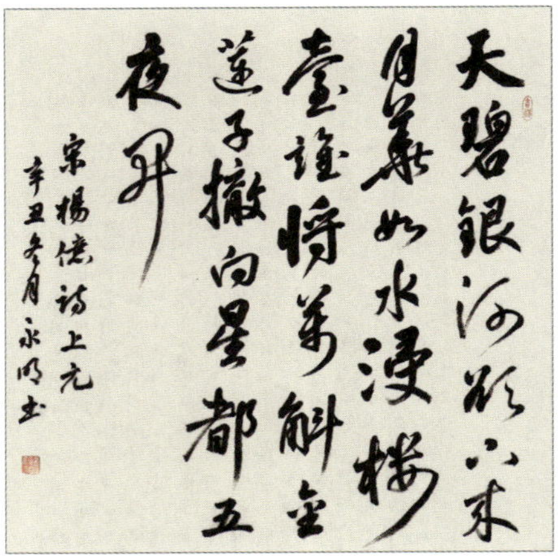

刘永明作品

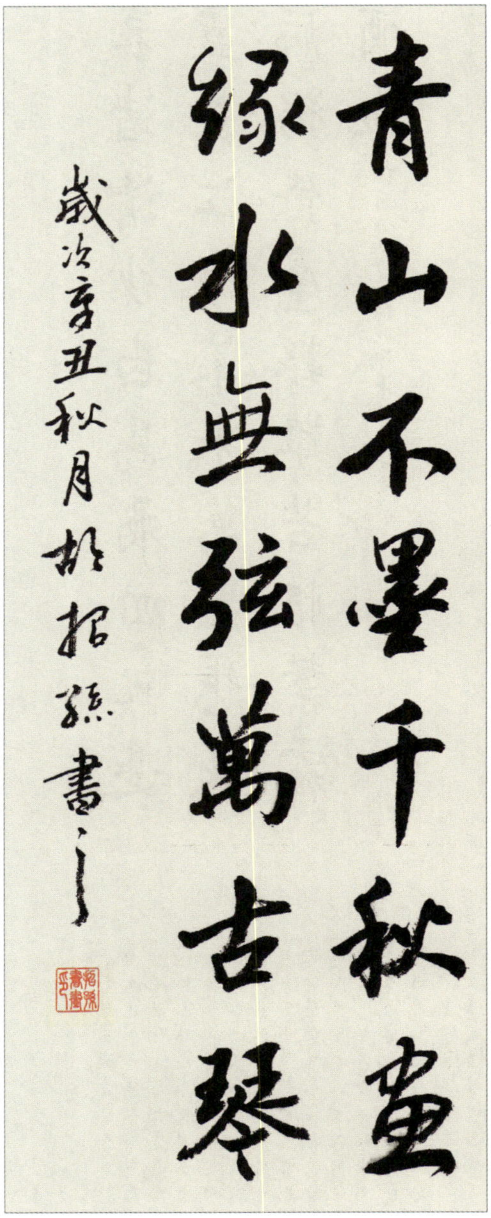

胡招孙作品

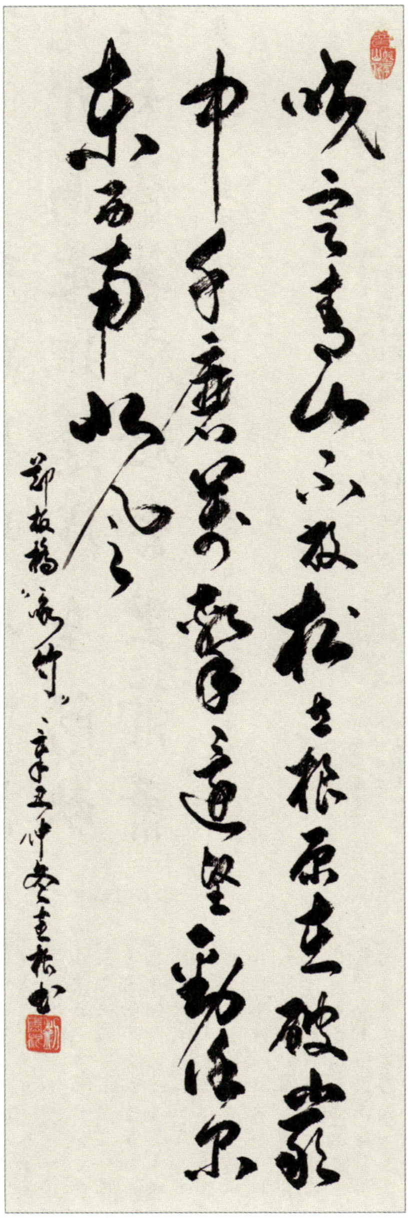

刘惠根作品

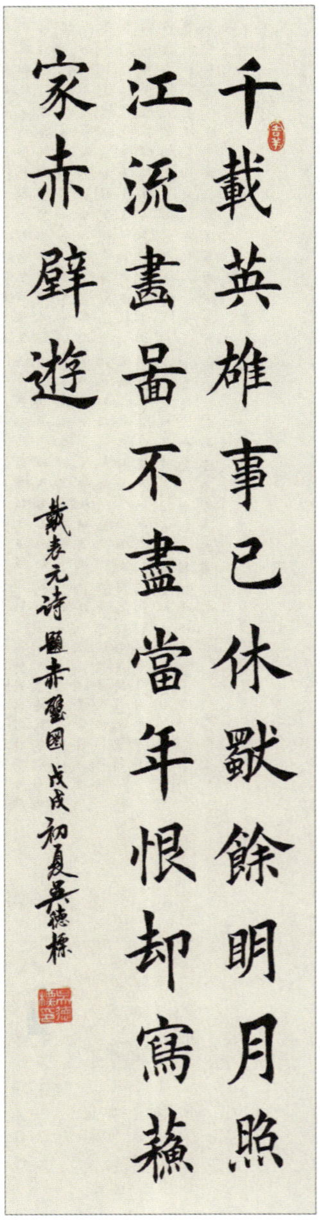

吴德标作品

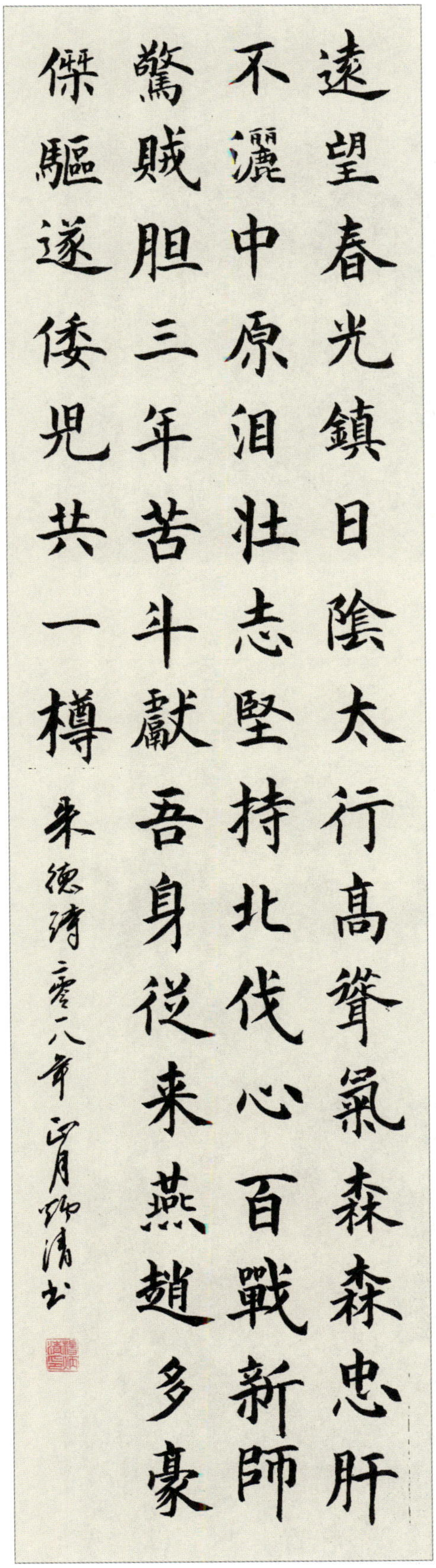
遠望春光鎮日陰
太行高聳氣森森
忠肝不灑中原淚
壯志堅持北伐心
百戰新師驚賊胆
三年苦斗獻吾身
從来燕趙多豪傑
驅遂倭兒共一樽
朱德詩 二零一八年四月炳清书

杨炳清作品

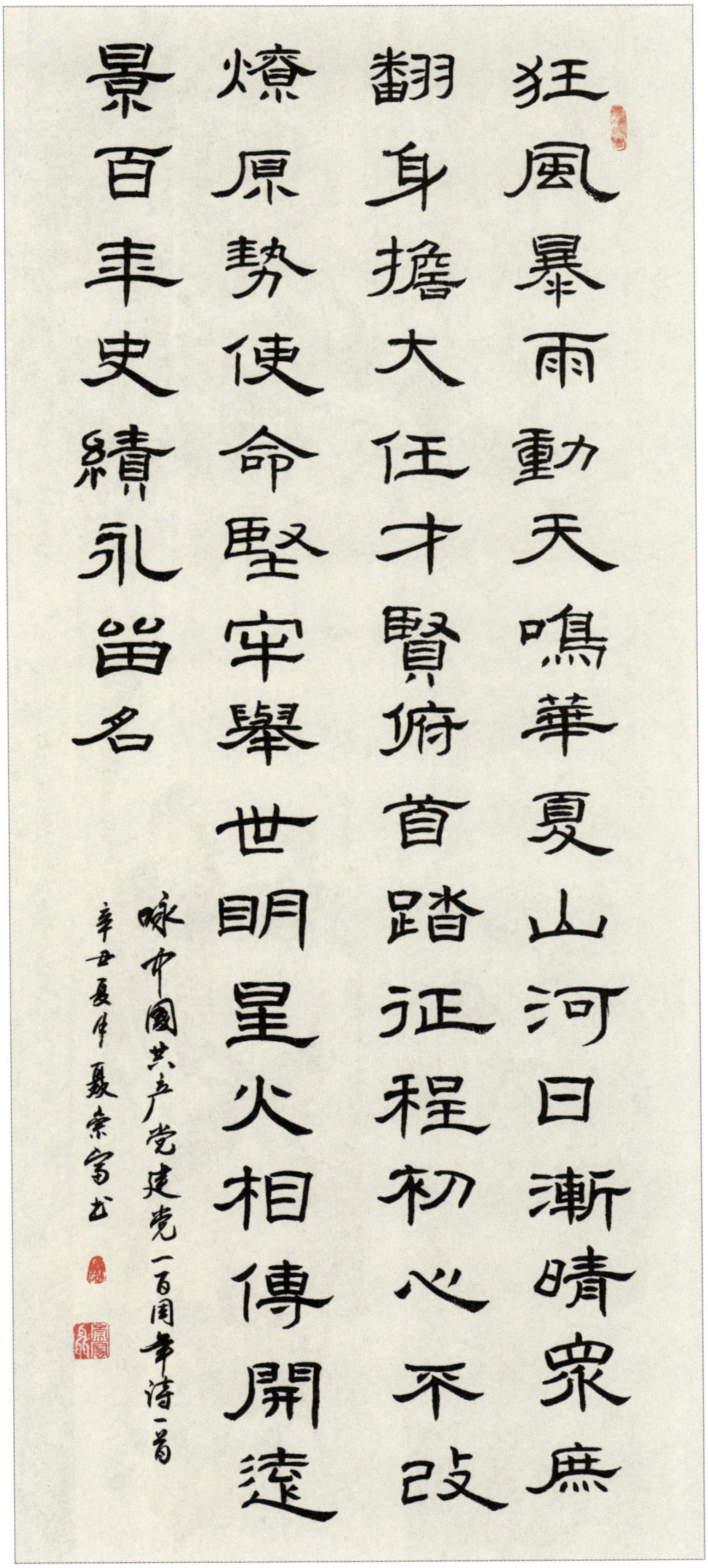
狂風暴雨動天鳴
華夏山河日漸晴
衆庶翻身擔大任
才賢俯首踏征程
初心不改燎原勢
使命堅牢舉世明
星火相傳開遠景
百年史績永留名
咏中國共产党建党一百周年詩一首
辛丑夏月 聂崇富书

聂崇富作品

宋友平作品

陈侃如作品

王秋荣作品

尹学仁作品

段盛友作品

王奕秋作品

梁新忠作品

李作良作品

李作良作品

刘建军作品

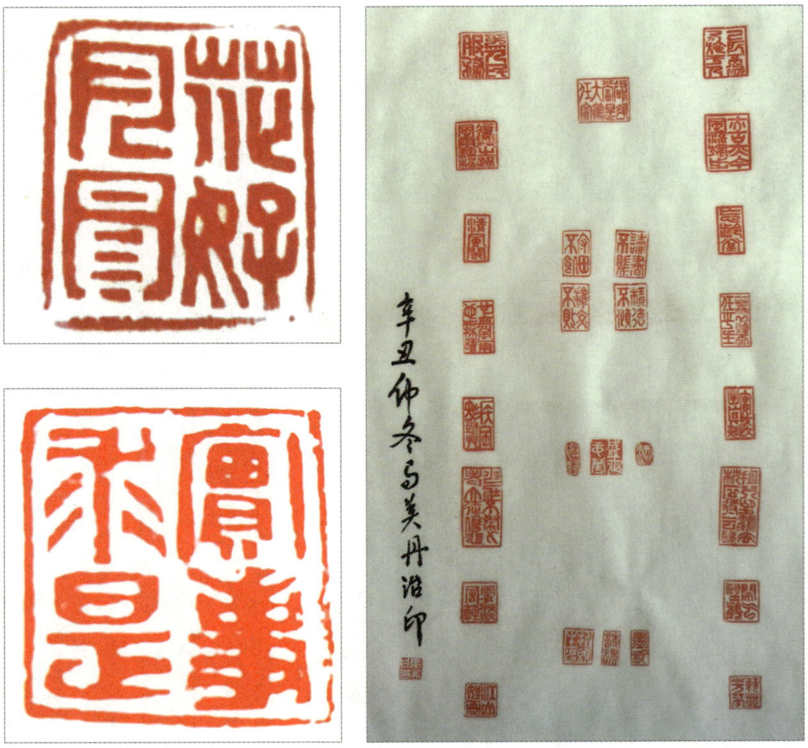

马美丹作品

索引

说明

一、本索引采用主题词分析法，按主题词首字汉语拼音字母顺序排列。
二、栏目、分目标题用黑体字。“专文”“大事记”“荣誉”“附录”文件夹内容不作索引。
三、索引主题词后的数字表示页码，数字后的 a、b、c 表示栏别左中右。
四、空一字起排的款目为上一主题的“附见”。

H

J

N

P

Q

R

Y

Z